패 턴 으 로
재 미 있 게
서평글쓰기

패 턴으 로
재 미 있 게
서평글쓰기

동해시서평단 지음

초판 1쇄 발행일 2023년 6월 30일

펴낸이 박봉서 **펴낸곳** (주)크레용하우스 **출판등록** 제1998-000024호

주소 서울 광진구 천호대로 709-9 **전화** (02)3436-1711 **팩스** (02)3436-1410

홈페이지 www.crayonhouse.co.kr **이메일** crayon@crayonhouse.co.kr

*라이프앤북은 삶의 지식을 전달하는 (주)크레용하우스의 도서 브랜드입니다.

ISBN 978-89-5547-022-2 13060

패턴으로
재미있게
서평글쓰기

마음과 감정을 조절하는 습관을 만드는 방법

작성자: 곽영경
평 점: ★★★★
강 사: 박상미
주최사: 세바시
연 도: 2022

[Why 작가는 왜 이 책을 썼을까?] / 저술 목적

이 강연의 강사는 심리적으로 힘든 사람들과 정신적으로 아픈 사람들에게 상담하면서 알게 된 긍정 유전자를 만드는 방법인 긍정의 기억과 습관이라는 것을 알려주려고 이 강연을 강의했다.

[What 작가는 무엇을 말하는가?] / 핵심적인 내용

이 강연의 전반부에서는 정신과 신체가 하나임을 알려주고, 정신을 건강하게 하기 위해서는 몸도 건강해야 되기 때문에 문제 해결을 위한 방법으로 운동을 해야만 하는 신체의 중요성을 이야기하고 있고,
이 강연의 중반부에서는 심리적으로 힘든 사람들에게 긍정의 힘과 습관의 힘이 중요하다는 것을 이야기하고 있으며, 이 강연의 후반부에서는 심리적인 잔상의 기억에 긍정의 유전자를 심어줄 수 있는 훈련 방법을 이야기하고 있다.

[How 나에게 어떻게 적용할 것인가?] 실천 사항

앞으로 나는 긍정의 기억을 심어보기 위해서 하루에 3분이라는 최소한의 시간이라도 긍정의 시간을 가지도록 해 감사 일기나 메모를 쓰며 긍정의 마음과 긍정의 습관을 만들기 위해 노력할 것이다.

1 생각 [나는 ~라고 생각한다] / 주장, 평가

나는 박상미 강연자의 '마음과 감정을 조절하는 습관을 만드는 방법'은 모든 사람들에게 긍정의 기억과 습관을 만드는 방법에 대해 이야기하고, 인생이 힘들고 마음이 괴로울 때 이겨낼 수 있는 긍정의 힘을 스스로 가질 수 있다는 것을 알려준 것이라고 생각한다.

3 이유 [왜냐하면] / 내 생각에 대한 이유 3가지

왜냐하면 첫째, 삶이 힘들 때에는 긍정적인 생각을 하면서 다시 한번 더 버틸 수 있는 힘을 가질 수 있기 때문이고, 둘째, 부정이 가지는 힘도 있다는 것을 알게 되면서 긍정의 힘을 가지는 파워는 신체가 건강해야 충분히 발휘됨을 강연자가 경험하였기 때문이며, 셋째, 지금까지의 습관과 생각을 바꾸기 위한 긍정의 습관을 만들기 힘든 만큼 지금부터라도 긍정 훈련을 하는 방법을 알려주기 때문이다.

1 결론 [그래서, 나는 ~라고 생각한다] / 2% 평가

그래서 나는 박상미 강연자의 '마음과 감정을 조절하는 습관을 만드는 방법'은 모든 사람들에게 긍정의 기억과 습관을 만드는 방법에 대해 이야기하고, 인생이 힘들고 마음이 괴로울 때 이겨낼 수 있는 긍정의 힘을 스스로 가질 수 있다는 것을 알려준 것이라고 생각한다.

2% 아쉬운 점

하지만 강연시간이 짧아서 나처럼 의지가 약한 사람에게는 습관화할 수 있는 구체적인 방법에 대한 설명이 조금 부족해서 아쉽다.

내 마음속에 남은 한 문장

자극과 반응 사이에 마음의 공간이 있다
6초 동안 화낼까 말까 화낼까? 말까?

황소

작성자: 곽영경
작품평점: ★★★★★
화 가: 이중섭
갤러리: 동해문화예술회관
연 도: 1950년대

[Why 작가는 왜 이 책을 썼을까?] / 저술 목적

이 작품이 화가는 한국전쟁으로 고향을 떠나온 사람들에게 농촌에서 흔히 보이는 평화로운 시절의 힘차고 순수한 황소의 모습을 통해서 전쟁 중의 고달픈 삶을 알려주려고 이 그림을 그렸다.

[What 작가는 무엇을 말하는가?] / 핵심적인 내용

이 그림의 특징에서는 색상의 단순함으로 황소의 특징을 살려서 생동감을 나타내고, 사실적인 묘사가 없는 굵은 선은 힘차고 역동적이며, 얼굴 표정은 살아있는 소의 순수함을 아주 잘 나타내고 있고,

이 그림의 표현에서는 거친 붓질로 소의 근육을 표현하였다. 농촌에서 사람과 제일 가까운 황소를 주제로 삼고, 황소의 머리 부분을 확대하여 몸을 생략하여 단순하고 통일감 있게 표현하고 있으며,

이 그림의 구성에서는 황소의 얼굴을 통해서 작가의 고된 삶이 드러나 있다. 황소의 몸부림처럼 표현된 붓놀림이 역설적으로 힘찬 활동성을 보여준다. 또한 황소를 통해서 작가의 시대적 고난과 개인의 삶을 표현하고 있다.

[How 나에게 어떻게 적용할 것인가?] 실천 사항

앞으로 나는 단순한 것에 힘이 있는 이 그림처럼, 습관처럼 집안의 물건을 쌓아 놓는 것을 정리하고 버리며 삶을 조금 더 단순하게 바꿔볼 것이다.

1 생각 [나는 ~라고 생각한다] / 주장, 평가

나는 이중섭의 '황소' 그림은 한국전쟁의 고난을 겪은 사람들에게 비극적인 삶에서 힘과 희망을 찾는 상징을 나타낸다고 생각한다.

3 이유 [왜냐하면] / 내 생각에 대한 이유 3가지

왜냐하면 첫째, 황소의 눈을 보면 평화로운 농촌의 일상 속에 한가로이 논밭을 매며 쟁기질하는 소의 느린 걸음걸이와 한국전쟁 전 농촌의 모습이 생각나기 때문이고,

둘째, 배경이 없는 그림과 거칠고 단순한 붓질의 황소 모습은 한국전쟁 중에도 가족과 헤어지고 아무것도 없지만, 살아있음에 버텨야 하는 것을 보여주기 때문이며,

셋째, 황소 그림이 전체적으로 뼈가 드러나 있는 것 같은 거친 붓질과 그림 속 황소의 맑은 눈망울을 한 모습이 마치 힘든 삶이 끝이 보이지 않음에도 가족을 만날 수 있을 거라는 희망을 표현하기 때문이다.

1 결론 [그래서, 나는 ~라고 생각한다] / 2% 평가

그래서 이중섭의 '황소' 그림은 한국전쟁의 고난을 겪은 사람들에게 비극적인 삶에서 힘과 희망을 찾는 상징으로 보여준다고 생각한다.

2% 아쉬운 점

하지만 작가가 조금 더 가족과 함께하는 삶을 살아가지 못한 것이 많이 아쉽다.

내 마음속에 남은 한 장면 묘사

황소의 생동감과 평화로운 눈동자

플레이 볼! 운명 달린 첫 판, 우리는 '근본의 축구'와 만난다

작성자: 곽영경
평점: ★★★
기 자: 장민석 기자
신문사: 조선일보
발행일자: 2022년 11월 17일

[Why 작가는 왜 이 책을 썼을까?] / 저술 목적

이 기사의 기자는 2022년 카타르 월드컵 개막에서 월드컵 경기를 지켜보는 국민들에게 16강을 노리는 첫 시합 상대국인 남미의 작은 나라인 우루과이 축구 역사와 우루과이 전력인 축구 선수들을 자세히 알려주려고 이 기사를 작성했다.

[What 작가는 무엇을 말하는가?] / 핵심적인 내용

이 기사의 전반부에서는 우루과이는 인구가 부산광역시와 비슷한 350만 정도 되는 인구를 가지고 있다. 우루과이가 나라의 크기와 관계없이 축구에서는 강국이며, 남미 대륙에서는 월드컵 초대 개최국이자 우승국으로써 '근본 있는 축구 국가'라는 사실을 이야기하고 있고,

이 기사의 중반부에서는 19950년 브라질 월드컵에서 우루과이엔 영광을 브라질에는 상처를 안긴 마라카낭(Maracana)의 비극이라는 고유명사를 탄생시킬 정도로 큰 사건의 스토리를 재미있게 이야기하고 있으며,

이 기사의 후반부에서는 축구 대표팀 엔트리 26명 중에서 우루과이의 주목할 만한 15인의 축구 선수인 루이스 수아레스, 에디손 카바니, 페데리코 발데르데, 다르윈 누네스, 로날드 마라우호, 로드리고 벤탄쿠르, 루카스 토레이라, 히오르히안 데 아라스카에타, 마티아스 베시노, 디에고 고딘, 호세 마리아 히메내스, 세바스티안 코아테스, 마티아스 올리베라, 마르틴 카세레스, 세르히오 로체트, 마지막으로 디에고 알론소 감독에 대해서 각각의 선수의 정보와 경기 내용을 이야기하고 있다.

[How 나에게 어떻게 적용할 것인가?] 실천 사항

앞으로 나는 축구라는 운동으로 화합의 장이 된 월드컵에서 모든 선수들이 다치거나 아프지 않기를 바라면서 우리나라와 월드컵 참가한 다른나라 축구 선수들을 응원할 것이다.

1 생각 [나는 ~라고 생각한다] / 주장, 평가

나는 장민석 기자의 '플레이 볼! 운명 달린 첫 판, 우리는 '근본의 축구'와 만난다'가 2022년 11월 24일 카타르 월드컵 경기를 지켜보는 국민들과 축구팬들에게 첫 시합 상대국인 남미의 작은 나라 우루과이에 대해 잘 알려주면서 우루과이 선수들의 개개인의 기량을 전문가적인 분석으로 알기 쉽게 정리해 준 것이라고 생각한다.

3 이유 [왜냐하면] / 내 생각에 대한 이유 3가지

왜냐하면 첫째, 첫 시합 상대국인 우루과이가 인구수와 상관없이 축구에서는 강국이라는 역사적 승리 사실을 알려주었기 때문이고,

둘째, 브라질과의 축구시합에서는 '마라카나수(마라카낭의 비극)' 라는 고유명사를 만들었다는 사실을 이야기하고, 우승을 확신한 브라질을 상대로 경기에 승리하여 우루과이 축구에 대한 역사적 사실을 자세히 알려주었기 때문이며,

셋째, 축구팬이 아니어도 우루과이 축구 선수들의 포지션과 기량에 대한 설명을 한 명씩 아주 잘 설명해 주었기 때문이다.

1 결론 [그래서, 나는 ~라고 생각한다] / 2% 평가

그래서 나는 장민석 기자의 '플레이 볼! 운명 달린 첫 판, 우리는 '근본의 축구'와 만난다'가 2022년 11월 24일 카타르 월드컵 경기를 지켜보는 국민들과 축구팬들에게 첫 시합 상대국인 남미의 작은 나라 우루과이에 대해

잘 알려주면서 우루과이 선수들의 개개인의 기량을 전문가적인 분석으로 알기 쉽게 정리해 준 것이라고 생각한다.

2% 아쉬운 점

하지만 자세한 설명과 재미있는 축구 역사를 알게 되어서 좋았는데, 많은 선수들을 설명하느라 기사 내용이 너무 길어서 아쉽다.

내 마음속에 남은 한 문장

브라질의 소설가 넬손 호드리게스는 '어느 나라든 일본의 히로시마 원폭처럼 치유할 수 없는 국가적 재앙이 있다' 며 "우리의 히로시마는 바로 마라카나수" 라고 말했습니다.

푸른 말코 손바닥 사슴

작성자: 곽영경
평 점: ★★★★
저 자: 다니엘 핑크워터 지음
출판사: 한솔교육
연 도: 2000년 추정

[Why 작가는 왜 이 책을 썼을까?] / 저술 목적

이 책의 작가는 표현을 잘하지 못하고 서투른 사람들에게 내가 먼저 친절하게 대하면 상대방의 진심이 담긴 속마음을 알게 되고, 나에게도 기쁨이 된다는 것을 알려주려고 이 책을 저술했다.

[What 작가는 무엇을 말하는가?] / 핵심적인 내용

이 책의 전반부에서는 날씨도 춥고, 몸도 추운 날에 식당 주인 브래튼 씨와 밖에서 추위에 떨고 있는 푸른 말코 손바닥 사슴과 만나게 되는 것을 이야기하고 있고,

이 책의 중반부에서는 푸른 말코 손바닥 사슴은 식당 주인 브래튼 씨에게 크림 넣은 조개 수프와 크래커 커피를 얻어먹고 나서 식당에서 자연스럽게 손님 접대를 맡게 된 것을 이야기하고 있으며,

이 책의 후반부에서는 추운 겨울에 식사를 하러 온 손님들은 푸른 말코 손바닥 사슴의 친절한 대접과 식사 후 음식에 관한 질문에 최고라며 말해준다. 식당을 운영하는 브래튼 씨는 손님에게 음식 맛이 최고라는 평가를 알게 된 추운 겨울의 따뜻한 하루를 이야기하고 있다.

[How 나에게 어떻게 적용할 것인가?] 실천 사항

앞으로 나는 친절한 마음을 상대방에게 받는 것도 좋지만, 부끄러움을 이겨내고 사람들에게 "안녕하세요", "감사합니다", "좋은 하루 되세요" 라는 말을 내가 먼저 하도록 노력할 것이다.

1 생각 [나는 ~라고 생각한다] / 주장, 평가

나는 다니엘 핑크워터 작가가 쓴《푸른 말코 손바닥 사슴》은 타인에게 친절이란 따뜻한 음식처럼 열린 마음을 가지고 진심으로 대하는 것이며 결국에는 나에게 따뜻한 말로 되돌아 오는 것이라고 생각한다.

3 이유 [왜냐하면] / 내 생각에 대한 이유 3가지

왜냐하면 첫째, 맛은 있지만, 무뚝뚝한 식당 주인이 아주 추운 날 푸른 말코 손바닥 사슴에게 따뜻한 음식을 베풀어 준 행동 때문이고,

둘째, 따뜻한 음식을 먹은 푸른 말코 손바닥 사슴이 답례로 손님을 상대하며 브래든씨에게 음식으로 받은 친절을 그대로 손님에게 베풀면서 손님들도 기분이 좋았기 때문이며,

셋째, 식당 주인 브래튼 씨의 맛있는 음식과 푸른 말코 손바닥 사슴의 친절한 서비스 받은 손님들도 처음으로 최고의 음식 칭찬으로 식당 주인에게 감사를 표현 하면서 브래튼 씨의 마음 깊숙이 뜨거운 감동을 받았기 때문이다.

1 결론 [그래서, 나는 ~라고 생각한다] / 2% 평가

그래서 나는 다니엘 핑크워터 작가가 쓴《푸른 말코 손바닥 사슴》은 타인에게 친절이란 따뜻한 음식처럼 열린 마음을 가지고 진심으로 대하는 것이며 결국에는 나에게 따뜻한 말로 되돌아오는 것이라고 생각한다.

2% 아쉬운 점

하지만 처음 들어보는 신기하고 재미있는 동물 이름이라서 푸른 말코 손바닥 사슴에 대한 주석이나 설명이 없어서 아쉽다.

내 마음속에 남은 한 문장

"우리는 당신이 세상에서 제일 훌륭한 요리사라고 생각해요"

"우린 늘 그렇게 생각했죠"

"이번 겨울은 아주 따뜻 할 것 같아"

차와 시와 그림 中 청한

작성자: 곽영경
평 점: ★★★★
저 자: 진각국사 혜심지음
출판사: 도서출판 다보
연 도: 1989년

[Why 작가는 왜 이 책을 썼을까?] / 저술 목적

이 시의 작가는 힘든 하루를 마치는 사람들과 고난한 인생의 무게를 지니고 있는 이들에게 잠시나마 차 한잔으로 마음의 평온과 여유를 찾아야 된다는 것을 알려주려고 이 책을 저술했다.

[What 작가는 무엇을 말하는가?] / 핵심적인 내용

이 시의 전반부에서는 깨달음을 얻으려고 오랜 시간 동안 수련을 하느라 피곤한 진각국사 혜심의 하루를 이야기하고 있고,

이 시의 중반부에서는 차를 끓이며, 차로 무거운 마음을 물리친다 라는 이야기는 자신의 깨달음을 얻지 못하는 것에 대해 무거운 마음을 이야기하고 있으며,

이 시의 후반부에서는 따뜻한 차 한잔을 눈으로는 색을 보고, 코로 향을 느끼며, 입으로 차를 마실때에 맑고 차가운 청한에 걱정과 시름이 사라진다는 것을 역설적으로 이야기하고 있다.

[How 나에게 어떻게 적용할 것인가?] 실천 사항

앞으로 나는 깨달음을 얻기 위해서는 수련을 하는 스님의 마음처럼 하루를 마무리하는 정리의 시간을 가져보려고 한다. 잠자리에 누울 때 마음속으로 하루를 반성하는 시간을 가지며, 평온한 하루를 보낸 것에 대하여 감사하는 마음을 가지고, 내일을 위한 잠자리에 들 것이다.

1 생각 [나는 ~라고 생각한다] / 주장, 평가

나는 진각국사 혜심스님의 《청한》시 제목처럼 맑고 시리도록 차가운 하루를 보내는 모든 사람들에게 마음의 어두움을 씻어내는 한 가지 방법인 차 한 잔의 여유가 바쁜 일상생활에서 잠시 쉬어가는 명상의 시간처럼 필요하다고 생각한다.

3 이유 [왜냐하면] / 내 생각에 대한 이유 3가지

왜냐하면 첫째, 급하고 힘든 일 일수록 쉬어가는 것이 중요하다고 차를 끓이는 동안의 고요한 시간을 중요하게 생각하기 때문이고,

둘째, 잠시의 여유로운 시간을 보내는 것이 평온한 마음과 올바른 정신으로 하루를 사는 데 좀 더 힘을 가지게 하기 때문이며,

셋째, 인간으로서 삶을 살아가는 것은 당연히 고난이 있으나 차 한 잔을 끓이는 시간이 하루를 마치는 시간처럼 중요하다고 생각하기 때문이다.

1 결론 [그래서, 나는 ~라고 생각한다] / 2% 평가

그래서 나는 진각국사 혜심 스님의 《청한》시 제목처럼 맑고 시리도록 차가운 하루를 보내는 모든 사람들에게 마음의 어두움을 씻어내는 한 가지 방법인 차 한 잔의 여유가 바쁜 일상생활에서 잠시 쉬어가는 명상의 시간처럼 필요하다고 생각한다.

2% 아쉬운 점

하지만 현대에서는 차 한 잔을 마시는 것이 여유를 가지는 것이 아니라 커피라는 카페인을 섭취함으로 뇌를 각성시키고, 야근을 하면서 하루의 일상을 버티는 것에서 여유를 갖지 못하는데 차를 마시기 위해서 일부러 시간을 내는 것에도 스트레스를 받을 수도 있는 것이라 생각해서 아쉽다.

내 마음속에 남은 한 문장

"한 잔의 차로 어두운 마음 물리치니"

여인의 향기

작성자: 곽영경
평 점: ★★★★★
감 독: 마틴 브레스트
제작사: 마틴 브레스트
연 도: 1992년

[Why 작가는 왜 이 책을 썼을까?] / 저술 목적

이 영화의 감독은 남은 인생의 마지막을 준비하고, 주변 사람들과의 관계도 정리하는 퇴역장교 프랭크 슬레이드 중령과 사소한 일로 학교에 문제가 생긴 앞날이 밝은 청년 찰리에게 인생이란 무엇인가를 생각하게 해주며 삶과 사람과의 관계에 대해서 알려주려고 이 영화를 제작했다.

[What 작가는 무엇을 말하는가?] / 핵심적인 내용

이 영화의 전반부에서는 찰리는 학교 교장의 차에 장난치는 이들을 목격하고, 크리스마스를 보낼 경비를 마련하기 위해서 퇴역장교이자 시각장애인 프랭크와 얼떨결에 뉴욕으로 호화여행을 떠나는 가이드의 일을 하면서 서로에게 만남과 끝을 이야기하고 있고,

이 영화의 중반부에서는 뉴욕으로 가는 여행을 가이드가 아닌 여행 동반자로서 서로의 생각과 삶의 무게에 대해서 관심을 가지게 되지만, 깊은 관계가 아닌 타인의 사이에서 조금 더 관심을 가지게 된다. 여행 중 식사를 하러 간 식당에서 만나게 된 여인의 향기로 모든 것을 눈에 보는 것처럼 표현하는 통찰력을 보여주며 그 여인에게 탱고를 가르쳐 주겠다며 같이 춤을 추면서 탱고의 스텝이 엉키는 것이 바로 탱고라며 인생에 비유해서 이야기하고 있으며,

이 영화의 후반부에서는 보이지 않는 시력으로 스포츠카 운전을 하는 담대한 성격으로 무의미한 삶을 살아가는 것에 힘들어 한 프랭크의 자살을 말린 찰리 그리고, 학교 교장 차의 장난으로 학교에서 찰리의 징계가 열리게 되고 먼 곳에 있어서 참석하지 못한 찰리의 부모님 대신으로 징계위원회에 참석해서 찰리의 변호를 연설하며, 찰리의 징계는 변화를 맞이하게 된 것을 이야기하고 있다.

[How 나에게 어떻게 적용할 것인가?] 실천 사항

앞으로 나는 삶은 내가 원하던 대로 이뤄지지 않을 수도 있지만, 옳다고 생각되는 일을 꾸준히 하게 된다면 언젠가는 그 과정들이 모여서 내가 원하던 것이 아닌 다른 좋은 것으로 올 것을 믿으며, 하루를 마감하는 저녁에 오늘 하루도 선물 같은 하루가 주어짐에 감사하다는 생각을 가질 것이다.

1 생각 [나는 ~라고 생각한다] / 주장, 평가

나는 마틴 브레스트 감독이 제작한 '여인의 향기'는 인생의 마지막과 시작을 준비하는 두 남자에게 삶은 뜻하지 않게 내가 의도하지 않은 방향으로 갈 수 있음을 보여준다고 생각한다.

3 이유 [왜냐하면] / 내 생각에 대한 이유 3가지

왜냐하면 첫째, 숨겨진 목적을 가진 여행에서의 일탈이 서로의 상황과 마음을 알게 되면서 각자가 처한 삶의 모습을 객관적으로 바라보는 시야를 가지게 되었기 때문이고,

둘째, 인생이란 뜻하지 않는 여인의 향기로 아름다운 여성과 탱고를 춤 추는 것처럼, 실수하는 탱고스텝 이야말로 탱고라는 것이라는 말 그대로 인생은 살아있음에 괴로움과 즐거움도 있다는 것을 알았기 때문이며,

셋째, 학생들에게는 부모님만이 보호자가 아니며, 인생을 먼저 살아온 현명한 사람들은 누구나가 보호자가 될 수 있음을 보여주면서 인생의 뜻하지 않은 사소한 만남이 의도하지 않은 시련 또한 극복 가능하다는 것을 보여주었기 때문이다.

1 결론 [그래서, 나는 ~라고 생각한다] / 2% 평가

그래서 나는 마틴 브레스트 감독이 제작한 '여인의 향기'는 인생의 마지막과 시작을 준비하는 두 남자에게 삶은 뜻하지 않게 내가 의도하지 않은 방향으로 갈 수 있음을 보여준다고 생각한다.

2% 아쉬운 점

하지만 여인의 향기 많은 장면 중에서 유명한 탱고 춤의 장면으로 알 파치노 배우의 뛰어난 연기력이 가려지는 것 같아서 많이 아쉽다.

내 마음속에 남은 명대사

"실수를 해서 스텝이 엉키면 그게 바로 탱고라오.

If you make a mistake, if you get all tangled up, you just tango on"

영화 '여인의 향기'에서 프랭크가 도나에게

인스타브레인 INSTABRAIN

작성자: 곽영경
평 점: ★★★★★
저 자: 안데르스 한센
Anders Hansen 지음
출판사:(주)동양북스
연 도: 2020년

[Why 작가는 왜 이 책을 썼을까?] / 저술 목적

이 책의 작가는 두뇌와 밀접한 관계인 스마트폰, SNS를 사용하고 있는 사람들에게 디지털을 사용하는 현대인의 일상생활 속에서 인류가 진화하듯이 뇌도 변화한다는 것을 말하며, 인류 탄생부터 현재까지 수많은 인류 세대 중 첫 번째가 디지털 세대가 겪고 있는 뇌의 변화를 알려주려고 이 책을 저술했다.

[What 작가는 무엇을 말하는가?] / 핵심적인 내용

이 책의 전반부에서는 우리의 뇌는 수렵 채집하던 몸의 진화가 디지털화된 세상의 변화에 따라가지 못하고 있다는 것을 이야기한다. 우울증과 스트레스로 인한 것 역시 수렵 채집하던 시기에 몸을 보호하기 위해 분비된 뇌의 각성 물질이라는 것을 이야기하고 있고,

이 잭의 중반부에서는 휴대전화를 사용하면서 내가 멀티태스킹을 하고 있다고 착각하게 만든 뇌의 생존방법에 대해 설명하며, 뇌의 집중력에 관한 여러 연구 사례가 제시되어 있고, 휴대전화를 사용하는 시간과 뇌의 정신건강에 관한 상관관계에서 휴대전화가 정신질환에 끼치는 영향력을 이야기하고 있으며,

이 책의 후반부에서는 뇌의 디지털 사용에 관한 연구 결과를 설명한다. 현대인의 새로운 질병인 정신병과 집중력 저하와 관계가 있는 스마트폰, SNS 사용방법에 따른 것이고, 디지털 이용시간이 짧을수록 기분이 나아지는 것에 설명하며, 수렵 채집하던 몸이 디지털을 사용하는 뇌의 변화를 따라가지 못하고 있기 때문이다. 뇌의 적응과 변화의 다양한 사례를 설명하면서 몸부터 움직여서 정신질환을 예방하라는 것을 이야기하고 있다.

[How 나에게 어떻게 적용할 것인가?] 실천 사항

앞으로 나는 휴대전화를 사용하면서 집중력과 단기 기억력이 떨어진 것을 나이를 먹어서 기억력이 떨어진 것으로 생각하였는데 집중력 저하의 원인이 휴대전화 사용시간이라는 것을 알게 되었다. 나는 스마트폰을 오직 전화로만 사용하려고 노력할 것이다.

1 생각 [나는 ~라고 생각한다] / 주장, 평가

나는 안데르스 한센 저자가 쓴《인스타브레인》은 과도한 디지털 사용으로 몰입을 하지 못하는 현대인들에게 디지털 시대를 살고있는 편리함이 가진 장점과 정신질환을 유발하는 단점에서 똑똑한 뇌의 정신적 건강과 디지털 사용 예방에 대해서 설명해주고 있다고 생각한다.

3 이유 [왜냐하면] / 내 생각에 대한 이유 3가지

왜냐하면 첫째, 인류가 태어난 20만년 전의 시대부터 지금 현 세대를 아울러 처음으로 디지털 사용 중에서 스마트폰과 SNS, 인터넷을 편리하게 쓰는 첫 세대이며, 일상에서 쉽게 디지털을 접할 수 있는 세상을 살고있는 첫 인류이기 때문이고,

둘째, 수렵 채취를 하던 지구상 존재 인류 중, 디지털 환경이라는 가장 간략한 최첨단 구조이자, 감정, 기억, 의식의 근원에 대해 뇌가 스스로를 기만하는 방식으로 적응한 첫 인류이다. 디지털이 지배하는 세상은 스스로를 보호하고 발전하려는 뇌가 가진 힘에서 뇌는 불필요한 쓰임이다. 생존 존재의 두려움이 정신질환으로 나타나 디지털 세계에 적용해 왔기 때문이며,

셋째, 인류의 진화 속도는 의미도 목적도 없는 과정 속에서 이 땅에서 살아가기 위한 전제 조건으로 무조건적으로 생존하고, 적응하도록 몸과 뇌가 발전하였기 때문이다.

1 결론 [그래서, 나는 ~라고 생각한다] / 2% 평가

그래서 나는 안데르스 한센 저자가 쓴《인스타브레인》을 과도한 디지털 사용으로 몰입을 하지 못하는 현대인들에게 디지털 시대를 살고있는 편리함이 가진 장점과 정신질환을 유발하는 단점에서 똑똑한 뇌의 정신적 건강과 디지털 사용 예방에 대해서 설명해주고 있다고 생각한다.

2% 아쉬운 점

하지만 복잡한 세계에서 범람하는 정보를 처리하는 것에 어려움을 겪는 현대인들의 생존을 20만년 동안 인류가 살아온 수렵 채취의 생존과 비교한 것이다. 기술의 발전 속도를 뇌 연구가 따라가지 못한다고 해서 많이 아쉽다.

내 마음속에 남은 한 문장

"우리의 뇌는 지금도 계속 바뀌고 있다."
"디지털 기기를 현명하게 사용해야만 하며 문제점이 있다는 사실을 주지해야 한다."

근로자 종합 복지관

작성자: 곽영경
평 점: ★★★★★
시설관리: 동해시 시설관리
공단
위 치: 동해시
설립년도: 1999년

[Why 작가는 왜 이 책을 썼을까?] / 저술 목적

이 시설의 기획자는 동해시 근로자 종합 복지관이 근로자들에게 생활증진과 안락한 휴식공간을 제공하고, 수영장, 회의실, 청년공간 열림을 운영하며 저렴한 비용으로, 최상의 서비스를 제공 해주기 위해서 시민의 건강과 질 높은 수영 스포츠 지원, 각종 세미나, 교육, 회의 장소를 상시 제공하며 동해시 시설관리공단 직원들 모두가 노력하고 있음을 알려주려고 이 시설을 기획하고 관리하고 있다.

[What 작가는 무엇을 말하는가?] / 핵심적인 내용

이 시설의 지하는 외부 주차장과 실내 수영장으로 연결되어 있으며, 수영장은 25m에 6개의 레인이 있고, 샤워실 및 탈의실, 체력단련장, 체온회복실로 구성되어 시민들이 저렴한 비용으로 이용하고 있고,

이 시설의 1층에서는 넓은 공간이 있는 로비와 단체 손님이 와도 넉넉하고 커피 맛있는 카페와 수영장 매표소가 한쪽에 위치해 있으며, 로비에서는 지역 주민들의 작품을 전시 및 공연도 하고, 카페에서는 시민들을 대상으로 가끔씩 바리스타 교육도 이뤄지고 있으며,

이 시설의 2층에서는 한국노총(노동 법률 상담소), 민주노총, 민주평등, 사회복지협의회 및 대회의실로 구성되어 있어서 시민들을 위한 다양한 혜택과 제공되고 있고,

이 시설의 3층에서는 청년공간 열림으로 청년들뿐만이 아니라 동해 시민들에게 활력을 불어넣는 공간으로 스튜디오 대관, 충전기 대여, 프린터, 스캔, 복사, 무료와이파이, 취업과 창업프로그램, 원데이 클래스가 개설되어 다양하게 운영되고 있다.

[How 나에게 어떻게 적용할 것인가?] 실천 사항

앞으로 나는 모든 동해 시민들이 사용하는 근로자종합복지관내에 있는 다양한 시설물들을 내 물건처럼 소중하고 깨끗하게 이용하고, 앞으로도 더 많은 시설들과 제공되는 수업을 적극적으로 참여할 것이다.

1 생각 [나는 ~라고 생각한다] / 주장, 평가

나는 동해시 천곡동에 위치한 '근로자종합복지관'이 동해 시민들과 청년들에게 다양한 시설을 이용하고 경험할 수 있는 장소로 제공되는 동해시의 멋진 공간으로써 동해 시민들이 부담 없이 방문과 이용할 수 있어서 한약방의 감초와 같이 없어서는 안 되는 시설이라고 생각한다.

3 이유 [왜냐하면] / 내 생각에 대한 이유 3가지

왜냐하면 첫째, 수영장 시설은 방학 때 학생들에게 생존 수영을 가르치는 장소로 인기가 있고, 시민들에게 건강을 유지하는 장소로 이용되고 있기 때문이고,

둘째, 근로자들을 위한 무료 노동법률 상담소 및 사회 복지 협의체 등이 구성되어 있으며, 세미나를 주최할 수 있는 대강당 시설을 대여해주기 때문이며,

셋째, 청년공간 열림에서는 제품 상세 촬영을 할 수 있는 스튜디오 시설 및 다양한 설비가 구비된 강의실과 오픈 오피스를 무료로 사용할 수 있는 이용하는 시민들과 청년들에게 활력을 불어넣는 공간이기 때문이다.

1 결론 [그래서, 나는 ~라고 생각한다] / 2% 평가

그래서 나는 동해시 천곡동에 위치한 '근로자종합복지관'이 동해 시민들과 청년들에게 다양한 시설을 이용하고 경험할 수 있는 장소로 제공되는 동해시의 멋진 공간으로써 동해 시민들이 부담 없이 방문과 이용할 수 있어

서 한약방의 감초와 같이 없어서는 안 되는 시설이라고 생각한다.

2% 아쉬운 점

하지만 이렇게 멋진 공간이 걸어서 갈 수 있는 가까운 곳에 없고, 대중교통이나 차를 타고 이동해야 되는 거리에 있어서 많이 아쉽다.

내 마음속의 명 장소

휴게실 중 한 곳이 테이블과 캠핑 의자로 되어 있어서 편하게 머리를 기대고 휴식을 취할 수 있어서 정말 좋다.

이게 정말 나일까

작성자: 곽영경
평 점: ★★★★
작 가: 요시타케 신스케 지음
출판사: 주니어 김영사
연 도: 2016년

[Why 작가는 왜 이 책을 썼을까?] / 저술 목적

이 책의 작가는 어린이들에게 나는 어떤 사람일까를 생각해보게 하고 다른 사람들이 보는 나의 모습이 다양하며 나는 어떤 사람인가를 생각하는 자신의 모습을 알려주려고 이 책을 저술했다.

[What 작가는 무엇을 말하는가?] / 핵심적인 내용

이 책의 전반부에서는 자신을 대신할 로봇에게 나라는 사람이 외향적으로 보여지는 일반적인 모습과 내가 좋아하고 싫어하는 것을 설명해주며 가족 구성원에 대하여 이야기하고 있고,

이 책의 중반부에서는 작은 몸을 가진 어린 시절의 모습에서부터 자라면서 사람들과 관계 속에 맺어지는 다양한 호칭으로 상대방에 따라 동생이 되거나 친구도 되지만 부모님이 보는 어린아이 자신은 그대로인 것을 이야기하고 있으며,

이 책의 후반부에서는 사람들과 관계 속에서의 나의 모습과 타인에게 보여지는 모습이 중요한 것이 아니라, 자신만의 생각을 가진 한명의 사람으로써의 나는 누구일까를 생각해 보아야 하는 것을 이야기하고 있다.

[How 나에게 어떻게 적용할 것인가?] 실천 사항

앞으로 나는 나라는 사람은 누구인가? 어떤 사람인가?를 나 자신을 좀 더 알아야겠다고 생각하며 인간관계와 심리학에 관계된 책을 분기별로 한 권씩은 읽어 볼 것이다.

1 생각 [나는 ~라고 생각한다] / 주장, 평가

나는 요시타케 신스케가 쓴《이게 정말 나일까》는 어린이들에게 다양한 관계도 있지만 본인의 내면의 세계에 대해 생각해보게 하는 것은 너무 어렵다고 생각한다.

3 이유 [왜냐하면] / 내 생각에 대한 이유 3가지

왜냐하면 첫째, 보여지는 외향적인 모습과 무엇을 좋아하고 싫어하는지 자신이 어떤 사람인지 생각하게 되는 비유가 어렵기 때문이고,

둘째, 어린이들에게 초등학생인 지금 자신의 모습과 관계있는 아들, 친구, 학생 등의 변화가 있지만 큰 차이점이 없단 것을 알려주기 때문이며,

셋째, 겉으로 보여지는 모습과 관계 속에 자신의 모습이 같은 사람이라는 것을 알려주기 때문이다.

1 결론 [그래서, 나는 ~라고 생각한다] / 2% 평가

그래서 나는 요시타케 신스케가 쓴《이게 정말 나일까》는 어린이들에게 다양한 관계도 있지만 본인의 내면의 세계에 대해 생각해보게 하는 것은 너무 어렵다고 생각한다.

2% 아쉬운 점

하지만 어린이들에게 자신이 어떤 사람인지 재미있게 생각해보게 하는 좋은 책이라 생각한다.

내 마음속의 한 구절

"어렸을 때 좋아하던 것은 지금은 좋아하니까"

"꼭 안아주면 좋아!"

평범한 사람이 나를 파는 전략 '오케팅' 특별하지 않아도 부자가 되는 전략

작성자: 곽영경
평 점: ★★★★
강 사: 오두환
주최사: 세바시
연 도: 2022년

[Why 작가는 왜 이 책을 썼을까?] / 저술 목적

이 강연의 강연자는 이 시대를 살아가는 청년들에게 평범한 사람의 평범한 능력을 특별하게 포장하는 방법으로 생각을 전환하는 마케팅 방법을 설명하고, 처음에는 고생하였지만 지금은 성공하게 된 자신이 이야기를 하면서 청년들에게 도전을 해보라는 것을 알려주려고 이 강연을 진행하였다.

[What 작가는 무엇을 말하는가?] / 핵심적인 내용

이 강연의 전반부에서는 강연자가 고시생이던 당시에 도로변에서 자동차 판금일을 하시는 성실하고 능력 있는 부모님의 사업을 도와드리고자 홍보물을 만들어 올리고 나중에는 인터넷 카페에서 아버지 사업 홍보를 도와드린 내용을 이야기하고 있고,

이 강연의 중반부에서는 취업을 준비하며 스펙과 실력이 모자란 면접생이 지원하는 회사에 합격할 수 있는 방법을 고민하며 지원하던 회사의 경쟁업체를 조사하고 면접관에게 조사내용을 전달한 강연자의 경험을 이야기하고 있으며,

이 강연의 후반부에서는 코로나 사태로 인해 회사가 적자가 나서 망하게 되어 직원들과 함께 새롭게 사업체를 만들어 성공하기 불가능한 위기 속에서 성공을 이룬 것을 이야기하고 있다.

[How 나에게 어떻게 적용할 것인가?] 실천 사항

앞으로 나는 특별하지 않다는 것이 생각의 전환이며, 문제를 찾고 도전하며 실행할 수 있는 방법으로 블로그를 매일 한 편씩 올릴 것이다.

1 생각 [나는 ~라고 생각한다] / 주장, 평가

나는 오두환 강연자의 '평범한 사람이 나를 파는 전략 '오케팅' 특별하지 않아도 부자가 되는 전략' 강연이 생각을 바꿈으로써 성공할 수 있다는 것을 오두환 강연자의 경험에 비추어 설명한 것이라고 생각한다.

3 이유 [왜냐하면] / 내 생각에 대한 이유 3가지

왜냐하면 첫째, 평범한 사람으로 문제가 있으면 해결방법을 찾아서 고민하고 실행하였기에 이 자리에 성공한 자로서 경험을 이야기하고 있기 때문이고,

둘째, 취업을 준비하던 면접생의 자세에서도 새로운 방식으로 해결방법을 찾게 된 것을 이야기하고 있기 때문이며,

셋째, 성공적으로 잘 나가던 직장인에서 회사를 퇴직하게 되고, 같이 퇴직한 직원들과 밑바닥에서부터 성공한 이야기를 해주며 당신도 할 수 있으니 성공할 것이라는 이야기하고 있기 때문이다.

1 결론 [그래서, 나는 ~라고 생각한다] / 2% 평가

그래서 나는 오두환 강연자의 '평범한 사람이 나를 파는 전략 '오케팅' 특별하지 않아도 부자가 되는 전략' 강연이 생각을 바꿈으로써 성공할 수 있다는 것을 오두환 강연자의 경험에 비추어 설명한 것이라고 생각한다.

2% 아쉬운 점

하지만 퇴직한 직원들과 함께 엄청난 노력을 하여 성공한 것이 생각만 바꾸고 실행하면 된다는 긍정만 이야기 해주어서 아쉽다.

내 마음속의 한 구절

"특별하지 않은 사람의 특별하지 않은 이야기"

그대가 곁에 있어도 나는 그대가 그립다

작성자: 곽영경
평 점: ★★★★★
시 인: 류시화 지음
출판사: 열림원
연 도: 2015년

[Why 작가는 왜 이 책을 썼을까?] / 저술 목적

이 시의 시인은 자신의 마음속에 자리 잡고 있는 대상에게 내 마음을 흔들어 놓고 그립다는 것을 알려주려고 이 시를 창작했다.

[What 작가는 무엇을 말하는가?] / 핵심적인 내용

이 시의 전반부에서는 물속에서 하늘 속에서 내안에 있는 것이 나 혼자 있는 것이 아니라는 것을 이야기하고 있고,

이 시의 후반부에서는 내 안에서 머무는 그대가 나를 흔들며 꿈에서 만나면서도 그리운 것을 이야기하고 있다.

[How 나에게 어떻게 적용할 것인가?] 실천 사항

앞으로 나는 내 안에서 나를 흔드는 사람을 그리워하는 시간보다 함께 있는 시간을 가질 것이다.

1 생각 [나는 ~라고 생각한다] / 주장, 평가

나는 류시화 시인의 《그대가 곁에 있어도 나는 그대가 그립다》가 내 마음속에 있는 그리운 존재에게 보고 싶다는 마음을 이야기하는 것이라고 생각한다.

3 이유 [왜냐하면] / 내 생각에 대한 이유 3가지

왜냐하면 첫째, 이 세상 만물에 나 혼자 있는 것이 아니라는 것을 이야기하고 있기 때문이고,

둘째, 내 마음 깊은 곳에서 내 꿈속에서 만나는 사람이 그대라는 것을 이야기하고 있기 때문이며,

셋째, 그리운 대상에게 보고 싶은 마음이 있어서 그립다는 것을 이야기하고 있기 때문이다.

1 결론 [그래서, 나는 ~라고 생각한다] / 2% 평가

그래서 나는 류시화 시인의 《그대가 곁에 있어도 나는 그대가 그립다》가 내 마음속에 있는 그리운 존재에게 보고 싶다는 마음을 이야기하는 것이라고 생각한다.

2% 아쉬운 점

하지만 내 마음속에 있어도 그립다는 내 마음만을 이야기하고 있어서 상대방의 마음이 없어서 아쉽다.

내 마음속의 한 문장

"그리고 내 안에는 나만이 있는 것이 아니다."

작성자: 김몽
평 점: ★★★★★
작 가: 빈센트 반 고흐
연 도: 1890년

꽃 피는 아몬드 나무

[Why 작가는 왜 이 책을 썼을까?] / 저술 목적

이 그림의 화가는 가족에게 받은 사랑과 위로를 보답하듯 동생 테오의 아들에게 즉 자신의 조카 탄생을 축하하기 위해 이 아름다운 그림을 그렸다.

[What 작가는 무엇을 말하는가?] / 핵심적인 내용

이 그림의 특징은 휘몰아치는 강력한 터치감과 타오르는 불꽃 같은 색채를 표현한 고흐의 다른 그림과 비교했을 때, 그의 작품이라고 생각하기 어려울 만큼 따뜻한 느낌을 주었고,

이 그림의 색채는 밝고 파란 하늘을 배경으로 아몬드 나무에 핀 팝콘 같은 순백의 꽃으로 갓 태어난 아기의 모습을 상징하듯 순수함을 담고 있으며,

이 그림의 상징은 가족, 연인, 우정을 향한 사랑을 연상하게 하고 "사랑"을 해주는 사람이 있다고 느낄 때 전해지는 그 온기와 사랑이 이 그림에 고스란히 담겨 있다.

[How 나에게 어떻게 적용할 것인가?] 실천 사항

앞으로 나는 힘들고 지치는 순간에 누군가의 사랑은 충분한 위로와 응원이 되고, '꽃 피는 아몬드 나무'를 생각하며 고흐가 그의 조카에게 그랬던 것처럼 나도 나를 사랑해주고 지지해주는 사람들의 사랑과 온기를 느끼면 위로를 받을 것이다.

1 생각 [나는 ～라고 생각한다] / 주장, 평가

나는 빈센트 반 고흐의 '꽃 피는 아몬드 나무'는 우리에게 때를 가리지 않고 찾아오는 스트레스가 밀려오 때 감상하면 마음이 편안해지는 그림이라고 생각한다.

3 이유 [왜냐하면] / 내 생각에 대한 이유 3가지

왜냐하면 첫째, 이 그림에 가득 표현된 빛은 지친 삶을 밝혀 주고 뿜어져 나오는 아우라가 희망을 채워주기 때문이고,

둘째, 메마른 가지에 피어난 흰 꽃은 생명의 탄생을 알리고 생기를 불어 넣은 듯한 활력이 느껴지게 하기 때문이며,

셋째, 스트레스가 밀려올 때 이 그림만큼 내 마음을 편안하게 해주는 것은 없었던 것 같기 때문이다.

1 결론 [그래서, 나는 ～라고 생각한다] / 2% 평가

그래서 나는 빈센트 반 고흐의 '꽃 피는 아몬드 나무'는 우리에게 때를 가리지 않고 찾아오는 스트레스가 밀려오 때 감상하면 마음이 편안해지는 그림이라고 생각한다.

2% 아쉬운 점

그러나 '인생그림'을 이미지로만 감상하는 것이 항상 아쉽지만 언젠가 실제로 볼 수 있을 날을 기다리고 있다.

내 마음속에 남은 한 장면

"꽃 피는 아몬드 나무는 따뜻한 위로가 번지는 인생 그림이자 지친 마음을 끌어주는 그림이다."

이게 정말 천국일까?

작성자: 김몽
평 점: ★★★★★
작 가: 요시타케 신스케 지음
연 도: 2016년

[Why 작가는 왜 이 책을 썼을까?] / 저술 목적

이 책의 작가는 어른과 어린이들에게 유쾌한 시각으로 죽음에 대해 해석해 주었다. 누구에게나 무겁고 슬픈 죽음을 쉽게 무섭지 않게 그리고 오늘의 소중함을 일깨워주기 위해 이 책을 저술했다.

[What 작가는 무엇을 말하는가?] / 핵심적인 내용

이 그림책의 전반부에서는 할아버지가 생전에 죽은 후에 어떻게 될지에 대해 상상하여 쓴 노트를 손자가 우연히 발견하게 된 내용을 이야기하고 있고,

이 그림책의 중반부에서는 할아버지가 상상한 천국의 모습은 어떤 것인지를 담았고, 천국에 갈 때 무엇을 챙겨가고 싶은지, 다시 태어나면 뭐가 되고 싶은지, 가족이 보고싶으면 어떻게 할지에 대한 내용을 이야기하고 있으며, 이 그림책의 후반부에서는 주인공이 할아버지의 노트를 보며 할아버지의 마음이 어땠을지 생각해 본다. 그리고 주인공도 나중에 천국에서 뭘 할까를 잠시 고민에 빠진다. 하지만 어린 주인공은 살아있는 현재 하고 싶은 일들만 자꾸 떠올라 천국에서 무얼 할지에 대한 계획을 뒤로한 내용을 이야기하고 있다.

[How 나에게 어떻게 적용할 것인가?] 실천 사항

앞으로 나는 현실에서 내가 하고 싶은 일, 상상의 세계에서 하고 싶은 일, 두 개의 공책을 만들어 주인공의 할아버지처럼 그리고 쓸 계획이다.

1 생각 [나는 ~라고 생각한다] / 주장, 평가

나는 요시타케 신스케의《이게 정말 천국일까?》라는 그림책이 꼭 어린이들뿐만 아니라 죽음을 두려워하거나 생각을 하기 싫은 어른들에게도 죽음에 대해 유쾌하게 읽을 수 있게 도와주는 힐링 동화책이라고 생각한다.

3 이유 [왜냐하면] / 내 생각에 대한 이유 3가지

왜냐하면 첫째, 죽음을 어떻게 아이에게 설명할까 하는 고민을 조금 쉽게 무섭지 않게 설명할 수 있기 때문이고,

둘째, 할아버지의 죽음으로 시작한 슬픈 이야기지만 할아버지의 재미있는 생각 때문에 천국도 조금 재미있는 곳인 것 같다는 생각이 들었고, 만약에 돌아가신 나의 조부가 계신 천국도 이런 곳이라면 조금 안심이 되고 위안이 되기 때문이며,

셋째, 주인공이 할아버지가 천국을 생각할 때의 마음이 정말 즐겁기만 했을까 아니면 너무 무섭고 슬펐기 때문에 '천국의 노트'를 쓰지 않았는지를 공감이 되고 지금의 소중함을 깨우쳐줬기 때문이다.

1 결론 [그래서, 나는 ~라고 생각한다] / 2% 평가

그래서 나는 요시타케 신스케의《이게 정말 천국일까?》라는 책이 죽음이라는 무겁고 기피하고 싶은 주제를 편안하게 읽고 위로를 받을 수 있는 힐링 동화책이라고 생각한다.

2% 아쉬운 점

그러나 어린이들이 죽음을 다소 가볍게 생각하지 않을까? 의문이 든다.

내 마음속에 남은 한 장면

"천국에서 먼저 세상을 떠난 할머니를 만나는 할아버지의 상상 장면"

엄마가 딸에게

작성자: 김몽
평 점: ★★★★★
작사(곡)가: 양희은, 김창기
연 도: 2015년

[Why 작가는 왜 이 책을 썼을까?] / 저술 목적

이 노래의 작사가는 엄마가 딸에게, 딸이 엄마에게 차마 말하지 못하는 속마음을 이 노래를 통해 엄마와 딸이 마주 보고 대화해 나갈 수 있기 바라고 세상의 모든 딸이 후회 없이 자신의 삶을 살기 바라는 마음에 이 노래를 작사했다.

[What 작가는 무엇을 말하는가?] / 핵심적인 내용

이 노래의 전반부에서는 전주 없이 시작되는 양희은의 노래에 '엄마'가 되어 자기 독백으로 토로하는 내용을 이야기하고 있고,

이 노래의 중반부에서는 '딸'은 엄마에게 불만을 표현하며 현실의 갈등을 그리고 있는 내용을 이야기하고 있으며,

이 노래의 후렴에서는 저마다 고민을 안고 행복을 바라는 엄마의 마음 그리고 서로 온전히 이해하지 못하더라도 우리는 사랑한다고 말하고 싶다는 이야기를 하고 있다.

[How 나에게 어떻게 적용할 것인가?] 실천 사항

앞으로 나는 이 노래의 끝말 "너의 삶을 살아라"처럼 엄마가 된 후에 내 시간이 없는 삶을 살면서 지쳐 가는 나를 돌아보며 잃어가는 나 자신의 삶을 찾을 것이다.

1 생각 [나는 ~라고 생각한다] / 주장, 평가

나는 양희은의 '엄마가 딸에게'라는 노래가 세상 모든 딸에게 행복하고 후회 없는 삶을 살아가기 바라는 엄마의 절절한 마음을 전하는 감동적인 노래라고 생각한다.

3 이유 [왜냐하면] / 내 생각에 대한 이유 3가지

왜냐하면 첫째, 세상 모든 엄마들의 마음은 다 똑같을 것이다. 우리 아이들이 행복하길 바라는 마음, 가끔 그 마음이 다른 것에 가려지지 않았는지 나를 되돌아보게 했기 때문이고,

둘째, 아이의 마음을 미쳐 헤아리지 못하고 그저 잘 되기 바라는 마음에 조건들을 내세워서 아이를 힘들게 하지 않았는지 반성하게 했기 때문이며,

셋째, 비로소 우린 서로 온전히 이해하지 못하더라도 우린 서로를 믿고 사랑한다는 내용이 절절하고 감동적이기 때문이다.

1 결론 [그래서, 나는 ~라고 생각한다] / 2% 평가

그래서 나는 양희은의 '엄마가 딸에게'라는 노래가 세상 모든 딸에게 행복하고 후회 없는 삶을 살아가기 바라는 엄마의 절절한 마음을 전하는 감동적인 노래라고 생각한다.

2% 아쉬운 점

그러나 사춘기를 겪고 있는 청소년들에게 이 노래가 많이 알려져 있지 않고 더 많이 사람들에게 위로를 전하지 못하는 것이 아쉽다.

내 마음속에 남은 한 소절

"너의 삶을 살아라"

타임챌린지

작성자: 김몽
평 점: ★★★★
개발자: 이소영(일러스트넷),문태원(보드붐),강수연(세모교육)
제작사: 아트박스/피에스컴퍼니
연 도: 2021년

[Why 작가는 왜 이 책을 썼을까?] / 저술 목적

이 게임의 개발자는 초등 저학년 아이들에게 가장 어려워하는 시간 계산법을 놀이로 통해 재미있게 익힐 수 있도록 이 게임을 개발했다.

[What 작가는 무엇을 말하는가?] / 핵심적인 내용

이 보드게임의 목표는 12시가 될 때까지 가장 많은 보석을 모은 사람의 승리로 정각으로부터 몇 분 전인지 계산하며 시간 개념을 이해시키는 데 목표를 두고 있고,

이 보드게임의 준비 단계는 모험 시계를 12시 정각에 맞추어 테이블에 올려 두고, 그 앞에 보석 카드 위에 보석 한 개를 올리고 카드를 섞어 5장씩 나누어 가진다. 남은 카드 더미를 테이블에 올려 두고 게임을 준비하는 것이며,

이 보드게임의 효과는 이 게임을 통해 시간 계산이 빨라지고 60진법에 대해 재미있게 시간 개념을 습득할 수 있다.

[How 나에게 어떻게 적용할 것인가?] 실천 사항

앞으로 나는 시간 개념을 어려워하는 저학년 아이들에게 이 보드게임을 추천하고 시간 개념을 익히는 것이 어려운 학습이 아니라는 것을 인지시키고 유쾌한 게임을 통해 익히도록 할 것이다

1 생각 [나는 ~라고 생각한다] / 주장, 평가

나는 아트박스/피에스컴퍼니에서 제조한 '타임챌린지'라는 보드게임은 초등학교 저학년 아이들에게 어려운 시간 개념을 보드게임을 통해 재미있게 습득할 수 있는 좋은 제품이라고 생각한다.

3 이유 [왜냐하면] / 내 생각에 대한 이유 3가지

왜냐하면 첫째, 60진법을 익숙해 하지 않는 아이들에게 60진법을 쉽게 이해시킬 수 있기 때문이고,

둘째, 시간 개념을 익히는 동시 게임에서 승리하면 예쁜 보석도 얻을 수 있기 때문이며,

셋째, 이 보드게임을 통해 시간 계산이 빨라지고 시간 계산에 대한 부담과 두려움이 없앨 수 있기 때문이다.

1 결론 [그래서, 나는 ~라고 생각한다] / 2% 평가

그래서 나는 아트박스/피에스컴퍼니에서 제조한 '타임챌린지'라는 보드게임은 초등학교 저학년 아이들에게 어려운 시간 개념을 보드게임을 통해 재미있게 습득할 수 있는 좋은 제품이라고 생각한다.

2% 아쉬운 점

그러나 게임의 준비 단계에서 설명하는 과정이 저학년 아이들에게 복잡한 설명인 것이 다소 아쉽다.

내 마음속에 남은 한 장면

"아이들이 흥미롭게 게임을 하면서 보석을 많이 모을 때 신이 나는 모습"

오예스 옥수수

작성자: 김몽
평 점: ★★★★
회사명: 해태제과
연 도: 2022년

[Why 작가는 왜 이 책을 썼을까?] / 저술 목적

이 상품의 회사는 옥수수를 좋아하는 소비자에게 고소한 콘크림이 달콤한 초코릿을 만나 더욱 환상적인 맛을 즐길 수 있게하기 위해 이 상품을 출시했다.

[What 작가는 무엇을 말하는가?] / 핵심적인 내용

이 상품의 특징은 기존 해태제과 오예스 초콜릿맛 제품에 콘크림을 더해 더블크림으로 맛과 풍미를 더했고,

이 상품의 구성은 1봉지 30g당 145kcal이고 각 봉지마다 다른 디자인의 귀여운 강아지 캐릭터로 12봉지가 개별 포장되었으며,

이 상품의 맛은 먹자마자 스르르 녹을 정도로 부드러운 케이크의 식감에 강렬한 옥수수의 고소한 맛과 오예스 오리지날 초콜릿 맛의 비중이 8:2이며 옥수수 맛이 큰 비중을 차지하고 있다.

[How 나에게 어떻게 적용할 것인가?] 실천 사항

앞으로 나는 새로 출시한 다양한 스낵을 맛보고 주변 사람들과 나눠 소소한 기쁨과 달콤함을 공유할 것이다.

1 생각 [나는 ～라고 생각한다] / 주장, 평가

나는 해태제과에서 출시한 '오예스 옥수수'는 옥수수를 좋아하는 소비자와 옥수수를 자주 접해 보지 않는 소비자에게 옥수수의 고소함과 오리지널 오예스의 달콤함을 한번에 즐길 수 있게 하는 제품이라고 생각한다.

3 이유 [왜냐하면] / 내 생각에 대한 이유 3가지

왜냐하면 첫째, 강렬한 옥수수의 고소한 향과 함께 달콤한 초콜릿의 조합이 아주 잘 어울리기 때문이고,

둘째, 단면을 자르면 노란색 콘크림과 초코크림이 확연하게 구분되어 시각적으로 먼저 매료되게 하기 때문이며,

셋째, 보통 원가 절감을 위해 같은 디자인을 사용하는 데에 비해 개별 포장으로 각 봉지마다 다른 디자인의 캐릭터가 매우 인상적이고 귀엽기 때문이다.

1 결론 [그래서, 나는 ～라고 생각한다] / 2% 평가

그래서 나는 해태제과에서 출시한 '오예스 옥수수'는 옥수수를 좋아하는 소비자와 옥수수를 자주 접해 보지 않는 소비자에게 옥수수의 고소함과 오리지널 오예스의 달콤함을 한번에 즐길 수 있게 하는 제품이라고 생각한다.

2% 아쉬운 점

그러나 이 제품이 한 봉지가 30g이라서 조금 적다는 것이 아쉽다.

내 마음속에 남은 한 문장

"부드러운 콘크림과 초코의 환상 조합"

아바이마을 실향민의 삶

작성자: 김몽
평 점: ★★★★
매체명: 문화재청
진행자: 김몽
대담자: 이금순(실향민 1세대)
연 도: 2022년

[Why 작가는 왜 이 책을 썼을까?] / 저술 목적

이 인터뷰의 진행자는 국민들에게 한국전쟁 당시 고향을 떠나고 고향에 돌아갈 길이 막힌 사람들의 삶의 이야기를 알려주려고 이 인터뷰를 진행했다.

[What 작가는 무엇을 말하는가?] / 핵심적인 내용

이 인터뷰의 전반부에서는 실향민 1세대 이금순(98세)할머니가 한국전쟁 이전 이북에서 생활했던 이야기를 회상하며 이야기하는 내용을 담고 있고,

이 인터뷰의 중반부에서는 피란 당시 시어머니와 어린 자녀를 이끌고 피란 길에서 벌어진 가슴 아픔 사연을 담고 있으며,

이 인터뷰의 후반부에서는 지금의 아바이마을이 조성된 까닭에 대해 설명하고 언제든지 다시 고향에 돌아간다는 생각으로 이북과 가장 가깝지만 척박한 청호동에서 삶을 개척한 이야기를 하고 있다.

[How 나에게 어떻게 적용할 것인가?] 실천 사항

앞으로 나는 고향을 그리워하는 실향민의 이야기를 기록하고 우리의 후세들도 우리의 아픈 역사를 잊지 않도록 힘을 보탤 것이다.

1 생각 [나는 ~라고 생각한다] / 주장, 평가

나는 문화재청에서 인터뷰한 '아바이마을 실향민의 삶'은 우리에게 한국 현대 역사의 단면을 도배한 한국전쟁을 겪은 사람들의 이야기를 알려주는 뜻깊은 인터뷰라고 생각한다.

3 이유 [왜냐하면] / 내 생각에 대한 이유 3가지

왜냐하면 첫째, 현재까지 살아 계시는 실향민 1세대가 몇 분 남지 않기에 실향민 1세대인 이금순 할머니께서 실향민의 삶을 더욱 생생하게 전해주었기 때문이고,

둘째, 잠시 헤어지며 다시 돌아온다고 떠난 피란길이 영영 가족과 이별한 이야기가 마음을 울렸기 때문이며,

셋째, 그들은 다시 고향으로 돌아가겠다는 신념으로 낯선 곳에서 삶을 개척하고 사회의 발전 동력이 되며 삶의 희망을 놓지 않았기 때문이다.

1 결론 [그래서, 나는 ~라고 생각한다] / 2% 평가

그래서 나는 문화재청에서 인터뷰한 '아바이마을 실향민의 삶'은 우리에게 한국 현대 역사의 단면을 도배한 한국전쟁을 겪은 사람들의 이야기를 알려주는 뜻깊은 인터뷰라고 생각한다.

2% 아쉬운 점

그러나 인터뷰하는 동안 이금순 할머니의 아픈 기억을 다시 꺼내어 눈물 흘리는 모습이 내내 마음이 아파서 안타까웠다.

내 마음속에 남은 한 마디

"가려고 해도 갈 수 없어 한스럽고, 오려고 해도 올 수 없어 한스럽다."

고향에서 놀던 때가 그립습니다

작성자: 박상대
평 점: ★★★★
저 자: 이재연 지음
출판사: 소동
연 도: 2019년

[Why 작가는 왜 이 책을 썼을까?] / 저술 목적

이 책의 작가는 잊혀져가는 고향의 모습과 정겨운 추억들을 다시 끄집어내어 저자와 동시대를 함께 살았던 사람들과 이를 모르는 후손들에게 글과 그림을 통해 같은 세대에게는 자신의 인생을 회고해 볼 수 있는 아련한 추억여행과 더불어 자손세대와의 소통과 공감의 시간을 갖기 위하여 이 책을 저술했다.

[What 작가는 무엇을 말하는가?] / 핵심적인 내용

이 책의 전반부에서는 새해를 맞이하는 떡 방앗간의 풍경부터 참새잡기, 썰매 타기, 쥐불놀이 등의 겨울 풍경과 보리 싹 밟기, 봄나물 캐기, 모내기등의 봄의 정경과 추억들에 대해 이야기하고 있고,

이 책의 중반부에서는 감자 캐기, 장마, 천렵, 원두막의 풍경 등의 여름의 모습과 추억, 그리고 가을걷이, 운동회, 메뚜기 잡기 등의 가을의 풍경과 추억을 이야기하고 있으며,

이 책의 후반부에서는 목욕탕 가기, 장날의 추억,머리 깎던 날, 놋그릇 닦던 날 등의 이야기를 통해 가족과,선생님, 친구 등 그 시절 함께했던 사람들을 회상하며 이야기하고 있다.

[How 나에게 어떻게 적용할 것인가?] 실천 사항

이 책을 읽고 나는 오랜 시간 잊고 있었던 고향과 그곳에서의 추억을 떠올리게 되었고 고향과 잊고 살았던 옛 추억이 현재의 시간을 얼마나 위로해주는지 느끼게 되었다. 변하지 않는 내 기억속의 고향의 모습과 사람들과의 추억을 아이들과 이야기를 나누며 가끔씩은 나를 위로하는 시간으로 또 나를 다시 알아가는 도구로 삼고자 한다.

1 생각 [나는 ~라고 생각한다] / 주장, 평가

나는 이재연 작가의《고향에서 놀던 때가 그립습니다》가 저자와 같은 시대를 함께 살았던 사람들과 그 자손들에게 지나간 시간을 통해 위로받는 방법을 찾게 해주며 서로 다른 세대 간의 소통에 도움을 주는 아주 따뜻한 책이라고 생각한다.

3 이유 [왜냐하면] / 내 생각에 대한 이유 3가지

왜냐하면 첫째, 저자와 동시대를 살아왔던 사람들에게는 지나간 시간들 속에서 잊고 살았던 고향과 사람들에 대한 회상을 통해 자신과 주변을 돌아볼 시간을 갖게 해 주었기 때문이고,

둘째, 그 시간들을 통해 자신이 어떻게 현재의 모습이 되었는지, 그리고 앞으로 어떻게 아름다운 추억을 만들어가며 살아야 할지에 대해 생각하게 만들어 주었기 때문이고,

셋째, 오래된 사진첩을 들춰보는 것 같은 그림과 할머니의 옛날이야기를 듣고 있는 듯한 문장으로 세대와 세대 간의 공감과 소통을 이끌어내고 있기 때문이다.

1 결론 [그래서, 나는 ~라고 생각한다] / 2% 평가

그래서 나는 이재연 작가의《고향에서 놀던 때가 그립습니다》가 저자와 같은 시대를 함께 살았던 사람들과 그 자손들에게 지나간 시간을 통해 위로받는 방법을 찾게 해주며 서로 다른 세대 간의 소통에 도움을 주는 아주 따뜻한 책이라고 생각한다.

2% 아쉬운 점

하지만 저자 자신만의 회상에 너무 치우친 경향이 있어 세대간의 소통을 하기에는 조금 미흡하게 느껴져 아쉽다.

내 마음에 남는 한 문장

"어머니는 매달 음력 초사흘 날이면 장독에 손수 찐 고사떡을 놓고 빌었다. 그저 아버지의 안녕과 남매의 이름을 한명 한명 거론하며 "남의 눈에 예쁘게 보이게 해주십사 간절히 빌었다."

인간은 이기적이지 않고 시장은 합리적이지 않다.

작성자: 박상대
평 점:★★★★
기 자: 이완배 기자
신문사: 민중의 소리
발행일: 2022년

[Why 작가는 왜 이 책을 썼을까?] / 저술 목적

이 기사의 기자는 마음의 스승인 경제학자 정태인 선생을 추모하며 그를 기억하는 사람들과 경제의 흐름에 관심이 있는 사람들에게 정태인 선생의 삶에 대해 이야기하고 그의 관심사였던 협동의 경제학에 대해 알려주려고 이 기사를 썼다.

[What 작가는 무엇을 말하는가?] / 핵심적인 내용

이 기사의 전반부에서는 기자와 정태인 선생과의 개인적 인연과 선생의 삶에 대한 내용을 간략히 이야기하고 있고,

이 기사의 중반부에서는 인간은 이기적이지 않고 시장은 합리적이지 않은 이유에 대해 지난 인류의 역사 속에서 인간은 협동적이었다고 말하고 영양실조로 죽어가는 한편과 비만으로 인한 사망 원인을 예로 들며 시장의 불합리성에 대해 이야기하고 있으며,

이 기사의 후반부에서는 토니 블레어의 이해당사자 이론을 말하고 이 이론을 한국 자본주의를 개혁할 대안으로 내세우고 이를 위해 활동한 정태인 선생에 대해 이야기하고 있다.

[How 나에게 어떻게 적용할 것인가?] 실천 사항

앞으로 나는 지금까지 내가 알아왔던 시장 자본주의와 인간의 이기성에 대한 얕고 피상적 믿음에 대해 다시 생각해 볼 것이고, 제대로 된 경제 공부를 해볼 것이다.

1 생각 [나는 ~라고 생각한다] / 주장, 평가

나는 이완배 기자의 '인간은 이기적이지 않고 시장은 합리적이지 않다'라는 기사가 경제를 영위하며 살아가는 모든 사람들에게 우리가 관념적으로 알고 있었던 시장자본주의 모순과 인간의 협동성에 대해 잘 알려준 훌륭한 기사라고 생각한다.

3 이유 [왜냐하면] / 내 생각에 대한 이유 3가지

왜냐하면 첫째, 우리가 언론을 통해 항상 듣는 "시장자본주의의 합리성"에 대해 아주 쉬운 사례를 들어 시장자본주의 모순을 이해시키고 있기 때문이고,

둘째, 주류경제학이 주장하고 있는 "신자유주의"와 "주주 자본주의"의 실체를 이해당사자 이론을 통해 그 대안을 제시하고 있기 때문이며,

셋째, 이 이론을 자신의 삶의 실천으로 살아온 정태인 선생의 삶을 통해 더 감정적으로 접근할 수 있게 하였기 때문이다.

1 결론 [그래서, 나는 ~라고 생각한다] / 2% 평가

그래서 나는 이완배 기자의 '인간은 이기적이지 않고 시장은 합리적이지 않다'라는 기사가 경제를 영위하며 살아가는 모든 사람들에게 우리가 관념적으로 알고 있었던 시장자본주의 모순과 인간의 협동성에 대해 잘 알려준 훌륭한 기사라고 생각한다.

2% 아쉬운 점

하지만 기사의 특성상 지면의 제약이 있다는 것을 감안 하더라도 좀 더 구체적 사례를 들어 설명했으면 하는 아쉬움이 있다.

내 마음속에 남은 한 문장

"인간은 이기적이지 않고 시장은 합리적이지 않다."

사랑은 그렇게 하는 것이 아니다

작성자: 장윤선
평 점: ★★★★★
작 가: 김달 지음
출판사: 빅피시
연 도: 2022년

[Why 작가는 왜 이 책을 썼을까?] / 저술 목적

이 책의 작가 김달은 연애할 때마다 상처만 받고 힘들어하는 이들에게 자신과 상대방에게 더 좋은 방향으로 성장하며 사랑하는 방법을 알려주려고 이 책을 저술했다.

[What 작가는 무엇을 말하는가?] / 핵심적인 내용

Chapter 1 내가 좋아하는 사람이 나를 좋아하도록- 에서는 좋아하는 상대에게 긍정의 언어와 매너로 다가가는 법을 이야기하고 있고,

Chapter 2. 상대방의 진심을 읽는 법- 에서는 연애하며 조심해야할 설렘과 연민의 감정에 대해 이야기하고 있으며,

Chapter 3. 진짜 괜찮은 사람을 가려낼 무기- 에서는 나 자신보다 상대를 더 많이 사랑하는 것은 좋은 연애가 아님을 이야기하고 있고,

Chapter 4. 어떤 갈등 앞에서도 당당하게- 에서는 타인을 이해하고 수용하는 것의 필요성을 이야기하고 있으며,

Chapter 5. 상처를 털고 나아가는 법- 에서는 이별은 모든 것이 끝나는 의미가 아닌 나 자신이 발전하는 계기가 됨을 이야기하고 있다.

[How 나에게 어떻게 적용할 것인가?] 실천 사항

앞으로 나는 둘만의 세상에 갇힌 연애가 아닌 서로를 위해, 연인과 매월 같은 책을 읽고 생각을 공유하는 시간을 보낼 것이다.

1 생각 [나는 ~라고 생각한다] / 주장, 평가

나는 김달 작가의 《사랑은 그렇게 하는 것이 아니다》가 헌신하는 연애를 하는 이들에게 연애의 본질에 대해 알려주는 좋은 책이라고 생각한다.

3 이유 [왜냐하면] / 내 생각에 대한 이유 3가지

왜냐하면 첫째 편협한 사고는 나와 상대방을 발전시키지 못하고 머무르게 함을 알려주기 때문이고,

둘째, 연애는 서로만 바라보는 것이 아닌 내가 가는 길에 도움이 될 사람과 하는 것임을 알려주기 때문이며,

셋째, 결혼을 전제로 하는 연애는 불타는 것보다 잔잔해야 길게 오래갈 수 있음을 알려주기 때문이다.

1 결론 [그래서, 나는 ~라고 생각한다] / 2% 평가

그래서 나는 김달 작가의 《사랑은 그렇게 하는 것이 아니다》가 헌신하는 연애를 하는 이들에게 연애의 본질에 대해 알려주는 좋은 책이라고 생각한다.

2% 아쉬운 점

하지만, 많은 사람들이 연애를 글로 배우는 것을 부끄럽게 여겨 이 책을 등한시할 것 같아 안타깝다.

내 마음속 한 문장

"무엇보다 상대와 연애하면서 결혼하는 걸 목표로 삼지 말고 당신 자신이 성장하는 걸 목표로 삼아야한다."

책을 사랑한 카네기

작성자: 장윤선
평 점: ★★★★
작 가: 문용린 지음
출판사: 주니어김영사
연 도: 2014년

[Why 작가는 왜 이 책을 썼을까?] / 저술 목적

이 책의 작가 문용린은 청소년들과 청년들에게 꿈을 이루고 행복하게 하는 데에 필요한 소중한 가치들을 알려주려고 이 책을 저술했다.

[What 작가는 무엇을 말하는가?] / 핵심적인 내용

이 책의 전반부에서는 어려운 유년시절을 겪으며 존경받는 부자가 되리라 결심하는 카네기를 이야기하고 있고,

이 책의 중반부에서는 초등학교에 진학하지 못해 알바를 하면서도 꿈을 잃지 않는 앤드류의 사례로 포기하지 않으면 기회가 온다는 것을 이야기하고 있으며,

이 책의 후반부에서는 독서를 하며 쌓은 방대한 지식으로 철강사업을 성공시키고 나아가 꿈이었던 존경받는 부자가 된 카네기의 이야기하고 있다.

[How 나에게 어떻게 적용할 것인가?] 실천 사항

앞으로 나는 세상을 보는 안목을 기르기 위해 매월 1권 이상의 책을 완독하고 서평을 쓰도록 할 것이다.

1 생각 [나는 ~라고 생각한다] / 주장, 평가

나는 김용린 작가의《책을 사랑한 카네기》가 책에 대한 흥미를 잃은 청년들에게 독서의 중요성을 알려주는 좋은 책이라고 생각한다.

3 이유 [왜냐하면] / 내 생각에 대한 이유 3가지

왜냐하면 첫째 학교에 진학하지 못한 카네기가 책을 통해 배움으로써 존경받는 부자가 되었음을 알려주기 때문이고,

둘째, 책은 영상과 다르게 능동적으로 지식을 습득해야 함으로 머릿속에 더 오래 남기 때문이며,

셋째, 비교적 저렴한 비용으로 지식과 정보를 습득할 수 있기 때문이다.

1 결론 [그래서, 나는 ~라고 생각한다] / 2% 평가

그래서 나는 김용린 작가의《책을 사랑한 카네기》가 책에 대한 흥미를 잃은 청년들에게 독서의 중요성을 알려주는 좋은 책이라고 생각한다.

2% 아쉬운 점

하지만, 카네기처럼 뚜렷한 목표가 없는 이들에게는 독서의 중요성이 강조되지 않을 것 같아 안타깝다.

내 마음속 한 문장

"책 속에 제 꿈과 희망이 들어 있는 것 같아요."

길이 끝나면

작성자: 장윤선
평 점: ★★★★
시 인: 박노해 지음
출판사: 느린걸음
연 도: 2010년

[Why 작가는 왜 이 책을 썼을까?] / 저술 목적

이 시의 시인 박노해는 어떤 일에 대해 '끝'이라고 생각하며 힘들어하는 사람들에게 '끝'은 '또 다른 시작'이라는 것을 알려주려고 이 시를 지었다.

[What 작가는 무엇을 말하는가?] / 핵심적인 내용

이 시의 전반부에서는 어떤 길의 끝은 새로운 길의 시작임을 이야기하고 있고,

이 시의 중반부에서는 계절이나 시간의 끝이라고 생각되는 것도 또 다른 시작임을 이야기하고 있으며,

이 시의 후반부에서는 절망은 희망의 시작이며, 무너져도 더 크게 일어날 수 있음을 이야기하고 있다.

[How 나에게 어떻게 적용할 것인가?] 실천 사항

앞으로 나는 끝이라고 생각되거나 절망하며 무너지더라고 '끝'은 새로운 시작 혹은 성장의 발판이라 생각하며 또 한 걸음 나아갈 것이다.

1 생각 [나는 ~라고 생각한다] / 주장, 평가

나는 박노해 시인의 《길이 끝나면》이라는 시가 새로운 도전을 하는 사람들에게 끊임없이 시도할 수 있는 용기를 주는 좋은 시라고 생각한다.

3 이유 [왜냐하면] / 내 생각에 대한 이유 3가지

왜냐하면 첫째, 새로운 도전을 하는 과정에서는 고난과 역경에 부딪히는 일이 당연하기에 견뎌야함을 알려주기 때문이고,

둘째, '끝'과 '절망' 앞에 새로운 시작과 희망이 있음을 말하며 다시 일어날 수 있도록 격려하기 때문이며,

셋째, 끝은 새로운 시작이라서 끊임없이 성장할 수 있음을 알려주기 때문이다.

1 결론 [그래서, 나는 ~라고 생각한다] / 2% 평가

그래서 나는 박노해 시인의 《길이 끝나면》이라는 시가 새로운 도전을 하는 사람들에게 끊임없이 시도할 수 있는 용기를 주는 좋은 시라고 생각한다.

2% 아쉬운 점

하지만 최선의 끝이 참된 시작이라는 표현은 되려 새로운 시작에 대한 부담을 주는 것 같아 아쉽다.

내 마음속에 남은 한마디

"정직한 절망이 희망의 시작이다."

서진아 엄마는,

작성자: 장윤선
평 점: ★★★★
KBS
연 도: 2016년

[Why 작가는 왜 이 책을 썼을까?] / 저술 목적

이 영상의 제작자는 청소년과 학부모들에게 자식을 사랑하는 엄마의 마음과 가족이 함께할 수 있는 시간의 소중함을 알려주려고 이 영상을 제작했다.

[What 작가는 무엇을 말하는가?] / 핵심적인 내용

이영상의 전반부에서는 엄마를 보내는 서진이의 마음(사랑)을 이야기하고 있고,

이 영상의 중반부에서는 소중한 것들을 뒤로하고 세상을 먼저 떠나는 아내에게 '다 괜찮다'고 안심시키며 사랑을 표현하는 남편의 모습을 이야기하고 있으며,

이 영상의 후반부에서는 비록 살아서 함께 하지는 못하지만 아들 서진이를 사랑하는 엄마의 마음은 영원히 서진이의 가슴속에 남아 있을 것임을 이야기하고 있다.

[How 나에게 어떻게 적용할 것인가?] 실천 사항

앞으로 나는 소중한 사람과 함께 하는 시간을 당연하게 생각하지 않고 하루에 한번 말로써 나의 마음을 표현하는 시간을 가질 것이다.

1 생각 [나는 ~라고 생각한다] / 주장, 평가

나는 KBS의 '서진아 엄마는' 영상이 가족을 떠나보내야 하는 이들에게 이별의 방법을 알려주는 좋은 영상이라고 생각한다.

3 이유 [왜냐하면] / 내 생각에 대한 이유 3가지

왜냐하면 첫째, 생각은 보이지 않기 때문에 말로써 나의 마음을 표현해야 함을 알려주기 때문이고,

둘째, 함께할 수 있는 시간의 소중함을 일깨워주기 때문이며,

셋째, 사랑하는 사람을 두고 먼저 떠나는 이의 마음을 엿볼수 있기 때문이다.

1 결론 [그래서, 나는 ~라고 생각한다] / 2% 평가

그래서 나는 KBS의 '서진아 엄마는' 영상이 가족을 떠나보내야 하는 이들에게 이별의 방법을 알려주는 좋은 영상이라고 생각한다.

2% 아쉬운 점

하지만 임종 후에 청각이 제일 오래 남아 있는데, 사후에도 말로 표현하는 것이 더 중요하다는 내용이 없어서 아쉽다.

내 마음속에 남은 한마디

"엄마는 늘 서진이 곁에서, 마음속에서, 꿈속에서 함께 있을 것이고, 늘 응원하고, 격려하고 함께할 거야."

lost

작성자: 장윤선
평 점: ★★★★★
작사(곡)가: Pdogg, Supreme Boi, Peter Ibsen, Richard Rawson, Lee Paul Williams, RM, 준(JUNE)
연 도: 2017년

[Why 작가는 왜 이 책을 썼을까?] / 저술 목적

이 노래의 작사(곡)가는 길(목표)을 잃고 방황하며 슬럼프를 겪는 이들에게 헤매는 건 실패한 게 아닌, 길을 찾고 있는 것임을 알려주려고 이 노래를 작사(곡)했다.

[What 작가는 무엇을 말하는가?] / 핵심적인 내용

이 노래의 전반부에서는 길을 잃고 혼란스러워 하는 이의 모습을 이야기하고 있고,

이 노래의 중반부에서는 헤매고 헤매다 결국 집을 찾는 개미에 빗대어 헤매는 것이 곧 길을 찾는 과정임을 이야기하고 있으며,

이 노래의 후반부에서는 느리고, 헤매일지라도 그 길을 믿고 가다 보면 목표에 닿을 수 있음을 이야기하고 있다.

[How 나에게 어떻게 적용할 것인가?] 실천 사항

앞으로 나는 실패를 겪더라도 끝난 게 아닌 헤매며 길을 찾고 있을 뿐이라 생각하며 포기하지 않고 나의 길을 갈 것이다.

1 생각 [나는 ~라고 생각한다] / 주장, 평가

나는 Pdogg, Supreme Boi, Peter Ibsen, Richard Rawson, Lee Paul Williams, RM, 준(JUNE)의 'lost'가 실패 앞에 좌절하며 힘들어하는 이들에게 희망을 주는 좋은 노래라고 생각한다.

3 이유 [왜냐하면] / 내 생각에 대한 이유 3가지

왜냐하면 첫째, 험난한 세상에서 길을 잃고 방황하는 것은 자연스럽고 당연하다고 말하기 때문이고,

둘째, 길을 잃었다는 것을 깨닫는 것 자체가 맞는 길로 가는 여정임을 말하기 때문이며,

셋째, 내가 선택한 길을 믿는다면 돌고 돌아 결국 목표에 닿을 수 있음을 말하기 때문이다.

1 결론 [그래서, 나는 ~라고 생각한다] / 2% 평가

그래서 나는 Pdogg, Supreme Boi, Peter Ibsen, Richard Rawson, Lee Paul Williams, RM, 준(JUNE)의 'lost'가 실패 앞에 좌절하며 힘들어하는 이들에게 희망을 주는 좋은 노래라고 생각한다.

2% 아쉬운 점

하지만 타이틀 곡이 아니라서 잘 알려지지 않은 것 같아 아쉽다.

내 마음속에 남은 한 소절

"길을 잃는단 건, 그 길을 찾는 방법."

어바웃 타임

작성자: 장윤선
평 점: ★★★★★
작성일: 2022.07.28
감 독: 리차드 키티스
제작사: 유니버셜 픽쳐스
연 도: 2013년

[Why 작가는 왜 이 책을 썼을까?] / 저술 목적

이 영화의 감독은 인생이라는 여행을 하는 모든 이들에게 흘러가면 다시 돌아오지 않은 시간의 소중함과 유한한 인생을 살아가는 데에 필요한 가치관에 대해 알려주려고 이 영화를 제작했다.

[What 작가는 무엇을 말하는가?] / 핵심적인 내용

이 영화의 전반부에서는 성인이 되며 시간여행을 할 수 있게 된 주인공 '팀'이 미숙한 연애 능력을 시간여행으로써 극복하며 한 여자와 결혼한 이야기를 하고 있고,

이 영화의 중반부에서는 팀이 아버지의 임종을 막기 위해 시간을 돌리면 자녀가 바뀜을 인지하고 아버지의 임종을 받아들이는 이야기를 하고 있으며,

이 영화의 후반부에서는 시간을 여행으로는 모든 것을 해결할 수 없고, 그저 매 순간을 열심히 살아야 함을 깨닫고 최선을 다해 살아가려고 노력하는 팀의 모습을 이야기하고 있다.

[How 나에게 어떻게 적용할 것인가?] 실천 사항

앞으로 나는 유한한 인생을 소중히 살기 위해 매일 감사한 일 3가지를 찾고, 기록할 것이다.

1 생각 [나는 ~라고 생각한다] / 주장, 평가

나는 리차드 키티스 감독의 '어바웃 타임' 영화가 인생의 중요한 시기에 놓여 있는 청년들이 꼭 봐야 할 영화라고 생각한다.

3 이유 [왜냐하면] / 내 생각에 대한 이유 3가지

왜냐하면 첫째, 처음 하는 일은 두렵고, 어렵지만 시간을 들여 반복하다 보면 능숙해짐을 알려주기 때문이고,

둘째, 시간을 여행할 수 있는 사람이라도 한 인간의 끝을 막을 수는 없기에 함께하는 시간의 소중함을 알려주기 때문이며,

셋째, 멈추지 않고 흘러가는 시간을 소중히 여겨야 함을 일깨워 주기 때문이다.

1 결론 [그래서, 나는 ~라고 생각한다] / 2% 평가

그래서 나는 리차드 키티스 감독의 '어바웃 타임' 영화가 인생의 중요한 시기에 놓여 있는 청년들이 꼭 봐야 할 영화라고 생각한다.

2% 아쉬운 점

하지만 개봉한 지 10년이 다 되어 가기 때문에 사람들이 등한시할 것 같아 안타깝다.

내 마음속에 남은 명대사

"인생은 모두가 함께하는 여행이다. 매일매일 하는 동안, 우리가 할 수 있는 건 이 멋진 여행을 즐기기 위해 최선을 다하는 것이다."

낮은 곳으로

작성자: 장윤선
평 점: ★★★
시 인: 이정하 지음
출판사: 샘터사
연 도: 2017년

[Why 작가는 왜 이 책을 썼을까?] / 저술 목적

진정한 사랑의 의미를 노래하는 이정하 시인은 사랑하는 사람에게 자신의 깊은 마음을 표현하고, 상대를 있는 그대로 사랑하지 못하는 사람들에게 진정한 사랑을 하는 올바른 태도를 알려주려고 이 시를 지었다.

[What 작가는 무엇을 말하는가?] / 핵심적인 내용

이 시의 1연에서는 주는 사랑을 온전히, 있는 그대로 받아들이기 위해 끝없이 낮아지고 싶은 절실한 마음을 이야기하고 있고,

이 시의 2연에서는 잠겨죽어도 좋을 만큼 낮게 비운 마음을 당신의 사랑으로 가득 채우고 싶은 깊은 마음을 이야기하고 있다.

[How 나에게 어떻게 적용할 것인가?] 실천 사항

앞으로 나는 상대방을 있는 그대로 바라보며 그만의 가치를 존중해 줄 것이다.

1 생각 [나는 ~라고 생각한다] / 주장, 평가

나는 이정하 시인의 《낮은 곳으로》가 자신을 잃을 정도의 사랑에 빠진 사람들에게 현실성이 부족한 사랑을 옹호하는 좋지 않은 시라고 생각한다.

3 이유 [왜냐하면] / 내 생각에 대한 이유 3가지

왜냐하면 첫째, 자기 자신을 사랑하지 못하는 사람은 타인을 사랑할 수 없기 때문이고,

둘째, 순수한 사랑은 아름답지만 사랑만으로는 각박한 세상을 잘 헤쳐나갈 수 없기 때문이며,

셋째, 나의 뿌리가 단단해야 타인을 수용할 수 있는 여유가 생기기 때문이다.

1 결론 [그래서, 나는 ~라고 생각한다] / 2% 평가

그래서 나는 이정하 시인의 《낮은 곳으로》가 자신을 잃을 정도의 사랑에 빠진 사람들에게 현실성이 부족한 사랑을 옹호하는 좋지 않은 시라고 생각한다.

2% 아쉬운 점

하지만 나의 마음을 비워 타인을 수용하고자 하는 시인의 마음은 배울 점이라고 생각한다.

내 마음속에 남은 한 구절

"그래 내가 낮은 곳에 있겠다는 건 너를 위해 나를 온전히 비우겠다는 뜻이다."

다산의 독서 전략

작성자: 장윤선
평 점: ★★★
작 가: 권영식 지음
출판사: 글라이더
연 도: 2012년

[Why 작가는 왜 이 책을 썼을까?] / 저술 목적

이 책의 작가 권영식은 글로벌 인재가 되고 싶어 하는 이들에게 다산 정약용의 삼박자 독서법을 통해 자신을 지키고, 세상을 살리는 방법을 알려주려고 이 책을 저술했다.

[What 작가는 무엇을 말하는가?] / 핵심적인 내용

이 책의 전반부에서는 정약용의 생애와 정약용이 강조한 독서의 목적인 이로움이 아닌 의로움을 쫓아야 한다는 내용을 이야기하고 있고,

이 책의 중반부에서는 정약용의 삼박자 독서법으로 정독, 질서, 초서의 설명과 초서를 해야 하는 이유에 대해 이야기하고 있으며,

이 책의 후반부에서는 위대한 업적을 남긴 이들의 독서법을 알려주며 자신만의 독서법을 만들어 매일 독서하는 습관을 가져야 함을 이야기하고 있다.

[How 나에게 어떻게 적용할 것인가?] 실천 사항

앞으로 나는 1년 동안 100권의 책을 읽는 것에서 그치지 않고 3년에 1,000권을 목표로 독서하며 성장할 것이다.

1 생각 [나는 ~라고 생각한다] / 주장, 평가

나는 권영식 작가의 《다산의 독서 전략》이 자기계발을 위해 노력하는 이들에게 독서법의 필요성을 알려주는 좋은 책이라고 생각한다.

3 이유 [왜냐하면] / 내 생각에 대한 이유 3가지

왜냐하면 첫째, 목적이 있는 독서는 나에게 필요한 부분에 집중할 수 있는 능력을 만들어 줌을 알려주기 때문이고,

둘째, 방대한 독서량이 쌓이면, 책이 나를 성공으로 이끌어줄 것이라고 이야기하기 때문이며,

셋째, 독서로 날마다 생각과 의식 수준을 조금씩 향상시키며 내면을 채우면 성공은 따라오게 되어있다고 말하기 때문이다.

1 결론 [그래서, 나는 ~라고 생각한다] / 2% 평가

그래서 나는 권영식 작가의 《다산의 독서 전략》이 자기계발을 위해 노력하는 이들에게 독서법의 필요성을 알려주는 좋은 책이라고 생각한다.

2% 아쉬운 점

하지만 정약용의 생애 부분에서 반복되는 구절이 많이 느껴져서 아쉽다.

내 마음속에 남은 한 문장

"오늘 독서를 통해 나 자신에게 '성공의 기회'를 선물하자."

멘탈이 강해지는 연습

작성자: 장윤선
평 점: ★★★★★
저자: 데이먼 자하리아데스 지음
출판사: 서삼독
연 도: 2022년

[Why 작가는 왜 이 책을 썼을까?] / 저술 목적

이 책의 작가는 크고 작은 일에 멘탈이 깨져 마땅히 해야 할 일을 지속하지 못하는 이들에게 멘탈을 강하게 만들고 유지하는 방법을 알려주려고 이 책을 저술했다.

[What 작가는 무엇을 말하는가?] / 핵심적인 내용

이 책의 전반부에서는 멘탈력에 대한 설명과 강한 멘탈력 그리고 회복력이 필요한 이유를 이야기하고 있고,

이 책의 중반부에서는 강한 멘탈력을 키우기 위해 멘탈에 영향을 주는 핵심요소인 감정, 내면의 비판자, 태도, 자신감을 조절하는 방법과 의지보다 강력하게 멘탈력을 지지하는 방법, 자신의 한계를 뛰어 넘는 방법에 대해 이야기하고 있으며,

이 책의 후반부에서는 다져 놓은 멘탈이 단단히 굳도록 실생활에 적용하는 방법에 대해 이야기하고 있다.

[How 나에게 어떻게 적용할 것인가?] 실천 사항

앞으로 나는 실패는 피드백일 뿐이라고 생각하며, 실패할 수 있음에 감사하며 해내고자 하는 일을 지속할 것이다.

1 생각 [나는 ~라고 생각한다] / 주장, 평가

나는 데이먼 자하리아데스 작가의 《멘탈이 강해지는 연습》 책이 힘든 상황에 그저 주저앉기만 하고 시간이 해결해 주길 바라는 이들에게 어떤 상황이 닥치더라도 훌훌 털고 일어날 수 있는 방법에 대해 알려주는 좋은 책이라고 생각한다.

3 이유 [왜냐하면] / 내 생각에 대한 이유 3가지

왜냐하면 첫째, 스스로를 돌아보고 계획을 재점검할 수 있도록 메모공간을 제공하기 때문이고,

둘째, 멘탈을 단련시켜 슬럼프에 빠지지 않거나, 빠르게 빠져나올 수 있는 방법에 대해 알려주기 때문이며,

셋째, 현실에 적용시킬 수 없는 거창한 이론만 가득한 것이 아닌 10단계 멘탈 훈련 방법을 제시함으로써 독자의 진정한 변화를 유도하기 때문이다.

1 결론 [그래서, 나는 ~라고 생각한다] / 2% 평가

그래서 나는 데이먼 자하리아데스 작가의 《멘탈이 강해지는 연습》 책이 힘든 상황에 그저 주저 앉기만 하고 시간이 해결해 주길 바라는 이들에게 어떤 상황이 닥치더라도 훌훌 털고 일어날 수 있는 방법에 대해 알려주는 좋은 책이라고 생각한다.

2% 아쉬운 점

하지만 본문의 핵심내용이 주황색 글씨로 디자인된 것이 오히려 가독성이 떨어져서 아쉽다.

내 마음속에 남은 한문장

"강철이 불 속에서 단련되듯이 우리 마음도 역경 속에서 단련된다. 고난과 불편함 속에서 단단해진다."

가족사진

작성자: 차우진
평 점: ★★★★★
작사가: 김진호
연 도: 2013년

[Why 작가는 왜 이 책을 썼을까?] / 저술 목적

이 노래의 작사가는 누군가의 아들딸인 모두에게 가족의 소중함을 알려주려고 이 노래를 작사했다.

[What 작가는 무엇을 말하는가?] / 핵심적인 내용

이 노래의 전반부에서는 바쁘게 살아온 아버지의 모습을 이야기하고 있고,

이 노래의 중반부에서는 어른이 돼서야 힘든 아버지의 모습을 알게 되었다는 내용을 이야기하고 있으며,

이 노래의 후렴에서는 나를 위한 부모님의 희생에 감사함을 이야기하고 있다.

[How 나에게 어떻게 적용할 것인가?] 실천 사항

앞으로 나는 부모님을 더 자주 찾아 뵙고, 가족에게 사랑을 잘 표현할 것이다.

1 생각 [나는 ~라고 생각한다] / 주장, 평가

나는 김진호 작사가의 '가족사진'이 자녀들에게 부모님의 소중함을 일깨워주는 좋은 노래라 생각한다.

3 이유 [왜냐하면] / 내 생각에 대한 이유 3가지

왜냐하면 첫째, 부모님이 생각나는 노래이기 때문이고,

둘째, '가족의 가치'를 돌아볼 수 있는 노래이기 때문이며,

셋째, 마음을 위로하고 힘을 주는 노래이기 때문이다.

1 결론 [그래서, 나는 ~라고 생각한다] / 2% 평가

그래서 나는 김진호 작사가의 '가족사진'이 자녀들에게 부모님의 소중함을 일깨워주는 좋은 노래라 생각한다.

2% 아쉬운 점

하지만 사춘기를 겪지 않은 어린아이들은 공감하기 어려운 노래라는 점이 아쉽다.

내 마음속에 남은 한 소절

"나를 꽃 피우기 위해 거름이 되어버렸던 그을린 그 시간들을 내가 깨끗이 모아서 당신의 웃음꽃 피우길"

어서오세요, 휴남동 서점입니다

작성자: 차우진
평 점: ★★★★
저 자: 황보름 지음
출판사: 클레이하우스
연 도: 2022년

[Why 작가는 왜 이 책을 썼을까?] / 저술 목적

이 책의 작가는 일상에 지쳐있는 사람들에게 미래의 행복을 추구하는 것보다

지금 현재의 행복감을 추구하며 살아야 한다는 것을 알려주려고 이 책을 저술했다.

[What 작가는 무엇을 말하는가?] / 핵심적인 내용

이 책의 전반부에서는 일상에 지쳐있는 영주가 좋아하는 일을 해보고자

서점을 차리는 내용을 이야기하고 있고,

이 책의 중반부에서는 다양한 이유로 지친 사람들이 서점에 모여 새로운

관계를 맺고 위로받으며, 영주도 위로를 주는 사람이 되고 싶어 따뜻한

공간을 만들고자 노력하는 내용을 이야기하고 있으며,

이 책의 후반부에서는 서점을 찾는 사람들까지 위로할 수 있는 사람으로

성장하는 내용을 이야기하고 있다.

[How 나에게 어떻게 적용할 것인가?] 실천 사항

앞으로 나는 미래보다 현재 소소하지만 평범한 행복을 찾을 것이다.

1 생각 [나는 ~라고 생각한다] / 주장, 평가

나는 저자 황보름 작가의《어서오세요, 휴남동 서점입니다》가 일상에 지쳐있는 사람들에게 위로와 공감이 되는 좋은 책이라 생각한다.

3 이유 [왜냐하면] / 내 생각에 대한 이유 3가지

왜냐하면 첫째, 서점에서 다양한 사람들을 만나고, 각자의 고민을 나누며, 위로해주는 이야기가 좋았기 때문이고,

둘째, 따뜻하고 희망적인 글은 읽는 사람도 힘을 얻을 수 있는 내용이기 때문이며,

셋째, 행복의 기준에 대해 다시 한번 생각할 수 있는 계기가 됐기 때문이다.

1 결론 [그래서, 나는 ~라고 생각한다] / 2% 평가

그래서 나는 저자 황보름 작가의《어서오세요, 휴남동 서점입니다》가 일상에 지쳐있는 사람들에게 위로와 공감이 되는 좋은 책이라 생각한다.

2% 아쉬운 점

하지만 등장인물들이 겪는 어려움에 대해 너무 직설적으로 전해주는 빠른 전개가 아쉽다.

내 마음속에 남은 한 문장

" 꼭 뛰어야 하나. 난 지금도 괜찮아. "

WWH131 키워드〔패턴〕글쓰기

작성자: 차우진
평 점: ★★★★★
강연자: 김을호 강사
연 도: 2022년

[Why 작가는 왜 이 책을 썼을까?] / 저술 목적

이 강연의 강사는 아이들과 학부모들에게 상황에 맞는 논리적인 글쓰기와 쉽게 서평을 쓰는 법을 알려주려고 이 강연을 진행했다.

[What 작가는 무엇을 말하는가?] / 핵심적인 내용

이 강연의 전반부에서는 WWH131 법칙을 활용해 논리적으로 말하고 표현력을 기르는 법을 알려 주고 있고,

이 강연의 중반부에서는 동화책을 읽고 서평 쓰는 방법에 대해 알려주고 있으며,

이 강연의 후반부에서는 노래, 영상, 인터뷰, 강연, 문화감상평 작성 등 다양한 글쓰기 방법에 대해 알려주고 있다.

[How 나에게 어떻게 적용할 것인가?] 실천 사항

앞으로 나는 WWH131 글쓰기 연습을 많이 해서, 간결하고 읽기 쉬운 글을 쓸 것이다.

1 생각 [나는 ~라고 생각한다] / 주장, 평가

나는 김을호 강사의 'WWH131 글쓰기 교육'이 아이들과 학부모들에게 말하기와 글쓰기에 자신감을 주는 좋은 강연이라 생각한다.

3 이유 [왜냐하면] / 내 생각에 대한 이유 3가지

왜냐하면 첫째, 키워드〔패턴〕 글쓰기 방법으로 A4 용지 한 장 분량을 금방 채울 수 있기 때문이고,

둘째, 그 방식으로 서평뿐 아니라 다양한 감상평을 쓸 수 있기 때문이며,

셋째, 글쓰기에 자신감이 붙으면서 독서와도 친해지는 견문을 넓힐 수 있기 때문이다.

1 결론 [그래서, 나는 ~라고 생각한다] / 2% 평가

그래서 나는 김을호 강사의 'WWH131 글쓰기 교육'이 아이들과 학부모들에게 말하기와 글쓰기에 자신감을 주는 좋은 강연이라 생각한다.

2% 아쉬운 점

하지만 어릴 때부터 알았더라면 더 좋았을 것이라는 마음이 들어 아쉽다.

내 마음속에 남은 한마디

"시작은 빨간색. 종결은 파란색."

클릭

작성자: 차우진
평 점: ★★★★★
감 독: 프랭크 코라치
연 도: 2006년

[Why 작가는 왜 이 책을 썼을까?] / 저술 목적

이 영화 감독은 현대인들에게 일상의 소소한 행복과 가족의 소중함을 알려주려고 이 영화를 제작했다.

[What 작가는 무엇을 말하는가?] / 핵심적인 내용

이 영화의 전반부에서는 일과 가정에 충실하고 싶은 주인공 마이클은 승진에 대한 욕심으로 인해 자신의 마음과 반대로만 되는 상황에 답답해하는 내용을 이야기하고 있고,

이 영화의 중반부에서는 모티에게 받은 세상을 원격 조정하는 만능 리모컨으로 우선순위로 해야 할 일에만 집중하며 가족과의 시간을 빨리 감기를 하는 내용을 이야기하고 있으며,

이 영화의 후반부에서는 따로 조종하지 않아도 선호하는 행동을 빨리 감기 되면서 인생에서 많은 것을 놓쳐 후회하는 도중 리모컨 사기 직전으로 돌아가면서 새 인생이 시작되어 가족의 소중함을 깨닫는 내용을 이야기하고 있다.

[How 나에게 어떻게 적용할 것인가?] 실천 사항

앞으로 나는 현재 주어진 삶에 만족하며 힘든 일이 있어도 잘 헤쳐나갈 것이다.

1 생각 [나는 ~라고 생각한다] / 주장, 평가

나는 프랭크 코라치 감독이 제작한 '클릭'이라는 영화가 현대인에게 가족의 소중함을 일깨워주는 좋은 영화라고 생각한다.

3 이유 [왜냐하면] / 내 생각에 대한 이유 3가지

왜냐하면 첫째, 세월이 흐른 후 가족이 우선순위라는 것을 깨닫는 장면이 인상 깊었기 때문이고,

둘째, 코미디 영화지만 감동을 주는 영화이기 때문이며,

셋째, 인생을 돌아보며 반성하게 되는 영화이기 때문이다.

1 결론 [그래서, 나는 ~라고 생각한다] / 2% 평가

그래서 나는 프랭크 코라치 감독이 제작한 '클릭'이라는 영화가 현대인에게 가족의 소중함을 일깨워주는 좋은 영화라고 생각한다.

2% 아쉬운 점

하지만 웃음을 주는 포인트가 굉장히 일차원적이어서 아쉽다.

내 마음속에 남은 한 장면

"i love son."

일리윤 세라마이드 아토로션

작성자: 차우진
평 점: ★★★★★
회사명: 아모레 퍼시픽
출시일: 2015년

[Why 작가는 왜 이 책을 썼을까?] / 저술 목적

이 상품의 회사는 남녀노소 모두에게 피부를 보호하고 수분을 지킬 수 있는 제품이라는 것을 알려주려고 이 상품을 출시했다.

[What 작가는 무엇을 말하는가?] / 핵심적인 내용

이 상품의 특징은 특허받은 세라마이드 캡슐과 무향인 민감 피부를 위한 제품이고,

이 상품의 구성은 350ml 용량과 펌프, 잔량 방지 특수 용기를 사용해 남김없이 사용할 수 있으며,

이 상품의 효과는 순한 보습과 진정 효과, 건조로 인한 가려움을 개선해 준다.

[How 나에게 어떻게 적용할 것인가?] 실천 사항

앞으로 나는 피부 보호를 위해 보습제를 매일 사용할 것이다.

1 생각 [나는 ~라고 생각한다] / 주장, 평가

나는 아모레퍼시픽이 출시한 '일리윤 세라마이드 아토로션'이 남녀노소 모두에게 좋은 바디로션이라고 생각한다.

3 이유 [왜냐하면] / 내 생각에 대한 이유 3가지

왜냐하면 첫째, EWG 등급 중 안 좋은 성분이 하나도 들어가 있지 않기 때문이고,

둘째, 발림성도 부드럽기 때문이며,

셋째, 무향으로 향이 안 나는 것이 좋기 때문이다.

1 결론 [그래서, 나는 ~라고 생각한다] / 2% 평가

그래서 나는 아모레퍼시픽이 출시한 '일리윤 세라마이드 아토로션'이 남녀노소 모두에게 좋은 바디로션이라고 생각한다.

2% 아쉬운 점

하지만 끈적임이 오래가는 건 아쉽다.

내 마음속에 남은 한 문장

"민감 피부를 위해 설계된 특화 세라마이드 보습을 경험해 보세요."

Yet to come

작성자: 차우진
평 점: ★★★★★
작 사: RM,SUGA…
연 도: 2022년

[Why 작가는 왜 이 책을 썼을까?] / 저술 목적

이 책의 작사가는 전국민들에게 과거를 돌아보며 아직 최고의 순간은 오지 않았다는 메시지를 알려주려고 이 노래를 작사했다.

[What 작가는 무엇을 말하는가?] / 핵심적인 내용

이 책의 전반부에서는 지난날을 되돌아보며 회상하는 내용을 이야기하고 있고,

이 책의 중반부에서는 새로운 출발을 예고하며 빛날 앞날을 기약하는 내용을 이야기하고 있으며,

이 책의 후반부에서는 "최고의 순간은 아직 오지 않았다"라는 가사처럼 또 다른 시작을 기대하게 되는 내용을 이야기하고 있다.

[How 나에게 어떻게 적용할 것인가?] 실천 사항

앞으로 나는 현재 순간순간 하는 일에 최선을 다 할 것이다.

1 생각 [나는 ~라고 생각한다] / 주장, 평가

그래서 나는 'Yet to come' 노래가 국민들에게 희망을 주는 좋은 노래라고 생각한다.

3 이유 [왜냐하면] / 내 생각에 대한 이유 3가지

왜냐하면 첫째, 2013년부터 지난 9년 동안의 노래들이 생각났기 때문이고,

둘째, 희망찬 메시지를 주는 내용이기 때문이며,

셋째, 노래의 부제처럼 지난날을 회상할 수 있었기 때문이다.

1 결론 [그래서, 나는 ~라고 생각한다] / 2% 평가

그래서 나는 'Yet to come' 노래가 국민들에게 희망을 주는 좋은 노래라고 생각한다.

2% 아쉬운 점

하지만 이 노래를 끝으로 당분간 활동 소식을 듣지 못한다는 것이 아쉽다.

내 마음속에 남은 한 소절

"the best yet to come(최고는 아직 오지 않았어)"

레고, 바닷속에서 최장 1300년 간다

작성자: 김은정
평 점: ★★★
기 자: 김형수 기자
신문사: 그린포스트코리아
발행일: 2020년 3월 23일

[Why 작가는 왜 이 책을 썼을까?] / 저술 목적

이 기사의 기자는 독자들에게 플리머스 대학의 연구 결과를 통해 레고가 바닷속에서 썩지 않고 미세 플라스틱 오염을 일으킬 수 있다는 경각심을 주기 위해 이 기사를 작성했다.

[What 작가는 무엇을 말하는가?] / 핵심적인 내용

이 기사의 전반부에서는 플리머스 대학 연구진이 연구를 통해 레고가 바닷속에서 최장 1300년까지 썩지 않고 미세 플라스틱 방생 가능성을 이야기하고 있고,

이 기사의 중반부에서는 1970~1980년대에 생산된 레고 블록을 비교 분석해 100년에서 1300년 동안 바닷속을 떠다닐 수 있다는 연구 결과와 레고가 2030년까지 지속 가능한 소재로 바꾸겠다는 발표한 내용에 대해 이야기하고 있으며,

이 기사의 후반부에서는 "레고 블록이 부서지며 미세 플라스틱이 될 가능성을 시사" 환경에 잠재적 위협을 가하지 않으려면 사용한 물건을 적절하게 처분하는 것이 중요하다라는 내용을 이야기하고 있다.

[How 나에게 어떻게 적용할 것인가?] 실천 사항

앞으로 나는 아이에게 레고의 긍정적인 면과 환경에 있어 레고가 어떤 부정적인 면이 있는지에 대해 아이와 지속적으로 이야기할 것이다.

1 생각 [나는 ~라고 생각한다] / 주장, 평가

나는 김형수 기자의 '레고, 바닷속에서 최장 1300'이 레고를 좋아하는 아이와 부모들에게 미세 플라스틱과 같은 환경문제를 이야기하기에 좋은 기사라고 생각한다.

3 이유 [왜냐하면] / 내 생각에 대한 이유 3가지

왜냐하면 첫째, 레고라는 아이들이 좋아할 만한 소재로 환경문제에 대해 자연스럽게 접근할 수 있기 때문이고,

둘째, 레고뿐만 아니라 아이들이 사용하는 장난감 사용, 구매에 있어 신중해질 수 있기 때문이며,

셋째, 아이들에게 무분별하게 소비되는 물건에 대한 경각심을 심어 줄 수 있기 때문이다.

1 결론 [그래서, 나는 ~라고 생각한다] / 2% 평가

그래서 나는 김형수 기자의 '레고, 바닷속에서 최장 1300'이 레고를 좋아하는 아이와 부모들에게 미세 플라스틱과 같은 환경문제를 이야기하기에 좋은 기사라고 생각한다.

2% 아쉬운 점

하지만, 연구 분석이 독자들이 쉽게 이해될 수 있도록 그래프나 도표, 사진이 첨부됐으면 어땠을까 하는 아쉬움이 남는다.

내 마음속에 남은 한 문장

"환경에 잠재적 위협을 가하지 않으려면 사용한 물건을 적절하게 처분하는 것이 중요하다."

기다린 만큼 더

작성자: 김은정
평 점: ★★★★
작곡가: 조휘일
연 도: 2016년

[Why 작가는 왜 이 책을 썼을까?] / 저술 목적

이 곡의 작사가는 사랑의 아픔을 겪은 이들에게 그 마음을 공감해 주고 치유해 주기 위해 이 곡을 작사했다.

[What 작가는 무엇을 말하는가?] / 핵심적인 내용

이 곡의 전반부에서는 사랑하는 이의 변해버린 태도에 불안함을 느낀 '나'는 자신의 잘못일지도 모른다는 생각에 사과하며 어떻게라도 그의 곁에 남고 싶어 하는 마음을 이야기하고 있고,

이 곡의 후반부에서는 상대의 아픈 마음까지 감싸주면서 그의 곁에 남고 싶어 하는 '나'의 마음을 이야기하고 있으며,

이 곡의 후렴부에서는 '나'는 그를 더 기다릴 수 있다고 말하면서도 "지금 이 순간이 마지막일 것 같다."라는 이야기하고 있다.

[How 나에게 어떻게 적용할 것인가?] 실천 사항

앞으로 나는 내 부모와 내 아이와의 관계에서 상대의 마음을 헤아려 이별이 되지 않게 노력할 것이다.

1 생각 [나는 ~라고 생각한다] / 주장, 평가

나는 조휘일 작사가의 '기다린 만큼 더'가 사춘기의 청소년들과 성인이 되어 부모님과 멀어진 성인들에게 부모님의 마음과 사랑을 헤아려 볼 수 있는 곡이라고 생각한다.

3 이유 [왜냐하면] / 내 생각에 대한 이유 3가지

왜냐하면 첫째, "사랑이 그렇게 쉽게 변하는 거였나요?"에서 자신의 품에서 멀어져가는 자식에 대한 부모의 아쉬운 마음이 느껴지는 듯했고,

둘째, 제목에서처럼 언제든 자식을 기다려 줄 것만 같은 부모의 헌신을 잘 표현했으며,

셋째, 곡에서 흘러나오는 기타 멜로디가 곡 가사와 잘 어울어져 부모와 자식, 세대와 상관없이 누구나 공감할 수 있을 것 같은 곡이기 때문이다.

1 결론 [그래서, 나는 ~라고 생각한다] / 2% 평가

그래서 나는 조휘일 작곡가의 '기다린 만큼 더'가 사춘기의 청소년들과 성인이 되어 부모님과 멀어진 성인들에게 부모님의 마음과 사랑이 헤아려 볼 수 있는 곡이라고 생각한다.

2% 아쉬운 점

하지만 나는 이 곡의 리뷰를 보면 이별을 한 후에서야 이 곡을 알게 된다는 이들이 많아 그 사실이 아쉽다.

내 마음속에 남은 한 소절

"사실 난 지금 기다린 만큼 더 기다릴 수 있지만"

딕싯

작성자: 김은정
평 점: ★★★★
개발자: 장루이 루비라
제작사: 리벨뤼드
연 도: 2008년

[Why 작가는 왜 이 책을 썼을까?] / 저술 목적

이 게임의 개발자는 심리적, 언어적 치료가 필요한 이들에게 대화와 상호작용을 유도해 치료할 목적으로 이 게임을 개발하였다.

[What 작가는 무엇을 말하는가?] / 핵심적인 내용

이 게임의 특징은 언어가 핵심인 게임임에도 게임 구성물에는 언어적 요소가 단 하나도 없으며 그림카드를 통해서 상호작용하고,

이 게임의 규칙은 플레이어들이 차례를 정해 돌아가면서 한번씩 이야기꾼 역할을 맡아 자신의 손에 있는 카드 중 한 장을 골라 그 카드의 그림을 설명하는 수수께끼를 낸다. 나머지 사람들은 설명을 듣고 자기 손에 든 카드 중 그 설명에 가장 어울리는 카드를 내는 게임이며,

이 게임의 효과는 카드의 그림을 다양하게 해석하고 언어로 표현하는 동시에 타인의 마음을 공감할 수 있도록 하는 것이다.

[How 나에게 어떻게 적용할 것인가?] 실천 사항

앞으로 나는 이 게임을 통해 주변 사람들과 소통하며 타인의 마음에 공감할 수 있는 공감 능력을 키울 것이다.

1 생각 [나는 ~라고 생각한다] / 주장, 평가

나는 장루이 루비라의 '딕싯'이 언어표현이 서툰 이들과 소통이 필요한 이들에게 표현력을 기르고 남을 이해하는 능력을 길러주는 데 도움이 될 것이라고 생각한다.

3 이유 [왜냐하면] / 내 생각에 대한 이유 3가지

왜냐하면 첫째, 이 게임의 기획 목적이 언어와 심리치료에 있기 때문이고,

둘째, 86장의 그림카드가 보는 사람에 따라 각각 다양한 해석을 할 수 있기 때문이며,

셋째, 게임을 진행해 나가는 데에 있어 그림을 해석하고 다른 플레이어를 이해하고 공감하는 것이 매우 중요하기 때문이다.

1 결론 [그래서, 나는 ~라고 생각한다] / 2% 평가

그래서 나는 장루이 루비라의 '딕싯'이 언어표현이 서툰 이들과 소통이 필요한 이들에게 표현력을 기르고 남을 이해하는 능력을 길러주는 데 도움이 될 것이라고 생각한다.

2% 아쉬운 점

하지만 게임을 반복하다 보면 그림과 각 플레이어들의 특징이 파악되어 확장판을 더 사야 한다는 것이 아쉽다.

내 마음속에 남은 한장면

"하나의 그림 속에 천 가지 생각"

사랑의 물리학

작성자: 김은정
평 점: ★★★★
시 인: 김인육 지음
출판사: 문학세계사
연 도: 2016년

[Why 작가는 왜 이 책을 썼을까?] / 저술 목적

이 시의 시인은 사랑이라는 감정을 가지고있는 이들에게 첫사랑을 물리학에 비유함으로써 그 감정은 이성으로 통제할 수 없는 순수한 현상이라는 것을 알려주려고 이 시를 창작했다.

[What 작가는 무엇을 말하는가?] / 핵심적인 내용

이 시의 전반부에서는 질량의 크기는 부피와 비례하지 않는다는 내용을 이야기하고 있고,

이 시의 중반부에서는 제비꽃같이 자그마하고 하늘거리는 계집애가 자신을 뉴턴의 사과처럼 그녀에게로 끌어 당긴다는 내용을 이야기하고 있으며,

이 시의 후반부에서는 심장의 움직임을 진자운동에 비유하며 그 감정을 첫사랑이라고 이야기하고 있다.

[How 나에게 어떻게 적용할 것인가?] 실천 사항

앞으로 나는 종종 사랑하는 사람과의 관계가 소홀해질 때 내가 처음 느꼈던 사랑하는 사람에 대한 그때의 그 느낌을 이 시를 통해 회상해 볼 것이다.

1 생각 [나는 ~라고 생각한다] / 주장, 평가

나는 김인육 시인의 《사랑의 물리학》이 지금 막 사랑을 시작하는 사람들에게 자신의 감정을 명확히 정의하고 공감할 수 있게 하는 시라고 생각한다.

3 이유 [왜냐하면] / 내 생각에 대한 이유 3가지

왜냐하면 첫째, 이 시는 내 아이가 가장 사랑스러웠던 순간 내 마음을 가장 잘 표현해 주었기 때문이고,

둘째, 모호하게만 느껴지는 사랑의 감정을 물리 용어를 통해 새롭게 정의해주었기 때문이며,

셋째, 첫사랑의 감정을 잘 표현해 주었기 때문이다.

1 결론 [그래서, 나는 ~라고 생각한다] / 2% 평가

그래서 나는 김인육 시인의 《사랑의 물리학》이 지금 막 사랑을 시작하는 사람들에게 자신의 감정을 명확히 정의하고 공감할 수 있게 하는 시라고 생각한다.

2% 아쉬운 점

하지만 이 시가 '도깨비'라는 드라마의 흥행으로 많이 알려져 좋지만, 시와 드라마가 자주 함께 거론되며 독자로 하여금 시를 읽거나 들을 때 '사랑의 물리학' 시보다는 '도깨비' 드라마가 먼저 생각나는 것 같아 아쉽다.

내 마음속에 남은 한 문장

"첫사랑이었다."

그렇게 그렇게

작성자: 김은미
평 점: ★★★★
저 자: 요시타케 신스케 지음
출판사: 김영사
연 도: 2021년

[Why 작가는 왜 이 책을 썼을까?] / 저술 목적

이 책의 작가는 어린아이와 어린 시절을 보낸 어른에게 가족의 사랑과 소중함을 알려주려고 이 책을 저술했다.

[What 작가는 무엇을 말하는가?] / 핵심적인 내용

이 책의 전반부에서는 그렇게 갖고 싶어 안달나던 장난감인데 금방 시들해지며, 그렇게 배고프다고 난리더니 투정하는 아이로, 그렇게 씩씩하던 아이가 아프고, 활발한 아이가 조용해지는 변덕스러운 어린아이의 모습을 이야기하고 있고,

이 책의 중반부에서는 작은 아이가 성장함으로 사춘기도 겪고 그 아이를 키우다 보니 어느덧 중년으로 접어든 부모의 모습을 이야기하고 있으며,

이 책의 후반부에서는 중년의 부모는 노년의 부모가 되어 지난날을 추억하며, 성인이 된 아이가 또 그의 아이와 함께 연결고리를 만들어 가는 모습을 이야기하고 있다.

[How 나에게 어떻게 적용할 것인가?] 실천 사항

앞으로 나는 자녀와 함께 성장함에 있어 함께 지냈던 모든 날들이 좋은 추억이 되도록 하루하루를 충실히 즐기면서 행복한 현재를 살아가도록 노력할 것이다.

1 생각 [나는 ~라고 생각한다] / 주장, 평가

나는 요시타케 신스케작가가 쓴《그렇게 그렇게》는 어린아이와 어린 시절을 보낸 어른에게 간결하고 섬세한 그림으로 표현해 현재를 살아가는 시간의 중요성과 가정의 소중함을 일깨워 주는 가족 모두 공감할수 있는 내용으로 한번쯤은 꼭 읽어봐야 할 좋은 책이라 생각한다.

3 이유 [왜냐하면] / 내 생각에 대한 이유 3가지

왜냐하면 첫째, 나와 내자녀의 추억이 생각나고, 미래가 그려지는 이야기인 듯 책 내용에 자연스럽게 스며들 수 있기 때문이고,

둘째, '그렇게'와 '이젠'으로 대비되는 그림 및 글로 재밌게 표현한 책으로 작가가 전달하고자 하는 메시지를 흥미롭게 접할 수 있고 누구나 공감할 수 있기 때문이며,

셋째, 짧은 글과 그림으로 이루어진 책으로 부담 없이 읽을 수 있으며 여러 번 반복해서 읽게 되는 책이기 때문이다.

1 결론 [그래서, 나는 ~라고 생각한다] / 2% 평가

그래서 나는 요시타케 신스케작가가 쓴《그렇게 그렇게》는 어린아이와 어린 시절을 보낸 어른에게 간결하고 섬세한 그림으로 표현해 현재를 살아가는 시간의 중요성과 가정의 소중함을 일깨워 주는 가족 모두 공감할 수 있는 내용으로 한번쯤은 꼭 읽어봐야 할 좋은 책이라 생각한다.

2% 아쉬운 점

하지만 어린이용 그림책이다 보니 많은 어른들이 찾아서 읽기는 어려울 것 같아 아쉽다.

내 마음속에 남은 한 문장

"그렇게… 그랬는데, 이젠… 이렇네."

언제가 어른이 될 너에게, 언제가 아이였던 당신에게

마음으로 전하는 이야기

작성자: 김은미
평 점: ★★★★
제작자: 현대증권
제작사: 유튜브
연 도: 2015년

[Why 작가는 왜 이 책을 썼을까?] / 저술 목적

이 영상의 제작자는 부모들에게 홍보영상을 통해 자녀의 부모를 향한 진심이 전해지는 마음을 알려주려고 이 영상을 제작했다.

[What 작가는 무엇을 말하는가?] / 핵심적인 내용

이 영상의 전반부에서는 엄마와 아이가 가장 가까운 사이라도 말하지 못하는 이야기를 홍보영상 제작이라는 플랫폼을 사용하여 자녀의 속마음을 알아보려는 내용을 이야기하고 있고,

이 책의 중반부에서는 사회자의 질문에 조금씩 마음을 열기 시작하여 속마음을 편히 말하는 아이들에 대하여 이야기하고 있으며,

이 책의 후반부에서는 부모와 자녀 간의 서로 몰랐던 아이의 마음이 엄마를 향한 진심이며, 벽을 두고 있어도 서로의 마음이 연결되어 있다고 이야기하고 있다.

[How 나에게 어떻게 적용할 것인가?] 실천 사항

앞으로 나는 자녀와 더 많은 대화를 하기 위하여 노력하며, 하루 한번 서로 안아주면 사랑한다는 말을 할 것이다.

1 생각 [나는 ~라고 생각한다] / 주장, 평가

나는 현대증권 제작의 '마음으로 전하는 이야기'는 부모들에게 그동안 어른들이 몰랐던 아이들의 마음을 잘 전달해주는 좋은 영상이라 생각한다.

3 이유 [왜냐하면] / 내 생각에 대한 이유 3가지

왜냐하면 첫째, 거짓말탐지기라는 기계를 이용하여 아이의 마음을 읽는 부분이 재밌었기 때문이고,

둘째, 질문에 대한 답을 하는 아이들의 순수하고 진지한 표정이 진심을 전해 주는 것 같기 때문이며,

셋째, 무엇보다 부모를 사랑하는 아이들의 예쁜 마음을 알 수 있었기 때문이다.

1 결론 [그래서, 나는 ~라고 생각한다] / 2% 평가

그래서 나는 현대증권 제작의 '마음으로 전하는 이야기'는 부모들에게 그동안 어른들이 몰랐던 아이들의 마음을 잘 전달해주는 좋은 영상이라고 생각한다.

2% 아쉬운 점

하지만 영상이 너무 짧은 부분이 있어 아쉽다.

내 마음속에 남은 한 마디

"서로 몰랐던 벽이 열리고 아이의 마음이 엄마의 마음으로 다가갑니다."

위대한 약속

작성자: 김은미
평 점: ★★★★
작사가: 김종환 작사
연 도: 2012년

[Why 작가는 왜 이 책을 썼을까?] / 저술 목적

이 노래의 작사가는 새로 시작하는 신혼부부와 중년부부들에게 사랑의 소중함을 알려주기 위하여 이 노래를 작사했다.

[What 작가는 무엇을 말하는가?] / 핵심적인 내용

이 노래의 전반부에서는 좋은 집보다 맘이 편한 소박한 삶을 살아가고 싶은 소망을 이야기하고 있고,

이 노래의 중반부에서는 인생의 어려움을 겪고 나면 평범한 삶이 얼마나 소중함을 알 수 있는지 이야기하고 있으며,

이 노래의 후반부에서는 위급한 상황에 힘이 되어주고 위로가 되어주는 가족의 소중함을 이야기하고 있다.

[How 나에게 어떻게 적용할 것인가?] 실천 사항

앞으로 나는 내 삶의 부족함을 사랑의 마음으로 위로하고 부부간에 서로 의지하며 살아가기 위하여 더 많은 대화를 해야 할 것이다.

1 생각 [나는 ~라고 생각한다] / 주장, 평가

나는 김종환 작사가의 '위대한 약속'이 새로 시작하는 신혼부부와 중년부부에게 사랑의 중요성을 알려주려는 좋은 노래라 생각한다.

3 이유 [왜냐하면] / 내 생각에 대한 이유 3가지

왜냐하면 첫째, 부부들뿐 아니라 모든 사람들은 서로 의지하고 같이 살아가야 하기 때문이고,

둘째, 따뜻한 가사도 좋고 이 노래를 부르는 가수의 목소리 또한 노래와 잘 어울려서 듣는 이로 하여금 기분 좋아지게 하기 때문이며,

셋째, 가족의 사랑은 물질이 아니라 소박하고 작은 소소한 행복에서 오는 것이라는 것을 알 수 있기 때문이다.

1 결론 [그래서, 나는 ~라고 생각한다] / 2% 평가

그래서 나는 김종환 작사가의 '위대한 약속'이 새로 시작하는 신혼부부와 중년부부에게 사랑의 중요성을 알려주려는 좋은 노래라 생각한다.

2% 아쉬운 점

하지만 아직 새로운 가정을 이루지 못한 세대에서는 완전 마음에 와닿지 않을 것 같아서 아쉽다.

내 마음속에 남은 한 소절

"세상 살아가면서 힘이야 들겠지만 사랑하며 살고 싶습니다."

최재천의 공부

작성자 : 김은미
평 점: ★★★★
저 자: 최재천, 안희경 지음
출판사: 김영사
연 도: 2022년

[Why 작가는 왜 이 책을 썼을까?] / 저술 목적

이 책의 작가는 청소년들과 부모들에게 공부가 우리 삶에 미치는 영향과 공부의 중요성을 알려주려고 이 책을 저술했다.

[What 작가는 무엇을 말하는가?] / 핵심적인 내용

이 책의 1부에서 작가는 무언가에 대해 자꾸 알아가려는 노력이 쌓이다 보면 공부란 것이 어려운 것이 아니라 이해하기도 쉽고 오히려 사랑할 수밖에 없기 때문에 교육이 무엇보다 중요함을 강조하고 있다. 또한 아이들은 원래 노는 것이 배움으로 이어지므로 아이들에게 놀 수 있는 기회와 시간을 돌려주어 놀이, 배움, 삶이 이어질 수 있게 아이들에게 삶을 돌려주자는 이야기, 바른 교육이란 아이를 가르쳐서 무언가를 하게 만드는 것이 아니라 아이 스스로 세상을 보고 습득하도록 어른이 환경을 조성해주는 것이라는 공부의 뿌리에 대한 내용을 이야기하고 있고,

이 책의 2부에서는 공부가 이루어져가는 과정 즉, 두려워 말고 조금은 엉성한 구조이더라도 꾸준히 가다보면 부족한 부분과 깊이 있는 부분이 만나 버팀목이 된다는 공부의 구성 요소라는 시간에 대한 내용을 이야기하고 있으며,

이 책의 3부에서는 읽기, 쓰기, 말하기의 중요성 즉 많이 읽은 사람이 글을 잘 쓰며 그러한 사고 과정을 거쳐서 만들어진 논리적 사고가 짜임새 있는 말하기를 완성함을 언급하고 있다. 더불어 독서는 취미가 아니라 무언가를 공략하고 기획서를 작성해 진행하는 일처럼 빡세게 읽어야 함을 강조하고 있다. 그래야지 처음엔 어렵고 쉽지 않은 내용들이 끝까지 읽어내는 독서의 반복되는 경험을 통해 자연스럽게 이해되어 자신의 지식의 영토가 확장된다는 내용에 대해 이야기하고 있고,

이 책의 4부에서는 세상 경험 중에 쓸모없는 경험이 없으며, 모든 경험은 언젠가는 쓸모가 생기므로 아이가 하고 싶은 것이 있다면 이유를 묻지 말고 무조건 도와줘야 한다는 내용을 이야기하고 있으며,

이 책의 5부에서는 몸으로 익힌 학습이 더 강력한 학습이 되므로 참여함으로 배워야 함과 20대 초에 배운 알량한 전공 지식으로 95세까지 우려먹는 것이 기본적으로 불가능하므로 인생 이모작을 해야 하며 살아남기 위해서는 교육밖에 없음에 대한 내용을 이야기하고 있고,

이 책의 6부에서는 내가 좋아하는 일이 무엇인지를 악착같이 찾아가는 자존감 상승의 열쇠를 찾아야하며, 공부란 이 세상을 사려 깊게 만드는 도구와 같다는 내용을 이야기하고 있다.

[How 나에게 어떻게 적용할 것인가?] 실천 사항

앞으로 나는 단순한 재미나 소일거리를 위한 것이 아니라 관심사에 대한 책을 읽을 때 그 주제나 관심거리를 확장해 나가는 독서를 통해 내 사고와 지식의 범주를 넓혀 나갈 수 있도록 실천해야 하겠다. 또한 자녀와 함께 도서관 방문을 생활하여 풍요로운 삶을 만들어 줄 수 있도록 노력할 것이다.

1 생각 [나는 ~라고 생각한다] / 주장, 평가

나는 최재천 작가의 《최재천의 공부》는 청소년들과 부모들에게 성적을 위한 공부가 아니라 삶을 위한 공부의 중요성과 어떻게 배우며 살 것인가에 대한 독서의 중요한 가르침을 알려주려는 좋은 책이라 생각한다.

왜냐하면 첫째, 최재천 교수와 안희경 저널리스트의 대화 형식으로 구성된 책으로 두 사람의 가치관을 잘 표현

하여 어려움 없이 쉽게 읽을 수 있기 때문이고,

둘째, 아이를 가르쳐서 무언가를 알게 만드는 것보다 어른이 아이들을 위해 스스로 세상을 보게 하는 환경을 조성해 주는 것이 바른 교육임을 깨닫는 계기를 마련할 수 있었기 때문이며,

셋째, 어린시절부터 책을 많이 읽고 쓰는 다독이야 말로 어떤 공부보다도 중요함을 다시 한번 느꼈기 때문이다.

1 결론 [그래서, 나는 ~라고 생각한다] / 2% 평가

그래서 나는 최재천 작가의 《최재천의 공부》는 청소년들과 부모들에게 성적을 위한 공부가 아니라 삶을 위한 공부의 중요성과 어떻게 배우며 살 것인가에 대한 독서의 중요한 가르침을 알려주려는 좋은 책이라 생각한다.

2% 아쉬운 점

하지만 마음으로는 책 내용이 공감되지만 현실적으로는 넘지 못할 산 같다는 숙제가 주어지는 것 같아 아쉽다.

내 마음속에 남은 한 문장

"독서는 일이어야 합니다. 빡세게하는 겁니다. 독서를 취미로 하면 눈만 나빠집니다."

선생님

작성자: 김은미
평 점: ★★★★
시 인 : 케빈 윌리엄 허프 지음 / 장영희 번역
출판사: 비채
발행일: 2006년

[Why 작가는 왜 이 책을 썼을까?] / 저술 목적

이 시의 작가는 청소년들과 선생님들에게 선생님의 가르침에 대한 소중함고 감사함을 알려주려고 이 기사를 저술했다.

[What 작가는 무엇을 말하는가?] / 핵심적인 내용

이 시의 전반부에서는 선생님은 학생들 생각의 길잡이며, 지식과 진리에 대한 사랑을 알려주는 내용을 이야기하고 있고,

이 시의 중반부에서는 선생님의 미소로 우리의 미래가 밝아진다는 내용을 이야기하고 있으며,

이 시의 후반부에서는 세상 모든 사람은 선생님과 그의 지혜에서 시작한다는 내용을 이야기하고 있다.

[How 나에게 어떻게 적용할 것인가?] 실천 사항

앞으로 나는 가까이 있는 내 가족부터 더나은 가치관을 형성할 수 있도록 책을 많이 읽고 나눔으로 지식뿐 아니라 삶의 지혜가 풍요로워지도록 노력할 것이다.

1 생각 [나는 ~라고 생각한다] / 주장, 평가

나는 케빈 윌리엄 허프 시인이 지은 《선생님》이 청소년들과 교사에게 선생님의 가르침에 대한 소중함과 감사함을 잘 전달하는 좋은 시라고 생각한다.

3 이유 [왜냐하면] / 내 생각에 대한 이유 3가지

왜냐하면 첫째, 선생님의 올바른 가르침을 배우지 않은 제자는 없기 때문이고,

둘째, 선생님의 가르침은 우리 삶의 길을 밝혀주며 인생의 방향 제시를 해주기 때문이며,

셋째, 주변 모든 사람들이 나의 선생님이 될 수 있기에 누구나에게 작은 것이라도 배울점이 있기 때문이다.

1 결론 [그래서, 나는 ~라고 생각한다] / 2% 평가

그래서 나는 케빈 윌리엄 허프 시인이 지은 《선생님》이 청소년들과 교사에게 선생님의 가르침에 대한 소중함과 감사함을 잘 전달하는 좋은 시라고 생각한다.

2% 아쉬운 점

하지만 세상에는 존경받고 훌륭한 가치관을 가진 선생님만 계신 것이 아니라 아쉽다.

내 마음속에 남은 한 문장

"당신이 가르치고 미소 지을 때마다 우리의 미래는 밝아집니다.
시인과 철학자, 왕의 탄생은 선생님과 그의 지혜에서 시작하니까요."

9일은 576돌 '한글날' 고마워 '한글'

작성자: 김은미
평 점: ★★★★
기 자: 서원극 기자
신문사: 소년한국일보
발행일: 2022년

[Why 작가는 왜 이 책을 썼을까?] / 저술 목적

이 기사의 기자는 어린아이와 청소년에게 한글날을 맞아 훈민정음 창제 뒷이야기와 한글날 유래를 알려주려고 이 기사를 저술했다.

[What 작가는 무엇을 말하는가?] / 핵심적인 내용

이 기사의 전반부에서는 우리나라 고유의 글자인 한글과 훈민정음을 반포한 것을 기념하는 한글날에 대한 내용을 이야기하고 있고,

이 기사의 중반부에서는 한글 창제 및 보급 인물과 세종이 집필한 예의와 집현전 학자들이 쓴 해례로 이루어진 훈민정음 해례본에 대한 내용을 이야기하고 있으며,

이 기사의 후반부에서는 한글과 세종 이야기를 전해주는 공간인 서울 광화문 일대 및 세종 관련 유적지에 대한 내용을 이야기하고 있다.

[How 나에게 어떻게 적용할 것인가?] 실천 사항

앞으로 나는 우리말의 편리함과 중요성을 더 깨닫는 기회가 된 만큼 바른말, 바른 글을 쓰며 줄임말 사용을 자제할 것이다.

1 생각 [나는 ～라고 생각한다] / 주장, 평가

나는 서원극 기자의 '9일은 576돌 '한글날' 고마워 '한글'은 어린아이와 청소년에게 훈민정음 창제 이야기와 한글날 유례를 알려주는 좋은 기사라 생각한다.

3 이유 [왜냐하면] / 내 생각에 대한 이유 3가지

왜냐하면 첫째, 한글은 자음과 모음의 조합으로 누구나 알기 쉽고 쓰기 쉬운 우리나라의 글이기 때문이고,

둘째, 한글의 소중함을 느껴 줄임말, 비속어 사용을 자제해야 함을 또 한번 생각하고 느낄 수 있기 때문이며,

셋째, 잊고 있었거나 잘 알지 못했던 훈민정음 창제에 대한 이야기를 다시 한번 되새길 수 있는 기회가 되었기 때문이다.

1 결론 [그래서, 나는 ～라고 생각한다] / 2% 평가

그래서 나는 서원극 기자의 '9일은 576돌 '한글날' 고마워 '한글''은 어린아이와 청소년에게 훈민정음 창제 이야기와 한글날 유례를 알려주는 좋은 기사라 생각한다.

2% 아쉬운 점

하지만 아직도 한문과 혼용으로 써야 바른 뜻을 알 수 있는 말들이 많아 아쉽다.

내 마음속에 남은 한 문장

"9일은 제576돌 한글날입니다. '고마워, 한글'"

금강대기 유소년 축구대회

작성자 : 박은미
평 점: ★★★★★
주 최: 신신상사(주)
장소: 횡성베이스볼파크축구장
연 도: 2022년 8월 7일

[Why 작가는 왜 이 책을 썼을까?] / 저술 목적

이 경기의 주최자는 축구를 꿈꾸는 유소년들에게 서로 경기를 치르면서 자신의 실력을 알아보고 경기를 치르면서 더욱 발전하고 실력을 향상할 수 있음을 알려주려고 이 경기를 개최했다.

[What 작가는 무엇을 말하는가?] / 핵심적인 내용

이 경기의 전반부에서는 U-12 상대 팀 평택유나이트드와 8:8 경기를 치르는 온리원FC와의 경기를 시작하면서 온리원FC의 수비실책으로 인해 4-1로 지고 있는 상황에 분위기가 상대 팀에서 끌려가는 상황이 되었고,

이 경기의 후반부에서는 갑작스럽게 쏟아지는 폭우 속에서 지고 있던 온리원FC선수들의 뛰어난 빌드업과 경기력으로 역전을 이루어냈으며, 여름이면 전후반 사이 10분씩 지나고 나면 워터타임을 갖는데 물 마시고 나서 다시 상대팀에게 역정을 내주었고 또다시 멈출 듯한 비가 다시 천둥 · 번개를 치는 상황이 연출되면서 비 오는 날 꾸준한 연습을 했던 온리원FC선수들의 뛰어난 수중전이 발휘되는 순간 결정적으로 상대팀 수비수의 실책으로 7-6 의 대역전승을 하게 되었다.

[How 나에게 어떻게 적용할 것인가?] 실천 사항

앞으로 나는 온리원FC 유소년 친구들의 끈기 있게 지면서도 마지막까지 최선을 다하는 모습을 보면서 늦었다고 생각할 때 다시 시작이라는 마음으로 서평 쓰기를 꾸준하게 할 것이다.

1 생각 [나는 ~라고 생각한다] / 주장, 평가

나는 신신상사가 주최한 '금강대기 유소년 축구대회'가 축구선수를 꿈꾸는 유소년들에게 경기를 치르면서 꿈인 축구선수가 되는 과정을 경기를 통한 선의의 경쟁으로 성장할 수 있는 발판이 되게 해 주는 대회라고 생각한다.

3 이유 [왜냐하면] / 내 생각에 대한 이유 3가지

왜냐하면 첫째, 실력이 비슷한 친구들 더 뛰어난 실력의 선수들과 경기를 치르면서 점점 더 발전하는 모습을 볼 수 있기 때문이고,

둘째, 페어플레이 정신을 배우면서 축구선수가 되는 가장 첫 번째 정신을 배우기 때문이며,

셋째, 경기를 치르면서 다양한 전술 속에서 자신의 포지션에만 국한되지 않고 업그레이드되는 실력을 갖출 수 있기 때문이다.

1 결론 [그래서, 나는 ~라고 생각한다] / 2% 평가

그래서 나는 신신상사가 주최한 '금강대기 유소년 축구대회'가 축구선수를 꿈꾸는 유소년들에게 경기를 치르면서 꿈인 축구선수가 되는 과정을 경기를 통한 선의의 경쟁으로 성장할 수 있는 발판이 되게 해 주는 대회라고 생각한다.

2% 아쉬운 점

하지만 가끔 심판진의 어이없는 편파 판정으로 인해 관람하는 부모들의 항의나 감독과 코치진들의 과한 언행이 이제 자라라는 꿈나무 유소년들에게 위화감이 들게 하는 모습이 있어서 너무 아쉽다.

내 마음속에 남는 한 장면

"전반전 큰 점수 차로 지고 있는 상황에서 좌절하지 않고 후반전 시작과 함께 억수로 내리는 비를 맞는 아이들에게 감독님의 경기를 즐기면서 하라는 말에 본인들의 실력을 그대로 보여주면서 역전승하는 짜릿한 순간의 온리원FC친구들 파이팅!"

포켓몬 메타몽의 말랑말랑 블루베리

작성자: 박은미
평 점: ★★★
회사명: (주)샤니
출시일: 2022년 7월 26일

[Why 작가는 왜 이 책을 썼을까?] / 저술 목적

이 상품의 회사는 코로나 19로 지친 사람들에게 위로와 추억 여행을 선사하고자 포켓몬 빵과 띠부씰을 그대로 구현하여 추억소환의 느낌을 알려주려고 이 상품을 출시했다.

[What 작가는 무엇을 말하는가?] / 핵심적인 내용

이 상품의 특징은 포켓몬의 캐릭터인 메타몽의 색깔과 모양을 그대로 살리기 위해 블루베리를 이용해 보라색의 메타몽의 빵을 만들었고,

이 상품의 마케팅은 포켓몬 고라는 게임이 유행하면서 포켓몬 빵을 다양하게 만들어서 띠부씰을 안에서 넣어서 띠부씰을 시리즈별로 모으게 하는 소장가치의 열풍을 만들었으며,

이 상품의 효과는 포켓몬 빵의 띠부씰을 모으려고 아이들뿐만 아니라 어른들까지도 줄을 서서 구하는 진풍경를 만들어내 없어서 못 파는 품귀현상이 생기는 효과를 만들어냈다.

[How 나에게 어떻게 적용할 것인가?] 실천 사항

앞으로 나는 아이에게 한번 정도는 추억으로 사보는 경험을 갖고 즐거운 정도에서 너무 과한 것에 대한 자제하는 법도 알게 할 것이다.

1 생각 [나는 ~라고 생각한다] / 주장, 평가

나는 샤니에서 출시한 '포켓몬 메타몸의 말랑말랑 블루베리'가 포켓몬을 좋아하는 아이들과 어른들에게 즐거운 추억의 선물이 되었다고 생각한다.

3 이유 [왜냐하면] / 내 생각에 대한 이유 3가지

왜냐하면 첫째, 아이들이 좋아하는 초콜릿 등 다양한 맛과 모양으로 좋아하는 빵을 먹을 수 있기 때문이고,

둘째, 아이들뿐 아니라 포켓몬의 추억 감상에 젖는 어른들까지도 띠부씰을 수집하면서 추억이라는 선물을 했기 때문이며,

셋째, 부모와 아이들이 포켓몬 빵으로 대화할 수 있는 즐거움을 주기 때문이다.

1 결론 [그래서, 나는 ~라고 생각한다] / 2% 평가

그래서 나는 샤니에서 출시한 '포켓몬 메타몸의 말랑말랑 블루베리'가 포켓몬을 좋아하는 아이들과 어른들에게 즐거운 추억의 선물이 되었다고 생각한다.

2% 아쉬운 점

하지만 꼭 갖고 싶어 하는 포켓몬 빵보다는 띠부씰만 먹고 빵을 버리는 현상도 생기고 상품에 대한 소중함을 모르는 일들이 생겨서 너무 아쉽다.

내 마음속에 남은 한 생각

시즌4가 나왔다는 소리에 부모들은 "이제 그만!!! 나왔으면 좋겠다." 라고 말하고 싶고 아이들은 반대로 설레일 거 같다.

쥬라기월드: 도미니언

작성자: 박은미
평 점 : ★★★★
감 독: 콜린트레보로우
제작사: 프랭크 마샬
연 도: 2022년

[Why 작가는 왜 이 책을 썼을까?] / 저술 목적

이 영화의 감독은 인간의 욕심과 욕망이 과한 이들에게 하지 말아야 할 것을 건들게 되면 세상의 크나큰 문제가 생긴다는 것을 알려주려고 이 영화를 제작했다.

[What 작가는 무엇을 말하는가?] / 핵심적인 내용

이 영화의 전반부에서는 쥬라기월드 시즌3가 시즌2와 연결고리가 되면서 인간이 유전자로 만들어낸 아이를 찾아내려는 과학자들에 대한 내용을 이야기하고 있고,

이 영화의 중반부에서는 호기심 많은 주인공 아이가 산속에 숨어지내면서 마을 밑으로 내려가지 말라고 하지만 궁금한 것을 못이기고 마을로 내려가 자신을 찾고 있는 악당들에게 발견되는 내용을 이야기하고 있으며,

이 영화의 후반부에서는 공룡은 우리에게 위협을 주는 위협적인 동물이 아니라 인간과 함께 공존해가고, '블루'라는 공룡이 인간의 고마움을 보답하는 내용을 이야기하고 있다.

[How 나에게 어떻게 적용할 것인가?] 실천 사항

앞으로 나는 아이와 함께 주말마다 책을 읽고 과학의 기술은 어디까지가 도움이 되고 어떤 점이 중요한지에 대한 서로의 의견을 나누는 시간을 가질 것이다.

1 생각 [나는 ~라고 생각한다] / 주장, 평가

나는 콜린트레보로우 감독의 '쥬라기월드:도미니엄'은 자연을 지배할 수 있다는 착각을 갖고 있는 인간들에게 자연은 지배하는 것이 아니라 함께 공존하는 것이라고 생각한다.

3 이유 [왜냐하면] / 내 생각에 대한 이유 3가지

왜냐하면 첫째, 이 영화는 공룡이라는 주제를 가지고 희귀 공룡을 과학으로 만들어 낼 수 있고 인간이 지배할 수 있다고 착각했기 때문이고,

둘째, 유전자로 만들어낸 주인공 여자아이가 자신은 엄마가 만들어낸 과학의 증명으로 태어났음을 이야기하기 때문이며,

셋째, 인간의 욕심으로 인해 마지막 만들어내고 감금시킨 공룡이 인간이 만들어낸 공간을 파괴하고 자연으로 돌아가는 것을 표현하고 있기 때문이다.

1 결론 [그래서, 나는 ~라고 생각한다] / 2% 평가

그래서 나는 콜린트레보로우 감독의 영화 '쥬라기월드:도미니언'은 자연을 지배할 수 있다는 착각을 갖고 있는 인간들에게 자연은 지배하는 것이 아니라 공존하는 것이라고 생각한다.

2% 아쉬운 점

하지만 공룡이 직접 잡아먹는 모습이 적나라하게 표현되어서 아이들이 보기에 너무 잔인한 장면이 표현되어 아쉽다.

내 마음속에 남은 명대사

"우린 지금 인류의 멸종을 향해 가고 있어요. 이제 더 이상 우리는 자연의 지배자가 아닙니다." -이안 말콤-

인생을 바꾼 식사의 기적

부제: 이유없이 아픈 나를

작성자 : 박은미
평 점 : ★★★★
치유하는 1.1.2식단
저 자: 김남희 지음
출판사: 북테이블
연 도: 2021년

[Why 작가는 왜 이 책을 썼을까?] / 저술 목적

이 책의 작가는 다이어트의 부작용으로 인해 고생하는 사람들에게 자신에게 맞는 식사만으로도 건강을 찾고 건강한 다이어트가 될 수 있음을 알려주려고 이 책을 저술했다.

[What 작가는 무엇을 말하는가?] / 핵심적인 내용

이 책의 전반부에서는 저자가 어릴 때부터 현재까지 본인의 변화된 모습을 이야기하면서 무리한 다이어트로 인해 일어난 몸의 변화 심리의 변화에 대해 이야기하고 있고,

이 책의 중반부에서는 내담자의 사례를 들면서 운동 식이요법 본인에게 맞는 방법이 있고 마사지법도 함께 공유하며 나에게 맞게 하라고 이야기하고 있으며,

이 책의 후반부에서는 우리가 흔히 알고 있는 다이어트 식단이나 운동이 정석이 아니며 사례자의 질문과 답을 말하면서 본인에게 맞는 방법을 찾는 이야기를 하고 있다.

[How 나에게 어떻게 적용할 것인가?] 실천 사항

앞으로 나는 무조건적인 식단 조절이 아닌 내 몸에 변화의 소리를 들으며 소화력이 잘 되는 음식으로 내 몸의 컨디션에 맞는 운동을 할 것이다.

1 생각 [나는 ~라고 생각한다] / 주장, 평가

나는 김남희 작가가 쓴《인생을 바꾼 식사의 기적》은 다이어트로 힘들어하고 건강을 생각하는 이들에게 자신에게 맞는 식사의 선택만으로도 건강을 찾고 다이어트가 된다고 알려주는 좋은 책이라고 생각한다.

3 이유 [왜냐하면] / 내 생각에 대한 이유 3가지

왜냐하면 첫째, 저자의 경험담과 내담자들이 경험담을 토대로 무리한 운동과 유행하는 다이어트 식단이 아닌 본인에게 맞는 식사만으로 건강한 다이어트가 되었다는 사례가 확실히 있었기 때문이고,

둘째, 무리하게 운동만 하는 것이 아니라 본인에게 맞는 식단과 몸의 관리로 필요한 영상과 보기 편하게 간단한 삽화가 있어서 이해하기 쉽기 때문이며,

셋째, 부록으로 저자의 일상 식단을 알려주며 식사의 중요성을 이야기하고 있기 때문이다.

1 결론 [그래서, 나는 ~라고 생각한다] / 2% 평가

그래서 나는 김남희 작가의《인생을 바꾼 식사의 기적》은 다이어트를 힘들어하고 건강을 생각하는 이들에게 자신에게 맞는 식사의 선택만으로도 건강을 찾고 다이어트가 된다고 생각한다.

2% 아쉬운 점

하지만 별책부록 나미표 일반 식단의 사진과 함께 만드는 방법까지 제시해 주면 어떨까 하는 아쉬움이 있다.

내 마음의 한 문장

"무엇이 꼭 정답이다라고 단정 지을 것이 아니라 개개인의 '현재 소화 컨디션'에 따라 섭취 방법을 조절하는 것이 중요하다."

지구를 구하는 쓰레기 제로 대작전

작성자: 박은미
평 점: ★★★★★
작 가: 시마 외즈칸 지음
출판사: 토토북
연 도: 2020년

[Why 작가는 왜 이 책을 썼을까?] / 저술 목적

이 책의 작가는 어린이들에게 아름다운 지구가 쓰레기로 뒤덮이고 땅과 물이 오염되는 것을 막으려고 쓰레기 제로 운동에 아이들이 일상생활에서 실천하는 방법을 알려주려고 이 책을 저술했다.

[What 작가는 무엇을 말하는가?] / 핵심적인 내용

이 책의 전반부에서는 닐이 학교에서 발표시간에 우리 가족이 올여름 지구를 깨끗하게 만드는 큰 목표를 가진 것에 설명하면서 우리 생활에서 다섯 악당 "비닐봉지, 플라스틱 물병, 일회용 빨대, 일회용 컵, 휴지와 물티슈"를 없애기로 쓰레기 제로 운동에 들어간 이야기를 하고 있고,

이 책의 중반부에서는 학교 아이들과 함께 다섯 악당이 학교에서 얼마나 많은지 쓰레기통을 빼내서 확인한 후 닐이 실천하는 방법에 대해 알려주는 이야기를 하고 있으며,

이 책의 후반부에서는 닐이 발표한 내용으로 선생님이 제안하셔서 우리 반에서 쓰레기를 줄일 수 있는 방법과 쓰레기통에 버리는 것을 기록하게 하여서 쓰레기를 줄일 수 있는 방법에 대해 알게 되어 다른 반 친구들에게 알려주는 쓰레기 제로 대작전을 벽보에 그려 알려주는 이야기를 하고 있다.

[How 나에게 어떻게 적용할 것인가?] 실천 사항

앞으로 나는 아이와 함께 우리 집에서도 쓰레기를 줄일 방법으로 가장 많이 쓰는 일회용 봉지가 덜 나오도록 벽보를 만들어 쓰레기가 줄어가는 것을 눈에 보이게 할 것이다.

1 생각 [나는 ~라고 생각한다] / 주장, 평가

나는 시마 외즈칸 작가가 쓴《지구를 구하는 쓰레기 제로 대작전》이 아이들에게 일상생활에서 무심코 사용하는 일회용품들이 얼마나 지구를 병들게 하는지를 알려주고 쓰레기 제로 운동으로 지구를 사랑하는 방법을 알려주는 좋은 책이라고 생각한다.

3 이유 [왜냐하면] / 내 생각에 대한 이유 3가지

왜냐하면 첫째, 쓰레기가 어떻게 생겨나고 그 작은 가정에서 나오는 쓰레기양을 눈으로 확인할 수 없기에 쓰레기 매립장에 모습을 보여줌으로써 현실을 알게 했기 때문이고,

둘째, 쓰레기를 줄일 수 있는 방법을 우리가 가장 많이 사용하고 있는 것들인 다섯 악당 "비닐봉지, 플라스틱 물병, 일회용 빨대, 일회용 컵, 휴지와 물티슈"를 없애기를 하면서 대체용품을 사용하여 쓰레기 제로 운동을 알려주었기 때문이며,

셋째, 아이들이 함께 쓰레기 제로 운동으로 쓰레기 줄이는 법 12가지를 실천하면서 지구를 지켜내고 있는 이야기를 하고 있기 때문이다.

1 결론 [그래서, 나는 ~라고 생각한다] / 2% 평가

그래서 나는 시마 외즈칸 작가가 쓴《지구를 구하는 쓰레기 제로 대작전》이 아이들에게 일상생활에서 무심코 사용하는 일회용품들이 얼마나 지구를 병들게 하는지를 알려주고 쓰레기 제로 운동으로 지구를 사랑하는 방법을 알려주는 좋은 책이라고 생각한다.

2% 아쉬움 점

하지만 쓰레기 제로 대작전이 아이들만 아닌 어른이 먼저 실천하고 읽어봐야 할 좋은 책이므로 널리 알려지지

않은 것이 아쉽다.

내 마음속의 한 문장

"엄마, 내가 버린 쓰레기가 다 어디로 가는 거예요?"

지구온난화와 탄소배출권

작성자: 박은미
평 점: ★★★★★
저 자: 스토리베리 지음
출판사: 뭉치
연 도 : 2020년

[Why 작가는 왜 이 책을 썼을까?] / 저술 목적

이 책의 작가는 초등학생이 스스로 학습할 수 있도록 기획된 과학, 시사 교양 도서로써 여러분이 탄소배출권과 지구온난화에 대한 다양한 정보와 특성을 이해하고, 그 과정에서 나타나는 여러 가지 사회 현상을 파악해 올바른 가치관을 갖게 됨을 알려주려고 이 책을 저술했다.

[What 작가는 무엇을 말하는가?] / 핵심적인 내용

이 책의 1장에서는 세강이가 학교 과학 시간에 선생님이 내어주는 국가 간의 약속, 탄소배출권에 대해 모둠을 만들어서 에너지와 탄소배출권을 조사하며 알아가는 이야기를 하고 있고,

이 책의 2장에서는 지구온난화가 인간의 생존을 위협하고 생명을 키우고 돌보는 어머니 지구가 아프다는 이야기와 지구를 살리기 위해 모두가 노력해야 한다는 이야기를 하고 있으며,

이 책의 3장에서는 세강이와 모둠 친구들이 탄소배출량에 대해 체험을 하면서 탄소배출량이 달라지고 탄소발자국이 지구를 아프게 한다는 그것에 관해 이야기하고 있고,

이 책의 4장에서는 '탄소는 줄고 지구는 살고'라는 내용으로 과학 시간에 내어준 숙제를 발표해 1등을 한 세강이 모둠에 상으로 과학 선생님이 선물한 나무가 착한 숨을 쉰다는 것과 세강이와 친구들이 녹색 생활 선언문을 만들어 지구를 살리는 것은 일상생활에 작은 변화에서 일어날 수 있음을 이야기하고 있다.

[How 나에게 어떻게 적용할 것인가?] 실천 사항

앞으로 나는 우리 가족이 할 수 있는 탄소를 줄이는 한 가지 방법에 대해 실천을 선서하면서 아들은 냉장고 문을 덜 연다고 다짐했고, 남편은 안 쓰는 플러그를 꼭 뽑기로 하였고, 나는 가까운 마트로 걸어서 장을 보러 갈 것이다.

1 생각 [나는 ~라고 생각한다] / 주장, 평가

나는 스토리베리 작가가 쓴《지구온난화와 탄소배출권》은 아이들에게 일상생활의 작은 실천으로도 충분히 탄소는 줄이고 지구는 살려서 지구온난화가 되지 않도록 지킬 방법을 알려주는 좋은 책이라고 생각한다.

3 이유 [왜냐하면] / 내 생각에 대한 이유 3가지

왜냐하면 첫째, 초등학생이 알고 있는 북극곰이 지구온난화로 인해 산 곳이 없어지는 이야기로 시작해 과학 시간에 배움으로 인해 본인들이 직접 문제에 대해 찾아보게 하였기 때문이고,

둘째, 4장으로 구분하여 아이들이 읽고 이해하기 쉽게 탄소배출권과 에너지에 관해 이야기하면서 어려운 단어에 대한 것들은 따로 설명되어있고 각 장의 마지막에는 문제를 풀어보게 함으로써 다시 한번 중요함을 알려주기 때문이며,

셋째, CO_2를 줄이는 생활의 지혜에 대한 예시를 그림으로 표현해서 정리해 주고 탄소배출권 관련 사이트 등 궁금증이 있는 것들에 대한 설명이 잘되어 있기 때문이다.

1 결론 [그래서, 나는 ~라고 생각한다] / 2% 평가

그래서 나는 스토리베리 작가가 쓴《지구온난화와 탄소배출권》은 아이들에게 일상생활의 작은 실천으로도 충분히 탄소는 줄이고 지구는 살려서 지구온난화가 되지 않도록 지킬 방법을 알려주는 좋은 책이라고 생각한다.

2% 아쉬운 점

하지만 책의 내용이 다음 장으로 연결되는 상황에서 접속사가 끊겨지면서 다음 장으로 바로 연결되는 않는 부분들이 읽기에 불편한 점이 아쉽다.

내 마음속에 남은 한문장

"물론이지. 우리가 사는 이 사회는 에너지 소비를 바탕으로 만들어졌으니까."

초록별이와 떠나는 기후 여행

작성자: 박은미
평 점: ★★★★★
작 가: 김성준 지음
출판사 : 아주 좋은 날
연 도: 2021년

[Why 작가는 왜 이 책을 썼을까?] / 저술 목적

이 책의 작가는 지구에서 살아가는 우리에게 기후변화나 지구온난화의 심각성을 알려주려고 이 책을 저술했다.

[What 작가는 무엇을 말하는가?] / 핵심적인 내용

이 책의 전반부에서는 합창부 삼총사가 학교의 과제를 찾던 중 도서관에서 기후변화에 대한 자료를 찾는 이들에게 언제나 나타나는 초록별이와의 만남을 이야기하고 있고,

이 책의 중반부에서는 합창부 삼총사와 초록별이와 함께 기후 여행을 떠나면서 지구가 1도만 올라가도 지구온난화로 일어나는 문제점 한파, 폭염, 가뭄, 강한 태풍 등이 발생함으로 지구온난화의 문제점인 온실가스 배출을 줄여한 한다는 이야기하고 있으며,

이 책의 후반부에서는 지구를 지키는 일곱 가지 방법에 대해 초록별이와 여행을 다녀온 후 합창부 삼총사가 발표하면서 일상생활에서 서로 지키기로 약속하고 세계 기후 변화총회에서 합창부가 노래를 부르기로 했는데 수아라는 친구가 기후변화를 걱정하여 가사를 작성해서 모두에게 알려주는 이야기하고 있다.

[How 나에게 어떻게 적용할 것인가?] 실천 사항

앞으로 나는 지구를 지키는 일곱 가지 방법 중 될 수 있으면 모든 것을 지키려고 할 것이며, 그중에서 가전제품을 새로 살 때는 에너지효율등급이 높은 것을 사서 이산화탄소배출량을 줄이는 데 도움이 되게 할 것이다.

1 생각 [나는 ~라고 생각한다] / 주장, 평가

나는 김성준 작가가 쓴《초록별이와 떠나는 기후 여행》이 우리 미래인 아이들에게 고통에 신음하는 지구를 위해 우리가 지금 당장 행동하지 않으면 미래의 주인인 아이들이 어른이 되었을 때 감당할 수 없을 만큼 큰 기후 재앙이 생길 수 있음을 알려주는 책이라고 생각한다.

3 이유 [왜냐하면] / 내 생각에 대한 이유 3가지

왜냐하면 첫째, 지구가 감기에 걸리게 되면 어떻게 되는지 우리의 몸이 1도만 올라가도 힘들어하는 것처럼 지구가 1도만 올라가도 지구온난화로 인해 빙하가 녹고 북극곰의 먹이사슬이 사라지고 또한 해수면이 올라가 우리가 알고 있는 섬들이 사라지게 될 수 있음을 알려주기 때문이고,

둘째, 초록별이라는 아바타를 등장시켜 아이들이 기후변화에 관한 이야기를 조금 더 쉽게 알려주었기 때문이며,

셋째, 아이들이 발표시간에 주제를 정해서 알아가면서 지구를 지킬 방법을 찾아가는 그것에 관해 이야기하고 있기 때문이다.

1 결론 [그래서, 나는 ~라고 생각한다] / 2% 평가

그래서 나는 김성준 작가가 쓴《초록별이와 떠나는 기후 여행》이 우리 미래인 아이들에게 고통에 신음하는 지구를 위해 우리가 지금 당장 행동하지 않으면 미래의 주인인 아이들이 어른이 되었을 때 감당할 수 없을 만큼 큰 기후 재앙이 생길 수 있음을 알려주는 책이라고 생각한다.

2% 아쉬운 점

이렇게 좋은 책을 우리 아이들에게 방학 필독서로 읽게 하면 어떨까 하는 아쉬움이 있다.

내 마음속의 한 문장

"전염병도 지구온난화와 관련이 있다고?"

블루마블 게임

작성자: 박은미
평 점: ★★★
작성일: 2022년 8월 23일
연 도: 1980년

[Why 작가는 왜 이 책을 썼을까?] / 저술 목적

이 게임의 개발자는 아이들에게 가족들이 함께 모여서 화폐에 관한 경제공부도 하고 나라를 알아가면서 세계를 지배할 수 있다는 것을 게임으로 체험하게 하려고 이 게임을 개발했다.

[What 작가는 무엇을 말하는가?] / 핵심적인 내용

이 게임의 특징은 처음 기본 4인 기준(2인도 가능) 화폐를 나누어 가져서 주사위를 가지고 나라를 하나씩 사고 빌딩도 지을 수 있고,

이 게임의 규칙은 기본 4인 기준(2인도 가능) 게임 말을 출발지에 놓아서 주사위 던진 숫자만큼 칸이 진행되어 그 나라 안에 들어가면 금액만큼 나라를 사기도 하고 빌딩을 짓기도 하며 중간에 꽝이라는 문구가 나오면 그대로 멈추고 황금열쇠의 문구에 따라 진행되는 변수가 있으며,

이 게임의 효과는 아이들에게 화폐에 대한 숫자의 개념과 각 나라의 수도를 이해할 수 있고 또한 나라를 돈으로 사서 빌딩을 지으면서 경제 흐름에 대해 알 수 있는 좋은 교육이 된다.

[How 나에게 어떻게 적용할 것인가?] 실천 사항

앞으로 나는 아이와 함께 블루마블 게임을 한 달에 한번 정도 하면서 나라의 수도도 외우고 아이에게 경제적인 공부도 하게 하는 시간을 갖게 할 것이다.

1 생각 [나는 ~라고 생각한다] / 주장, 평가

나는 '블루마블 게임'의 개발자는 어린아이들에게 동심의 세계에서 나라를 사면서 땅을 지배할 수 있다는 것을 게임으로써 실행하며 자기 주체가 될 수 있음을 알게 해 준다고 생각한다.

3 이유 [왜냐하면] / 내 생각에 대한 이유 3가지

왜냐하면 첫째, 화폐로 본인 금액만큼 가지면서 돈의 관리를 할 수 있기 때문이고,

둘째, 전 세계의 나라를 알게 되고 각 나라의 수도를 배울 수 있으며 게임에서 점령하고 빌딩을 짓는 즐거움을 알 수 있기 때문이며,

셋째, 돈 관리 나라 관리를 하면서 게임으로 자기관리를 해야 하는 것을 배울 수 있기 때문이다.

1 결론 [그래서, 나는 ~라고 생각한다] / 2% 평가

그래서 나는 블루마블의 개발자는 어린 나이들에 동심의 세계에서 나라를 사면서 땅을 지배할 수 있다는 것을 게임으로써 실행하며 자기 주체가 될 수 있음을 알게 해 준다고 생각한다.

2% 아쉬운 점

하지만 게임시간이 오래 걸리다 보니 부모가 자주 함께하기에는 어려움이 있어 아쉽다.

내 마음속에 남는 한 장면

"아빠와 함께하면 아들이 이기려는 승리욕이 생기는 모습!"

도와줘요. 빨래방 아줌마!

작성자: 박은미
평 점 : ★★★★
작 가 : 이지현 지음
출판사 : 스콜라
연 도 : 2014년

[Why 작가는 왜 이 책을 썼을까?] / 저술 목적

이 책의 작가는 아이들에게 우리 몸속의 생리 현상에 대한 지식뿐 아니라 몸과 마음의 건강을 함께 돌봐야 한다는 소중한 깨달음을 알 수 있도록 이 책을 저술했다.

[What 작가는 무엇을 말하는가?] / 핵심적인 내용

이 책의 전반부에서는 오줌싸개인 오준이가 본인이 오줌싼 빨래를 하기 위해 빨래방을 찾아 주인인 빨래방 아줌마에게 친구들과 오줌싸개가 많고 아이마다 몸이 자라는 속도가 다르므로 오줌을 가리는 때도 다르다는 이야기를 하고 있고,

이 책의 중반부에서는 도대체 오줌은 무얼까? 라는 질문과 함께 오줌이 만들어지는 과정에 대한 몸의 변화에 관해 이야기하고 있으며,

이 책의 후반부에서는 보송보송 요를 위한 오줌싸개 수첩을 주면서 오줌싸개가 되지 않기 위해 규칙이나 행동들에 관해 이야기하고 있다.

[How 나에게 어떻게 적용할 것인가?] 실천 사항

앞으로 나는 아이가 생리적인 현상이 평상시와 다를 때는 마음에 어떤 고민이 있는 것이 아닌지 잘 살펴볼 것이다.

1 생각 [나는 ~라고 생각한다] / 주장, 평가

나는 이지현 작가가 쓴 스콜라 우리 몸 학교 시리즈 중 한 권인《도와줘요. 빨래방 아줌마!》는 아이들에게 오줌싸개 오준이의 이야기를 통해 배뇨의 원리와 우리 몸속 생리 현상에 대한 지식뿐 아니라 몸과 마음의 건강을 함께 돌봐야 한다는 소중한 깨달음을 얻을 수 있는 책이라고 생각한다.

3 이유 [왜냐하면] / 내 생각에 대한 이유 3가지

왜냐하면 첫째, 재미있는 그림을 통해 오줌싸개는 어떻게 해서 오줌을 싸게 되는지를 잘 설명이 되어있기 때문이고,

둘째, 우리 몸의 오줌이 만들어지는 과정을 원두커피를 내리는 과정을 설명하며 비유한 장면들, 콩팥에 걸러진 찌꺼기가 물과 함께 오줌이 되어 나오는 과정들을 자세히 그림과 함께 알기 쉽게 표현했기 때문이며,

셋째, 빨래방 아줌마의 오줌싸개 육아일기로 첫째부터 다섯째까지의 다양하게 일어날 수 있는 오줌에 대한 과정들을 알기 쉽게 이야기하고 있기 때문이다.

1 결론 [그래서, 나는 ~라고 생각한다] / 2% 평가

그래서 나는 이지현 작가가 쓴 스콜라 우리 몸 학교 시리즈 중 한 권인《도와줘요. 빨래방 아줌마!》는 아이들에게 오줌싸개 오준이의 이야기를 통해 배뇨의 원리와 우리 몸속 생리 현상에 대한 지식뿐 아니라 몸과 마음의 건강을 함께 돌봐야 한다는 소중한 깨달음을 얻을 수 있는 책이라고 생각한다.

2% 아쉬운 점

하지만 전체적인 그림으로 알려주려는 의도는 좋았으나 그림이 너무 많아서 내용이 확실히 정리돼 보이지 않아 아쉽다.

내 마음속에 남은 한 문장

" 아이들이 오줌을 싸는 건 몸이 오줌을 가릴 만큼 충분히 자라지 못해서야."

단톡방을 나갔습니다

작성자 : 박은미
평 점 : ★★★★
저 자 : 신은영 지음
출판사 : 소원나무
연 도 : 2022년

[Why 작가는 왜 이 책을 썼을까?] / 저술 목적

이 책의 작가는 요즘 아이들이 친구들과 핸드폰으로 소통하면서 일어날 수 있는 문제점에 대해 이야기하며 친구의 소중함을 알려주려고 이 책을 저술했다.

[What 작가는 무엇을 말하는가?] / 핵심적인 내용

이 책의 전반부에서는 새로운 학기가 시작되면서 초록이라는 친구가 혼자라고 두려워할 때 세 친구와 단짝이 되어가는 이야기를 하고 있고,

이 책의 중반부에서는 친한 친구끼리 단톡방을 만들어서 자기들의 암호를 정해 이야기하면서 표현을 하면서 새리가 초록이에게 시샘을 해서 친구들과 이간질 시키는 이야기를 하고 있으며,

이 책의 후반부에서는 초록이가 거짓말이 아님을 알게 되고 새리가 잘못을 인정해서 단톡방을 초대해 놓고 동시에 나가는 행동을 친구들이 하지만 그런 일을 당한 초록이는 새리에게 진심을 대하는 친구의 마음으로 같은 행동을 하지 않으며 진정한 친구가 되어가는 이야기를 하고 있다.

[How 나에게 어떻게 적용할 것인가?] 실천 사항

앞으로 나는 아이에게도 단톡방에서 친구들과의 대화를 하는 것과 친구들과 서로 오해가 있어도 직접 말로 표현해서 문제점을 해결하게 할 것이다.

1 생각 [나는 ~라고 생각한다] / 주장, 평가

나는 신은영 작가가 쓴《단톡방을 나갔습니다》는 아이들에게 친구들과 대화인 단톡방을 만들고 일어나는 일들 속에서 누구나 생길 수 있는 일이기에 서로 이해하며 친구를 사귀는 방법에 대해 알려준다고 생각한다.

3 이유 [왜냐하면] / 내 생각에 대한 이유 3가지

왜냐하면 첫째, 요즘 아이들이 겪고 있는 단톡방 이야기로 흔히 일어날 수 있는 이야기를 하였기 때문이고,

둘째, 아이들이 학교생활 속에서 일어나는 친구들의 감정에 대해 잘 풀어냈기 때문이며,

셋째, 누구나 겪을 수 있는 문제점이기에 친구의 소중함을 서로 이해할 수 있고 아이들이 읽기 쉽게 표현했기 때문이다.

1 결론 [그래서, 나는 ~라고 생각한다] / 2% 평가

그래서 나는 신은영 작가가 쓴《단톡방을 나갔습니다》는 아이들에게 친구들과 대화인 단톡방을 만들고 일어나는 일들 속에서 누구나 생길 수 있는 일이기에 서로 이해하며 친구를 사귀는 방법에 대해 알려준다고 생각한다.

2% 아쉬운 점

하지만 책 내용 중 부모님의 상하 직원 관계의 설정은 조금 아쉽다.

내 마음속의 남은 한 문장

"그냥 친하게 지내면 되잖아. 새 학기 첫날처럼, 꼭 그날처럼…"

책이라는 밥

작성자: 박은미
평 점: ★★★★★
저 자: 이석연 지음
출판사: 미래앤
연 도: 2022년

[Why 작가는 왜 이 책을 썼을까?] / 저술 목적

이 책의 작가는 독서의 중요성을 알지 못하는 이들에게 과 독서의 중요성과 독서를 좀 더 효율적으로 쉽게 하는 방법을 알려주려고 이 책을 저술했다.

[What 작가는 무엇을 말하는가?] / 핵심적인 내용

이 책의 1부에서는 독서를 하기 위해 유목의 독서법과 읽기와 쓰기는 하나라는 것, 독서일기를 쓰고 독서의 힘을 기르기 위해 습관화하며 독서의 고정관념을 깨며 다르게 읽어야 성공한다는 다양한 내용으로 독서를 하기 위한 기술에 관해 이야기하고 있고,

이 책의 2부에서는 이석연 작가의 젊은 시절부터 내 곁을 떠나지 않았던 책으로 이야기하면서 저자가 읽었던 책 속의 내용이 삶에서 깨달은 것과 함께 독자들에게 책을 읽을 때 조금 어렵지 않은 책들로 추천해 주기도 하고 있으며,

이 책의 3부에서는 지혜와 감동을 준, 삶의 변화와 행동을 이끌어준 추천의 책 내용을 이야기하며 책의 좋은 구절들을 인용하여 깨달음을 이야기하고 있고,

이 책의 4부에서는 독서 노트를 보여주고 책을 읽고 나서 독서 노트를 기록하고 책을 정리하는 습관을 갖는 이야기를 하고 있다.

[How 나에게 어떻게 적용할 것인가?] 실천 사항

앞으로 나는 책을 읽고 나서 좋은 구절들을 메모하면서 책을 읽어내는 습관을 지닐 것이고 독서를 습관화하기 위해 독서동아리를 구성해서 1달에 한 권을 책을 읽고 서로 의견을 나누는 모임을 지속할 것이다.

1 생각 [나는 ~라고 생각한다] / 주장, 평가

나는 이석연 작가의 《책이라는 밥》은 요즘 인터넷으로 정보의 빠름을 터득함으로 인해 문해력이 떨어지고 독서의 중요성을 모르는 이들에게 독서를 하는 방법과 중요성을 알려주는 책이라고 생각한다.

3 이유 [왜냐하면] / 내 생각에 대한 이유 3가지

왜냐하면 첫째, 독서란 꼭 정독하고 한 권을 다 읽어야 하는 것이 아니라 내가 읽고 싶은 부분만 읽어가면서 독서의 힘을 길러내며 우리가 알고 있는 고정관념을 깨는 법을 알려주기 때문이고,

둘째, 책을 읽고 난 후 흔히 지나칠 수 있는 이야기들을 정리하면서 자신에게 일상생활에서 책으로 인한 도움을 갖게 해줄 수 있기 때문이며,

셋째, 독서 노트를 적어가면서 책을 읽고 난 후 어떻게 독서를 해야 하는지에 대한 정확한 방법을 알려주기 때문이다.

1 결론 [그래서, 나는 ~라고 생각한다] / 2% 평가

그래서 나는 이석연 작가의 《책이라는 밥》은 요즘 인터넷으로 정보의 빠름을 터득함으로 인해 문해력이 떨어지고 독서의 중요성을 모르는 이들에게 독서를 하는 방법과 중요성을 알려주는 책이라고 생각한다.

2% 아쉬운 점

하지만 추천하는 책들이 고전이 많아 읽기가 쉽지만은 않을 거 같아서 아쉽다.

내 마음속에 남은 한 문장

"나만의 독서 지도를 만들어라"

키스

작성자: 탁은혜
평 점: ★★★
작 가: 구스타프 클림트
연 도: 1862년

[Why 작가는 왜 이 책을 썼을까?] / 저술 목적

이 그림의 화가는 사랑하는 연인 에밀리에를 꼭 안고 입맞춤을 하고 있는 모습을 화려한 색감과 네모와 세모의 어우러진 문양으로 표현하여 그림을 보는 이들에게 키스의 느낌을 알려주려고 이 명화를 완성했다.

[What 작가는 무엇을 말하는가?] / 핵심적인 내용

이 그림의 구도적 시각에서의 얼굴표현은 남자가 키스하려 다가가고 연인의 설레는 느낌이 고스란히 전달되는 느낌이 있고 여자는 한 손으로 남자의 오른손을 다른 한 손으로 남자의 목덜미를 끌어안고 있고,

이 그림의 연인 표현은 남자의 옷에는 네모난 무늬로 여자의 옷에는 동그란 무늬로 그려졌고 네모와 동그라미가 일반적인 문양임에도 식상하지 않고 화려함으로 잘 표현하고 있으며,

이 그림의 몸은 강렬한 색감으로 표현되었고, 얼굴, 손, 발만 보인다. 색채가 아름다워 사랑의 환상이 느껴지게 표현하고 있다.

[How 나에게 어떻게 적용할 것인가?] 실천 사항

앞으로 나는 주변 전시회도 자주 찾아가 보며 명화들을 많이 접해 보려고 노력할 것이다.

1 생각 [나는 ~라고 생각한다] / 주장, 평가

나는 구스타프 클림트의 '키스'를 관람객들에게 다른 작품들도 자주 접해보고 또한 다른 화가의 명화들도 감상해 볼 수 있었으면 좋겠다고 생각한다.

3 이유 [왜냐하면] / 내 생각에 대한 이유 3가지

왜냐하면 첫째, 구스타프 클림트의 키스는 명화 중에 명화임이 틀림없고, 내실을 기할 수 있는 기회가 되기 때문이고,

둘째, 다른 화가들의 작품도 접해 안목을 넓힐 수 있는 계기가 되기 때문이며,

셋째, 구스타프 클림트를 통한 서양화뿐 아니라 동양화에도 관심과 계기를 마련할 수 있는 기회가 되기 때문이다.

1 결론 [그래서, 나는 ~라고 생각한다] / 2% 평가

그래서 나는 구스타프 클림트의 '키스'를 관람객들에게 다른 작품들도 자주 접해 보고 또한 다른 화가의 명화들도 감상해 볼 수 있었으면 좋겠다고 생각한다.

2% 아쉬운 점

다만 명화를 서양화에만 집중하다가 보니 동양화를 터부시하는 현상이 생기지 않을까 싶은 우려에 살짝 아쉽다.

내 마음속에 남은 한 장면

"클림트의 키스 중 오오~~그대는 나의 마음속 우주!!"

언제까지나 너를 사랑해

작성자: 탁은혜
평 점:★★★
저 자: 로버트 먼치 지음
출판사: 북뱅크
연 도: 2000년

[Why 작가는 왜 이 책을 썼을까?] / 저술 목적

이 책의 작가는 부모님과 자식들에게 이 세상 빛을 보지도 못하고 떠난 그의 두 아이를 기리기 위한 아버지의 사랑을 알려주려고 이 책을 저술했다.

[What 작가는 무엇을 말하는가?] / 핵심적인 내용

이 책의 전반부에서는 사랑스럽게 태어난 나의 아기를 위해 언제까지나 너를 사랑한다는 노래를 불러줘 건강하게 잘 자라길 바라는 어머니의 마음을 이야기하고 있고,

이 책의 중반부에서는 점점 더 크게 자라는 과정에서 본인의 의견과 고집을 굽히지 않아 때론 많이 미울 때도 있지만 여전히 사랑스러운 내 아이를 위해 언제까지나 너를 사랑한다는 노래를 끊임없이 불러주는 내용을 이야기하고 있으며,

이 책의 후반부에서는 성인이 되어 독립한 아들이 사랑받고 늘 노래로 잠재워 주시던 어머님을 이젠 위치가 바뀌어 어머니를 노래로 감싸 안고 불러주는 부모님의 사랑을 듬뿍 느끼게 하는 내용을 이야기하고 있다.

[How 나에게 어떻게 적용할 것인가?] 실천 사항

앞으로 나는 이 책을 통해 이 세상 모든 부모와 모든 자녀들이 부모님의 내리사랑은 끝이 없고 무한하며, 받은 사랑을 나 또한 베풀며 배워나갈 것을 마음 깊이 새기며 끊임없이 노력할 것이다.

1 생각 [나는 ~라고 생각한다] / 주장, 평가

나는 로버트 먼치의《언제까지나 너를 사랑해》가 부모님과 자식들에게 무한한 사랑, 끝없는 사랑을 편하게 묘사한 글이라고 생각한다.

3 이유 [왜냐하면] / 내 생각에 대한 이유 3가지

왜냐하면 첫째, 사랑 가득 안고 태어난 소중한 나의 아기이기 때문이고,

둘째, 세상에 어떤 일이 닥쳐도 사랑과 정성으로 감싸 안을 준비가 되어있는 모습을 잘 보여 줬기 때문이며,

셋째, 어머니가 기운 없어 움직이기 힘든 나이가 왔음에도 그 사랑은 변함이 없다는 것을 보여주어 내 자식도 그의 자식에게 내리사랑은 끝이 없다는 것을 잘 묘사했기 때문이다.

1 결론 [그래서, 나는 ~라고 생각한다] / 2% 평가

그래서 나는 로버트 먼치의《언제까지나 너를 사랑해》가 부모님과 자식들에게 무한한 사랑, 끝없는 사랑을 편하게 묘사한 글이라고 생각한다.

2% 아쉬운 점

하지만 언제까지나 너를 사랑해가 가정 내의 아동 폭력 뉴스를 왕왕 접하는 요즘과 살짝 거리가 있다고 생각하니 씁쓸함에 살짝 아쉽다.

내 마음속에 남은 한 문장

"언제까지나 너를 사랑해."

첫사랑

작성자: 탁은혜
평 점:★★★
작 가: 임우현 지음
출판사: 등불
연 도: 1995

[Why 작가는 왜 이 책을 썼을까?] / 저술 목적

이 시의 작가는 책을 접하게 될 독자들에게 누구나 한번쯤 겪을 첫사랑의 풋풋함과 아련함을 담백하게 알려주려고 이 시를 창작했다.

[What 작가는 무엇을 말하는가?] / 핵심적인 내용

이 시의 전반부에서는 첫사랑의 그 아이가 막연히 예쁘고 계산 없는 아이들이 좋은 덕분에 유치원 선생님이 되어 글쓴이의 말을 소중하게 생각하는 내용을 이야기하고 있고,

이 시의 중반부에서는 아침형 인간이 아니지만 약속을 위해선 이른 아침에도 약속 장소에 나오고 작가를 위해 미팅도 반말도 전혀 하지 않아 괜찮은 아이임을 이야기하고 있으며,

이 시의 후반부에서는 나를 위한 배려로 항상 준비된 첫사랑이었지만 이룰수 없는 사랑에 못내 아쉬움을 이야기하고 있다.

[How 나에게 어떻게 적용할 것인가?] 실천 사항

앞으로 나는 이 첫사랑 시를 통해 독자들에게 맘 한켠에 간직하고픈 작은 추억하나 다독이며 울적한 맘 드는 날 기억을 살며시 열어 볼 것이다.

1 생각 [나는 ~라고 생각한다] / 주장, 평가

나는 임우현 작가가 쓴《첫사랑》은 모든 독자들에게 첫사랑의 추억과 기억을 통해 인생을 더 아름답게 가꿀 수 있을 것이라고 생각한다.

3 이유 [왜냐하면] / 내 생각에 대한 이유 3가지

왜냐하면 첫째, 첫사랑은 소중하고 아름답기 때문이고,

둘째, 인생의 전반기에 맞이하는 첫사랑의 추억은 힘이 들 때 활력이 될 수 있기 때문이며,

셋째, 첫사랑은 눈 감아 잊혀질때까지 나만의 자산이자 돈 주고 살 수 없는 자양분이기 때문이다.

1 결론 [그래서, 나는 ~라고 생각한다] / 2% 평가

그래서 나는 임우현 작가가 쓴《첫사랑》은 모든 독자들에게 첫사랑의 추억과 기억을 통해 인생을 더 아름답게 가꿀 수 있을 것이라고 생각한다.

2% 아쉬운 점

하지만 아름답다고 첫사랑에만 취해 현실을 직시하지 못한다면 소중한 추억이 인생의 오점으로 남을 수 있다는 것이 아쉽다.

내 마음속에 남은 한 구절

"지금은 그저 내게 잊지 못할 첫사랑의 추억이 되어있다."

실수왕 도시오

작성자: 탁은혜
평 점: ★★★★
작 가: 이와이 도시오 지음
출판사: 북뱅크
연 도: 2017년

[Why 작가는 왜 이 책을 썼을까?] / 저술 목적

이 책의 작가는 자라나는 어린이들에게 어린 시절 본인의 실수를 거울삼아 끈기와 투지를 통해 오늘날의 성공한 본인이 있게 됨을 알려주려고 이 책을 저술했다.

[What 작가는 무엇을 말하는가?] / 핵심적인 내용

이 책의 전반부에서는 작고 연속된 실수들 즉 술래잡기, 줄넘기, 철봉, 뜀틀 등에서 넘어지며, 특히 수영장에서 넘어진 상처 꿰맨 자국은 아직 남아있는 등의 내용을 이야기하고 있고,

이 책의 중반부에서는 TV로 통해 우주비행사의 꿈을 꿔 목표를 위해 뜀틀, 줄넘기 등 열심히 하는 내용을 이야기하고 있으며,

이 책의 후반부에서는 아버지께서 사주신 공작책을 보며 멋진 연을 만들어 특별상을 받는 계기가 되어 칭찬받는 도시오로 거듭난 내용을 이야기하고 있다.

[How 나에게 어떻게 적용할 것인가?] 실천 사항

앞으로 나는 실수보다는 시행착오를 줄여 나갈 수 있게 매사에 신중함으로 행동하도록 노력할 것이다.

1 생각 [나는 ~라고 생각한다] / 주장, 평가

나는 도시오 작가가 쓴《실수왕 도시오》는 어린이들에게 실수를 거듭하며 격려와 용기를 통해 건강하게 자랄 수 있다고 생각한다.

3 이유 [왜냐하면] / 내 생각에 대한 이유 3가지

왜냐하면 첫째, 실수가 거듭되었지만 의기소침해하지 않았기 때문이고,

둘째, TV를 통해 멋진 우주비행사가 되려고 전체적으로 열심히 했기 때문이며,

셋째, 만든 연으로 대회에 나가 비록 잘 날진 못했지만 창의성이 부각 돼 특별상을 받았기 때문이다.

1 결론 [그래서, 나는 ~라고 생각한다] / 2% 평가

그래서 나는 도시오 작가가 쓴《실수왕 도시오》는 어린이들에게 실수를 거듭하며 격려와 용기를 통해 건강하게 자랄 수 있다고 생각한다.

2% 아쉬운 점

하지만 실수가 거듭된다고 모두가 씩씩하게 다시 일어설 수 있다는 건 누구에게나 적용되는게 아닌 것이어서 조금 아쉽다.

내 마음속의 한 문장

"아빠, 나도 그럴게요. 해볼게요."

대장암에 걸리기 직전 나타나는 증상

작성자: 탁은혜
평 점: ★★★★
신문사: 몰래크는친구들
발행일: 2022년 11월 22일

[Why 작가는 왜 이 책을 썼을까?] / 저술 목적

이 기사의 기자는 우리나라 국민들에게 대장암에 관한 보다 상세한 내용과 전문지식을 알려주려고 이 기사를 저술했다.

[What 작가는 무엇을 말하는가?] / 핵심적인 내용

이 기사의 전반부에서는 환경적 요인과 유전적 요인으로 높은 발병률을 보이고 있으며 평소 식습관 관리와 운동을 꾸준히 하는 것이 중요하다는 이야기하고 있고,

이 기사의 중반부에서는 대장암 경구의 신호 다섯가지에 대한 내용을 이야기하고 있으며,

이 기사의 후반부에서는 커피가 대장암의 전이를 막는 데 좋은 효과가 있다는 것을 알리며 커피 소비를 급격히 증가시키는 현상이 발생하는 것에 경계가 필요하다는 내용을 이야기하고 있다.

[How 나에게 어떻게 적용할 것인가?] 실천 사항

앞으로 나는 대장암 뿐만 아니라 건강의 전반적인 것을 관리하는 것이 행복을 위한 첫걸음이라는 것을 인지하며 생활할 것이다.

1 생각 [나는 ～라고 생각한다] / 주장, 평가

나는 몰래크는 친구들의 기사 '대장암에 걸리기 직전 나타나는 증상'이 우리나라 모든 국민들에게 좋은 지침서가 되어 대장의 건강을 일상화하는 데 기여할 수 있을 것이라고 생각한다.

3 이유 [왜냐하면] / 내 생각에 대한 이유 3가지

왜냐하면 첫째, 대장이 건강하다는 것은 일상이 행복함을 주기 때문이고,

둘째, 변비가 없고 아랫배가 개운하다는 것은 삶게 활력을 줄 수 있기 때문이며,

셋째, 배변과 배설이 원활해야 순리대로 일상이 흘러갈 수 있기 때문이다.

1 결론 [그래서, 나는 ～라고 생각한다] / 2% 평가

그래서 나는 몰래크는 친구들의 '대장암에 걸리기 직전에 나타나는 증상'이 우리나라 모든 국민들에게 좋은 지침서가 되어 대장의 건강을 일상화하는 데 기여할 수 있을 것이라고 생각한다.

2% 아쉬운 점

하지만 건강 염려증에서 벗어나지 못하는 상황으로 일상이 위축되지 않을까 하는 면은 못내 아쉽다.

내 마음속에 남은 한 문장

"커피가 대장암의 전이를 막는데 좋은 효과가 있다."

국왕 된 자의 효도, 그 역사의 의미

작성자: 탁은혜
평 점: ★★★★★
제작자: 김소라
제작사: 세바시
연 도: 2022년

[Why 작가는 왜 이 책을 썼을까?] / 저술 목적

이영상의 제작자는 부모와 자식들에게 조선 정조 임금을 통해 오늘날의 효의 의미를 다시 한번 되새겨보며 스스로 돌아보는 계기를 마련하기 위해 이 영상을 제작했다.

[What 작가는 무엇을 말하는가?] / 핵심적인 내용

이 영상의 전반부에서는 정조가 행행을 통해 소원수리 즉, 백성과 소통 창구로 보여주는 내용을 이야기하고 있고,

이 영상의 중반부에서는 유교의 영향을 받은 성리학을 통해 누구나 도덕적으로 성장 가능한 사람이 되고 수신제가치국평천하를 통해 효령 즉 효를 다스리는 방법을 이야기하고 있으며,

이 영상의 후반부에서는 세상을 가르치는 왕, 내가 모범을 보이면 백성들은 백성들을 바꿀 수 있다고 예법을 손수 보여주는 내용을 이야기하고 있다.

[How 나에게 어떻게 적용할 것인가?] 실천 사항

앞으로 어렵지 않고 실천 가능한 어머니의 눈높이를 잘 헤아려 매일 30분씩 산책을 시켜드리려 노력할 것이다.

1 생각 [나는 ~라고 생각한다] / 주장, 평가

나는 김소라님의 '국왕 된 자의 효도, 그 역사의 의미'를 오늘날의 부모님과 자식들에게 효의 의미와 실천은 마음을 편하게 해드리는 것이라고 생각한다.

3 이유 [왜냐하면] / 내 생각에 대한 이유 3가지

왜냐하면 첫째, 효는 마음의 근본 즉 수신제이기 때문이고,

둘째, 효는 내가 모범을 보이면 자식들도 보고 배우기 때문이며,

셋째, 부모님의 마음이 편안해야 자식들 역시 가화만사성이기 때문이다.

1 결론 [그래서, 나는 ~라고 생각한다] / 2% 평가

그래서 나는 김소라님의 '국왕 된 자의 효도, 그 역사의 의미'를 오늘날의 부모님과 자식들에게 효의 의미와 실천은 마음을 편하게 해드리는 것이라고 생각한다.

2% 아쉬운 점

하지만 효과 현실적으로 바쁜 현대인들에겐 하나의 큰 숙제가 될 수 있을 만큼 쉽지 않다는 것은 아쉽다.

내 마음속에 남은 한마디

"내가 모범을 보이면 바뀔 수 있다."

걸캅스

작성자: 김지아
평 점: ★★★★
감 독: 정다원
제작사: CJ ENM
연 도: 2019년

[Why 작가는 왜 이 책을 썼을까?] / 저술 목적

이 영화의 감독은 관객들에게 정보의 바다라는 인터넷의 정보관리의 허술함과 그 정보가 성범죄까지 악용되는 사례가 결코 남의 일만은 아님을 일깨워 주려고 이 영화를 제작했다.

[What 작가는 무엇을 말하는가?] / 핵심적인 내용

이 영화의 전반부에서는 집에서 눈만 마주쳐도 으르렁대는 시누올케 사이인 두 사람은 민원실에 신고 접수를 하기 위해 왔다가 차도에 뛰어든 여성을 목격하고 그녀가 디지털 성범죄 사건에 피해자란 사실을 알게 된 전개를 이야기하고 있고,

이 영화의 중반부에서는 강력반 사이버수사대 여성 청소년계까지 경찰 내 모든 부서들에서 복잡한 절차와 인력 부족을 이유로 사건이 밀려나 비공식 수사에 나서기로 결심하게 됨을 이야기하고 있으며,

이 영화의 후반부에서는 체포 작전이 시작되고 민원실과 연합하여 범인의 행방을 쫓기 시작한다. 정보 수집에서부터 범인 체포까지 수사과정에서 통쾌한 걸크러쉬한 면모를 보여주며 다소 무거운 사회적 문제를 코미디 액션으로 답답하지 않고 유쾌하게 잘 담아 냈다.

[How 나에게 어떻게 적용할 것인가?] 실천 사항

앞으로 나는 건강한 인터넷 문화를 주장하고 아울러 자녀에게 올바른 인터넷 사용법을 지도할 것이다.

1 생각 [나는 ~라고 생각한다] / 주장, 평가

나는 정다원 감독의 '걸캅스'가 N번방이 생각나는 범죄를 연인들끼리의 성관계 유포 사건이라며 축소시키는 모습이 너무 현실이라 참혹한 사회가 아직까지도 많이 변하지 않았다는 게 안타깝다고 생각한다.

3 이유 [왜냐하면] / 내 생각에 대한 이유 3가지

왜냐하면 첫째, 이 시대의 디지털 성범죄의 피해자가 대부분 여성인 사실을 간과할 수 없는 점이 결코 가볍게 웃고 넘기면 안 되기 때문이고,

둘째, 디지털 성범죄라는 사회의 심각한 문제를 한번 더 생각할 수 있었기 때문이며,

셋째, 앞으로 N번방 같은 범죄자들이 활보할 수 없는 사회를 만드는데 '걸캅스'라는 영화가 코믹한 액션으로 큰 힘을 기여했기 때문이다.

1 결론 [그래서, 나는 ~라고 생각한다] / 2% 평가

그래서 나는 정다원 감독의 '걸캅스'가 N번방이 생각나는 범죄를 연인들끼리의 성관계 유포 사건이라며 축소시키는 모습이 너무 현실이라 참혹한 사회가 아직까지도 많이 변하지 않았다는 게 안타깝다고 생각한다.

2% 아쉬운 점

하지만, 여성상의 위상에 대해 풀기 2% 아쉽다.

내 마음속에 남은 명대사

"나쁜 놈들을 한방에 날려 버리는 모습은 그야말로 통쾌했다."

씰온라인RPG

작성자: 김지아
평 점:★★★
개발자: 플레이위
제작사: 플레이위드
연 도:2009년

[Why 작가는 왜 이 책을 썼을까?] / 저술 목적

이 게임의 개발자는 이 게임을 하는 유저들에게 다양한 직업군의 콘텐츠를 즐기는 재미와 캐릭터 육성을 통해 대리만족을 체험하게 하려고 이 게임을 개발했다.

[What 작가는 무엇을 말하는가?] / 핵심적인 내용

이 게임의 특징은 다양한 캐릭터와 직업군의 선택으로 가상 체험이 가능하며 캐릭터육성, 스토리퀘스트들을 통하여 레벨에 걸맞는 콘텐츠를 즐길 수 있고,

이 게임의 시스템에서는 여러 게임 모드와 지금까지 던전 배틀의 장비로 게임을 즐길수 있는 스토리퀘스트와 던전 보스 사냥으로 장비 업그레이드가 가능하며 매주 진행되는 운영진 이벤트가 있으며,

이 게임의 운영에서는 오래된 고전게임이라 그런지 렉도 자주 발생하고 게임 유저들 사이에서 버그도 만들어 사용하고 오토마우스등 다양한 게임규칙을 어기는 일이 다수 발생하여 운영진들이 단속하여 잡아내고 있다.

[How 나에게 어떻게 적용할 것인가?] 실천 사항

앞으로 나는 이 게임을 친구들이나 유저들과 함께 이 게임의 재미와 매력을 알리고 다같이 즐길수 있도록 할 것이다.

1 생각 [나는 ~라고 생각한다] / 주장, 평가

나는 플레이위드에서 만들어 낸 '씰온라인RPG'게임이 다른 타 게임에 비해 추억의 게임이 되어버린 현재까지도 잘 유지가 되고 있고 다양한 이벤트와 업데이트를 할때 새로운 콘텐츠를 제공함으로써 유저들이 그만큼 애정을 갖고 즐기며 재미를 주는 게임이라고 생각한다.

3 이유 [왜냐하면] / 내 생각에 대한 이유 3가지

왜냐하면 첫째, 기본 레벨의 백수 직업으로 시작해 레벨이 한단계 상향되면 스킬과 콤보를 쓸 수 있는 2차 직업을 가질 수 있는 매력이 있기 때문이고,

둘째, 최대 6명 구성으로 파티라는 원정단을 이루어 플레이가 가능하며, 다른 차원의 공간이동 및 필드와 던전에서의 전투도 가능하기 때문이며,

셋째, 나만의 직업에 어울리는 장비와 레벨 스킬에 따른 능력치, 나만의 케릭터를 더욱 강화하여 명성과 보상에 대한 혜택을 받을 수 있기 때문이다.

1 결론 [그래서, 나는 ~라고 생각한다] / 2% 평가

그래서 나는 플레이위드에서 만들어 낸 '씰온라인RPG' 게임이 다른 타 게임에 비해 추억의 게임이 되어버린 현재까지도 잘 유지가 되어 있고, 다양한 이벤트와 업데이트를 할 때마다 새로운 콘텐츠를 제공함으로써 유저들이 그만큼 애정을 갖고 즐기며 재미를 주는 게임이라고 생각한다.

2% 아쉬운 점

하지만, 오래된 온라인 게임인 만큼 더 이상의 큰 업데이트가 없어서 아쉽다.

내 마음속 남은 한장면

"장시간의 게임은 정신건강에 해롭다."

"칙촉soft"

작성자: 김지아
평 점: ★★★★
회사명: 롯데제과
출시일: 2017년

[Why 작가는 왜 이 책을 썼을까?] / 저술 목적

이 상품의 회사는 소비자들에게 쿠키와 초코의 부드러움을 강조하고 기존 칙촉보다 한층 더 업그레이드된 "칙촉soft"를 새롭게 출시했다.

[What 작가는 무엇을 말하는가?] / 핵심적인 내용

이 상품의 특징은 초콜릿의 함량을 늘리고 soft칙촉이 칼로리를 높임으로 간식 대용으로 대체가 가능하고, 화이트 초코칩을 섞어 기존의 제품과 차별화를 두었고,

이 상품의 구성은 "칙촉SOET"는 발효버터와 코코넛 분말 사용량을 늘리며 풍미를 높였고 덩어리째 초콜릿과 더 바삭해진 쿠키의 조합으로 새로워진 식감을 선보였으며,

이 상품의 효과는 고급 초코과자와 견주워도 손색이 없을 정도의 품위있는 간식이다. 초콜릿은 단기적으로 혈압을 낮추는 효과가 있고 스트레스 조절에도 도움을 주기도 하기 때문이다.

[How 나에게 어떻게 적용할 것인가?] 실천 사항

앞으로 나는 단것을 좋아 하지는 않지만 가끔은 티타임용 간식으로 애용할 것이다.

1 생각 [나는 ~라고 생각한다] / 주장, 평가

나는 롯데제과에서 출시한 '칙촉SOFT'가 아이와 여성들에게 좋은 디저트 간식이 될 수 있다고 생각한다.

3 이유 [왜냐하면] / 내 생각에 대한 이유 3가지

왜냐하면 첫째, 입안에서 초콜릿이 살살 녹아 퍼지는 듯한 달달함이 있기 때문이고,

둘째, 언제 어디서 누구나 쉽게 구할 수 있는 비싼 과자는 아니지만 달콤한 칙촉만의 즐거움을 줄 수 있는 과자이기 때문이며,

셋째, 칙촉은 우유와 함께 곁들였을때 부드러운 단맛이 배가 되고 누구나

부담없이 먹을 수 있는 과자라고 생각하기 때문이다.

1 결론 [그래서, 나는 ~라고 생각한다] / 2% 평가

그래서 나는 롯데제과에서 출시한 '칙촉SOFT'가 아이와 여성들에게 좋은 디저트 간식이 될 수 있다고 생각한다.

2% 아쉬운 점

하지만, "칙촉SOFT"는 잘 부숴져 가루가 많이 떨어져서 아쉽다.

내 마음속에 남은 한 문장

"달달함이 주는 우리 생활의 즐거움"

2020도쿄올림픽 여자탁구단식 2라운드 경기

작성자: 김지아
평 점: ★★★
주 최: 도쿄올림픽
장 소: 도쿄
연 도: 2020년

[Why 작가는 왜 이 책을 썼을까?] / 저술 목적

이 경기의 주최자는 2020도쿄올림픽에서는 전 세계인들에게 최연소선수 17세 신유빈과 최고령자인 58세 니 시아리안 선수 41살차 맞대결로 관심을 끌며 나이차를 극복하는 경기를 보여 주었다.

[What 작가는 무엇을 말하는가?] / 핵심적인 내용

이 경기의 전반부에서는 여자탁구단식 2라운드에서 게임 스코어 4-3으로 신유빈 선수가 백전노장의 니 시아리안을 꺾고 다음 라운드로 진출을 하였고, 연륜에서 비롯된 니 시아리안 선수의 노련미에 이끌려 집중력을 잃고 11-5로 점수를 내주며 3세트는 끝이 나고,

이 경기의 중반부에서는 에어컨 컴플레인 해프닝이 있었으나 11-7 스코어로 4세트를 마무리해 5세트 또한 11-8로 앞서고, 6세트에 아쉽게도 점수를 내주며, 7세트에서는 체력이 딸린 니 시아리안 선수를 11-5로 또 다시 앞서서 상승세를 탄 경기를 하였으며,

이 경기의 후반부에서는 신유빈이 상대의 전략에 크게 흔들리지 않고 자신의 페이스를 유지하며 집중력을 흐트리지 않고 승리를 거머쥐는 것으로 경기가 마무리되었다.

[How 나에게 어떻게 적용할 것인가?] 실천 사항

앞으로 나는 예측할 수 없는 경기 앞에서 선수들이 최선을 다하는 모습처럼 살면서 다가올 시련과 역경을 극복하며 나도 할 수 있다는 다짐과 자신감을 가질 것이다.

1 생각 [나는 ~라고 생각한다] / 주장, 평가

나는 '2020도쿄올림픽 여자탁구단식 2라운드 경기'가 올림픽에 첫 출전한 신유빈의 패기 그리고 올림픽에 5번째 출전한 베테랑 선수 니 시아리안의 노련미가 돋보이는 멋진 경기였다고 생각한다.

3 이유 [왜냐하면] / 내 생각에 대한 이유 3가지

왜냐하면 첫째, 산전수전 다 겪은 백전노장의 선수를 만난 17세 신유빈 선수가 어린나이임에도 불구하고 차분하게 경기를 치르며, 어린 신유빈 선수가 한 층 더 성장한 느낌이 들었기 때문이고,

둘째, 첫 올림픽이라 긴장감이 많이 고조됨에도 불구하고 최선을 다하는 모습과 니 시아리안의 포커페이스로 침착하게 경기를 임하는 모습에 박수를 보내고 싶기 때문이며,

셋째, 반세기 가까이의 나이차를 극복하고 올림픽 첫 출전한 어린 선수와 올림픽 5회 출전 경험이 있는 노장선수의 대결은 쉽게 만날 수 없는 승패가 중요하지 않은 귀한 경기이기 때문이다.

1 결론 [그래서, 나는 ~라고 생각한다] / 2% 평가

그래서 나는 '2020도쿄올림픽 여자탁구단식 2라운드 경기'가 올림픽에 첫 출전한 신유빈의 패기 그리고 올림픽에 5번 째 출전한 베테랑 선수 니 시아리안의 노련미가 돋보이는 멋진 경기였다고 생각한다.

2% 아쉬운 점

하지만 니 시아리안 선수의 무릎보호대를 착용한 모습이 조금은 안쓰러워 보여 아쉬웠다.

내 마음속에 남은 한 장면

"모든 일에 있어서 최선을 다하자."

아리에트와 그림자들

작성자: 이다은
평 점: ★★★★★
작 가: 마리옹 카디 지음
출판사: 문화동네
연 도: 2022년

[Why 작가는 왜 이 책을 썼을까?] / 저술 목적

이 책의 작가는 이 시대를 살아가는 아이들과 성인들에게 이상하면서도 환희에 찼던 어느 하루에 대해, 그림자라는 말 속에 담긴 겹겹의 의미에 대해 함께 생각해 보고자 이 책을 저술했다.

[What 작가는 무엇을 말하는가?] / 핵심적인 내용

이 책의 전반부에서는 죽은 사자의 그림자가 학교에 가기 싫어하는 아리에트와 만나, 학교에서 활기찬 하루를 보내며 서로 좋아하는 장면을 이야기하고 있고,

이 책의 중반부에서는 이튿날에도 학교에서 더 과감히 놀다가 친구들과 선생님에게 혼나, 사자 그림자와 우린 서로 다르다며 아리에트가 본인의 그림자를 찾는 장면을 이야기하고 있으며,

이 책의 후반부에서는 아리에트와 아리에트의 그림자, 그리고 사자의 그림자가 다 같이 융합하여 함께 사는 장면을 이야기하고 있다.

[How 나에게 어떻게 적용할 것인가?] 실천 사항

앞으로 나는 내 안의 다양한 페르소나 또한 나 자신임을 받아들이고, 진짜 본연의 그림자(자아)는 무엇일지 고뇌하며 진정한 나로 살아가기 위해 노력할 것이다.

1 생각 [나는 ~라고 생각한다] / 주장, 평가

나는 마리옹 카디의《아리에트와 그림자들》이 나는 누구인지 고뇌하는 모든이들에게 추천할 수 있는 좋은 책이라고 생각한다.

3 이유 [왜냐하면] / 내 생각에 대한 이유 3가지

왜냐하면 첫째, 독특하고 강렬한 색채를 사용해 생동감 넘치는 사자 그림자로 호기심을 유발해 그림자의 의미를 사고하게 만들기 때문이고,

둘째, 첫 페이지부터 전개가 인상적이며 작가의 독창적인 세계관이 내포돼 더욱 더 궁금증을 유발하기 때문이며,

셋째, 곳곳에 숨어 있는 그림들을 찾는 재미와 섬세한 표현들로 인해, 의미를 곱씹어 보게끔 하는 매력적인 책이기 때문이다.

1 결론 [그래서, 나는 ~라고 생각한다] / 2% 평가

그래서 나는 마리옹 카디의《아리에트와 그림자들》이 나는 누구인지 고뇌하는 모든이들에게 추천할 수 있는 좋은 책이라고 생각한다.

2% 아쉬운 점

하지만 마리옹 카디가 2022 볼로냐 라가치상 오페라프리마를 수상했던 첫 그림책이라 아직 더 많은 작품을 보기 위해선 기다려야 돼서 아쉽다.

내 마음속에 남은 한 문장

"흠, 오늘 아침엔 내가 좀 사나워 보이는데?"

강구바이 카티아와디

작성자: 이다은
평 점: ★★★★★
제작사: 산제이 릴라 반살리
출판사: 반살리 프로덕션
연 도: 2022년

[Why 작가는 왜 이 책을 썼을까?] / 저술 목적

이 영화의 감독은 전 세계 모든 여성들에게 사창가에서 온갖 고난과 역경을 이겨낸 위대한 여성 인권 운동가인 강구바이를 알려주려고 이 영화를 제작했다.

[What 작가는 무엇을 말하는가?] / 핵심적인 내용

이 영화의 전반부에서는 영화배우를 꿈꾸던 주인공이 남자친구의 꾀임으로 뭄바이 성매매 업소에 끌려간 장면을 이야기하고 있고,

이 영화의 중반부에서는 고통스러운 현실 속에서 좌절하지 않고 지혜롭게 개척해나가며 카마티푸라의 여성 지도자가 되는 과정을 이야기하고 있으며,

이 영화의 후반부에서는 자신이 사랑하는 사람을 아끼는 동료에게 보내면서까지 안타까운 여성들을 살리기 위해 자신을 희생하며 인권을 존중받을 수 있게 개혁하는 장면을 이야기하고 있다.

[How 나에게 어떻게 적용할 것인가?] 실천 사항

앞으로 나는 강구바이처럼 지혜롭고 강인한 여성이 되기 위해 자기개발을 위한 독서와 그에 맞는 실천을 할 것이다.

1 생각 [나는 ~라고 생각한다] / 주장, 평가

나는 산제이 릴라 반살리의 '강구바이 카티아와디'가 현대를 살아가는 모든 여성에게 그들도 충분히 존중받을 권리가 있고 훌륭한 지도자가 될 수 있음을 보여주는 좋은 영화라고 생각한다.

3 이유 [왜냐하면] / 내 생각에 대한 이유 3가지

왜냐하면 첫째, 실제 여성인권 운동가의 이야기를 영화로 제작했기 때문이고,

둘째, 믿었던 연인에게 억울하게 끌려가 하루아침에 사창가에서 살아야 함에도 그녀의 동료들까지 챙기면서 그들에게 인권존중사상을 몸소 베풀었기 때문이며,

셋째, 사랑하는 사람을 자신의 동료에게 배우자로 간택하면서까지 정의를 실현한 위대한 인물이기 때문이다.

1 결론 [그래서, 나는 ~라고 생각한다] / 2% 평가

그래서 나는 산제이 릴라 반살리의 '강구바이 카티아와디'가 현대를 살아가는 모든 여성에게 그들도 충분히 존중받을 권리가 있고 훌륭한 지도자가 될 수 있음을 보여주는 좋은 영화라고 생각한다.

2% 아쉬운 점

하지만 폭력성이 조금 내포되어 있는 장면이 있어 아쉽다.

내 마음속에 남은 명대사

"언젠가 제가 카마티푸라를 다스릴 거라고도 했죠."

아버지와 매일 슈팅 1000개 하던 10대, 몸값 1000억원 스타로

작성자: 이다은
평 점: ★★★★★
기 자: 성진혁
출판사: 조선일보
발행일: 2022년 5월 24일

[Why 작가는 왜 이 책을 썼을까?] / 저술 목적

이 기사의 기자는 대한민국 모든 국민과 축구팬들에게 손흥민 선수의 성공비결을 알려주려고 이 기사를 작성했다.

[What 작가는 무엇을 말하는가?] / 핵심적인 내용

이 기사의 전반부에서는 손흥민 선수 아버지의 인터뷰 내용과 손흥민 선수의 성장 과정을 이야기하고 있고,

이 기사의 중반부에서는 꿈을 향해 연습할 때마다 '성공은 선물이다'라는 아버지의 말씀을 명심하고 축구에 모든 것을 투자했던 성공비결을 이야기하고 있으며,

이 기사의 후반부에서는 천재성은 없지만 매일매일 24시간 노력과 투자로 성과를 냈음을 이야기하고 있다.

[How 나에게 어떻게 적용할 것인가?] 실천 사항

앞으로 나는 손흥민 선수처럼 '성공은 선물'이기에 나 자신을 믿고, 그림을 매일 그리며 한 분야의 전문가가 되기 위해 노력할 것이다.

1 생각 [나는 ~라고 생각한다] / 주장, 평가

나는 성진혁 기자의 '아버지와 매일 슈팅 1000개 하던 10대, 몸값 1000억원 스타'가 대한민국 청년과 학부모에게 손흥민 선수처럼 노력에 투자하면 모두가 성공할 수 있음을 알려주는 좋은 기사라고 생각한다.

3 이유 [왜냐하면] / 내 생각에 대한 이유 3가지

왜냐하면 첫째, 손흥민 선수가 천재성이 아닌 오로지 24시간 연습에만 투자해 성공했기 때문이고,

둘째, 수많은 노력으로 몸값을 1000억원이나 달성했기 때문이며,

셋째, 왼발잡이도 아닌데 그 더운 여름에 단순히 500번씩 연습하면서 양발잡이가 되었기 때문이다.

1 결론 [그래서, 나는 ~라고 생각한다] / 2% 평가

그래서 나는 성진혁 기자의 '아버지와 매일 슈팅 1000개 하던 10대, 몸값 1000억원 스타'가 대한민국 청년과 학부모에게 손흥민 선수처럼 노력에 투자하면 모두가 성공할 수 있음을 알려주는 좋은 기사라고 생각한다.

2% 아쉬운 점

하지만 성공에 도달하기 위한 방법을 조금 더 구체적으로 알려주었으면 어떨까 싶은 하는 아쉬움이 남는다.

내 마음속에 남은 한 문장

"성공은 선물이다."

남자아이는 다르게 가르쳐야 합니다

작성자: 김수정
평 점: ★★★★★
강 사: 최민준
주최자: 세바시
연 도: 2016년

[Why 작가는 왜 이 책을 썼을까?] / 저술 목적

이 강연의 강사는 성별이 남자인 아이를 양육하고 교육하는 가운데 고민이 많은 부모와 교육자들에게 남자아이들의 성향에 대한 이해를 돕고 교육의 방향성을 알려주려고 이 강연을 진행했다.

[What 작가는 무엇을 말하는가?] / 핵심적인 내용

이 강연의 전반부에서는 아들의 자유로움, 성취욕구적 특징과 딸의 공감 능력에 대한 특징을 다양한 사례를 들어 설명하며 아들과 딸의 특성 및 차이점에 대하여 이야기하고 있고,

이 강연의 중반부에서는 남자아이들을 향한 긍정적 시선의 필요성과 사회의 부정적 평가 요소에 대하여 인식할 수 있도록 이야기하고 있으며,

이 강연의 후반부에서는 '준호'라는 아동의 사례를 통해 '세상을 살아가는데 필요한 것은 지식이 아니라 자세와 태도를 가르치는 것이 중요하다.'라고 이야기하고 있다.

[How 나에게 어떻게 적용할 것인가?] 실천 사항

앞으로 나는 아들이 가지고 있는 탐구력과 승부욕 등의 성별적 차이에 대해 이해의 폭을 넓혀 나갈 것이며, 가정에서나 교육의 현장에서 아이의 성향에 맞춰 진정성을 가지고 소통할 것이다.

1 생각 [나는 ~라고 생각한다] / 주장, 평가

나는 최문준 강사의 '남자아이는 다르게 가르쳐야 한다'의 강연이 남아를 키우며 어려움을 느끼는 부모들뿐만 아니라 교육 실무자들에게 남자아이들을 대하는 방법과 교육의 방향을 제시했다고 생각한다.

3 이유 [왜냐하면] / 내 생각에 대한 이유 3가지

왜냐하면 첫째, 미술 교육현장에서의 다양한 사례를 통해 남자아이들의 특성을 이해시켜 주었기 때문이고,

둘째, 남자아이들을 키울 때의 어려운 점에 대한 공감적 요소들을 세심하고 유쾌하게 드러내어 아들을 둔 많은 부모들에게 위로를 주었기 때문이며,

셋째, 남녀 아동의 특징과 차이를 이해하지 못한 일반화된 교육에 대한 문제점을 살펴보고 한정된 틀에서 벗어나 남아의 성향을 반영한 올바른 교육의 방향을 제시해 주었기 때문이다.

1 결론 [그래서, 나는 ~라고 생각한다] / 2% 평가

그래서 나는 최문준 강사의 '남자아이는 다르게 가르쳐야 한다'의 강연이 남아를 키우며 어려움을 느끼는 부모들뿐만 아니라 교육 실무자들에게 남자아이들을 대하는 방법과 교육의 방향을 제시했다고 생각한다.

2% 아쉬운 점

하지만 생활과 교육에서 실제적으로 반영할 수 있는 사례들이 많지 않아서 아쉽다.

내 마음속에 남은 한마디

"지식이 아니라 자세를 가르쳤습니다."

껍질째 먹는 사과

작성자: 김수정
평 점: ★★★★
시 인: 이규리 지음
출판사: 문학동네
연 도: 2014년

[Why 작가는 왜 이 책을 썼을까?] / 저술 목적

이 시의 시인은 사람과 사람 사이에서의 진실한 관계에 대해 고뇌하는 이들에게 자신의 편견을 배제하고 상대의 말을 이해해야 한다는 것을 사과 껍질이라는 소재를 통하여 알려주려고 이 시를 지었다.

[What 작가는 무엇을 말하는가?] / 핵심적인 내용

이 시의 전반부에서는 사과를 껍질째 먹을 수 있는데도 불구하고 껍질은 좋지 못한 것으로 의심하는 마음을 이야기하고 있고,

이 시의 중반부에서는 깨끗하고 문제가 없음에도 사과 껍질은 생길 때부터 독이 있었을 것이라는 편견에 대해 이야기하고 있으며,

이 시의 후반부에서는 껍질의 독은 의심이고 껍질을 의심한다는 것은 곧 그 내용인 알맹이를 의심하는 것이라고 이야기하고 있다.

[How 나에게 어떻게 적용할 것인가?] 실천 사항

앞으로 나는 상대방의 외모, 스펙, 환경에 대한 편견을 버리고 상대가 전하고자 하는 진실된 마음을 이해하며 인간관계를 맺어나갈 수 있도록 노력할 것이다.

1 생각 [나는 ~라고 생각한다] / 주장, 평가

나는 이규리 시인의《껍질째 먹는 사과》의 시가 겉모습만으로 상대의 말을 오해하거나 때때로 거부하는 이들에게 선입견 없이 대화할 수 있는 마음을 가질 수 있도록 해 주는 시라고 생각한다.

3 이유 [왜냐하면] / 내 생각에 대한 이유 3가지

왜냐하면 첫째, 사과하면 백설공주의 독사과를 떠올리며 부정적 의식을 하게 되는 것처럼 우리들의 충분치 못한 경험과 지식이 편견적 시각을 갖게 한다는 것을 알려주었기 때문이고,

둘째, 사과 껍질은 사과의 중심으로부터 밀고 나와 만들어졌다는 것을 알려줌으로써 사과 껍질이 주는 의미가 무엇인지 다시 생각할 수 있게 하기 때문이며,

셋째, 우리의 의심은 진실이 아닌 달콤한 불안이었음을 깨닫게 해 주었기 때문이다.

1 결론 [그래서, 나는 ~라고 생각한다] / 2% 평가

그래서 나는 이규리 시인의《껍질째 먹는 사과》의 시가 겉모습만으로 상대의 말을 오해하거나 때때로 거부하는 이들에게 선입견 없이 대화할 수 있는 마음을 가질 수 있도록 해 주는 시라고 생각한다.

2% 아쉬운 점

하지만 이 시는 직관적으로 이해하기가 어려운 시라는 점이 아쉽다.

내 마음속에 남은 한 구절

"껍질에 묻어 있는 의심 이미 우리가 먹어온 달콤한 불안"

이상한 나라의 수학자

작성자: 김수정
평 점: ★★★★★
감 독: 박동훈
제작자: 조이레빗
연 도: 2022년

[Why 작가는 왜 이 책을 썼을까?] / 저술 목적

이 영화의 감독은 목표를 달성하지 못한 학생들에게 다그침과 비난이 아닌 격려와 응원을 보내고 일반인들에게는 우리나라의 교육환경에 대한 문제점을 제시하려고 이 영화를 제작했다.

[What 작가는 무엇을 말하는가?] / 핵심적인 내용

이 영화의 전반부에서는 중학교 시절 상위권이었던 학생 한지우가 사회적 배려 대상으로 상위 1% 영재들이 다니는 자사고에 입학하여 적응해 나가는 모습을 담고 있는데 수포자, 사회적 배려대상전형, 주입식 교육현장을 현실감 있는 에피소드로 담고 있고,

이 영화의 중반부에서는 한지우가 인민군이라는 별명을 가진 경비원 리학성과의 만남을 통해 정답만을 찾는 세상에서의 방황을 마치고 올바른 풀이 과정을 찾아가는 방법을 배우게 되는 과정을 따뜻하게 그려내고 있으며, 이 영화의 후반부에서는 자신의 연구가 무기개발로 사용되는 것에 대해 환멸을 느끼고 학문의 자유를 찾아 탈북한 리학성의 정체가 밝혀지고, 지우의 담임 선생님으로 인하여 발생된 시험 유출이라는 덫에 걸려 전학의 위기에 처해 있던 한지우의 누명이 리학성을 통해 벗겨지면서 해피한 결말을 맺는다.

[How 나에게 어떻게 적용할 것인가?] 실천 사항

앞으로 나는 포기하는 대신 '내일 다시 풀어봐야겠구나 하는 마음이 수학적 용기다'의 영화 대사처럼 실패의 환경 속에서도 다시 도전할 것이며 사회가 정한 성공이 아닌 올바른 가치를 추구하는 나만의 성공 스토리를 만들어 갈 것이다.

1 생각 [나는 ~라고 생각한다] / 주장, 평가

나는 반듯한 이야기가 필요한 시대라고 말하는 박동훈 감독이 제작한 '이상한 나라의 수학자'가 학생들과 모든 어른들에게 올바른 삶, 가치 있는 삶에 대하여 생각하게 하는 영화이며 특히 참교육자의 의미에 대하여 시사하는 영화라고 생각한다.

3 이유 [왜냐하면] / 내 생각에 대한 이유 3가지

왜냐하면 첫째, 경제적 상황에 따른 교육 수준차, 사회적 배려자에 대한 편견과 부당한 대우에 대하여 영화 전체에 잘 녹여서 그려냈기 때문이고,

둘째, 결과만을 쫓는 사회를 학교라는 공간과 수학이라는 소재를 통해 학생들의 공감을 일으켰고 연기에 몰입된 최민식 명배우의 대사들이 깊은 교육적 감동을 주었기 때문이며,

셋째, 한지우의 담임 선생님과 리학성의 인물이 비교됨으로써 참교육자의 모습에 대해 다시금 생각할 수 있는 기회를 주었기 때문이다.

1 결론 [그래서, 나는 ~라고 생각한다] / 2% 평가

그래서 나는 반듯한 이야기가 필요한 시대라고 말하는 박동훈 감독이 제작한 '이상한 나라의 수학자'가 학생들과 모든 어른들에게 올바른 삶, 가치 있는 삶에 대하여 생각하게 하는 영화이며 특히 참교육자의 의미에 대하여 시사하는 영화라고 생각한다.

2% 아쉬운 점

하지만 너무 뻔한 내용전개와 결말이 아쉽다.

내 마음속에 남는 명대사

"정답보다 중요한 건 답을 찾는 과정이야."

남자 에페 결승전

작성자: 김수정
평 점: ★★★★★
주 최: 리우올림픽
연 도: 2016년

[Why 작가는 왜 이 책을 썼을까?] / 저술 목적

이 경기의 주최자는 스포츠인들에게는 경기를 통하여 심신을 향상시키고 전 세계인들에게는 국적, 문화 등의 다양한 차이를 극복하고 연대감과 세계의 하나됨을 알려주려고 이 경기를 개최했다.

[What 작가는 무엇을 말하는가?] / 핵심적인 내용

1라운드에서는 세계 3위 랭킹의 42세 임레 선수가 초반부터 먼저 득점을 하며 유리한 출발을 한 반면, 부상 6개월 만에 출전한 21세 나이의 세계 21위 랭킹 박상영 선수는 플래시 공격이 잘 이루어지지 않은 채 8:6으로 라운드를 마쳤고,

2라운드에서는 체력적으로 우위에 있는 한국의 박상영 선수가 9:9의 동점으로 만들었지만 속수무책으로 당하지만 않는 헝가리의 임레 선수가 연속적으로 4점을 획득하며 역습에 성공하여 13:9로 박상영 선수의 입장에서는 2점만 내어주면 금메달 획득을 실패하게 될 상황으로 2라운드를 마무리하게 되었으며,

3라운드에서는 동시 득점이 인정되는 종목이기에 한번이라도 지거나 비기면 안 되는 상황에서 박상영 선수는 신중한 플레이를 하면서도 상대방의 공격을 파악하고 역습하여 4점을 내리 따내고 남아있는 한 점을 팡트 공격으로 얻어내어 금메달을 획득하게 되었다.

[How 나에게 어떻게 적용할 것인가?] 실천 사항

앞으로 나는 환경과 여건을 핑계로 해야 할 일, 해야만 하는 일들에 대하여 쉽게 포기하지 않으며 스스로에 대한 신뢰감을 쌓아 끝까지 꿈을 향해 도전할 것이다.

1 생각 [나는 ~라고 생각한다] / 주장, 평가

나는 리우에서 열린 '2016년 펜싱 남자 에페 결승전'이 어려움을 극복하지 못하고 쉽게 포기하는 세계인들에게 '할 수 있다'라는 응원을 주는 감동적인 경기라고 생각한다.

3 이유 [왜냐하면] / 내 생각에 대한 이유 3가지

왜냐하면 첫째, 불우했던 가정환경과 어린나이, 세계랭킹, 부상 등의 좋지 못한 상황을 극복하며 긍정적으로 경기에 임하는 박상영 선수의 자세 때문이고,

둘째, 패색이 짙은 무너질수 밖에 없는 3라운드를 앞두고 할 수 있다, 할 수 있다.라는 셀프 토크를 통해 자신을 믿고 지지하는 모습이 세계인들에게 감동을 주었기 때문이며,

셋째, 한국 올림픽 사상 펜싱 남자 에페에서 처음으로 금메달을 획득하여 대한민국 국민들에게 큰 영광과 기쁨을 나누었기 때문이다.

1 결론 [그래서, 나는 ~라고 생각한다] / 2% 평가

그래서 나는 리우에서 열린 '2016년 펜싱 남자 에페 결승전'이 어려움을 극복하지 못하고 쉽게 포기하는 세계인들에게 '할 수 있다'라는 응원을 주는 감동적인 경기라고 생각한다.

2% 아쉬운 점

하지만 비인기 종목이었던 펜싱에 대해 관심을 가지지 못했던 것이 매우 아쉽다.

내 마음속에 남은 한 장면

"3라운드를 앞둔 3분 동안 고개를 끄덕이며 할 수 있다 셀프토크하는 긍정의 박상영 선수 모습"

울보엄마

작성자:김수정
평 점:★★★★
저 자: 권미나 지음
출판사: 규장
연 도: 2022년

[Why 작가는 왜 이 책을 썼을까?] / 저술 목적

이 책의 작가는 막막한 자녀 교육으로 고민하는 부모와 하나님이 원하시는 양육자의 사명을 분명하게 알고 싶은 자들에게 양육에서 느낄 수 있는 기쁨과 눈물의 은혜에 대한 메시지를 전해주려고 이 책을 저술했다.

[What 작가는 무엇을 말하는가?] / 핵심적인 내용

이 책의 전반부에서는 선교지에서 몸으로 마음으로 낳은 6명의 자녀를 양육하며 자신에 대한 실망과 절망을 느낀다. 삶이 버겁게만 느껴지는 가운데 무엇이 잘못되었는지, 무엇을 어떻게 해야 하는지 끊임없이 하나님께 질문하는 가운데 말씀으로 믿음으로 키우는 사명에 대해 응답받는 내용을 이야기하고 있고,

이 책의 중반부에서는 틱장애 자녀에 대한 아픔과 홈스쿨을 하며 조급한 마음으로 자녀들에게 잔소리를 하는 엄마로서의 괴로운 심정을 진실하게 그려냈다. 불법체류 기간이 길어질 때 흘렸던 현실적 문제에 대한 눈물, 아이들을 키울 자격이 못 되는 것 같아 자괴감에 깊이 빠진 엄마의 눈물이 기도 제목이 되어 결국은 은혜로 감사로 여기게 되는 과정을 이야기하고 있으며,

이 책의 후반부에서는 신앙훈련을 통하여 함께하고 함께 나누는 것에 대한 중요성을 깨닫게 된다. 가정예배를 통하여 회복하고 고난의 눈물이 이웃사랑으로 변하여 자신과 비슷한 처지의 사람들(엄마)을 공감해 주며 위로하는 축복의 사람으로 살아가는 내용을 이야기하고 있다.

[How 나에게 어떻게 적용할 것인가?] 실천 사항

앞으로 나는 엄마로서 흘리는 눈물이 고난과 아픔의 눈물로 끝나지 않고 스스로를 변화시키는 능력이 됨을 믿을 것이다. 오직 말씀을 의지하여 하나님의 지혜를 구함으로 자녀를 양육하는 현명한 엄마가 되도록 노력할 것이다.

1 생각 [나는 ~라고 생각한다] / 주장, 평가

나는 권미나 작가가 쓴《울보엄마》는 자신이 생각하는 최선의 방법대로 자녀를 양육하지만 그 안에서 좌절하고 소망을 잃는 많은 엄마들에게 신앙적 지혜를 주고 엄마의 사명이 무엇인지 다시금 깨닫게 하는 책이라고 생각한다.

3 이유 [왜냐하면] / 내 생각에 대한 이유 3가지

왜냐하면 첫째, 울보엄마는 선교지에서 눈물 나는 다양한 육아 에피소드를 소개하였다. 삶 속에서 시시때때로 느끼는 자신의 연약함을 진솔하게 드러내어 독자인 엄마들과 공감대를 형성하였기 때문이고

둘째, 자신의 방법과 의지를 내려놓고 하나님의 방법이 무엇인지 눈물로 기도하는 내용이 반복된다. 자신의 부족함을 인정하고 믿음의 지혜로 육아의 문제들을 해결해 나가는 신앙적 엄마의 모습은 많은 기독교인들에게 감동과 소망을 주기 때문이며,

셋째, 나는 잘하고 있는가? 나는 좋은 엄마인가? 에 대한 질문 앞에 자신의 무능력함이 느껴져 울고 있는 엄마들에게 울어줄 부모가 필요하다는 따뜻한 토닥임과 위로가 있기 때문이다.

1 결론 [그래서, 나는 ~라고 생각한다] / 2% 평가

그래서 나는 권미나 작가가 쓴《울보엄마》는 자신이 생각하는 최선의 방법대로 자녀를 양육하지만 그 안에서 좌절하고 소망을 잃는 많은 엄마들에게 신앙적 지혜를 주고 엄마의 사명이 무엇인지 다시금 깨닫게 하는 책이

라고 생각한다.

2% 아쉬운 점
하지만 종교적으로 공감이 형성되지 못하는 사람들에게는 이해될 수 없는 내용들도 있어서 아쉽다.

내 마음속에 남은 한 문장
"하나님, 제 힘으로는 못해요! 도와주세요!"

칸막이도 없는 수돗가에서 씻어

작성자: 김수정
평 점: ★★★
기 자: 박규리
신문사: 연합뉴스
연 도: 2022년 07월 1일

[Why 작가는 왜 이 책을 썼을까?] / 저술 목적

이 기사의 기자는 대학교 미화 노동자들의 환경 실태에 관심이 있는 학생들과 우리 사회의 부끄러운 현장을 변화시키고자 하는 일반인들에게 학교 청소 및 경비 노동자들의 현장을 고발하고 변화의 필요성을 알려주려고 이 기사를 작성했다.

[What 작가는 무엇을 말하는가?] / 핵심적인 내용

이 기사의 전반부에서는 고려대학교 서울 캠퍼스에서 근무하는 청소노동자 샤워 공간의 열악한 환경에 대하여 이야기하고 있고,

이 기사의 중반부에서는 학교 본관을 점검하고 시급 인상과 샤워 및 휴게 공간 개선을 요구하고 있는 학교 내부 현장에 대하여 이야기하고 있으며,

이 기사의 후반부에서는 청소, 경비 노동자들의 집회에 대하여 정당한 대우를 해 줄 것과 시스템적 문제 제기를 지지한다는 내용으로 이야기하고 있다.

[How 나에게 어떻게 적용할 것인가?] 실천 사항

앞으로 나는 그동안 관심밖에 있던 사회적 약자의 목소리에 귀를 기울이고 그들을 위해 할 수 있는 구체적 실천 사항에 대하여 자녀들과 토론을 해 볼 것이다.

1 생각 [나는 ~라고 생각한다] / 주장, 평가

나는 박규리 기자가 쓴 '칸막이도 없는 수돗가에서 씻어'의 기사는 해당 학교의 학생들뿐만 아니라 일반인들에게 현장을 고발함으로써 잘못된 시스템을 변화시키는 시발점이 될 수 있다고 생각한다.

3 이유 [왜냐하면] / 내 생각에 대한 이유 3가지

왜냐하면 첫째, 누군가의 어머니, 아버지일 수 있는 청소노동자들의 노동현장과 열악한 시스템에 관심을 갖게 해 주어 더불어 사는 사회에 대해 생각할 수 있게 하였기 때문이고

둘째, 이 나라의 미래를 짊어지고 나아가야 할 학생들과 일반인들에게 노동자들의 부당한 처우에 대해 정당한 목소리를 낼 수 있도록 용기를 주었기 때문이며,

셋째, 관련 기관들이 박규리 기사를 구독함으로써 노동 인력관리와 잘못된 시스템에 대한 경각심을 가지게 될 수 있도록 도왔기 때문이다.

1 결론 [그래서, 나는 ~라고 생각한다] / 2% 평가

그래서 나는 '칸막이도 없는 수돗가에서 씻어'의 기사는 해당 학교의 학생들뿐만 아니라 일반인들에게 현장을 고발함으로써 잘못된 시스템을 변화시키는 시발점이 될 수 있다고 생각한다.

2% 아쉬운 점

하지만 '일부 학생들이 집회가 시끄럽다고 했다.'라는 기사 내용의 일부분은 특정 학교에 대한 부정적 편견을 갖게 할 수 있어 아쉽다.

내 마음속에 남은 한 문장

"숨지 말고 노동자들의 요구에 성실히 응하라."

티젠 콤부차

작성자: 김수정
평 점: ★★★★
회사명: 티젠 농업회사법인
구매처: 농협하나로마트

[Why 작가는 왜 이 책을 썼을까?] / 저술 목적

이 상품의 회사는 건강 음료를 마시려는 일반인과 다이어트에 관심이 높은 소비자들에게 효소와 유산균이 함유된 차별화된 건강 차를 판매하려고 이 상품을 출시했다.

[What 작가는 무엇을 말하는가?] / 핵심적인 내용

이 상품의 효과는 건강 발효 음료로써 유산균과 프로바이오틱스를 함유하고 있어 배변을 도와 다이어트에 도움이 될 뿐만 아니라 운동 전후에도 시원하게 복숭아 및 다양한 과일향의 음료를 마셔 갈증을 해소할 수 있고, 이 상품의 구성은 분말 스틱 10개로 포장되어 있기 때문에 휴대가 편리하여 외출 시에도 간단하게 들고 나가 마실수 있고 포장 케이스에 마시는 법도 자세히 설명되어 있으며,

이상품의 특징은 일반 음료와 달리 당류 0g의 저칼로리 음료로 건강하게 마실 수 있으며 무알콜 음료이기 때문에 타사의 효소음료와 차별화되는 음료이다.

[How 나에게 어떻게 적용할 것인가?] 실천 사항

앞으로 나는 당류가 들어가 있는 음료보다는 다이어트에도 도움이 되고 맛도 상큼한 건강 콤부차를 친구들 모임이나 운동 시에 즐겨 마실 것이다.

1 생각 [나는 ~라고 생각한다] / 주장, 평가

나는 티젠 농업회사법인에서 출시한 '티젠 콤부차는' 다이어트를 하고 있는 여성이나 스포츠인을 포함한 건강 음료를 마시려는 소비자들에게 달콤하고 산뜻한 맛의 물을 건강하게 마시도록 도움을 주는 좋은 상품이라고 생각한다.

3 이유 [왜냐하면] / 내 생각에 대한 이유 3가지

왜냐하면 첫째, 티젠 콤부차는 독일산 콤부차를 원액 그대로 동결건조하여 유산균이 살아있어 배변을 돕고 다이어트에 효과가 있기 때문이고

둘째, 수분섭취가 부족한 사람들에게 다양한 과일 맛을 통하여 맛있게 수분을 섭취할 수 있도록 도와주기 때문이며,

셋째, 평소 연기를 잘하고 건강미를 갖춘 김태리 배우가 광고모델로 나와 상품에 대한 긍정적인 인식을 갖게 해주기 때문이다.

1 결론 [그래서, 나는 ~라고 생각한다] / 2% 평가

그래서 나는 티젠 농업회사법인에서 출시한 '티젠 콤부차는' 다이어트를 하고 있는 여성이나 스포츠인을 포함한 건강 음료를 마시려는 소비자들에게 달콤하고 산뜻한 맛의 물을 건강하게 마시도록 도움을 주는 좋은 상품이라고 생각한다.

2% 아쉬운 점

하지만 콤부차에 대해 인식이 높지 않아 많은 소비자들이 즐기지 못하는 것과 소매점의 소극적인 판매전략이 아쉽다.

내 마음속에 남은 한문장

"건강해지는 비밀 콤부차"

미국 유명대를 졸업한 실패자

작성자: 김수정
평 점: ★★★
진행자: 글렌데일 김
매체명: 유튜브
연 도: 2022년

[Why 작가는 왜 이 책을 썼을까?] / 저술 목적

이 인터뷰의 진행자는 자신의 삶에 무력함을 느끼고 분노하는 사람들에게 주변인들의 관심을 받아들였을 때의 긍정적 삶의 변화를 알려주고, 더 나아가 스스로를 사랑하는 힘이 회복의 기적을 가져다 준다는 것을 알려주려고 이 인터뷰를 진행했다.

[What 작가는 무엇을 말하는가?] / 핵심적인 내용

이 인터뷰의 전반부에서는 자신을 미국에서 거주하는 유튜버라고 소개하며 10代, 20代, 30代의 내가 현재의 나에게 직업, 꿈, 사회적 성공 정도와 마음 상태에 대하여 질문하였다. 과거의 내가 상상하고 계획했던 삶보다 성공하지 못하였지만 '그럼에도 불구하고 행복하다.'라는 답변으로 자기만족감을 드러내었고,

이 인터뷰의 중반부에서는 정해진 시간 안에 이룰 성공을 스스로에게 강요함으로 느꼈던 압박감과 성공으로부터 멀어졌을 때의 분노로 힘들어했던 과거의 모습을 회상하였다. 타인이 주는 관심에 익숙하지 않았지만 절박함 속에서 타인이 주는 위로를 받아들임으로써 좌절감에서 벗어나 새롭게 삶을 살게 되었다고 이야기하고 있으며,

이 인터뷰의 후반부에서는 이루지 못한 것보다 이룰 수 있는 것에 집중하는 삶, 위로가 되어 주는 주변인들의 존재만으로 행복한 삶에 대해 말하며 번아웃으로 고민하는 이들에게 희망적인 메시지를 전하고 있다.

[How 나에게 어떻게 적용할 것인가?] 실천 사항

앞으로 나는 자기 비판이나 비난에 빠지거나 세상의 잣대로 재어진 성공을 쫓기보다는 '나는 생각보다 괜찮은 사람이다.'하며 스스로를 위로하며 자존감을 회복할 것이다. 이러한 긍정적 자아를 통해 삶 가운데 행복 꽃을 피우고 그 꽃의 향기를 전하는 사람이 되도록 노력할 것이다.

1 생각 [나는 ~라고 생각한다] / 주장, 평가

나는 글렌데일 김 본인이 셀프 진행한 '미국 유명대를 졸업한 실패자'의 글렌데일 인터뷰가 실패로 좌절하고 있는 사람들과 자기 연민에 빠진 사람들에게 자기성찰을 통한 성숙한 삶으로의 변화 가능성에 대해 알려주는 평범하지만 유익한 인터뷰라고 생각한다.

3 이유 [왜냐하면] / 내 생각에 대한 이유 3가지

왜냐하면 첫째, 누구나 한번쯤은 겪을 수 있는 좌절감과 실패가 자기 분노로 이어질 수 있는데 이러한 자기 분노를 회복하는 과정을 인터뷰의 내용에 담아 깊은 공감을 유도하였기 때문이고,

둘째, 이 인터뷰는 자기 독백식 모노로그 인터뷰로써 스스로에게 질문하고 답변하는 형식으로 진행되었다. 자기 독백식 인터뷰의 진행 방식은 자기객관화를 할 수 있는 좋은 방법으로 구독자들이 자기성찰을 위하여 시도해 볼 수 있도록 방법을 제시하여 주었기 때문이며,

셋째, 인터뷰의 마지막 부분에서 주변 지인들이 자신에게 건넸던 '사랑해, 너무 멋져, 소중해'라는 말들을 BGM으로 담아 연출함으로써 진한 위로와 감동을 전달해 주었기 때문이다.

1 결론 [그래서, 나는 ~라고 생각한다] / 2% 평가

그래서 나는 글렌데일 김 본인이 셀프 진행한 '미국 유명대를 졸업한 실패자'의 글렌데일 인터뷰가 실패로 좌절하고 있는 사람들과 자기 연민에 빠진 사람들에게 자기성찰을 통한 성숙한 삶으로의 변화 가능성에 대해 알

려주는 평범하지만 유익한 인터뷰라고 생각한다..

2% 아쉬운 점

하지만 구체적인 사례들이 없어서 아쉽다.

내 마음속에 남은 한 마디

"저와 함께 다시 시작해요. 화이팅!"

CCM 행복

작성자: 김수정
평 점: ★★★★★
작사가: 손경민
기획사: 킴스뮤직
연 도: 2012년

[Why 작가는 왜 이 책을 썼을까?] / 저술 목적

이 노래의 작사가는 평범한 일상 속에서 살아가는 많은 크리스천들에게 행복의 진정한 의미를 알려주려고 이 인터뷰를 진행했다.

[What 작가는 무엇을 말하는가?] / 핵심적인 내용

이 노래의 1절에서는 세상적 시선으로 바라보았을 때 경제적으로 부유하지 않아도, 특별하지 않아도 감사와 나눔으로 행복한 삶을 살 수 있다고 이야기하고 있고,

이 노래의 2절에서는 지치고 억울한 인생일지라도 기도로 인내하며 주의 뜻을 구함으로 행복할 수 있다고 이야기하고 있으며,

이 노래의 후렴에서는 크리스천들의 행복은 하나님의 자녀로 살아가는 것 자체로 채워질 수 있으며 이것이 하나님의 선물이라는 것이라고 이야기하고 있다.

[How 나에게 어떻게 적용할 것인가?] 실천 사항

앞으로 나는 세상의 명예, 인기, 물질로부터 오는 행복을 쫓지 않고 내게 주어진 작은 삶들에 대해 당연한 것이 아님을 알고 감사하며 그것을 나누며 행복을 추구할 것이다.

1 생각 [나는 ~라고 생각한다] / 주장, 평가

나는 손경민 작사가가 쓴 '행복'이 세상적인 헛된 야망을 쫓다가 지친 많은 크리스천들에게 진정한 행복의 의미를 깨닫게 해 주며 지친 삶을 위로하는 CCM이라고 생각한다.

3 이유 [왜냐하면] / 내 생각에 대한 이유 3가지 이유

왜냐하면 첫째, 적은 것으로도 감사하며 작은 힘을 나눌 때의 기쁨을 알게 하기 때문이고

둘째, 세상이 주는 행복의 한계성을 뛰어넘는 기독교적 영원한 행복을 느끼게 해 주기 때문이며,

셋째, 보잘 것 없는 삶도 행복할 수 있다는 빛과 같은 희망을 전해주기 때문이다.

1 결론 [그래서, 나는 ~라고 생각한다] / 2% 평가

그래서 나는 손경민 작사가가 쓴 '행복'이 세상적인 헛된 야망을 쫓다가 지친 많은 크리스천들에게 진정한 행복의 의미를 깨닫게 해 주며 지친 삶을 위로하는 CCM이라고 생각한다.

2% 아쉬운 점

하지만 이 CCM이 수단과 방법을 가리지 않고 사회적인 성공을 얻고 행복을 누리는 이들에게 어떠한 변화를 일으킬지 의문이다.

내 마음속에 남은 한 소절

"눈물날 일 많지만 기도할 수 있는 것"

국립과천과학관

작성자: 김수정
평 점:★★★★★
위 치: 과천
연 도: 2022년

[Why 작가는 왜 이 책을 썼을까?] / 저술 목적

이 기관의 기관장은 천문우주부터 생명과 자연을 아우르는 기초과학, 4차 산업혁명으로 변화될 미래 세상의 과학 지식 및 기술을 체험하고 교육하기 위하여 이 기관을 운영하고 있다.

[What 작가는 무엇을 말하는가?] / 핵심적인 내용

과천과학관 1층은 대형시뮬레이터&와이드스크린을 결합한 우주선 체험전시물이 있는 미래상상SF관과 미취학 아동을 위해 마련된 유아체험관, 과학원리를 탐색하는 과학탐구관 및 특별전시관으로 구성되어 있고,

과천과학관의 2층은 고분자 합성 기술에 대한 스토리텔링 전시와 드론 체험, 나로관제센터를 체험할 수 있는 첨단기술관과 46억 년의 지구 역사를 이해할 수 있는 자연사관, 한국의 역사속에서의 과학기술을 알아볼 수 있는 한국과학문명관으로 구성되어 있으며,

과천과학관의 야외전시장은 밤하늘과 우주여행을 체험할 수 있고 입체적 돔 영화를 관람할 수 있는 천체투영관과 우주인 훈련 체험공간인 스페이스월드, 다양한 관측장비를 갖춘 천문대로 구성된 천문우주관이 있다. 뿐만 아니라 곤충의 생태를 관찰하고 체험할 수 있는 곤충 생태관이 있으며 별난공간, 공룡지질동산 등 다양한 야외 전시물을 관람하고 체험할 수 있도록 구성 되어 있다.

[How 나에게 어떻게 적용할 것인가?] 실천 사항

앞으로 나는 국립과천과학관의 방문을 통하여 기초과학부터 미래 과학에 이르는 다양한 분야의 지식과 기술을 습득하고 더 나아가 호기심과 아이디어를 얻고 올 수 있도록 할 것이다.

1 생각 [나는 ~라고 생각한다] / 주장, 평가

나는 2008년부터 과천의 243,970㎡ 부지에서 운영되고 있는 '과천과학관'이 과천 시민뿐만 아니라 수도권에 거주하는 사람들에게 과학 분야에 관심을 갖을 수 있도록 돕고 전시관에서의 체험 활동과 탐구 활동을 통해 과학 지식과 기술을 익히게 함으로써 새로운 아이디어를 얻을 수 있는 기회를 제공해 주는 최적의 학습체험 기관이라고 생각한다.

3 이유 [왜냐하면] / 내 생각에 대한 이유 3가지

왜냐하면 첫째, 평소 과학에 관심을 두지 않았던 사람들도 과천과학관을 방문하게 되면 대면, 비대면 해설을 들으며 전시물을 관람하는 동안 흥미가 발생하게 되고 특히 유아부터 청소년에 이르는 학습자들에게는 역사 속 과학부터 미래 세상과 우주 시대를 지루함 없이 흥미진진한 자세로 체험할 수 있는 공간으로 마련되어 있기 때문이고

둘째, 어린이, 청소년은 2,000원 성인은 4,000원의 저렴한 입장요금과 편리한 교통으로 접근성이 매우 용이하며 실내 전시관과 야외 공간 모두 넓고 깨끗하게 관리되어 있기 때문이며,

셋째, 일반적인 박물관, 미술관 등이 시각적 전시 관람이라면 과천과학관은 오감체험이 가능한 곳으로 우리 주변에서 발생하는 일상 속 과학원리를 체험하고 궁금한 미래 과학을 상상해 보는 다채로운 프로그램들이 경험을 풍요롭게 하고 지식을 업그레이드 시켜 과학과 더욱 친밀하게 하기 때문이다.

1 결론 [그래서, 나는 ~라고 생각한다] / 2% 평가

그래서 나는 2008년부터 과천의 243,970㎡ 부지에서 운영되고 있는 '과천과학관'이 과천 시민뿐만 아니라 수

도권에 거주하는 사람들에게 과학 분야에 관심을 갖을 수 있도록 돕고 전시관에서의 체험 활동과 탐구 활동을 통해 과학 지식과 기술을 익히게 함으로써 새로운 아이디어를 얻을 수 있는 기회를 제공해 주는 최적의 학습체험 기관이라고 생각한다.

2% 아쉬운 점
하지만 물리적 거리가 멀어서 자주 방문할 수 없어서 아쉽다.

내 마음속에 남은 명장소
"직경 25m의 국내 최대돔스크린과 고해상도 투영 장비를 갖춘 돔 영상관"

우리 모두 처음이니까

작성자: 김후선
평 점: ★★★
저 자: 김을호 지음
출판사: 크레용하우스
연 도: 2019년

[Why 작가는 왜 이 책을 썼을까?] / 저술 목적

이 책의 저자는 초보 엄마 아빠에게 아이들과 관계형성을 잘 해 나갈 수 있는 마음자세를 알려주려고 이 책을 저술했다.

[What 작가는 무엇을 말하는가?] / 핵심적인 내용

이 책의 전반부에서는 엄마가 아이에게 바라는 마음을 가지고 서툰 관계를 시작하는 과정을 이야기하고 있고, 이 책의 중반부에서는 아이는 사춘기로 엄마는 지친 일상으로 서로 서운한 마음이 서로에 대한 배려 부족으로 생긴 오해였음을 이야기하고 있으며,

이 책의 후반부에서는 서로서로 서툴고 처음인 삶의 여행을 실수하더라고 넉넉한 마음으로 이해하면 행복할 것이라고 이야기하고 있다.

[How 나에게 어떻게 적용할 것인가?] 실천 사항

앞으로 나는 나와 부모님, 아이들이 모두 처음이라 실수할 수 있음을 이해하고, 서툴고 서운하더라도 기다려주는 마음자세로 여유있게 대할 것이다.

1 생각 [나는 ~라고 생각한다] / 주장, 평가

나는 김을호 작가의 《우리 모두 처음이니까》가 이세상 모든 부모와 자식들에게 우리 모두 처음이라 당연히 서툴수 있으니 괜찮다며 위로와 배려를 깨우쳐주는 좋은 책이라고 생각한다.

3 이유 [왜냐하면] / 내 생각에 대한 이유 3가지

왜냐하면 첫째, 엄마도 아이처럼 귀찮고 서툴렀지만 아이와의 관계를 통해 힘든 일도 당연하게 받아들이며 헤쳐나갈 수 있다는 것을 알려주기 때문이고,

둘째, 아이의 알 수 없는 행동들이 사실은 말하지 않은 배려때문이었다는 것을 알려주기 때문이며,

셋째, 서로의 다른 생각들도 함께 헤쳐나가면 버팀목이 된다는 것을 알려주기 때문이다.

1 결론 [그래서, 나는 ~라고 생각한다] / 2% 평가

그래서 나는 김을호 작가의 《우리 모두 처음이니까》가 이세상 모든 부모와 자식들에게 우리 모두 처음이라 당연히 서툴 수 있으니 괜찮다며 위로와 배려를 깨우쳐주는 좋은 책이라고 생각한다.

2% 아쉬운 점

하지만 엄마만 이야기해서 아이의 생각을 알 수 없다는 것이 아쉽다.

내 마음속에 남은 한 문장

너는 어떤 여행자가 되고 싶니?

DNA

작성자: 김후선
평 점: ★★★★
작사가: RM, 슈가 외
기획사: BIGHIT E.
연 도: 2017년

[Why 작가는 왜 이 책을 썼을까?] / 저술 목적

이 노래의 작사가는 ARMY(BTS 팬덤)에게 모든 만남은 필연이고 소중하다는 것을 알려주려고 이 노래를 작사했다

[What 작가는 무엇을 말하는가?] / 핵심적인 내용

이 노래의 전반부에서는 우연인 듯한 만남이 가벼운 인연일까라고 걱정하는 팬들에게 만남은 숙명이고 필연이라는 것을 이야기하고 있고,

이 노래의 중반부에서는 ARMY와의 만남은 우주가 생겨나기 시작한 태초부터 정해져 있었음을 이야기하고 있으며,

이 노래의 후반부에서는 운명을 찾아낸 이 만남이 다음생까지도 영원할 것임을 이야기하고 있다.

[How 나에게 어떻게 적용할 것인가?] 실천 사항

앞으로 나는 곁에 있는 사람들과의 인연을 소중하게 여기며 있을 때 작은 칭찬과 격려를 더 많이 해줄 것이다.

1 생각 [나는 ~라고 생각한다] / 주장, 평가

나는 RM, 슈가 외 작사가가 쓴 'DNA'가 ARMY와 세상 사람들에게 모든 만남은 필연이고 소중하다는 것을 알려주는 좋은 노래라고 생각한다

3 이유 [왜냐하면] / 내 생각에 대한 이유 3가지

왜냐하면 첫째, 너무나 힘든 시기를 겪는 무명인 나(BTS)를 알아봐 주고 격려해주는 사람(ARMY)이 곁에 있는 것은 우연이 아닌 숙명이기 때문이고,

둘째, 서로의 존재는 수학의 공식처럼 필연적일 수 밖에 없음을 상기시켜 주기 때문이며,

셋째, 실제 BTS 멤버인 RM과 슈가가 작사에 참여해서 자신들의 이야기를 하기 때문이다.

1 결론 [그래서, 나는 ~라고 생각한다] / 2% 평가

그래서 나는 RM, 슈가 외 작사가가 쓴 'DNA'가 ARMY와 세상 사람들에게 모든 만남은 소중하다는 것을 일깨워주는 좋은 노래라고 생각한다.

2% 아쉬운 점

하지만 빠른 랩부분의 가사를 알아 듣기 어려워 의미전달이 금세 되지 않아 아쉽다.

내 마음속에 남은 한 소절

"이 모든 건 우연이 아니니까"

글쓰기가 두려운 당신이 반드시 들어야할 대답

작성자: 김후선
평 점: ★★★
제작자: 세바시
제작사: (주)세상을 바꾸는 15분
연 도: 2014년

[Why 작가는 왜 이 책을 썼을까?] / 저술 목적

이 영상의 제작자는 글쓰기가 어렵다고 느끼는 사람에게 유시민 작가의 글쓰기 노하우를 곁들여 글쓰기를 쉽게 접근할 수 있는 방법을 알려주려고 이 영상을 제작했다.

[What 작가는 무엇을 말하는가?] / 핵심적인 내용

이 영상의 전반부에서는 글쓰기는 생활글쓰기와 문학적 글쓰기가 있고, 우리가 일상에서 접하는 생활글쓰기는 누구나 잘 할 수 있다고 이야기하고 있고,

이 영상의 중반부에서는 생활글쓰기를 잘하기 위해서는 좋은 문장이 많은 책을 몇 권 반복적으로 읽을 것을 이야기하고 있으며,

이 영상의 후반부에서는 생활글쓰기 실천 사항으로 매일 30분씩이라도 쓰기를 하도록 이야기하고 있다.

[How 나에게 어떻게 적용할 것인가?] 실천 사항

앞으로 나는 좋은 문장과 맞춤법이 잘 갖춰진 책을 선별하고, 매일 읽고 잊어버리기를 반복한 후에 날마다 30분씩 글쓰기를 실천할 것이다.

1 생각 [나는 ~라고 생각한다] / 주장, 평가

나는 세바시가 제작한 '글쓰기가 두려운 당신이 반드시 들어야할 대답'이라는 영상이 글쓰기를 잘 하고 싶지만 막연하거나 어려운 사람에게 쉽게 글쓰기를 실천할 방법을 알려주는 좋은 콘텐츠라고 생각한다.

3 이유 [왜냐하면] / 내 생각에 대한 이유 3가지

왜냐하면 첫째, 글쓰기는 가수가 노래하듯 자신을 표현할 수 있는 좋은 수단임을 알려주기 때문이고,

둘째, 생활글쓰기를 실천하기 위해 좋은 어휘와 맞춤법이 잘 된 여러 권의 책을 반복해서 읽도록 단순한 방법을 알려주기 때문이며,

셋째, 글쓰기 기초체력을 기르기 위해서는 자신의 노하우를 빌어, 매일 30분씩 아무 글쓰기를 실천해 볼 것을 알려주기 때문이다.

1 결론 [그래서, 나는 ~라고 생각한다] / 2% 평가

그래서 나는 세바시가 제작한 '글쓰기가 두려운 당신이 반드시 들어야 할 대답'이라는 영상이 글쓰기를 잘 하려는 사람에게 당장 실천할 방법을 알려주는 좋은 콘텐츠라고 생각한다.

2% 아쉬운 점

하지만 좀 더 깊이 있는 글쓰기 실천 방법이 없어 아쉽다.

내 마음속에 남은 한 마디

글쓰기도 자기 표현이다, 매일 30분씩

들풀

작성자: 김후선
평 점: ★★★★★
시 인: 류시화 지음
출판사: 북맥
연 도: 1996년

[Why 작가는 왜 이 책을 썼을까?] / 저술 목적

이 시의 작자는 삶의 의미를 찾기 위해 애쓰는 사람들에게 들풀처럼 "있는 그대로"의 삶이 모두 의미있음을 알려주려고 이 시를 지었다.

[What 작가는 무엇을 말하는가?] / 핵심적인 내용

이 시의 처음에서는 '들풀처럼 살라'는 화두를 제시하며 자신의 있는 그대로를 받아 들이며 살아갈 것을 이야기하고 있고,

이 시의 중간에서는 우리가 속한 이 세계는 슬픔과 기쁨이 바람처럼 오고가는 것이니 과거나 미래가 아닌 '현재'에 살아갈 것을 이야기하고 있으며,

이 시의 마지막에서는 '언제나 무소유한 영혼으로 남으라'며 우리가 왔던 것처럼 언제든 떠날 수 있음을 깨닫기를 이야기하고 있다.

[How 나에게 어떻게 적용할 것인가?] 실천 사항

앞으로 나는 시인이 들풀에 빗대어 이야기한 것처럼, 오롯이 현재에 머무르며 있는 그대로의 나를 위해 최선을 다하는 삶을 살아갈 것이다.

1 생각 [나는 ～라고 생각한다] / 주장, 평가

나는 류시화 시인의 《들풀》이 삶의 의미를 찾고자 하는 청소년이나 성인들에게 들풀처럼 하찮은 존재일 지라도 그 삶은 나름대로 의미가 있다는 것을 깨우쳐주고 어떻게 살아갈 지를 알려주는 좋은 시라고 생각한다.

3 이유 [왜냐하면] / 내 생각에 대한 이유 3가지

왜냐하면 첫째, 지구별 여행자인 모든 이는 그 존재 자체로 의마가 있음을 들풀에 빗대어 알려주기 때문이고,

둘째, 과거도 미래도 아닌 현재에 머물러서 살아가기를 조언하며, 기쁨과 슬픔이 그대로 흘러가도록 마음을 비우고 말을 아끼라고 하기 때문이며,

셋째, 시인이 인도와 세계 오지를 몸소 체험하면서 무소유한 삶을 살아가기 때문이다.

1 결론 [그래서, 나는 ～라고 생각한다] / 2% 평가

그래서 나는 류시화 시인의 《들풀》이 삶의 의미를 찾고자 하는 청소년이나 성인들에게 들풀처럼 하찮은 존재일 지라도 그 삶은 나름대로 의미가 있다는 것을 깨우쳐주고 어떻게 살아갈지를 알려주는 좋은 시라고 생각한다.

2% 아쉬운 점

하지만 무언의 언어로 노래하라'는 시의 함축적 의미를 모두 파악하기 어렵다는 것이 아쉽다.

내 마음속에 남은 한 문장

"슬픔은 슬픔대로 오게 하고, 기쁨은 기쁨대로 가게 하라."

디지털의 힘 북콘서트

작성자: 김후선
평 점: ★★★★
강 사: 이혜정 김혜경 최옥
주 변향미
장 소: ZOOM 화상채팅
날 짜: 2022년

[Why 작가는 왜 이 책을 썼을까?] / 저술 목적

이 강연의 강사들은 자신들의 공저인 디지털의 힘 북콘서트를 통해 디지털 세상이 된 지구에서 편하고 평범하게 살아가고 싶은 사람들에게 디지털을 통한 새로운 부의 지도를 그려갈 수 있도록 안내하기 위해 이 책을 저술했다고 밝히고 있다.

[What 작가는 무엇을 말하는가?] / 핵심적인 내용

이 강연의 첫번째에서는 자신의 일상을 유튜브나 블로그 등 새로운 플랫폼을 이용하여 디지털세상과 소통하는 디지털쉐프 이혜정 작가의 강의가 있었고,

이 강연의 두번째에서는 어느날 느닷없이 암으로 투병하게 된 슬픔을 전자책 출간으로 인생의 전환점을 삼고, 지금은 디지털 글쓰기를 알려주며 맛있는 책쓰기를 하고 있는 김혜경 작가의 강의가 있었으며,

이 강연의 세번째에서는 자신의 관심과 취미를 기록하고 여기에 디지털의 힘을 빌어 꼼지락 덕후로 거듭난 최옥주 강사의 강의가 있었고,

이 강연의 마지막에서는 '디지털 도구를 잘 활용하여 군부대 전문강사로 거듭난 변향미 작가의 강의가 있었다.

[How 나에게 어떻게 적용할 것인가?] 실천 사항

앞으로 나는 시취미에 디지털을 입힌 최옥주 강사처럼 나의 취미를 부지런히 기록하여 이름을 남길 것이다.

1 생각 [나는 ~라고 생각한다] / 주장, 평가

나는 오늘 네 명의 저자가 쓴 '디지털의 힘 북콘서트' 강연이 디지털에 관심은 있는 지구인에게 디지털 세상으로 접근방법을 알려주는 좋은 강연이었다고 생각한다.

3 이유 [왜냐하면] / 내 생각에 대한 이유 3가지

왜냐하면 첫째, 우리의 일상을 꾸준히 기록해서 유튜브나 블로그를 통한 디지털의 힘을 끌어오면 새로운 부의 지도를 그려갈 수 있다고 알려주기 때문이고,

둘째, 자본 없이도 전자책을 출간하기 위한 플랫폼을 알려줘서 누구나 책을 출간할 수 있도록 알려주기 때문이며,

셋째, 내가 좋아하는 일이나 강의에 디지털의 힘이 들어가면 즐기며 일할 수 있는 새로운 세상과 만날 수 있다고 알려주기 때문이다.

1 결론 [그래서, 나는 ~라고 생각한다] / 2% 평가

그래서 나는 오늘 네 명의 저자가 쓴 '디지털의 힘 북콘서트' 강연이 디지털에 관심은 있는 지구인에게 디지털 세상으로 접근방법을 알려주는 좋은 강연이었다고 생각한다.

2% 아쉬운 점

하지만 정해진 강연 시간이 짧아 아쉽다.

내 마음속에 남은 한마디

"제목에는 검색단어를 적어라."

버터와플

작성자: 김후선
평 점: ★★★★
회사명: CROWN
출시일: 2022년

[Why 작가는 왜 이 책을 썼을까?] / 저술 목적

이 상품의 회사는 모임이나 회의, 가벼운 나들이를 준비하는 사람들에게 먹기 좋은 과자를 알려주려고 이 상품을 출시했다.

[What 작가는 무엇을 말하는가?] / 핵심적인 내용

이 상품의 특징은 와플모양의 타원형으로 한 입크기라 가볍게 먹을 수 있고, 종이박스에 담아내어 상품이 소비자에게 전달될 때까지 부서지지 않도록 했고,

이 상품의 구성은 낱개 포장으로 위생적이며, 한 봉지에 다섯 개가 들어있어 충분한 당보충을 해 줄 수 있으며,

이 상품의 효과는 모임이나 회의 등 다수의 사람에게 배포할 수 있는 간식으로, 탄수화물과 단백질 포함 총 631kcal로 간단한 식사대용도 가능하다.

[How 나에게 어떻게 적용할 것인가?] 실천 사항

앞으로 나는 가벼운 나들이나 모임에서 간식이 필요할 때 이 제품을 나눠먹으면서 친목을 도모할 것이다.

1 생각 [나는 ~라고 생각한다] / 주장, 평가

나는 크라운 제과에서 출시한 '버터와플'이 가벼운 나들이와 소모임에서 간편하게 먹을 수 있는 과자를 찾는 사람들에게 좋은 간식이라고 생각한다.

3 이유 [왜냐하면] / 내 생각에 대한 이유 3가지

왜냐하면 첫째, 과자의 귀족이라는 포장지 문구처럼 버터를 녹여 한입 크기의 와플모양으로 낱개 포장해서 위생적으로 먹을 수 있기 때문이고,

둘째, 식품안전관리 인증인 HACCP을 받아서 위생적으로 제조되고, 제품 이상 발견 후에도 수신자부담의 고객상담실 이용이 가능하기 때문이며,

셋째, 개별 포장으로 휴대가 간편해 언제 어디서나 먹을 수 있기 때문이다.

1 결론 [그래서, 나는 ~라고 생각한다] / 2% 평가

그래서 나는 크라운 제과에서 출시한 '버터와플'이 가벼운 나들이와 소모임에서 간편하게 먹을 수 있는 과자를 찾는 사람들에게 좋은 간식이라고 생각한다.

2% 아쉬운 점

하지만 낱개포장의 편리함 뒤에 쓰레기로 낭비되는 포장지가 많아 아쉽다.

내 마음속에 남은 한 문장

과자의 귀족

사방치기

작성자: 김후선
평 점: ★★★★
개발자: 미상
연 도: 미상

[Why 작가는 왜 이 책을 썼을까?] / 저술 목적

이 게임의 개발자는 신체활동이 왕성한 청소년과 친목도모가 필요한 어른에게 놀이의 재미와 신체감각의 균형적인 성장을 돕기 위해 이 게임을 개발했다.

[What 작가는 무엇을 말하는가?] / 핵심적인 내용

이 게임의 특징은 땅바닥에 직사각 네모칸을 세로변이 길도록 크게 그리고, 그 안에 가로줄과 세로줄을 그려 외발로 이동하는 것으로, 네모칸을 그릴 공간만 있으면 어디서든 즐길 수 있는 놀이이고,

이 게임의 규칙은 정해진 9칸을 첫 번째 칸부터 마지막 칸까지 돌(말)을 이동시키며 순서를 정해 이동해서 가장 먼저 들어오는 사람이나 팀이 승리하는 것으로, 선(금)을 밟거나 순서를 어기거나 모둠발 외발을 잘못 디디면 다음 차례에게 기회기 주어지는 것이며,

이 게임의 효과는 순서대로 게임을 진행하면서 조급함을 줄이고 기다릴 줄 아는 마음을 기를 수 있고, 외발과 모둠발을 반복하는 과정을 통해 신체의 균형감과 성장을 도울 수 있으며 자투리 시간을 즐겁게 보낼 수 있다.

[How 나에게 어떻게 적용할 것인가?] 실천 사항

앞으로 나는 가족여행이나 명절에 아이들이 인터넷 게임 대신 사방치기 게임을 알게 해서 마당이나 야외에서 많이 뛰어놀 수 있도록 할 것이다.

1 생각 [나는 ~라고 생각한다] / 주장, 평가

나는 우리의 전통놀이인 '사방치기'가 성장기인 청소년과 가벼운 재미가 필요한 어른에게 단순한 재미와 성장을 도와주는 좋은 놀이라고 생각한다.

3 이유 [왜냐하면] / 내 생각에 대한 이유 3가지

왜냐하면 첫째, 사방치기 그림을 그릴 수 있는 곳이면 어느 곳에서나 즐길 수 있는 놀이이기 때문이고,

둘째, 놀이에 필요한 소품이 돌 하나면 충분하기 때문이며,

셋째, 단순한 규칙이지만 무리하거나 욕심을 내면 금세 실격이 될 수 있고, 여행지에서 쉽게 즐길 수 있고 지루한 시간도 즐거운 추억으로 만들기 때문이다.

1 결론 [그래서, 나는 ~라고 생각한다] / 2% 평가

그래서 나는 우리의 전통놀이인 '사방치기'가 성장기인 청소년과 어른에게 단순한 재미와 신체의 균형감각을 키워주는 좋은 놀이라고 생각한다.

2% 아쉬운 점

하지만 한번 시작하면 멈추기 어려워 아쉽다.

내 마음속에 남은 한 장면

제주 민속촌에서 사방치기

자산어보

성자: 김후선
평 점: ★★★★
감 독: 이준익
제작사: ㈜씨네월드
연 도: 2021년

[Why 작가는 왜 이 책을 썼을까?] / 저술 목적

이 영화의 감독은 조선말 정치탄압으로 흑산도에 유배된 정약전의 삶을 통해 삶의 고난이나 좌절을 겪고 있는 사람들에게 삶의 희망과 가치를 알려주려고 이 영화를 제작했다.

[What 작가는 무엇을 말하는가?] / 핵심적인 내용

이 영화의 전반부에서는 조선말 순조 1년 신유박해로 인해 정약전의 형제들이 죽거나 유배를 떠나야 하는 시대적 배경을 이야기하고 있고,

이 영화의 중반부에서는 각각 흑산도와 강진에 유배된 정약전과 정약용이 유배지에서 제자와 책을 집필하며 보내는 유배생활을 비교하여 이야기하고 있으며,

이 영화의 후반부에서는 정약전이 흑산도에서 자산어보를 완성해가면서 제자 창대라는 인물을 통해 당시 부패한 사회상을 비판하고 초라하지만 맘 편하고 평범한 삶이 소중하다는 것을 이야기하고 있다.

[How 나에게 어떻게 적용할 것인가?] 실천 사항

앞으로 나는 화려하고 출세하지 않을 지라도 내가 살고 있는 평범한 하루하루가 소중하다는 것을 청소년기를 겪는 아이와 매일 10분씩이라도 대화를 통해 알려줄 것이다.

1 생각 [나는 ~라고 생각한다] / 주장, 평가

나는 이준익 감독의 '자산어보'가 삶의 좌절과 방향을 잃어 어려움을 겪는 사람들에게 주어진 환경에서 하루하루 최선을 다하는 평범한 일상이 소중하다는 것을 알려주는 좋은 영화라고 생각한다.

3 이유 [왜냐하면] / 내 생각에 대한 이유 3가지

왜냐하면 첫째, 임금의 총애를 받던 주인공이 정치박해로 한순간에 흑산도라는 섬에 유배되었지만, 좌절보다는 '물고기'라는 소재에 호기심을 가지고 살아가는 모습을 보여주기 때문이고,

둘째, 흑백의 영상을 통해 누구도 관심두지 않던 주변의 사소한 것들을 기록해가며 주변의 비아냥에도 자산어보를 집필해가는 정약전의 한결같은 모습이 평안함을 주기 때문이며,

셋째, 동주, 박열등 역사 속 사람의 이야기에 집중하는 이준익 감독의 인물을 통해 꿰뚫는 시대적 통찰을 자산어보가 집필되는 과정으로 보여주기 때문이다.

1 결론 [그래서, 나는 ~라고 생각한다] / 2% 평가

그래서 나는 이준익 감독의 '자산어보'가 삶의 좌절과 방향을 잃어 어려움을 겪는 사람들에게 주어진 환경에서 하루하루 최선을 다하는 평범한 일상이 소중하다는 것을 알려주는 좋은 영화라고 생각한다.

2% 아쉬운 점

하지만 흑백 영상이라 흑산도 풍경과 다양한 어족류의 색감을 볼 수 없어 아쉽다.

내 마음속에 남은 명대사

나는 성리학을 통해 서학을 받아들였는데, 이 나라는 나 하나도 품지 못한다.

지식서평단 양성과정 프로그램

작성자: 김후선
평 점: ★★★★
강 사: 김을호
주최사: 동해시립도서관
연 도: 2022년

[Why 작가는 왜 이 책을 썼을까?] / 저술 목적

이 강연의 강사는 국민독서문화진흥회 회장이며 독공법과 행복독서법 등의 저자로서 책읽는 대한민국을 이루기 위해 독서대통령을 자처하고 있는 김을호 강사는 글쓰기가 절실한 사람들에게 글쓰기 플랫폼 익히기와 다양한 주제로 글쓰는 방법을 알려주기 위해 이 강연을 진행했다.

[What 작가는 무엇을 말하는가?] / 핵심적인 내용

이 강연의 전반부에서는 WWH(따따하)의 의미와 시작패턴, 종결패턴의 변화에 대하여 자세하게 설명하고 있고,

이 강연의 중반부에서는 131(닐쌈일)에서 대상과 주제를 어떻게 나열하고 연결할 것이며 작성자의 주장(1)과 뒷받침하는 글(3), 재주장 글(1) 작성에 대하여 설명하고 있으며,

이 강연의 후반부에서는 글감에 대한 2% 정도 의문점을 '하지만~'으로 작성하고, '내 마음에 남은 한문장'을 덧붙여 글의 완성도를 높이는 방법을 설명하고 있다.

[How 나에게 어떻게 적용할 것인가?] 실천 사항

앞으로 나는 다양한 주제를 가지고 글쓰기를 할 수 있는 방법을 알려준 김을호 강사의 지식서평의 글쓰기 플랫폼을 나의 갑옷으로 삼아 나의 일상을 감상평으로 작성할 것이며, 바로 오늘 내가 읽을 북리스트를 만들고 1주 1독서평 작성을 실천할 것이다.

1 생각 [나는 ~라고 생각한다] / 주장, 평가

나는 김을호 강사의 '지식서평단 양성과정 프로그램'이 글쓰기가 절실한 사람에게 글쓰기 패턴과 다양한 글쓰기 방법을 알려주는 좋은 강연이라고 생각한다.

3 이유 [왜냐하면] / 내 생각에 대한 이유 3가지

왜냐하면 첫째, 'WWH 131(따따하 닐쌈일)'이라는 축약된 패턴에 따라서 글을 시작하도록 글쓰기 거푸집을 알려주기 때문이고,

둘째, 강연과 독서, 영화감상, 상품체험 등 어떤 주제라도 글쓰기 패턴에 따라 쉽게 글을 쓰는 방법을 알려주기 때문이며,

셋째, 수강생이면 누구나 A4용지 한 장을 거뜬하게 써 낼 수 있게 되고 특히 강의 내내 웃음을 멈출 수 없는 숨은 개그 코드가 있기 때문이다.

1 결론 [그래서, 나는 ~라고 생각한다] / 2% 평가

그래서 나는 김을호 강사의 '지식서평단 양성과정 프로그램' 이 글쓰기가 절실한 사람에게 글쓰기 패턴과 다양한 글쓰기 방법을 알려주는 좋은 강연이라고 생각한다.

2% 아쉬운 점

하지만 한번만 들어도 강의에 중독될 수 있어, 한번도 안 들은 사람은 주의가 필요하다.

내 마음속에 남은 한 마디

"여러분, 이 강의를 듣고 있는 여러분이 대한민국 상위 1%입니다."

예술, 삶을 그리다

작성자: 이도연
평 점: ★★★★★
기획자: 동해시
연 도: 2022년

[Why 작가는 왜 이 책을 썼을까?] / 저술 목적

이 영상전시회의 기획자는 평소 미술 전시회를 접하기 어려운 지역 주민들에게 아직 장벽이 높은 미술 전시장의 문턱을 낮추어 누구에게나 쉽게 즐길 수 있는 예술 공간이 될 수 있도록 디지털 명화전을 기획했다.

[What 작가는 무엇을 말하는가?] / 핵심적인 내용

이 영상전시회의 전반부에서는 빈센트 반 고흐의 인사말로 영상을 시작하며 까마귀 나는 밀밭, 별이 빛나는 밤에, 아몬드 나무, 자화상 등의 작품에 격정적인 멜로디를 삽입하며 고흐의 작품에 몰입도를 높이고 있고,

이 영상전시회의 중반부에서는 우리나라의 화가 이중섭의 길 떠나는 가족, 황소 외의 작품들이 2D,3D 기술을 통해 생동감을 더하고 동시대적 몰입감을 느낄 수 있으며,

이 영상전시회의 후반부에서는 클로드모네의 빛과 자연의 아름다움을 표현한 작품들과 다양한 색채의 반란과 아름다운 선을 그려낸 마티스의 작품들 소개하고 있다.

[How 나에게 어떻게 적용할 것인가?] 실천 사항

앞으로 나는 힘겨운 삶을 빛나는 예술로 승화시켜 희망을 건져낸 화가들을 보며, 내가 지닌 역경을 성장의 과정으로 알고 목표에 도달할 때까지 노력을 게을리하지 않을 것이다.

1 생각 [나는 ~라고 생각한다] / 주장, 평가

나는 동해시에서 기획한 '예술, 삶을 그리다'는 지역특성상 미술 전시회를 자주 접하기 어려웠던 동해 시민들에게 누구나 한번쯤 보았을 법한 유명화가의 작품들을 미디어아트로 전시해 시민들의 접근성과 문화생활을 즐기는 데 큰 기여를 하고 있다고 생각한다.

3 이유 [왜냐하면] / 내 생각에 대한 이유 3가지

왜냐하면 첫째, 이번 미디어아트 전시회는 유명 작품을 2D, 3D기술로 생동감 넘치는 영상에 담아 시민 누구나 부담감 없이 접근할 수 있는 기회를 마련했기 때문이고,

둘째, 클래식을 삽입해 명화의 몰입도를 높여 한 편의 영화를 보는 듯 관람객들에게 강한 인상을 남겼기 때문이며,

셋째, 고흐와 이중섭의 작품으로 나를 돌아보는 시간을 갖게 했고, 모네와 마티스의 작품을 통해 힐링과 휴식의 시간을 가지므로 단조로운 일상을 환기시키는 기회가 되었기 때문이다.

1 결론 [그래서, 나는 ~라고 생각한다] / 2% 평가

그래서 나는 동해시에서 기획한 '예술, 삶을 그리다'는 지역 특성상 미술 전시회를 자주 접하기 어려웠던 동해 시민들에게 누구나 한번쯤을 보았을 법한 유명화가의 작품들을 미디어아트로 전시해 시민들의 접근성과 문화생활을 즐기는 데 큰 기여를 하고 있다고 생각한다.

2% 아쉬운 점

하지만 300점이 넘는 작품이 15분 내의 짧은 시간에 전시된 것이 너무 아쉬웠다.

내 마음속에 남은 한 마디

"가장 어두운 밤에도 언젠가는 끝이 나고 해는 떠오를 것이다."

빼빼로

작성자: 이도연
평 점: ★★★★★
회사명: 롯데제과
연 도: 1983년

[Why 작가는 왜 이 책을 썼을까?] / 저술 목적

이 상품의 회사는 스낵 중 오랜 역사를 지닌 빼빼로를 추억하는 이들과 새로이 빼빼로를 접하는 이들에게 빼빼로를 통해 마음을 나누고 세대간 공감 및 소통의 기회가 된다는 것을 알려주려고 이 상품을 출시했다.

[What 작가는 무엇을 말하는가?] / 핵심적인 내용

이 상품의 특징은 막대형 초코과자로 초콜릿이 손에 묻지 않는 깔끔함과 입을 크게 벌리지 않고 부담없이 즐길 수 있는 과자이고,

이 상품의 디자인은 빼빼로 하면 연상되는 빨간색 미니박스가 대표적이다.

1983년부터 생산된 오리지널 버전은 시대의 변화에 따라 디자인의 변경은 있었지만, 현재까지도 빨간색 미니박스를 유지하며 고유성을 이어가고 있다며,

이 상품의 마케팅 전략은 1990년대 중반 영남지역 여중고생들이 11월 11일에 친구들끼리 우정을 전하며 빼빼로처럼 '키 크고 날씬하게 예뻐지자'는 의미로 빼빼로를 선물하기 시작한 것에서 빼빼로데이가 유래되었다. 이를 통해매년 11월 11일을 기념하며, 연인과 가족 등에게 저비용으로 감사의 선물을 전할 수 있다는 최고의 스낵으로 자리매김하는 데 성공하였다.

[How 나에게 어떻게 적용할 것인가?] 실천 사항

앞으로 나는 빼빼로를 아이들과 함께 즐길 수 있는 간식으로 활용하며, 빼빼로데이를 활용해 부담 없이 마음을 전하는 매개체로 이용할 것이다.

1 생각 [나는 ~라고 생각한다] / 주장, 평가

나는 롯데제과의 '빼빼로'가 기성세대와 MZ세대에게 맛과 재미를 제공하고 나눔의 즐거움을 알려주는 초코과자라고 생각한다.

3 이유 [왜냐하면] / 내 생각에 대한 이유 3가지

왜냐하면 첫째, 빼빼로는 오랜 역사를 지닌 상품으로써, 기성세대의 추억을 돋게 하기 때문이고,

둘째, 편리함을 추구하는 MZ세대에게 손쉽고 깔끔하게 즐길 수 있는 상품이기 때문이며,

셋째, 데이마케팅으로 대중에게 선보이는 데 성공한 사례이기도 하며 상품의 활용도가 높기 때문이다.

1 결론 [그래서, 나는 ~라고 생각한다] / 2% 평가

그래서 나는 롯데제과의 '빼빼로'가 기성세대와 MZ세대에게 맛과 재미를 제공하고 나눔의 즐거움을 알려주는 초코과자라고 생각한다.

2% 아쉬운 점

하지만 물가에 맞춰 인상되는 가격에 비해 빼빼로의 양이 일정한 것이 아쉬웠다.

내 마음속에 남은 한 문장

"마음을 나누세요!"

설탕엄마 소금아빠

작성자: 이도연
평 점: ★★★★★
저 자: 디디에 코바르스키 지음
출판사: 엄마마음
연 도: 2020년

[Why 작가는 왜 이 책을 썼을까?] / 저술 목적

이 책의 작가는 자녀를 양육하는 부모들과 예비부부들에게 가정 내 불화가 아이들에게 공포심을 불러일으키고 그로 인해 이성과 결혼에 대한 부정적인 생각에까지 이르게 한다는 것을 알려주려고 이 책을 저술했다.

[What 작가는 무엇을 말하는가?] / 핵심적인 내용

이 책의 전반부에서는 소금아빠와 설탕엄마가 다름을 인정하지 못하고 다름이 아닌, 틀림으로 단정지어 사소한 부분에서조차 다투는 모습을 이야기하고 있고,

이 책의 중반부에서는 갈등으로 인해 부부는 이별 후 서로의 빈자리를 확인하고 서로를 찾지만 여전히 좁힐 수 없는 의견차를 확인하는 내용을 이야기하고 있으며,

이 책의 후반부에서는 온통 소금으로 된 아빠와 온통 설탕으로 된 엄마가 갈등과 고뇌의 시간을 겪고 결국 틀린 것이 아닌, 다름이라는 것을 인정하고 화해하며 다시 사랑하게 된다는 내용을 이야기하고 있다.

[How 나에게 어떻게 적용할 것인가?] 실천 사항

앞으로 나는 더 많은 대화로 원활한 의사소통을 이끌고, 상대를 존중하며, 웃음이 넘치는 행복한 결혼생활을 유지하기 위해 노력할 것이다.

1 생각 [나는 ~라고 생각한다] / 주장, 평가

나는 디디에 코바르스키 작가의 《설탕엄마 소금아빠》가 불화를 겪고 있는 부부에게 자신의 아집과 상대를 고려하지 않는 무배려가 부부싸움을 초래하게 되며, 그로인한 부정적인 영향이 자녀에게까지 끼친다는 것을 알게 하고 반성하는 기회가 된다고 생각한다.

3 이유 [왜냐하면] / 내 생각에 대한 이유 3가지

왜냐하면 첫째, 가정의 불화는 자녀들에게 공포심을 불러일으키며, 그로 인해 자녀의 결혼관까지도 악영향을 끼칠 수 있기 때문이고,

둘째, 타협 없는 자신만의 아집이 결국 스스로를 고립시키는 동시에 가정에 불행을 전파하기 때문이며,

셋째, 반성을 통해 서로의 차이를 인정하고 이해하는 부부의 관계를 재정립하는 시간을 갖고 행복한 결혼생활을 유지하는데 도움이 되기 때문이다.

1 결론 [그래서, 나는 ~라고 생각한다] / 2% 평가

그래서 나는 디디에 코바르스키 작가의 《설탕엄마 소금아빠》가 불화를 겪고 있는 부부에게 자신의 아집과 상대를 고려하지 않는 무배려가 부부싸움을 초래하게 되며, 그로인한 부정적인 영향이 자녀에게까지 끼친다는 것을 알게 하고 반성하는 기회가 된다고 생각한다.

2% 아쉬운 점

하지만 어린 독자들이 '성인에 대한 편견을 갖지 않을까?' 하는 우려가 되어 아쉽다.

내 마음속에 남은 한 문장

"원수야, 사랑한다."

이소정이 묻고 빌게이츠가 답하다

작성자: 이도연
평 점: ★★★★★
진행자: 이소정
제작사: KBS
연 도: 2022년

[Why 작가는 왜 이 책을 썼을까?] / 저술 목적

이 인터뷰의 진행자는 코로나19로 위기를 맞은 전 세계인들에게 팬데믹 대처방안과 환경오염으로 인한 기후 변화의 심각성을 알려주려고 이 인터뷰를 진행했다.

[What 작가는 무엇을 말하는가?] / 핵심적인 내용

이 인터뷰의 전반부에서는 과거 빌게이츠의 바이러스로 인한 팬데믹예견과 이후 대비책 마련의 부재로 안타까움에 더함을 이야기하고 있고,

이 인터뷰의 중반부에서는 대한민국의 K방역과 확진자 추적시스템을 높이 평가하고, 국민들의 마스크 쓰기가 사망률을 낮추는 데 큰 역할을 하고 있다는 이야기하고 있으며,

이 인터뷰의 후반부에서는 팬데믹 상황에서 국제사회 및 대한민국의 북한 의료지원에 대한 논의가 인류의 관용을 바탕으로 결정이 이루어져야 한다는 것과 다음 팬데믹에 대한 대비 문제에 대해 이야기하고 있다.

[How 나에게 어떻게 적용할 것인가?] 실천 사항

앞으로 나는 코로나19 이후의 다음 팬데믹이 발생되지 않길 바라며, 지구환경과 우리 사회에 관심을 기울이고, 주부로써 생활에서 실천가능한 물절약, 불필요한 쓰레기 줄이기 등 환경을 지키는 노력을 할 것이다.

1 생각 [나는 ~라고 생각한다] / 주장, 평가

나는 이소정이 진행한 '이소정이 묻고 빌게이츠가 답하다'가 전 세계인들에게 환경오염으로 인한 기후 변화와 코로나19가 가져온 팬데믹의 심각성을 알리기에 충분하다고 생각한다.

3 이유 [왜냐하면] / 내 생각에 대한 이유 3가지

왜냐하면 첫째, 2015년 발표된 바이러스에 의한 사망률의 예견이 재조명되며 빌게이츠의 발언에 신빙성을 높였기 때문이고,

둘째, 환경오염과 기후 변화의 위기가 재앙수준에 다다랐다는 우려가 매일 같이 쏟아지는 뉴스와 개인의 삶 속에서도 확인이 되기 때문이며,

셋째, 정리되지 않은 현 상황 속에 다음 팬데믹의 가능성을 예고하고 있어 경각심을 불러일으켰기 때문이다.

1 결론 [그래서, 나는 ~라고 생각한다] / 2% 평가

그래서 나는 이소정이 진행한 '이소정이 묻고 빌게이츠가 답하다'가 전 세계인들에게 환경오염으로 인한 기후 변화와 코로나19가 가져온 팬데믹의 심각성을 알리기에 충분하다고 생각한다.

2% 아쉬운 점

하지만 여러 나라와 기업, 온 국민의 혁신적인 노력에도 불구하고 좀처럼 나아지지 않은 현 상황이 안타깝다.

내 마음속에 남은 한마디

"저는 인류의 관용을 믿습니다!"

담쟁이

작성자: 이도연
평 점: ★★★★★
시 인: 도종환 지음
연 도 :2001년

[Why 작가는 왜 이 책을 썼을까?] / 저술 목적

이 시의 작가는 묵묵히 자신의 길을 가는 이들에게 담쟁이의 끈질긴 생명력과 함께 이루어 나가는 힘에 대해 알려주려고 이 시를 창작했다.

[What 작가는 무엇을 말하는가?] / 핵심적인 내용

이 시의 1연에서는 누구나 한번쯤 겪어보았을 막막했던 순간을 '저것은 벽'이라 표현하며 담쟁이는 앞에 닥친 벽을 외면하지 않고 인정한다는 이야기를 하고 있고,

이 시의 2연에서는 물 한 방울, 씨 한 톨 없는 자신의 척박한 환경을 탓하지 않으며 서두르지 않고 앞으로 나아감을 이야기하고 있으며,

이 시의 3연에서는 더디지만 혼자가 아닌 '꼭' 여럿이 나아간다는 협력과 연대의식을 이야기하고 있고,

이 시의 4연에서는 끝날 것 같지 않는 고행 속에서 발휘되는 불굴의 의지는 결국 해냄을 이야기하고 있다.

[How 나에게 어떻게 적용할 것인가?] 실천 사항

앞으로 나는 담쟁이처럼 살기로 했다. 어려운 벽을 헤쳐 나가기 위해 혼자 살길을 찾기보단 연대하고 협력하며 상생을 위해 노력할 것이다.

1 생각 [나는 ～라고 생각한다] / 주장, 평가

나는 도종환 시인의 《담쟁이》가 묵묵히 자신의 길을 걷는 이들에게 꾸준히 해내는 힘이 얼마나 위대한지를 알게 한다고 생각한다.

3 이유 [왜냐하면] / 내 생각에 대한 이유 3가지

왜냐하면 첫째, 말없이 벽을 오르며 버텨내는 담쟁이의 모습에서 끈질긴 생명력을 느낄 수 있기 때문이고,

둘째, 혼자라고 좌절하기보단, 함께 이루는 힘의 위대성과 성취감을 알게 하기 때문이며,

셋째, 서두르지 말고 끝까지 해보라는 불굴의 의지를 배울 수 있기 때문이다.

1 결론 [그래서, 나는 ～라고 생각한다] / 2% 평가

그래서 나는 도종환 시인의 《담쟁이》가 묵묵히 자신의 길을 걷는 이들에게 꾸준히 해내는 힘이 얼마나 위대한지를 알게 한다고 생각한다.

2% 아쉬운 점

하지만 할 수 있다는 희망의 메시지 속에 쉬어가는 여유가 부족한 것 같아 아쉽다.

내 마음속에 남은 한 구절

"물 한 방울 없고 씨앗 한 톨 살아남을 수 없는
저것은 절망의 벽이라 말할 때
담쟁이는 한 뼘이라도 꼭 여럿이 함께 손을 잡고 올라간다."

관계 속에 싹 틔우는 성장의 씨앗

작성자: 이도연
평 점: ★★★★★
강사명: 지성희
연 도: 2022년

[Why 작가는 왜 이 책을 썼을까?] / 저술 목적

이 강연의 강사는 자신의 목소리를 내기 힘들어하는 사람들과 선택장애를 가진 사람들에게 사람의 성장과 변화는 스스로의 선택에서 시작할 수 있다는 것을 알려주려고 이 강연을 진행했다.

[What 작가는 무엇을 말하는가?] / 핵심적인 내용

이 강연의 전반부에서는 선택에 익숙치 않아 메뉴 선택조차 어려움을 느끼고 자신의 의견을 표출하지 못한 것에 대한 자책을 이야기하고 있고,

이 강연의 중반부에서는 넘치는 정보가 혼돈을 더욱 가중시켜 선택에 더욱 난제를 만든다는 것과 사회활동을 위한 자발적인 의견 표출의 필요성을 이야기하고 있으며,

이 강연의 후반부에서는 이를 해결하기 위해 사람과의 관계를 함께 성장하는 러닝메이트로 보고 나를 위해 좋은 사람과 좋은 선택을 해야 한다는 것에 대해 이야기하고 있다.

[How 나에게 어떻게 적용할 것인가?] 실천 사항

앞으로 나는 선택장애에서 벗어나 선택을 남에게 미루는 '아무거나'를 줄이며 좋은 사람과 좋은 선택을 통해 나를 성장시키는 선택을 할 것이다.

1 생각 [나는 ~라고 생각한다] / 주장, 평가

나는 지성희 강연자의 '관계 속에 싹 틔우는 성장의 씨앗'이 선택장애를 가진 사람들에게 사람의 성장과 변화는 스스로의 선택에서 시작됨을 일깨워주는 강연이라고 생각한다.

3 이유 [왜냐하면] / 내 생각에 대한 이유 3가지

왜냐하면 첫째, 자신의 삶을 주도적으로 이끌어 갈 수 있는 방법을 알려주었기 때문이고,

둘째, 선택에 따른 책임을 완수하며 신중하고 현명한 선택을 하는 기회를 늘릴 수 있기 때문이며,

셋째, 좋은 선택을 함으로써 양질의 발전을 하고, 나로 인해 주변까지도 선한 영향력을 전파할 수 있기 때문이다.

1 결론 [그래서, 나는 ~라고 생각한다] / 2% 평가

그래서 나는 지성희 강연자의 '관계 속에 싹 틔우는 성장의 씨앗'이 선택장애를 가진 사람들에게 사람의 성장과 변화는 스스로의 선택에서 시작됨을 일깨워주는 강연이라고 생각한다.

2% 아쉬운 점

하지만 상황 따라 타인의 조언도 겸허히 받아들이는 자세도 중요하다는 것이 다루어지지 않은 점은 아쉽다.

내 마음속에 남은 한 문장

"나를 위해 좋은 사람과 좋은 선택을 해야 한다."

이름에게

작성자: 이도연
평 점: ★★★★★
작사가: 아이유, 김이나
연 도: 2017년

[Why 작가는 왜 이 책을 썼을까?] / 저술 목적

이 노래의 작사가는 자신을 잊고 살아가는 사람들에게 세월에 묻힌 나의 꿈과 본래의 나를 되찾기 위해 스스로를 구하고 위로하는 법을 알려주려고 이 노래를 작사했다.

[What 작가는 무엇을 말하는가?] / 핵심적인 내용

이 노래의 1절에서는 바쁜 나날에 잊고 살았던 내 이름에 대한 익숙치 않음과 그리움에 대해 이야기하고 있고,

이 노래의 2절에서는 잃어버린 자신의 꿈에 대한 안타까움과 그에서 비롯된 외로움을 이야기하고 있으며,

이 노래의 후렴에서는 조용히 잊힌 내 이름과 꿈을 알고, 되찾겠다는 약속을 다짐하며 결의를 다지는 것에 대해 이야기하고 있다.

[How 나에게 어떻게 적용할 것인가?] 실천 사항

앞으로 나는 독립적인 나를 스스로 인정하며 본래 나의 바람을 인지하고, 나의 발전을 위해 독서와 글쓰기 노력을 게을리하지 않을 것이다.

1 생각 [나는 ~라고 생각한다] / 주장, 평가

나는 아이유, 김이나 작사가의 '이름에게'가 자신을 잊고 살아가는 사람들에게 잃어버린 꿈과 본래의 나를 되찾고 위로할 수 있는 곡이라 생각한다.

3 이유 [왜냐하면] / 내 생각에 대한 이유 3가지

왜냐하면 첫째, 내 이름이 아닌 타인의 누군가로 살아가는 사람들에게 본래의 나를 되찾는 기회를 줄 수 있기 때문이고,

둘째, 잊혀진 자신의 꿈을 찾고 이루려는 노력을 할 수 있는 계기를 마련하게 하기 때문이며,

셋째, 타인에게 의지하지 않고 스스로를 구하고 위로할 수 있기 때문이다.

1 결론 [그래서, 나는 ~라고 생각한다] / 2% 평가

그래서 나는 아이유, 김이나 작사가의 '이름에게'가 자신을 잊고 살아가는 사람들에게 잃어버린 꿈과 본래의 나를 되찾고 위로할 수 있는 곡이라 생각한다.

2% 아쉬운 점

하지만 '믿을 수 없도록 멀어도 가자 이 새벽이 끝나는 곳으로'라는 가사가 역경을 이겨내지 못하고 잠시 주저앉은 사람들에겐 다시금 일어설 용기를 줄 수 있는지에 대해선 의문이다.

내 마음속에 남은 한 문장

"조용히 사라진 네 소원을 알아 오래 기다릴게 반드시 너를 찾을게"

전화 받은 명왕성

작성자: 이도연
평 점: ★★★★★
저 자: 애덤 렉스 지음
출판사: 나린글
연 도: 2020년

[Why 작가는 왜 이 책을 썼을까?] / 저술 목적

이 책의 작가는 초등 저학년들에게 과학지식책의 접근성을 높이고, 어려운 우주행성을 쉽게 알려주려고 이 책을 저술했다.

[What 작가는 무엇을 말하는가?] / 핵심적인 내용

이 책의 전반부에서는 1930년 아마추어 천문학자인 클라이드 톰보에 의해 발견되어 행성으로 인정받던 명왕성의 대한 소개를 하고 있다. 그리고 2006년 왜소행성으로 격하한 명왕성의 행성박탈사건을 명왕성의 익살스러운 표정에 담아 이해하기 쉽게 이야기하고 있고,

이 책의 중반부에서는 의기소침해진 명왕성이 해왕성부터 수성까지 8개의 행성을 차례로 만나며 각 행성들의 특징을 간결하고 알기 쉽게 이야기하고 있으며,

이 책의 후반부에서는 행성들의 대장인 태양과의 만남을 통해 명왕성은 그냥 명왕성일 뿐이라며 본래의 명왕성의 의미를 찾는다. 굳이 행성이라 불리지 않아도 자신은 달라지지 않는다는 것에 대한 이야기를 하고 있다.

[How 나에게 어떻게 적용할 것인가?] 실천 사항

앞으로 나는 이 책을 자녀에게 우주과학 정보와 자존감 교육에 활용할 것이다.

1 생각 [나는 ~라고 생각한다] / 주장, 평가

나는 애덤 렉스 작가의 《전화 받은 명왕성》이 초등 저학년들에게 우주과학과 행성에 대한 호기심을 불러일으키는 첫걸음이 되고 자존감 교육에도 도움이 된다고 생각한다.

3 이유 [왜냐하면] / 내 생각에 대한 이유 3가지

왜냐하면 첫째, 어렵게만 느껴지는 우주행성을 유머와 재치로 이야기를 이끌어나가 읽기 쉽기 때문이고,

둘째, 각 행성들의 특징을 간결하고 알기 쉽게 소개하고 있기 때문이며,

셋째, 명왕성의 행성 자격박탈로 비롯된 여러 논쟁이 학생들의 호기심을 자극하고 우주과학에 대한 배움의 폭을 넓힐 수 있기 때문이다.

1 결론 [그래서, 나는 ~라고 생각한다] / 2% 평가

그래서 나는 애덤 렉스 작가의 《전화 받은 명왕성》이 초등 저학년들에게 우주과학과 행성에 대한 호기심을 불러일으키는 첫걸음이 되고 자존감 교육에도 도움이 된다고 생각한다.

2% 아쉬운 점

어려운 우주과학책을 익살스러운 표정과 유머를 더해 재미있고 이해하기 쉬워 어른이 보아도 손색이 없다.

내 마음속에 남은 한 문장

"명왕성아… 넌 굳이 행성이라 불리지 않아도 태양계의 명왕성이란 사실은 달라지지 않아."

나의 해방일지

작성자: 이도연
평 점: ★★★★★
감 독: 김석윤
제작사: JTBC
연 도: 2022년

[Why 작가는 왜 이 책을 썼을까?] / 저술 목적

이 드라마의 감독은 행복을 바라는 이들에게 반복되는 일상에서 오는 무기력함과 꽉 막힌 노답 인생에서 벗어날 일상의 해방법을 알려주려고 이 드라마를 연출했다.

[What 작가는 무엇을 말하는가?] / 핵심적인 내용

이 드라마의 첫번째 주인공은 산포마을에 살고 있는 삼남매의 첫째 염기정이다. 염기정은 사랑 없는 인생이 고달프다. 장녀이긴 하나 철이 없고 세상살이가 서툰 인물이다. 직설적인 성격이지만 덤벙거리고 푼수끼가 있다. 인생의 종착지를 찾아 만남에 신중을 기하지만, 이젠 다 필요 없다. 기정에 있어 해방은 사랑라는 내용을 이야기하고 있고,

이 드라마의 두번째 주인공은 둘째 염창희이다. 그는 꿈도 욕심도 속도 없는 계획 없는 삶이 계획인 남자다. 그동안 모든 사람들의 달리기에 덩달아 달렸는데 자신에게 그런 욕망이 없다는 것을 느끼고 미련 없이 다니던 회사를 관두며 자신만의 해방을 맞이하는 내용을 이야기하고 있으며,

이 드라마의 세 번째 주인공은 셋째 염미정이다. 한번도 채워진 적이 없기에 한번은 꼭 채워지고 싶은 욕망을 가졌다. 사랑받을 자신은 없지만 미움받지 않을 자신은 있는 무채색의 인생을 산다. 티내지 않았을 뿐 이게 인생일 리 없다며 해방을 꿈꾸고, 추앙해주는 구 씨를 만나 결핍과 사랑을 채워간다는 내용을 이야기하고 있고,

이 드라마의 네 번째 주인공은 삼남매가 사는 조용한 산포마을에 나타난 구 씨다. 지난 삶에 대한 피로로 하루하루 술로 견뎌내는 삶을 살다, 억지로 일으켜 세우려는 미정과 만난다. 사랑으론 부족해 추앙하라는 미정과의 사랑을 키우며 행복하지만 불안한 삶에 대한 해방법을 찾아가는 내용을 이야기하고 있다.

[How 나에게 어떻게 적용할 것인가?] 실천 사항

앞으로 나는 다양한 캐릭터를 통해 해방법을 찾는 과정을 보며 완전한 해방도 해답도 없었지만, 각자의 방식으로 지루한 일상을 탈피하고 삶에 변화를 스스로 맞이하는 주도적인 삶을 닮아가기 위해 노력할 것이다.

1 생각 [나는 ~라고 생각한다] / 주장, 평가

나는 김석윤 감독의 '나의 해방일지'가 무기력한 삶을 살고 있는 사람들에게 '나에겐 해방이 무엇인가?'라는 질문을 던지며 자신만의 해방구를 찾고, 스스로 사랑스러운 사람임을 느끼게 한다고 생각한다.

3 이유 [왜냐하면] / 내 생각에 대한 이유 3가지

왜냐하면 첫째, 인물들 간에 깔끔한 관계도가 드라마의 몰입을 방해하지 않고, '나의 해방구는 무엇일까?' 생각하게 하여 지루한 삶을 탈피시킬 수 있기 때문이고,

둘째, 나와 같은 평범한 일상에 동질감을 느끼고, 다소 생소한 '추앙하라'는 대사가 주는 의미가 자존감을 올리는데 도움이 된다 생각되기 때문이며,

셋째, 해방을 찾아간 길에서 모두가 찾았다는 억지스러운 결말보다 우리 모두가 행복했으면 좋겠다는 따뜻한 위로를 전하기 때문이다.

1 결론 [그래서, 나는 ~라고 생각한다] / 2% 평가

그래서 나는 김석윤 감독의 '나의 해방일지'가 무기력한 삶을 살고 있는 사람들에게 '나에겐 해방이 무엇인가?'라는 질문을 던지며 자신만의 해방구를 찾고, 스스로 사랑스러운 사람임을 느끼게 한다고 생각한다.

2% 아쉬운 점

하지만 드라마의 아름다운 결말과는 달리, 크게 달라질 것 같지 않은 빡빡한 현실이 안타깝기만 하다.

내 마음속에 남은 명대사

"우리 다, 행복했으면 좋겠어. 쨍하고 햇볕 난 것처럼."

제74회 세계3쿠션 당구 선수권 대회

서평자 : 김영하
평 점: ★★★
주 최: 동해시
연 도: 2022년

[Why 작가는 왜 이 책을 썼을까?] / 저술 목적

이경기를 주최한 동해시는 동해시민과 전세계의 당구인들에게 동해시의 글로벌한 스포츠 경기 개최 능력을 보여주기 위해 이 경기를 개최했다.

[What 작가는 무엇을 말하는가?] / 핵심적인 내용

이 경기의 전반부에서는 아름다운 작은 항구도시에서 24개국 외국 선수들이 경기를 할 수 있는 기반 시설들이 경기 분위기를 최상급으로 고조시켰고,

이 경기의 중반부에서는 각 나라의 선수들이 갈고닦은 능숙한 기량으로 고지를 향한 열정이 관중들의 환성과 박수를 불러오기에 충분했기며,

이 경기의 후반부에서는 매치 포인트 한두 점을 남겨두고는 심장박동 소리가 들리듯 초긴장 상태로 선수들의 동작이 보일 때는 관중들의 침묵에 손에 땀을 쥐게 하는 짜릿한 경기를 관전했다.

[How 나에게 어떻게 적용할 것인가?] 실천 사항

앞으로 나는 전천후 스포츠로 계절에 무관한 당구 운동을 적극적으로 홍보할 계획이다.

1 생각 [나는 ~라고 생각한다] / 주장, 평가

나는 동해시가 개최한 '제74회 세계3쿠션 당구 선수권 대회'가 당구에 관심없던 동해 시민들에게 항구도시 동해시의 긍지를 올려준 훌륭한 경기라고 생각한다.

3 이유 [왜냐하면] / 내 생각에 대한 이유 3가지

왜냐하면 첫째, 관중들의 박수 소리 안에는 말이 필요없는 참신한 경기였기 때문이고,

둘째, 기후변화에 영향 없이 마스크만 잘 쓰면 누구든지 경기관람을 할 수 있기 때문이며,

셋째, 당구는 나이불문하고 남녀노소 모두가 참석할 수 있는 스포츠이기 때문이다.

1 결론 [그래서, 나는 ~라고 생각한다] / 2% 평가

그래서 나는 동해시가 개최한 '제74회 세계3쿠션 당구 선수권 대회'가 당구에 관심없던 동해 시민들에게 항구도시 동해시의 긍지를 올려준 훌륭한 경기라고 생각한다.

2% 아쉬운 점

하지만 우리나라 선수들이 한 명도 없이 외국 선수들만으로 결승전 경기가 치러져 정말 아쉽다.

내 마음속에 남은 한 장면

"동해시가 당구 스포츠 자리매김하길 바란다"

스도쿠

서평자: 김영하
평 점: ★★★
개발자: 레온하르트 오일러
연 도: 18세기

[Why 작가는 왜 이 책을 썼을까?] / 저술 목적

이 게임의 개발자는 18세기 스위스 수학자 오일러가 마술 사각형 게임을 수학자들에게 지능 개발을 체험하기 위해서 이 게임을 개발했다고 한다.

[What 작가는 무엇을 말하는가?] / 핵심적인 내용

이 게임의 특징은 숫자 1~9까지로 91칸의 사각형 속에 같은 숫자가 겹치지 않고 가로세로로 중복 없는 게임이고,

이 게임의 시스템은 사각형 속에 숫자가 없는 빈칸이 많을수록 난이도가 까다롭게 전개되고 있으며,

이 게임의 운영은 두뇌 개발과 치매 예방에 탁월한 효과를 본다고 이야기하고 있다.

[How 나에게 어떻게 적용할 것인가?] 실천 사항

앞으로 나는 전화번호 하나도 기억 못 하는 시대적 현실에서 게임을 통해서라도 숫자를 기억할 공간을 마련할 것이다.

1 생각 [나는 ~라고 생각한다] / 주장, 평가

나는 레온하르트 오일러가 제작한 '스도쿠'게임은 사람들에게 두뇌 개발 숫자 게임으로 장소에 구애받지 않고 누구든 할 수 있는 훌륭한 숫자 게임 '스도쿠'라고 생각한다.

3 이유 [왜냐하면] / 내 생각에 대한 이유 3가지

왜냐하면 첫째, 일상에서 아무 소일도 없을 때 전화번호라도 기억하는 습관을 익혀야 되기 때문이고,

둘째, 초급에 스도쿠를 완성했을 때의 성취감처럼 조금씩 승격하는 초조함도 짜릿하기 때문이며,

셋째, 이 스도쿠게임에 중독되면 바보소리 등에서도 멀어질 수 있기 때문이다.

1 결론 [그래서, 나는 ~라고 생각한다] / 2% 평가

그래서 나는 레온하르트 오일러가 제작한 '스도쿠'게임은 사람들에게 두뇌 개발 숫자 게임으로 장소에 구애받지 않고 누구든 할 수 있는 훌륭한 숫자 게임 '스도쿠'라고 생각한다.

2% 아쉬운 점

하지만 가장 쉬운 스도쿠 게임에서 난이도가 높은 게임을 찾아서 순차적으로 숙달하지 못 하는게 아쉽다.

내 마음속에 남은 한 장면

"작은 시간이라도 '스도쿠' 게임으로 두뇌를 개발하자."

구절초

작성자: 김영하
평 점: ★★★
작가명: 미상
연 도: 미상

[Why 작가는 왜 이 책을 썼을까?] / 저술 목적

이 그림의 작가는 미상이지만 꽃과 가을을 좋아하는 이에게 구절초를 짙은 향내를 선물하는 마음으로 이 그림을 그렸다.

[What 작가는 무엇을 말하는가?] / 핵심적인 내용

이 그림의 특징은 가을 품어 보려는 구절초화를 풍성하게 보여주고 있고,

이 그림의 배경은 무심코 바라보기만 해도 구절초화의 짙은 가을향이 보이고 있으며,

이 책의 구성 요소는 가을의 따뜻한 양지에 가슴에 품어 보고픈 가을꽃을 그윽한 향기를 보여주고 있다.

[How 나에게 어떻게 적용할 것인가?] 실천 사항

앞으로 나는 계절의 꽃으로 향기 짙은 구절초를 그리는 마음으로 오래도록 기억에 새겨놓을 것이다.

1 생각 [나는 ~라고 생각한다] / 주장, 평가

나는 이름 모를 작가가 그린 '구절초' 꽃 그림이 이 그림을 보는 이들에게 보는 도시 속에서 가을향에 도취되게 하는 향기로운 그림이라고 생각한다.

3 이유 [왜냐하면] / 내 생각에 대한 이유 3가지

왜냐하면 첫째, 남을 의식하는 그림은 상술이고 순수한 마음을 그려야 한다고 생각하기 때문이고,

둘째, 계절의 변화는 꽃들이 먼저 찾아오고 곧 마음의 변화도 시작되기 때문이며,

셋째, 그림은 생각처럼 쉬운 게 아니기 때문에 마음의 그림으로만 그려야 하기 때문이다.

1 결론 [그래서, 나는 ~라고 생각한다] / 2% 평가

그래서 나는 이름 모를 작가가 그린 '구절초' 꽃 그림이 이 그림을 보는 이들에게 보는 도시 속에서 가을향에 도취되게 하는 향기로운 그림이라고 생각한다.

2% 아쉬운 점

하지만 상품화하는 그림만 그림으로 생각하는 고정관념이 아쉽다.

내 마음속에 남은 한 마디

"구절초 꽃은 그림인데도 가을향기가 보인다."

버킷리스트

서평자: 김영하
평 점: ★★★
감독명: 로브라이너
제작사: 해리슨앤컴퍼니
연 도: 2007년

[Why 작가는 왜 이 책을 썼을까?] / 저술 목적

이영화의 제작자는 버킷리스트를 누구나 삶의 목표를 설정하고 그 목적을 달성하는 과정을 재미있게 보여주려고 이 영상을 제작했다.

[What 작가는 무엇을 말하는가?] / 핵심적인 내용

이 영상의 전반부에서는 암환자와 시한부 사람을 살아가는 두 화자의 만남이 병실이었고, 이구동성으로 후회하는 과거를 이야기하고 있고,

이 영상의 중반부에서는 두 사람은 마지막 운명을 병실에서 맞지 말고 세상 구경을 위해서 버킷리스트를 작성 이야기하고 있으며,

이 영상의 후반부에서는 세계 최고봉 에베레스트산 그리고 유흥도시 홍콩을 아우러는 세상 구경을 이야기하고 있다.

[How 나에게 어떻게 적용할 것인가?] 실천 사항

앞으로 나는 그런 여력은 없지만 다큐멘터리를 통해서 세계 여러 나라들을 감상했고 앞으로도 계속 찾아볼 것이다.

1 생각 [나는 ~라고 생각한다] / 주장, 평가

나는 영화 속에 주인공은 아니지만 유사한 꿈을 꾸고 있는데 실행여부에 대한 답은 오리무중이라고 생각한다.

3 이유 [왜냐하면] / 내 생각에 대한 이유 3가지

왜냐하면 첫째, 죽마고우들은 예약도 없이 훌쩍 떠나버리고 얼굴도 이름도 가물가물한 벗은 어디에 살고 있는지도 모르기 때문이고,

둘째, 그런데 말 나눌 지인들도 코로나19로 아주 멀리 멀리 두문불출하기 때문이며,

셋째, 나이가 차면 찾아주는 것도 찾아가는 것도 모두 마음뿐이기 때문이다.

1 결론 [그래서, 나는 ~라고 생각한다] / 2% 평가

그래서 나는 늙은이는 말이 없어져서 음성이 없어지고 고독과 고뇌한다고 생각한다.

2% 아쉬운 점

하지만 버킷리스트를 적고 싶어도 적을 게 없는 게 아쉽다.

내 마음속에 남은 명대사

"하고 싶은 목록을 챙겨 보자."

귀여운 여인

작성자: 김영하
평 점: ★★★
제작자: 게리마샬
제작사: 월트 디즈니 스튜디오스 모션 픽처스
연 도: 1990년

[Why 작가는 왜 이 책을 썼을까?] / 저술 목적

이영화의 제작자는 귀여운 여인을 통해서 빈부의 격차를 허물어 버리는 아름다운 인간과의 사랑을 알려주려고 이 영상을 제작했다.

[What 작가는 무엇을 말하는가?] / 핵심적인 내용

이 영화의 전반부에서는 매춘부로 살아가는 한 여인의 삶을 심도 있게 보여주는 이야기하고 있고,

이 영화의 중반부에서는 돈이면 뭐든지 할 수 있다는 백만장자의 허망한 꿈을 이야기하고 있으며,

이 영상의 후반부에서는 돈이 아닌 진실한 사랑을 찾아내는 이야기를 하고 있다.

[How 나에게 어떻게 적용할 것인가?] 실천 사항

앞으로 나는 사람이 가장 사람다운 진실은 수순한 사랑이다 그렇게 사랑하는 마음을 죽을 때까지 기억할 것이다.

1 생각 [나는 ~라고 생각한다] / 주장, 평가

나는 게리 마샬 감독이 영화화한 '귀여운 여인'은 많은 관람객들에 사랑에 대한 호감과 격의 없는 진실한 사랑을 잘 표현하였다고 생각한다.

3 이유 [왜냐하면] / 내 생각에 대한 이유 3가지

왜냐하면 첫째, 지구가 두 쪽 나도 사랑을 두 쪽으로 나눌 수 없기 때문이고,

둘째, 철천지원수지간에도 사랑에 연결고리는 끊을 수 없기 때문이며,

셋째, 사람이 밥만 먹고 살수 없는데 거기에는 필연적 사랑이 있기 때문이다.

1 결론 [그래서, 나는 ~라고 생각한다] / 2% 평가

그래서 나는 게리 마샬 감독이 영화화한 '귀여운 여인'은 많은 관람객들에 사랑에 대한 호감과 격의 없는 진실한 사랑을 잘 표현하였다고 생각한다.

2% 아쉬운 점

하지만 심각한 변화의 갈등도 사랑이 해결하리라 믿고 싶다.

내 마음속에 남은 명대사

"돈 앞에서 비굴하지 말자."

동물의 왕국

서평자: 김영하
평 점: ★★★
제작자:KBS미디어
제작사: KBS
연 도: 1970년

[Why 작가는 왜 이 책을 썼을까?] / 저술 목적

이 영상의 제작자는 관중들에게 사라져가는 멸종 위기의 동물들을 보호하고 그들이 살아가는 생존 습성을 알려주려고 이 영상을 제작했다.

[What 작가는 무엇을 말하는가?] / 핵심적인 내용

이 영상의 전반부에서는 약육강식의 각종 동물들이 살아가는 일상을 면밀하게 이야기하고 있고,

이 영상의 중반부에서는 생존을 위한 각박한 환경에서의 야생동물 본능적 행동을 이야기하고 있으며,

이 영상의 후반부에서는 인간들의 생활 터전이 있듯이 야생동물들의 환경에서 서로 공존하는 방법을 자세히 이야기하고 있다.

[How 나에게 어떻게 적용할 것인가?] 실천 사항

앞으로 나는 작은 동물이라도 같은 생명체라는 동질을 동감하고 동물보호에 최선을 다할 것이다.

1 생각 [나는 ~라고 생각한다] / 주장, 평가

나는 '동물의 왕국' 제작자는 인간들이 동물들과 함께 생존 방법을 면밀하게 보여주었다고 생각한다.

3 이유 [왜냐하면] / 내 생각에 대한 이유 3가지

왜냐하면 첫째, 기후의 온난화는 야생동물들에 개체수까지도 감소시키고 부족한 먹이를 찾아 마을도 침범하기 때문이고,

둘째, 야생동물들이 하나씩 멸종하면 다음 차례는 우리 인간들의 위기가 닥쳐올 것이기 때문이며,

셋째, 야생동물들의 생존을 지켜줌으로써 아름다운 지구에서 함께 살아갈 수 있기 때문이다.

1 결론 [그래서, 나는 ~라고 생각한다] / 2% 평가

그래서 나는 '동물의 왕국' 제작자는 인간들이 동물들과 함께 생존 방법을 면밀하게 보여주었다고 생각한다.

2% 아쉬운 점

하지만 무분별한 개발이 지구에 미치는 엄청난 재앙을 몰라라 하는 게 아쉽다.

내 마음속에 남은 한마디

"산책 길목에서 다람쥐에 걸음을 잡혔었다."

평생학습관

서평자: 김영하
평 점: ★★★
위 치: 동해시
연 도: 2013년

[Why 작가는 왜 이 책을 썼을까?] / 저술 목적

이 기관의 설립자는 평생학습관을 시민들에게 배움의 길을 열어주는 학습자으로 다양한 시설을 경비한 교육장임을 알려주려고 이 기관을 설립했다.

[What 작가는 무엇을 말하는가?] / 핵심적인 내용

이 교육장의 1층은 대강당과 소강당으로 나누고 육아 보호실에 장애우까지도 배려한 최신 시설 공간이 특이한 점을 배치하고 있고,

이 교육장의 2층은 행정실을 중심에 두고 정보교육실 미디어 학습장까지 규모 있는 학습장으로 구성되어 있으며,

이 교육장의 3층은 다수의 강의실이 배치되었고 수강생들에게 휴식공간이 여유롭게 학습할 분위기로 환기시켜주고 있다.

[How 나에게 어떻게 적용할 것인가?] 실천 사항

앞으로 나는 동해시 평생학습관을 이용하는 수강자로 열공할 것이며 지인들의 참여를 독려할 것이다.

1 생각 [나는 ～라고 생각한다] / 주장, 평가

나는 동해시 평생학습관이 시민 한 사람 한 사람에게 산 학습장으로 무궁한 발전이 있을 것이라고 생각한다.

3 이유 [왜냐하면] / 내 생각에 대한 이유 3가지

왜냐하면 첫째, 동해 시민들의 평생학습장으로서 선도적 역할을 신뢰할 수 있기 때문이고,

둘째, 평생학습관을 지나는 걸음마다에는 수강생이던 기억을 되새겨보는 긍지를 생각하기 때문이며,

셋째, 평생학습관에서 배우고 터득한 조그마한 것이라도 시민들의 생활에 큰 보람으로 영원히 기억되기 때문이다.

1 결론 [그래서, 나는 ～라고 생각한다] / 2% 평가

그래서 나는 동해시 평생학습관이 시민 한 사람 한 사람에게 산 학습장으로 무궁한 발전이 있을 것이라고 생각한다.

2% 아쉬운 점

하지만 한정된 학습과목이 변함없이 발전하는 학습관의 저해 요인이라고 생각한다.

내 마음속에 명 장소

"학습관 앞을 지날 때면 현광 보드에 걸음이 멎는다."

시민지식 서평단 양성과정

작성자: 김영하
평 점: ★★★★★
강 사: 김을호
주 최: 동해 시립도서관
연 도: 2022년

[Why 작가는 왜 이 책을 썼을까?] / 저술 목적

이 강연의 강사는 주야독경의 독서대통령 김을호 교수가 남녀노소 누구라도 자신이 보고 느끼는 생각들을 서평하는 방법을 논리적으로 기술 할 수 있도록 알려주려고 이 강연을 개최했다.

[What 작가는 무엇을 말하는가?] / 핵심적인 내용

이 강연의 전반부에서는 WWH131의 이론적 규칙을 세밀하게 강의하였고,

이 강연의 중반부에서는 우리 생활 전반에 걸친 서평구성 방법을 학습하고 반복적으로 습득하도록 세세히 알려 주었으며,

이 강연의 후반부에서는 다양한 문화감상평(상품, 영화, 노래, 시등)을 수시로 서평하는 방법을 재미나게 전수하였다.

[How 나에게 어떻게 적용할 것인가?] 실천 사항

앞으로 나는 WWH131을 계속적으로 갈고닦아서 아주 유익한 서평을 작성해 보고 싶은 생각이다.

1 생각 [나는 ~라고 생각한다] / 주장, 평가

나는 김을호 교수의 서평작성 강연은 보고 느낌을 표현하는 강연으로 평생 잊을 수 없는 교육이라고 생각한다.

3 이유 [왜냐하면] / 내 생각에 대한 이유 3가지

왜냐하면 첫째, 생각할 수만 있다면 글로 표현하는 것은 곧 자신감이기 때문이고,

둘째, 서울에서 동해까지 멀다않고 출퇴근하는 열의와 명강연은 이 자체가 서평을 수강하는 자세라고 생각하며,

셋째, 배울 수 있는 최고의 강연이였기 때문이다.

1 결론 [그래서, 나는 ~라고 생각한다] / 2% 평가

그래서 나는 김을호 교수의 서평작성 강연은 보고 느낌을 표현하는 강연으로 평생 잊을 수 없는 교육이라고 생각한다.

2% 아쉬운 점

하지만 첫 술에 배부를 순 없지만 전폭적으로 홍보가 미미하여 아쉽다.

내 마음속의 한 마디

"서평은 마음의 양식으로 생수와 같다."

고무줄은 내 거야

작성자: 이미옥
평 점: ★★★★★
저 자 : 요시타케 신스케 지음
출판사: 위즈덤하우스
연 도: 2020년

[Why 작가는 왜 이 책을 썼을까?] / 저술 목적

이 책의 작가는 자신만의 물건을 가지고 싶은 아이들과 그 아이들을 키우는 부모들에게 누구에게나 자신만의 보물은 생길 수 있다는 것을 알려주려고 이 책을 저술했다.

[What 작가는 무엇을 말하는가?] / 핵심적인 내용

이 책의 전반부에서는 쓰레기통 옆에서 고무줄 하나를 주은 여자아이가 엄마에게 허락을 받아 오빠 것, 공유하는 것, 빌리는 것도 아닌 나만의 고무줄이 생겨 기뻐하는 이야기를 하고 있고,

이 책의 중반부에서는 고무줄과 목욕하고 잠도 자고 어른이 되면 머리를 멋지게 묶어 멋도 내고 나쁜 외계인도 고무줄 총을 쏴서 물리치고 억만금을 가져와도 줄 수 없는 나만의 고무줄로 소중하게 여기는 이야기를 하고 있으며,

이 책의 후반부에서는 오빠도 옆집 친구도 할머니도 아빠도 모두 소중히 여기는 물건들이 하나씩 있으며 그것은 자신만의 보물이 된다는 이야기를 하고 있다.

[How 나에게 어떻게 적용할 것인가?] 실천 사항

앞으로 나는 아이가 가지고 노는 물건이나 애착을 가지는 것에 대해 하찮게 여기거나 무의미하다고 보는 시각을 거두고 행복을 꿈꾸게 하는 자신만의 보물을 인정하며 그것으로 상상의 세계를 펼치도록 같이 대화하면서 그 느낌을 공유할 것이다.

1 생각 [나는 ~라고 생각한다] / 주장, 평가

나는 요시타케 신스케 저자의《고무줄은 내 거야》는 인생을 살면서 자신이 소중하게 여기는 물건 하나쯤 있는 사람들에게 남들이 보기엔 별거 아닐지 몰라도 자신에게는 추억과 멋진 상상을 불러일으켜 주는 소중한 존재가 있다는 것을 알려준다고 생각한다.

3 이유 [왜냐하면] / 내 생각에 대한 이유 3가지

왜냐하면 첫째, 평소 누군가의 물건을 물려받거나 공유만 하여 자신만의 소유욕을 드러내지 못했던 아이가 자신만의 물건이 생겨 의미를 부여하고 상상력을 키워가며 행복해하는 모습을 보여주기 때문이고,

둘째, 우리 주변을 둘러보면 왜 그 물건을 좋아하는지 이유를 이해하지 못하는 경우도 생기지만 각자의 가치에 따라 물건을 통해 만족감을 가질 수 있다는 것을 느끼게 해 주기 때문이며,

셋째, 가끔 쉽게 버리는 물건도 누군가에게 쓸모가 있을 것이라는 생각을 가지게 되었고 당근이나 중고거래 장터를 통해 그 물건의 가치를 다시 찾아주고 싶다는 생각이 들었기 때문이다.

1 결론 [그래서, 나는 ~라고 생각한다] / 2% 평가

그래서 나는 요시타케 신스케 저자의《고무줄은 내 거야》는 인생을 살면서 자신이 소중하게 여기는 물건 하나쯤 있는 사람들에게 남들이 보기엔 별거 아닐지 몰라도 자신에게는 추억과 멋진 상상을 불러일으켜 주는 소중한 존재가 있다는 것을 알려준다고 생각한다.

2% 아쉬운 점

하지만 아이에게 이 글을 읽어 주자 집에 있는 자신의 물건들을 다 끄집어내어 의미를 부여하는 엄청난 사태가 벌어져 버려야 하는 물건도 못 버리는 문제가 생겨서 안타깝다.

내 마음속에 남은 한 문장

"…어머? (고무줄이) 끊어졌네……뒤적…….엄마! 엄마! 이 클립 나 주면 안돼?"

단톡방을 나갔습니다

작성자: 이미옥
평 점: ★★★★★
저 자: 신은영 지음
출판사: 소원나무
연 도: 2022년

[Why 작가는 왜 이 책을 썼을까?] / 저술 목적

이 책의 작가는 온라인 시대를 살아가는 어린이들에게 소통의 매개체로 단톡방을 사용하지만 그것으로 인한 폐해와 이를 해결하고자 하는 노력을 알려주려고 이 책을 저술했다.

[What 작가는 무엇을 말하는가?] / 핵심적인 내용

이 책의 전반부에서는 새학기 4학년 3반 교실로 조심히 들어온 초록이가 새로운 삼총사 친구 새리, 지애, 하린이를 사귀게 되며 그들만의 단톡방에 초대되어 기뻐하고 발표수업시간에 지애의 작은 목소리에 대해 초록이에게 험담하던 새리는 감쪽같이 두 얼굴을 하며 지애를 칭찬하고 학급 내 피구시합에 초록이가 관심을 받자 기분이 나빠 자리를 피하는 이야기를 하고 있고,

이 책의 중반부에서는 자신의 아빠가 초록이 아빠의 부하직원임을 회사행사에서 마주친 초록이로 인해 알게 된 새리는 자존심이 상해 점점 초록이랑 멀어지면서 다른 친구들에게 초록이가 너희들 험담을 하고 다닌다는 거짓말을 하고 결국 네 명이 있던 단톡방에서 초록이만 두고 다들 단체로 나가는 행동을 하게 되는 이야기를 하고 있으며,

이 책의 후반부에서는 화장실에서 새리가 다른 반친구에게 지애와 하린이의 뒷담화를 하는 것을 지애 본인이 듣게 되고 초록이를 오해했다는 사실을 알게 되며 그 일로 인해 새리는 친구들과의 관계가 틀어져 소외당하는 일이 벌어지는 이야기를 하고 있다.

[How 나에게 어떻게 적용할 것인가?] 실천 사항

앞으로 나는 요즘 시대 의사소통의 대표 플랫폼인 카톡을 통해 교류를 하지만 그 온라인만이 전부가 아니라 오프라인의 관계도 소중히 여기며 직접적으로 내가 겪은 일로 그 사람을 판단하고자 할 것이다.

1 생각 [나는 ~라고 생각한다] / 주장, 평가

나는 신은영 저자의《단톡방을 나갔습니다.》는 이 시대를 살아가는 모든 이들에게 집단문화 속에서 발생하는 폐해를 통해 그 위험성을 알려주고 단점을 장점으로 살려 좀 더 소통에 진심을 다하는 방법을 알려준다고 생각한다.

3 이유 [왜냐하면] / 내 생각에 대한 이유 3가지

왜냐하면 첫째, 요즘 아이들의 온라인 교류관계를 창작동화로 간접적으로 보면서 이 아이들의 문화를 없애는 것은 불가능하기에 자주 자녀와 소통하며 혹시나 곤란한 상황에 처해있는 건 아닌지 살펴보고 좋은 우정관계가 예쁘게 만들어지도록 자주 대화하는 것이 중요하다는 것을 인지했기 때문이고,

둘째, 우리의 일상 속에서 카톡을 벗어나 생활하기는 힘들기에 이 단체 카톡 문화를 배제하기보다는 악용하는 사람에 대해 당당하게 맞서면서 의연하게 대처하는 방법을 조금은 엿볼 수 있기 때문이며,

셋째, 누군가와 새로운 관계를 맺어가는 매체로 주로 카톡이나 라인같은 온라인 채팅방을 주로 이용하기보다는 그것들의 바깥세상에서 교류하는 감정이 중요하다는 것을 확실히 알려주기 때문이다.

1 결론 [그래서, 나는 ~라고 생각한다] / 2% 평가

그래서 나는 신은영 저자의《단톡방을 나갔습니다.》는 이 시대를 살아가는 모든 이들에게 집단문화 속에서 발생하는 폐해를 통해 그 위험성을 알려주고 단점을 장점으로 살려 좀 더 소통에 진심을 다하는 방법을 알려준다

고 생각한다.

2% 아쉬운 점
하지만 휴대폰으로 소통하는 요즘 사람들에게 보이지 않는 온라인 세상에서 '왕따', '따돌림'은 이 창작동화처럼 아름답게 끝나지 않고 신종 사이버 폭력으로 번져 기존의 폭력보다 더 마음에 깊이 남는 상처가 되는 것이 현실이라는 점에서는 아쉽다.

내 마음속에 남은 한 문장
"아니, 너랑 같이 나갈 거야. 하나, 둘, 셋 하면 함께 나가자."

첫눈 오는 날 찾아온 손님

작성자: 이미옥
평 점: ★★★★★
저 자: 김리리 지음
출판사: (주)문학동네
연 도: 2022년

[Why 작가는 왜 이 책을 썼을까?] / 저술 목적

이 책의 작가는 책을 읽는 것이 힘들거나 흥미가 없는 저학년 아이들에게 쉬운 문체로 이루어져 가독성이 좋으며 포근한 마음이 몽글몽글 일어나게 만들어주려고 이 책을 저술했다.

[What 작가는 무엇을 말하는가?] / 핵심적인 내용

이 책의 전반부에서는 김복자 할머니 댁의 손녀 홍지가 오늘은 귀한 손님이 오시는 날이라는 할머니 말씀에 폴짝 일어나 눈이 소복히 내리는 마당을 내려다보며 목이 길어져라 신비로운 손님을 기다려 만나게 되고 하얀 털옷을 입은 손님에게 차를 대접하며 궁금한 것을 이것저것 물어보며 호기심을 폭발하는 이야기를 하고 있고,

이 책의 중반부에서는 할머니와 담소를 마치고 돌아가려는 손님에게 홍지가 아쉬움을 표현하며 손님의 많은 어린 동생들을 만나서 놀고 싶다고 요청을 하자 할머니의 허락 하에 손님의 신비로운 숲속 집으로 초대되어 즐거운 놀이를 하는 이야기를 하고 있으며,

이 책의 후반부에서는 신나게 놀이를 한 후 새알 듬뿍 단팥죽과 산딸기 눈송이 빙수를 대접받아 맛나게 먹고 저녁시간이 되자 집으로 돌아가는 길에 배웅을 나온 신비로운 손님의 손에 감겨 있던 손수건이 바람에 풀어지며 손가락 없이 뭉툭한 모습을 보았으며 귀가 길에 돌아본 풍경은 하얀 토끼 한 마리가 깡충깡충 뛰어간다는 이야기를 하고 있다.

[How 나에게 어떻게 적용할 것인가?] 실천 사항

작가는 어린 시절 식구가 많은 숲속 작은 집에 초대를 받아 즐겁게 지냈던 특별한 기억을 바탕으로 이 동화를 쓰고 그 감정을 공유하려고 한 것처럼 앞으로 나는 어린 시절의 포근한 기억을 생각해 보고 그것을 바탕으로 힐링을 하고자 하며 내 자녀들의 행복한 기억은 무엇인지 대화하며 소통하여 좋은 추억으로 남길 것이다.

1 생각 [나는 ~라고 생각한다] / 주장, 평가

나는 김리리 저자의 《첫눈 오는 날 찾아온 손님》은 어린 시절 소중한 기억의 한 자락을 가지고 있는 모든 이들에게 따뜻한 감성을 불러 일으켜 잃어버린 순수한 마음을 일깨워 준다고 생각한다.

3 이유 [왜냐하면] / 내 생각에 대한 이유 3가지

왜냐하면 첫째, 김복자 할머니께서 숲속에서 구한 토끼를 매개로 첫 눈 오는 날 찾아오는 신비로운 손님을 표현하여 동물을 의인화하는 과정이 신비롭고 아름다웠기 때문이고,

둘째, 김소라 작가의 따뜻한 수채화 삽화로 인해 몽글몽글한 느낌이 물씬 느껴지는 겨울 날 모습을 그려 추운 느낌보다는 포근한 느낌으로 힐링을 받기 때문이며,

셋째, 무언가를 착하게 도움으로 인해 그 존재가 자신에게 다시 돌아와 만나게 되는 일을 예쁜 동화로 그려 인생을 살아갈 때 모든 것은 뫼비우스의 띠처럼 돌아온다는 것을 알려주기 때문이다.

1 결론 [그래서, 나는 ~라고 생각한다] / 2% 평가

그래서 나는 김리리 저자의 《첫눈 오는 날 찾아온 손님》은 어린 시절 소중한 기억의 한 자락을 가지고 있는 모든 이들에게 따뜻한 감성을 불러 일으켜 잃어버린 순수한 마음을 일깨워 준다고 생각한다.

2% 아쉬운 점

하지만 예쁜 동화를 읽고 감성이 몽글몽글할 때 마지막에 남겨주는 교훈이 가슴을 아프게 하기에 이 부분을

'동물을 아끼고 보호하자!'는 작가의 말이 아래쪽에 예쁘게 적혀 있다면 저학년을 위한 동화책으로 아이들에게 주는 '메세지로써 효과를 내지 않을까?' 싶은 면에서는 아쉽다.

내 마음속에 남은 한 문장

" 홍시(홍지의 애칭)는 가끔 할머니가 구해 준 토끼가 잘 살고 있을까 궁금했어요. "

보름달 카페

작성자: 이미옥
평 점: ★★★★★
저 자: 모치즈키 마이 지음
출판사: 멜론
연 도: 2021년

[Why 작가는 왜 이 책을 썼을까?] / 저술 목적

이 책의 작가는 삶에 지쳐 있는 이들에게 해 질 무렵 '보름달 카페'로 찾아와 예쁘고 의미있는 디저트와 함께 포근한 위로의 말을 전해주려고 이 책을 창작했다.

[What 작가는 무엇을 말하는가?] / 핵심적인 내용

이 책의 1장 봄에서는 초등학교 6학년 새 학년이 된 기쁨을 만끽할 틈도 없이 슬픔에 잠식된 나(女)에게 '보름달 카페'의 존재가 눈앞에 나타나고 거대한 고양이 카페장이 내어주는 보름달 버터 핫케이크와 은하수 밀크티를 먹으며 첫사랑의 아픔을 달래고 자기 마음을 소중히 여기도록 하라는 조언을 해 주시는 머리가 희끗희끗한 아름다운 부인을 만나는 이야기를 하고 있고,

이 책의 2장 여름에서는 그에게 별처럼 반짝이는 존재가 되고 싶어 아이돌(女)이라 불리는 존재가 되었고 10년의 활동을 하고 난 후 스물여섯이라는 나이로 졸업이라는 이름의 해고 통지를 받게 되어 슬플 때 만난 카페는 반달와플과 보름달 아이스크림과 함께 지금까지 열심히 일했으니까 잠시 쉬어도 됨을 이야기를 하고 있으며,

이 책의 3장 가을에서는 회사 경영이 어려워져 조기퇴직으로 해고를 당한 나(男)는 동료들과의 송별회 후 만나게 된 보름달 카페에서 하늘색 맥주 '별하늘'을 내어주는 고양이 카페장에게 어린 시절 마음을 주었던 소녀(女)의 성공한 아이돌 모습으로 인해 부모님이 하시던 가게를 물려받는다는 꿈을 버리고 대형 건축회사에 취직하였지만 적성에 맞지 않아 후회를 할 즈음 그녀에게 당신을 좋아했고 계속 좋아해도 되냐는 고백의 연락이 오고 초승달 크루아상에 빗대어 모든 것은 나의 마음에 달렸다는 카페장의 조언과 함께 다시 한번 열심히 해보자는 마음을 먹는 이야기를 하고 있고,

이 책의 4장 겨울에서는 두 남녀(男女)가 기적 같은 재회를 하고 그(男)가 프러포즈를 했으며 앞으로 계속 함께 살아가고 싶다고 그가 말해주었으나 그를 먼저 떠나보내야 하는 인생의 변수에 대한 슬픔을 토로하며 힘들어할 때 홀로 보름달 카페를 찾은 나(女)는 고양이 카페장에게 숨은 달 스콘과 인생의 쓰고 단맛을 담은 어른만의 맛인 커피로 위로를 받는 순간 카페를 방문하는 초등학생으로 보이는 여자아이를 마주하는 이야기를 하고 있다.

[How 나에게 어떻게 적용할 것인가?] 실천 사항

앞으로 나는 보름달 카페로 힐링 받은 느낌 그대로 나의 주변인들을 따뜻한 위로와 공감으로 어루만져주며 더불어 살아갈 것이다.

1 생각 [나는 ~라고 생각한다] / 주장, 평가

나는 모치즈키 마이 저자와 사쿠라다 치히로 일러스트의 《보름달 카페》는 인생에서 슬픔이 닥쳐 힘든 이들에게 위로의 달콤함 한 스푼과 도닥도닥 손 두드림의 격려를 알려준다고 생각한다.

3 이유 [왜냐하면] / 내 생각에 대한 이유 3가지

왜냐하면 첫째, 일반적으로 주문을 받는 것이 아닌 고양이 카페장이 내 삶의 고단함을 알아주어 나를 위해 준비한 디저트를 받음으로 나는 특별하고 가치 있는 사람으로 존중받아야 함을 알려주기 때문이고,

둘째, 이야기 중간 중간 위성인 달과 행성인 수성, 금성, 화성 그리고 태양의 과학적 속성으로 빗대어 인생을 설명해주어 신비로운 느낌의 위로를 받을 수 있기 때문이며,

셋째, 4가지 계절 테마로 이루어진 이야기는 시간의 흐름이 뫼비우스처럼 연결되어 순환되는 미스터리한 구조로 호기심을 자극하기 때문이다.

1 결론 [그래서, 나는 ~라고 생각한다] / 2% 평가

그래서 나는 모치즈키 마이 저자와 사쿠라다 치히로 일러스트의《보름달 카페》는 인생에서 슬픔이 닥쳐 힘든 이들에게 위로의 달콤함 한스푼과 도닥도닥 손 두드림의 격려를 알려준다고 생각한다.

2% 아쉬운 점

하지만 일본스러운 감동이 잔잔한 힐링 스토리와 덩치 큰 고양이 카페장의 위로 디저트의 조합은 너무나도 예쁜 하모니였으나 책의 제목이 보름달 카페이다 보니 배경이 밤으로만 국한되어 일러스트가 구성되므로 다양한 모습을 볼 수 없어서 아쉽다.

내 마음속에 남은 문장

" 크루아상에 스크램블드에그를 곁들이면 아침 식사가 되지요.

크루아상을 절반으로 갈라서 햄을 끼우면 샌드위치가 되고,

또 이렇게 디저트가 되기로 합니다.

모든 것은, 그대에게 달렸어요.

앞으로의 삶, 크루아상처럼 살 수 있다면 좋겠지요.. "

버려지는 낙엽 10t 가져다 '옐로 카펫' 만든 화제의 섬

작성자: 이미옥
평 점: ★★★★★
기 자: 장주영 기자
신문사: 매일경제
연 도: 2022년

[Why 작가는 왜 이 책을 썼을까?] / 저술 목적

이 기사의 기자는 우리나라 가로수를 관상용으로만 생각하는 사람들에게 버려지는 낙엽을 활용하는 방법과 이 방법으로 인해 2개의 지자체에게 유익함을 가져온 과정을 알려주려고 이 기사를 작성했다.

[What 작가는 무엇을 말하는가?] / 핵심적인 내용

이 기사의 전반부에서는 서울 송파구의 가로수 은행잎 약 10t을 공수해 강원도 춘천 남이섬에 황금빛 '옐로카펫'을 만들어 화제가 되었음을 이야기를 하고 있고,

이 기사의 중반부에서는 2006년부터 송파구와 남이섬이 함께한 프로젝트로 바닥에 떨어져 배수로를 막는다고 골칫거리 취급을 받던 송파구 은행잎이 남이섬과 손을 잡아 관광자원으로 탈바꿈하여 서로 상생하는 이야기를 하고 있으며,

이 기사의 후반부에서는 남이섬은 현재 10월 부산국제영화제의 레드카펫에 버금가는 옐로카펫으로 어른 아이 할 것 없이 누구나 동심에 빠질 것이라고 이야기를 하고 있다.

[How 나에게 어떻게 적용할 것인가?] 실천 사항

앞으로 나는 주변의 자연환경을 순리를 거스르지 않고 이용하여 좋은 효과를 낼 수 있음을 알았기에 가정 내에서 할 수 있는 환경활용을 책이나 유튜브를 통해 배워 일상에 적용하고자 할 것이다.

1 생각 [나는 ~라고 생각한다] / 주장, 평가

나는 장주영 기자의 '버려지는 낙엽 10t 가져다 '옐로 카펫' 만든 화제의 섬'은 요즘 ESG교육에 관심이 많은 학부모와 청소년들에게 2개의 지자체에서 고민하던 은행낙엽 문제를 상호교류로 잘 상생하는 방법을 직접적인 예로 알려준다고 생각한다.

3 이유 [왜냐하면] / 내 생각에 대한 이유 3가지

왜냐하면 첫째, 우리가 흔하게 가을의 정취로 접하는 은행나무가 송파구에서는 배수로 막힘 문제와 수거ㆍ운반ㆍ소각 등 처리과정으로 인해 고비용이 발생하여 지자체 입장에서 가로수 관리의 곤란함을 시민들에게 알려주어 사회문제가 될 수 있음을 알려주기 때문이고,

둘째, 2006년부터 17년째 이어온 이 사업으로 지리적 특성상 여느 지역보다 낙엽이 일찍 떨어지는 것으로 인해 관광객 유치에 고민이던 남이섬에게 오랫동안 가을의 향의 느끼게 하는 낙엽 관광자원을 준다는 것을 알았기 때문이며,

셋째, 이 두 지역의 콜라보를 통해 가로수의 환경문제를 서로 상생적 입장에서 잘 교류하여 해결할 수 있다는 것을 보여주기 때문이다.

1 결론 [그래서, 나는 ~라고 생각한다] / 2% 평가

그래서 나는 장주영 기자의 '버려지는 낙엽 10t 가져다 '옐로 카펫' 만든 화제의 섬'은 요즘 ESG교육에 관심이 많은 학부모와 청소년들에게 2개의 지자체에서 고민하던 은행낙엽 문제를 상호교류로 잘 상생하는 방법을 직접적인 예로 알려준다고 생각한다.

2% 아쉬운 점

하지만 지역간의 교류가 이렇게 오랫동안 이어져 좋은 효과를 내는 경우도 있지만 가깝고도 먼 이웃이 되는 존

재처럼 만드는 기피시설에 대해서는 지자체별로 대립되는 면이 있어서 안타깝다.

내 마음속에 남은 한 문장

"10월 부산국제영화제에 레드 카펫이 있다면, 11월 남이섬엔 옐로 카펫이 있다."

바램

작성자: 이미옥
평 점: ★★★★★
가수: 노사연
작사가: 김종환 작사
기획사: RIAK
연 도: 2014년

[Why 작가는 왜 이 책을 썼을까?] / 저술 목적

이 노래의 작사가는 인생의 끝을 나아가고 있는 사람들과 인생의 시작을 도전하는 청년들에게 우리가 사는 인생사(史)는 나이가 먹어가는 늙음이 아니라 조금씩 익어가는 삶이라는 것을 알려주려고 이 노래를 작사했다.

[What 작가는 무엇을 말하는가?] / 핵심적인 내용

이 노래의 전반부에서는 가족을 부양하느라고 자신을 잃어버리고 바쁘게 살아온 세월에 대해 조금만 들어주기를 간절히 원하는 이야기를 하고 있고,

이 노래의 중반부에서는 거창한 표현이 아닌 아주 작은 한마디 '사랑한다'로 지친 나를 안아주며 위로 해준다면 사막을 걷는다 해도 그 길은 꽃길이 될 수 있음을 이야기를 하고 있으며,

이 노래의 후반부에서는 이 모든 것을 함께 한 그대와 익어가며 저 높은 곳에 가기를 희망하는 이야기를 하고 있다.

[How 나에게 어떻게 적용할 것인가?] 실천 사항

앞으로 나는 내 인생을 살아가면서 나의 배우자와 함께 시간 흐름에 몸을 맡긴 늙음이 아니라 인생의 묘미를 알아가고 서로를 이해하며 사랑하는 영근 삶을 살고자 할 것이다.

1 생각 [나는 ~라고 생각한다] / 주장, 평가

나는 김종환 작사가의 '바램'은 자식을 다 키우고 자신만의 삶을 살아가는 시기가 다가온 사람들에게 인생의 마무리를 어떻게 해야 하는지 알려준다고 생각한다.

3 이유 [왜냐하면] / 내 생각에 대한 이유 3가지

왜냐하면 첫째, 우리네 인생의 무거움에 대해 한번 돌아볼 수 있는 기회를 주기 때문이고,

둘째, 자녀를 다 키워 빈둥지 증후군을 가지게 된 이들에게 작은 한마디가 지친 그들을 안아줄 수 있다는 것을 일깨워주기 때문이며,

셋째, 우리의 삶은 나이가 먹어 간다는 단순한 수 개념이 아니라 벼가 익어 고개를 숙이듯 조금씩 익어간다는 표현으로 삶을 여물어가게 해주기 때문이다.

1 결론 [그래서, 나는 ~라고 생각한다] / 2% 평가

그래서 나는 김종환 작사가의 '바램'은 자식을 다 키우고 자신만의 삶을 살아가는 시기가 다가온 사람들에게 인생의 마무리를 어떻게 해야 하는지를 알려준다고 생각한다.

2% 아쉬운 점

하지만 삶이라는 마라톤에서 중·후반부를 달리고 있는 중년층에게는 정말 의미가 깊은 가사일지 몰라도 아직 나이가 어린 학생들과 청년들에게는 이 가사의 묘미를 제대로 느끼지 못해 가슴에 와 닿지 않는 면에서는 안타깝다.

내 마음속에 남은 한 소절

"우린 늙어가는 것이 아니라 조금씩 익어가는 겁니다."

원하는 대로 살고 싶다면 박스를 탈출하라

작성자: 이미옥
평 점: ★★★★★
강연자: 타일러 라쉬
제작사: 세바시
연 도: 2020년

[Why 작가는 왜 이 책을 썼을까?] / 저술 목적

이 영상의 제작자는 우리나라에서 살아가는 아이들과 보호자인 부모들에게 자기 스스로를 박스라는 틀에 넣어두는 삶이 아니라 그 박스에서 탈출하여 다양한 꿈을 가지는 방법을 알려주려고 이 영상를 제작했다.

[What 작가는 무엇을 말하는가?] / 핵심적인 내용

이 영상의 전반부에서는 각자가 생각하는 꿈에 대한 다양성을 정해진 공식과 틀로 가두는 BOX사회에 살고 있음을 작가가 되고 싶은 사람과 마이크로 파이낸싱을 하고 싶은 사람의 예로 이야기를 하고 있고,

이 영상의 중반부에서는 자유롭게 하늘을 나는 비행기가 되고픈 아이의 꿈을 우리 사회는 직업이라는 틀에 가두어 기장이란 박스 안에 넣어 한정적이게 만드는 이야기를 하고 있으며,

이 영상의 후반부에서는 이 틀을 벗어나기 위해 박스의 바깥인 다양한 세계로 나아가야 함에 대한 중요성에 대해 이야기를 하고 있다.

[How 나에게 어떻게 적용할 것인가?] 실천 사항

앞으로 나는 사회가 원하는 틀에 갇힌 하나의 모습이 아닌 나만의 세상에서 자유로운 꿈을 꾸며 N잡러의 삶을 살아가고자 할 것이다.

1 생각 [나는 ~라고 생각한다] / 주장, 평가

타일러 라쉬의 '원하는 대로 살고 싶다면 박스를 탈출하라'는 조그만 우물 안 개구리 인생을 살고 있는 우리 사회인들에게 생각의 다양성을 가두는 우리 사회의 박스라는 존재를 인식할 수 있게 해주어 그 갇힌 틀에서 나와야 함을 알려준다고 생각한다.

3 이유 [왜냐하면] / 내 생각에 대한 이유 3가지

왜냐하면 첫째, 내가 키우고 있는 나의 아이들에게 '무엇이 되다'가 아니라 '무엇을 하고 싶은지'를 물어보게 하기 때문이고,

둘째, 무언가를 시작하기 전 준비된 무언가가 있어야 한다고 생각하는 사람들에게 준비보다는 무엇이든 시작하는 힘 즉 행동이 더 중요하다는 것을 알려주기 때문이며,

셋째, 과거의 성공공식이 오늘에 적용할 수 없기에 박스 밖 다양한 세계로 나아가기 위해 우리는 흔히 사람들이 쓸데없는 일이라고 표현하는 사회의 틀을 벗어던지고 각자의 삶에 대한 다양한 실험을 습관화해야 한다고 일깨워주기 때문이다.

1 결론 [그래서, 나는 ~라고 생각한다] / 2% 평가

타일러 라쉬의 '원하는 대로 살고 싶다면 박스를 탈출하라'는 조그만 우물 안 개구리 인생을 살고 있는 우리 사회인들에게 생각의 다양성을 가두는 우리 사회의 박스라는 존재를 인식할 수 있게 해주어 그 갇힌 틀에서 나와야 함을 알려준다고 생각한다.

2% 아쉬운 점

하지만 한국은 꿈을 이야기하면 응원하기보다는 실현 가능성을 물으며 그 사람의 꿈을 좌절시키는 분위기가 많아 다양성의 문화를 받아들이는 자연스러운 분위기가 되기까지 시간이 오래 걸릴 것 같은 면에서는 안타깝다.

내 마음속에 남은 한 문장

"꿈이라는 단어가 진로에게 뺏기지 않았으면 좋겠어요."

강아지똥

작성자: 이미옥
평 점: ★★★★★
저 자: 권정생 지음
출판사: 길벗어린이
연 도: 1996년

[Why 작가는 왜 이 책을 썼을까?] / 저술 목적

이 책의 작가는 서양의 명작동화에 길들여진 어린이와 어른들에게 『강아지똥』의 세계를 통해 왕자나 공주가 사는 환상의 세계와는 다른 반대의 세상과 우리나라의 정서를 담은 동화를 알려주려고 이 책을 저술했다.

[What 작가는 무엇을 말하는가?] / 핵심적인 내용

이 책의 전반부에서는 돌이네의 작은 강아지가 똥을 누어 그 똥의 이름은 "강아지똥"이며 날아가던 참새가 더럽다며 멸시하는 것을 겪고 자신의 존재에 대해 슬퍼하던 강아지똥은 '어떻게 하면 쓸모 있는 존재가 될 수 있을까?' 생각하는 이야기를 하고 있고,

이 책의 중반부에서는 봄이 되어 만나게 된 닭 가족에게 자신은 찌꺼기 존재밖에 되지 않는다는 말을 들으며 깨게 된 강아지똥이 자신의 근처에 봄비를 맞으며 파란 민들레 싹이 태어난 것을 보고 인사하며 어떤 존재인지를 묻게 되는 이야기를 하고 있으며,

이 책의 후반부에서는 하느님이 비를 내려주고 따뜻한 햇볕을 쬐어 주어 자신은 예쁜 꽃을 피울 수 있다는 민들레가 강아지똥에게 네 몸뚱이를 고스란히 녹여 민들레 몸속으로 들어와야 별처럼 고운 꽃을 피울 수 있다는 말을 건네자 강아지똥은 자신의 존재 가치에 기뻐하며 민들레를 꼭 껴안은 이야기를 하고 있다.

[How 나에게 어떻게 적용할 것인가?] 실천 사항

앞으로 나는 예뻐 보이고 좋아 보이는 가시적인 존재보다 강아지똥처럼 누군가에게 도움의 손길을 주어 같이 보듬으며 살아가는 존재가 될 것이다.

1 생각 [나는 ~라고 생각한다] / 주장, 평가

나는 권정생 저자의 《강아지똥》은 전 세계의 어린이와 부모들에게 우리 그림책을 알리는 문화대사의 역할과 모든 사람들의 마음에 작은 민들레꽃을 피워주는 아름다운 이야기를 알려준다고 생각한다.

3 이유 [왜냐하면] / 내 생각에 대한 이유 3가지

왜냐하면 첫째, 강아지똥은 지금까지 120만 부 이상 판매되어 우리나라 그림책 역사상 최대 베스트셀러이자 스테디셀러로 자리매김하여 초등학교 1학년과 중학교 국어 교과서에 수록되어 우리 아이들의 마음속에 쏘옥 들어가기 때문이고,

둘째, 2010년 유니세프와 함께 중국어, 베트남어, 캄보디아어 다국어판을 만들어 자칫 소외되기 쉬운 다문화 가정 어린이들도 함께 읽기 때문이며,

셋째, 일본(2000년), 대만(2005년), 스위스(2006년), 중국(2011년), 폴란드(2011년), 베트남(2015년) 등에도 저작권이 수출되었고, 이외 여러 나라에도 널리 소개되어 '한국의 어린왕자'라는 평가를 받고 있기 때문이다.

1 결론 [그래서, 나는 ~라고 생각한다] / 2% 평가

그래서 나는 권정생 저자의 《강아지똥》은 전세계의 어린이와 부모들에게 우리 그림책을 알리는 문화대사의 역할과 모든 사람들의 마음에 작은 민들레 꽃을 피워주는 아름다운 이야기를 알려준다고 생각한다.

2% 아쉬운 점

하지만 어린 시절에 만난 작은 책 한 권이 사람의 인생에 커다란 변화를 주듯 어린 저학년뿐만이 아니라 어른들에게도 이 책이 더 널리 널리 퍼져 우리 문학의 우수성을 좀 더 알았으면 하는 점에서는 아쉽다.

내 마음속에 남은 문장

"방긋방긋 웃는 꽃송이엔 귀여운 강아지똥의 눈물겨운 사랑이 가득 어려 있었어요. "

난, 누굴까?

작성자: 이미옥
평 점: ★★★★☆
저 자: 박채은 지음
출판사: 도서출판 챈챈챈
연 도: 2022년

[Why 작가는 왜 이 책을 썼을까?] / 저술 목적

이 책의 작가는 아무 특색이 없다고 자신을 여기는 사람들에게 하얀색 카멜레온이 가지는 힘을 통해 어떻게 세상을 바라보고 자신을 사랑할 수 있는지를 알려주려고 이 책을 저술했다.

[What 작가는 무엇을 말하는가?] / 핵심적인 내용

이 책의 전반부에서는 수풀이 우거진 정글에 다양한 색깔을 가진 카멜레온들이 사는 마을이 나오고 그중 하얀색 카멜레온 '리오'가 "색깔이 없는 카멜레온은 카멜레온이 아니야."라는 질타를 받으며 외롭고 슬퍼하는 캐릭터임을 이야기하고 있고,

이 책의 중반부에서는 어느 날 곰곰이 자신에 대해 생각하고 있을 무렵 주황색 나비 하나가 꼬리에 앉자 자신이 점점 주황색으로 변하는 것을 보고 자신에게도 색깔이 있다는 사실을 알게 되어 기뻐하게 되지만 "색깔이 잠깐 바뀌는 것은 가짜야."라는 질타에 화가 나 빨간색으로 변하고 자신을 이해하지 못한 친구들이 떠나게 되어 슬퍼지자 파란색으로 변하게 되는 이야기를 하고 있으며,

이 책의 후반부에서는 자신의 존재감에 대해 계속 고민하는 리오가 알록달록 수많은 색 감정에 따라 점점 다채롭게 변하는 몸을 보며 결과적으로 자신을 사랑하게 되는 과정을 이야기하고 있다.

[How 나에게 어떻게 적용할 것인가?] 실천 사항

앞으로 나는 이 책의 끝에서 아리스토텔레스의 "중용"과 맹자의 "희로애락"을 논하며 '나다움'에 대한 개념을 생각해 보듯 내가 가진 '나다움'이라는 색은 무엇일까? 를 생각해보고, 그동안 나는 향이 없는 꽃이라며 한탄하던 나를 버리고 나만의 색과 향을 찾아보려고 노력할 것이다.

1 생각 [나는 ~라고 생각한다] / 주장, 평가

나는 박채은 저자의 《난, 누굴까?》는 '나'라는 자아에 대해 깊이 사색해보는 사람들에게 주인공 리오처럼 빨강, 주황, 노랑, 흰색 등 여러 가지 색이 우리 자신에게는 있다는 것을 알려준다고 생각한다.

3 이유 [왜냐하면] / 내 생각에 대한 이유 3가지

왜냐하면 첫째, 자신이 무채색 계열이라고 여기며 개성이 없다고 생각하는 사람들에게 하얀색 카멜레온을 투영하여 세상 속 외톨이가 아니라 동류도 이렇게 존재한다는 것을 동화를 통해 알려주기 때문이고,

둘째, 인생사는 '희노애락'으로 다채롭게 구성되어 있고 그 경험들을 통해 우리는 다양한 색을 가진 사람으로 변할 수 있다는 것을 다양한 색감의 삽화로 통해 시각화하여 보여주기 때문이며,

셋째, 가볍게 읽으려한 동화가 주는 묵직한 메시지로 인해 나를 한번 더 돌아보는 시간을 가질 수 있기 때문이다.

1 결론 [그래서, 나는 ~라고 생각한다] / 2% 평가

그래서 나는 박채은 저자의 《난, 누굴까?》는 '나'라는 자아에 대해 깊이 사색해보는 사람들에게 주인공 리오처럼 빨강, 주황, 노랑, 흰색 등 여러 가지 색이 우리 자신에게는 있다는 것을 알려준다고 생각한다.

2% 아쉬운 점

하지만 중간에 새로운 하얀 카멜레온 친구가 등장하는 장면에서 그냥 즐겁게 놀았다는 내용만 있어 왜 이 캐릭터를 등장시켰는지 이해할 수 없어서 아쉽다. 그래서 다른 존재와 상호교감을 통해 어떻게 변할 수 있는지 조금 더 다채롭게 내용이 있었으면 좋을 것 같아 그 부분이 조금은 안타깝다.

내 마음속에 남은 한 문장

"빨간색, 주황색, 노란색, 초록색 ……. 나는 무슨 색이라도 변신할 수 있는 멋진 카멜레온이야."

라라의 산책

작성자: 이미옥
평 점: ★★★★★
저 자: 엘레오노라 가리가 지음
출판사: 짠출판사
연 도: 2021년

[Why 작가는 왜 이 책을 썼을까?] / 저술 목적

이 책의 작가는 평범한 일상을 살아가는 어른과 아이 모두에게 그 일상이 특별한 모험으로 바뀌는 시선을 알려주려고 이 책을 저술했다.

[What 작가는 무엇을 말하는가?] / 핵심적인 내용

이 책의 전반부에서는 아빠의 부름에 산책길을 나서는 라라가 가방 속에 망원경과 돋보기를 챙기며 집을 나서고 한 발 한 발 내디딜 때마다 특별한 것을 발견하는 이야기를 하고 있고,

이 책의 중반부에서는 돋보기로 숨바꼭질하는 곤충을 보고 물웅덩이 속 하늘이 비친 모습에 손을 담가본다는 표현을 하며 망원경으로 하늘을 날아가는 새들을 지켜보아 여행을 떠나는 모습으로 다양하게 이야기를 하고 있으며,

이 책의 후반부에서는 바람이 많이 분다고 타박하는 아빠와는 다르게 자연의 노래에 귀를 기울이는 아이의 청감과 아이의 시선 높이에 있는 담장 벽 작은 구멍으로 보이는 세상을 같이 엿볼 수 있으며 이윽고 도착한 곳은 마트였다는 이야기를 하고 있다.

[How 나에게 어떻게 적용할 것인가?] 실천 사항

앞으로 나는 살아가면서 보이는 나의 평범한 세상과 시간들이 시선을 조금만 내리거나 높이면 다르게 보이는 세상이 될 수도 있다는 것을 깨닫게 되어 아이와 함께 산책을 하며 눈에 담기는 모든 것들을 모험가의 시선으로 보며 느끼고자 할 것이다.

1 생각 [나는 ~라고 생각한다] / 주장, 평가

나는 엘레오노라 가리가 저자의 《라라의 산책》은 산책을 즐기는 방법을 조금 달리하고 싶은 사람들에게 똑같은 산책길을 목적의식을 가지고 가는 어른과 호기심으로 탐험을 한다고 생각하는 아이의 두 시선의 비교를 통해 관점의 차이와 마음이 열린 아이의 시선으로 보면 지금 당장 탐험가로 변신할 수 있다는 것을 알려준다고 생각한다.

3 이유 [왜냐하면] / 내 생각에 대한 이유 3가지

왜냐하면 첫째, 그림책의 삽화를 통해 본 아이의 시선은 아빠의 다리만 보일 정도로 작은 키이지만 그 높이로 인해 평소 볼 수 없었던 세상을 보여줘 평범한 길 위 모든 대상들이 새로이 보인다는 발상의 전환을 느낄 수 있기 때문이고,

둘째, '산책은 아이의 미래를 만든다.'라는 추천평처럼 아이의 속도가 느리다고 재촉하지 말고 아이의 눈에 보이는 모든 것들은 아이의 미래와 꿈으로 간다는 점이 와닿기 때문이며,

셋째, 마트라는 목적지로 빠르게 나아가는 아빠는 주변을 둘러볼 여력도 없이 전진하지만 라라의 시선에 보이는 모든 것들은 탐험의 세계로 떠날 수 있는 매개체로 담겨 생각을 달리하면 우리는 일상이 모두 탐험하는 것으로 즐기며 살 수 있다는 것을 보여주기 때문이다.

1 결론 [그래서, 나는 ~라고 생각한다] / 2% 평가

그래서 나는 엘레오노라 가리가 저자의 《라라의 산책》은 산책을 즐기는 방법을 조금 달리하고 싶은 사람들에게 똑같은 산책길을 목적의식을 가지고 가는 어른과 호기심으로 탐험을 한다고 생각하는 아이의 두 시선의 비

교를 통해 관점의 차이와 마음이 열린 아이의 시선으로 보면 지금 당장 탐험가로 변신할 수 있다는 것을 알려준다고 생각한다.

2% 아쉬운 점

하지만 보통 우리의 일상 속 환경은 작은 시골 동네라기보다 도심지에 가까운 주거환경으로 인하여 위험요소들이 주변에 많이 있다. 그래서 아이가 한눈을 파는 식으로 산책을 하다가는 다칠 수도 있다는 면에서 주로 아이에게 주의를 주며 산책하는 현실이 아쉽다.

내 마음속에 남은 문장

"모험을 하기 위해 멀리 떠날 필요는 없어요.
눈을 크게 뜨고 주변을 잘 살피기만 하면 되지요."

레기, 내 동생

작성자: 이미옥
평 점: ★★★★★
저 자: 최도영 지음
출판사: 비룡소
연 도: 2019년

[Why 작가는 왜 이 책을 썼을까?] / 저술 목적

이 책의 작가는 형제자매와의 관계가 힘든 아이들에게 서로의 존재가 필요할 때도 있지만 대부분 두닥두닥 싸움으로 인해 스트레스를 받는 부분을 재미있는 일화를 들어 표현하여 서로의 입장 차이를 알려주려고 이 책을 저술했다.

[What 작가는 무엇을 말하는가?] / 핵심적인 내용

이 책의 전반부에서는 사고뭉치 동생 레미로 인해 자주 부모님께 혼이 나는 첫째 리지가 본인의 스트레스를 풀기 위해 책꽂이에 꽂혀있던 수첩을 꺼내 '레미'라는 글씨를 '레기'로 바꾸고 거기에 덧붙여 '쓰레기'라는 글씨로 바꿨다가 다음 날 동생이 진짜 쓰레기로 변한 이야기를 하고 있고,

이 책의 중반부에서는 쓰레기 동생을 등에 업고 힘들게 소망산에 올라 소망 바위에서 동생을 되돌려달라는 소원을 빌기도 하지만 변하는 것이 없고 하산 길에 동생과 대화 중 예전 마법랜드를 갔다가 사 온 마법 수첩에 바라는 걸 100번 쓰면 주문이 이루어진다는 사실을 깨닫게 되는 이야기를 하고 있으며,

이 책의 후반부에서는 집에 들어와 수첩을 찾은 리지가 집 앞에 잠시 둔 쓰레기 동생이 없어진 것을 알게 되고 동네 사방팔방을 돌아다녀 결국은 인간으로 돌아온 동생을 찾게 되고 함께 목욕을 하면서 서로의 감정에 대해 알게 되는 이야기를 하고 있다.

[How 나에게 어떻게 적용할 것인가?] 실천 사항

앞으로 나는 형제자매간에 서로의 입장 차이로 인해 서로를 미워하는 감정을 품는 것은 자라나면서 얻게 되는 자연스러운 감정이기도 하지만 그것이 과해 과도한 스트레스가 된다면 상호 관계에 좋지 않으므로 자녀를 양육함이 있어 이 부분을 면밀히 살펴보고 나쁜 것이 아닌 건강한 감정이 되도록 유도할 것이다.

1 생각 [나는 ~라고 생각한다] / 주장, 평가

나는 최도영 저자의 《레기, 내 동생》은 사람과의 관계에서 스트레스를 받는 사람들에게 부정적인 감정을 표현함으로 인해 감정적 자유를 찾는 방법을 알려준다고 생각한다.

3 이유 [왜냐하면] / 내 생각에 대한 이유 3가지

왜냐하면 첫째, 마법 수첩이라는 물건의 존재는 어찌 보면 우리에게 생기는 부정적인 감정을 밖으로 표출하는 도구로 현실에서도 일기라는 형태로 적용할 수 있기 때문이고,

둘째, 나이가 적든 많은 사람에게는 좋은 감정과 더불어 나쁜 감정이 관계 속에서 생겨나게 되고 그 감정을 풀지 않는다면 결국은 본인의 정신에 독이 되므로 건강한 정신 성장을 위해서는 해소할 필요가 있다는 것을 깨달았기 때문이며,

셋째, 애증의 형제자매 관계 속에서 자라며 다양한 감정을 겪게 되고 쓰레기로 변한 동생과 찌그러진 깡통으로 변한 언니의 존재로 서로의 감정을 카타르시스 격으로 해소하는 과정을 보며 창작 동화로 인해 간접적으로나마 이 글을 읽는 독자들에게 감정 표출을 할 수 있게 도와주기 때문이다.

1 결론 [그래서, 나는 ~라고 생각한다] / 2% 평가

그래서 나는 최도영 저자의 《레기, 내 동생》은 사람과의 관계에서 스트레스를 받는 사람들에게 부정적인 감정을 표현함으로 인해 감정적 자유를 찾는 방법을 알려준다고 생각한다.

2% 아쉬운 점

하지만 이름을 통해 감정을 해소할 수 있는 면은 이야기상으로는 독창적이나 평소 이름으로 인해 스트레스를 받는 독자들에게는 이 또한 자신의 트라우마를 건드릴 수 있기에 그 점에서는 아쉽다.

내 마음속에 남은 문장

"아무래도 '그 일'을 해야 잠이 올 것 같다."

아기 북극곰의 외출

작성자: 이미옥
평 점: ★★★★★
저 자: 김혜원 지음
출판사: 고래뱃속
연 도: 2022년

[Why 작가는 왜 이 책을 썼을까?] / 저술 목적

이 책의 작가는 자신이 가진 물건을 소중하게 여기는 아이들과 그 자녀의 부모들에게 이 물건이 가지는 의미와 스토리를 한번쯤 상상해 보도록 하기 위해 이 책을 저술했다.

[What 작가는 무엇을 말하는가?] / 핵심적인 내용

이 책의 전반부에서는 어느 추운 하루 장난감 가게를 지나가던 한 소녀가 유리창 너머 보이는 작고 하얀 곰인형을 보며 '넌 어디서 온 것일까?'라는 의문을 품고 자신을 만나러 오게 된 사연을 상상하는 이야기를 하고 있고,

이 책의 중반부에서는 엄마의 품 속에서 잘 지내던 아기 곰이 먹이를 찾아 밖을 나선 엄마가 궁금하기도 하고 바깥세상의 냄새를 따라 길을 떠나게 되며 작은 빙하 위에서 잠시 조는 사이 어디까지 흘러온 건지 알 수 없는 곳에 도착하여 두려움에 떨게 되는 이야기를 하고 있으며,

이 책의 후반부에서는 인형가게 창가를 지켜보던 소녀와 작은 빙하 위에 웅크리고 누워있는 아기 곰이 오버랩되며 어느덧 작은 소녀의 품에 안겨 있는 아기 곰인형과 그날 밤 소녀의 침대에서 같이 잠이 드는 이야기를 하고 있다.

[How 나에게 어떻게 적용할 것인가?] 실천 사항

앞으로 나는 무심하게 내 주변에 있지만 상호작용을 끊임없이 하는 사람과 물건의 만남을 들여다보고 그들의 이야기를 귀 기울임으로써 그 소중함을 다시 한번 되새기고자 할 것이다.

1 생각 [나는 ~라고 생각한다] / 주장, 평가

나는 김혜원 저자의《아기 북극곰의 외출》은 인연에 대한 개념에 대해 깊이 생각해 보는 사람들에게 물건이든 사람이든 '나와 이어지게 된 이유가 뭘까?'를 한번쯤 생각해 보는 기회를 준다고 생각한다.

3 이유 [왜냐하면] / 내 생각에 대한 이유 3가지

왜냐하면 첫째, 김혜원 작가 특유의 섬세하고 정갈한 느낌으로 정성스럽게 색감을 녹여낸 삽화를 통해 스토리에 빠져들며 그 몰입감으로 곰인형에게 의미를 부여하여 내 주변의 물건에 대해 다시 한번 생각해 보는 시간이 주어지기 때문이고,

둘째, 푸른 빙하와 곰들 그리고 그 시린 북극의 냄새를 글과 그림으로 접하며 북극과 현재 지구의 자연환경을 다시 한번 더 돌아보고 나와 이 책이 이어진 이유는 '이 메시지를 주려고 하는 건 아닐까' 하는 생각으로 이끌기 때문이며,

셋째, 인형가게 속 곰인형과 이야기 속 아기 곰의 연결성이 죽음과 삶의 경계에 대해 한번 곰곰이 사색할 기회로 덤덤하게 또는 먹먹하게도 다가오기 때문이다.

1 결론 [그래서, 나는 ~라고 생각한다] / 2% 평가

그래서 나는 김혜원 저자의《아기 북극곰의 외출》은 인연에 대한 개념에 대해 깊이 생각해 보는 사람들에게 물건이든 사람이든 '나와 이어지게 된 이유가 뭘까?'를 한번쯤 생각해 보는 기회를 준다고 생각한다.

2% 아쉬운 점

두 대상 모두를 생각하면서 같이 보면 각자의 관점에서 의미를 줄 수 있으므로 주변 지인들에게 추천하고 싶다. 그렇지만 그림 동화책으로 분류되어 있어 아이들의 접근은 용이하나 이 철학적인 동화가 어른들의 손에 잘 잡힐 수 없을 것 같은 면에서는 아쉽다.

내 마음속에 남은 한 문장

"아기 곰아! 이제 우리 집으로 가자."

오리 부리 이야기

작성자: 이미옥
평 점: ★★★★★
저 자: 황선애 지음
출판사: 비룡소
연 도: 2022년

[Why 작가는 왜 이 책을 썼을까?] / 저술 목적

이 책의 작가는 누군가에게 말을 함부로 하는 아이와 그 말로 상처를 받은 아이 모두에게 다양한 말에는 여러 가지 힘이 있음을 알려주려고 이 책을 저술했다.

[What 작가는 무엇을 말하는가?] / 핵심적인 내용

이 책의 전반부에서는 물에 빠져도 부리만 둥둥 뜰 것 같은 남의 말을 하기 좋아하는 오리 '오리 부리'는 잠을 자면서도 말하는 엄청난 수다쟁이이며 여기저기 소문을 내어 숲속 친구들을 곤란하게 만드는 캐릭터임을 이야기하고 있고,

이 책의 중반부에서는 젊은 시절 유명한 식당을 운영하던 앞치마 요리사가 누군가의 농담처럼 내뱉은 고약한 소문 때문에 식당은 문을 닫게 되고 사람들의 온갖 욕을 들어 어둠의 나락으로 빠질 때 자신의 밥주걱이 요리사의 마음을 헤아려주고 용기를 복돋아 다시 일어설 수 있게 하는 이야기를 하고 있으며,

이 책의 후반부에서는 오리 부리가 여기저기 겁쟁이 사냥꾼이라는 소문을 내어 동물을 사랑하는 마음을 왜곡당한 아저씨의 속 이야기와 숲속에서 그림을 잘 그리는 토끼의 작품을 다른 동물 모르게 찢어놓고 들쥐에게 그 죄를 뒤집어씌우고 버젓이 토끼를 위로하는 족제비의 행태를 알고 있는 무당벌레가 용기 내어 사실을 밝히는 이야기를 하고 있다.

[How 나에게 어떻게 적용할 것인가?] 실천 사항

앞으로 나는 소문으로 선입견을 가지기보다는 누군가의 말을 일방적으로 듣지 않고 사건에 대해 다각도로 살펴보며 편향된 시각이 아닌 다양한 인물들의 입장을 들어보고 직접 내 스스로 판단하는 습관을 가지고자 할 것이다.

1 생각 [나는 ~라고 생각한다] / 주장, 평가

나는 황선애 저자의《오리 부리 이야기》는 남말하기 좋아하고 여기저기 사실이 확인되지 않는 잘못된 풍문을 흘리는 사람들에게 말에는 보이지 않는 힘이 있어 조심히 사용하고 오리부리처럼 터무니없는 말을 만드는 것은 아니라는 것을 알려준다고 생각한다.

3 이유 [왜냐하면] / 내 생각에 대한 이유 3가지

왜냐하면 첫째, 단순히 재미와 즐거움을 위해 사실이 확인되지도 않는 말을 하는 것으로 정작 그 일의 당사자는 엄청난 고통을 당하고 그로 인해 많은 트라우마를 가지고 살아갈 수 있다는 것을 동물이라는 여러 캐릭터를 통해 그림으로 표현하여 어린이들이 쉽게 알 수 있게 하기 때문이고,

둘째, '인생에서 진정한 친구가 하나만 있어도 성공한다.'는 말처럼 앞치마 요리사를 위로해 주는 밥주걱을 보며 따뜻한 말은 한 사람을 살릴 수도 있다는 것을 보여주기 때문이며,

셋째, '물에 빠져도 입만 동동 뜬다는 말'과 '입만 살았다.'라는 예전 어르신들 말처럼 남의 말을 좋아하다가 결국은 본인에게 피해가 돌아오는 권선징악의 모습을 보여주어 어린이들에게 나쁜 말에 대한 경각심을 주기 때문이다.

1 결론 [그래서, 나는 ~라고 생각한다] / 2% 평가

그래서 나는 황선애 저자의《오리부리 이야기》는 남말하기 좋아하고 여기저기 사실이 확인되지 않는 잘못된풍

문을 흘리는 사람들에게 말에는 보이지 않는 힘이 있어 조심히 사용하고 오리부리처럼 터무니없는 말을 만드는 것은 아니라는 것을 알려준다고 생각한다.

2% 아쉬운 점

하지만 오리의 몸에서 부리가 떨어져 나가 말 많은 오리에게 부리만 있어도 살 수 있다는 설정은 독특하나 마지막 결론 부분에서 물에 빠진 부리가 가라앉는 과정을 통해 '자신의 잘못을 깨달았다.'라는 급한 마무리는 아이들에게 조금은 쉽게 이해가 가지 않는 면이라서 안타깝다.

내 마음속에 남은 한 문장

"음, 바람이 너를 찾아가거들랑 잠깐만 멈춰 있으렴. 그럼 바람은 어느새 형편없는 이야기를 전하러 벌써 저만큼 달아나 있을 테니. 불어오는 바람을 막을 수는 없단다. 하지만 꼭 기억해야 해. 네 잘못이 아니라는걸. 제멋대로 까부는 바람이 문제였다는 걸 말이다."

향기를 만드는 말의 정원

작성자: 이미옥
평 점: ★★★★★
저 자: 김주현 지음
출판사: 도서출판 노란상상
연 도: 2021년

[Why 작가는 왜 이 책을 썼을까?] / 저술 목적

이 책의 작가는 나쁜 말투를 가진 아이들과 그 말을 고쳐주고 싶은 부모님들에게 말의 씨앗을 통해 마음에 싹을 띄우고 그 싹은 꽃이 되어 말에 담긴 냄새가 나므로 말이 가진 의미의 중요성을 알려주려고 이 책을 저술했다.

[What 작가는 무엇을 말하는가?] / 핵심적인 내용

이 책의 전반부에서는 평상시 거칠고 미운 말만 하여 매일 선생님에게 혼나고 친구들에게 미움을 받는 준수가 수상한 검은 망토 아저씨를 만나게 되고 나쁜 말만 하는 준수의 말 냄새를 모아 그냥 가려 하자 값을 내라고 괜스레 억지를 부리게 되며 냄새값으로 아저씨의 말의 정원에 초대를 받게 되는 이야기를 하고 있고,

이 책의 중반부에서는 아저씨의 정원을 방문하게 된 준수가 정원 내에 있는 꽃들에게 여기까지 오게 된 사연을 듣게 되고 말로 인해 상처를 받게 된 여러 정황들을 통해 준수 자신이 그동안 한 말들을 반성할 때 아저씨로부터 말문을 닫은 제비꽃 하나를 건네받게 되는 이야기를 하고 있으며,

이 책의 후반부에서는 제비꽃과의 교감을 통해 준수는 점점 배려하는 말들을 저절로 하게 되며 재작년에 할머니가 돌아가시고 난 후 마음이 퍽퍽한 준수의 할아버지도 점점 변화하며 향기로운 말을 하게 되는 이야기를 하고 있다.

[How 나에게 어떻게 적용할 것인가?] 실천 사항

앞으로 나는 말이 가진 힘과 그로 인해 풍겨 나오는 말의 향기를 통해 누군가와 대화를 할 때 교감을 이루고 나아가 사람과의 관계도 서로 보듬어 가려고 할 것이다.

1 생각 [나는 ~라고 생각한다] / 주장, 평가

나는 김주현 저자의《향기를 만드는 말의 정원》은 평소 단순하고 직관적으로 말을 하여 자주 상처를 주는 사람과 그로 인해 상처를 받는 사람들에게 말이 가진 향기를 통해 진심을 전하고 그로 인해 상처를 치유할 수도 있다는 것을 알려준다고 생각한다.

3 이유 [왜냐하면] / 내 생각에 대한 이유 3가지

왜냐하면 첫째, 조손가정의 준수는 항상 생계로 인해 바빠서 아이와 대화를 자주 할 수 없는 할아버지와 단둘이 살고 있고 그로 인해 본인의 외로움을 미운 말로 표현하는 것에 익숙하나 제비꽃을 통해 배려하는 마음을 배우게 되며 서로의 상처를 보듬어주는 과정을 보여주기 때문이고,

둘째, 할아버지 또한 할머니가 재작년에 돌아가시고 난 이후 손자를 어떻게 돌봐야 할지 잘 모르는 상황 속에서 만나게 된 민들레를 통해 할머니를 추억하고 손자와 따뜻한 대화를 나누며 까칠하던 말투가 점점 바뀐다는 느낌을 주기 때문이며,

셋째, 평소 나쁜 말과 아무렇게나 배려 없이 막말하던 말이 내는 냄새와 누군가를 배려하고 행복하게 만드는 말의 향기라는 두 개의 의미 비교를 통해 말이 얼마나 중요한지를 알게 해 주기 때문이다.

1 결론 [그래서, 나는 ~라고 생각한다] / 2% 평가

그래서 나는 김주현 저자의《향기를 만드는 말의 정원》은 평소 단순하고 직관적으로 말을 하여 자주 상처를 주는 사람과 그로 인해 상처를 받는 사람들에게 말이 가진 향기를 통해 진심을 전하고 그로 인해 상처를 치유할 수도 있다는 것을 알려준다고 생각한다.

2% 아쉬운 점

하지만 쓰레기가 될 뻔한 것들을 잘 썩혀서 쓸모 있는 거름이 된다는 표현이 좀 이해가 가지 않는다. 왜냐하면 나쁜 말은 나쁜 말 그대로 남는 것 즉 쓰레기일 뿐 그것이 흙을 기름지게 만드는 거름으로 바뀔 수는 없기 때문에 아쉽다.

내 마음속에 남은 문장

"말은 웃음처럼 전염되는 거야. 네 부드러운 말이 할아버지 마음을 녹이고 있어."

왕고래밥

작성자: 이미옥
평 점: ★★★★★
회사명: 오리온
출시연도: 2015년

[Why 작가는 왜 이 책을 썼을까?] / 저술 목적

이 제품의 회사는 바다 속 세계가 궁금한 아이들과 부모들에게 과자라는 아이템으로 흥미유발과 즐거움을 알려주려고 이 상품을 출시했다.

[What 작가는 무엇을 말하는가?] / 핵심적인 내용

이 상품의 특징은 바다속에서 사는 생물을 과자 모양으로 만들어 아이들과 즐겁게 놀이를 하며 맛난 즐거움을 선사하는 것이고,

이 상품의 구성은 예전 종이상자 속 작은 고래밥에서 과자 크기를 키워 아이들의 눈에 더 띄게 하면서 고래 · 오징어 · 꽃게 · 불가사리 형태로 만든 것이며,

이 상품의 효과는 튀기지 않고 오븐에 구운 볶음양념맛 왕고래밥으로 아이들에게 건강함과 재미를 주는 것이다.

[How 나에게 어떻게 적용할 것인가?] 실천 사항

앞으로 나는 이 왕고래밥을 활용하여 나의 아이들과 그 친구들을 대상으로 즐거운 상품체험평 활동을 할 것이다.

1 생각 [나는 ~라고 생각한다] / 주장, 평가

나는 오리온 회사에서 출시한 '왕고래밥'은 과자를 즐겨먹는 아이들과 어른들에게 바다생물의 특징과 과자를 먹는 즐거움을 알려주려 한다고 생각한다.

3 이유 [왜냐하면] / 내 생각에 대한 이유 3가지

왜냐하면 첫째, 막연히 동화책에서 그림으로만 접하던 바닷 속 생물들을 맛있는 과자 형태로 생물 공부와 같이 하면서 재미있게 접근할 수 있기 때문이고,

둘째, 누구나 좋아하는 볶음양념맛으로 아이와 어른 두 타켓층을 공략하기 때문이며,

셋째, 과거 작은 크기의 고래밥에서 한층 더 크기를 키워 유아기 아이들도 쉽게 손에 쥐고 관찰하면서 먹을 수 있게 만들었기 때문이다.

1 결론 [그래서, 나는 ~라고 생각한다] / 2% 평가

그래서 나는 오리온 회사에서 출시한 '왕고래밥'은 과자를 즐겨먹는 아이들과 어른들에게 바다생물의 특징과 과자를 먹는 즐거움을 알려주려 한다고 생각한다.

2% 아쉬운 점

하지만 옷에 양념을 자꾸 묻히는 아이를 볼 때마다 세탁 걱정이 앞서는 엄마들에게 손에 안 묻는 과자가 아니라는 점에서는 아쉽다.

내 마음속에 남은 한 문장

"재미로 먹고 맛으로 먹는 오리온 고래밥"

꽃을 보듯 너를 본다 中 꽃들아 안녕

작성자:이미옥
평 점:★★★★★
시 인: 나태주 지음
출판사:도서출판 지혜
연 도:2015년

[Why 작가는 왜 이 책을 썼을까?] / 저술 목적

이 시의 작가는 세상의 모든 존재들에게 만나는 모두의 소중함보다 각각의 귀함을 알려주려고 이 시를 창작했다.

[What 작가는 무엇을 말하는가?] / 핵심적인 내용

이 시의 1연은 꽃들에게 기쁘고 반갑게 인사하는 화자를 이야기를 하고 있고,

이 시의 2연은 전체 무리에게 인사를 한꺼번에 해서는 안 됨을 이야기를 하고 있으며,

이 시의 3연은 꽃들이라는 무리도 아니고 하나의 꽃도 아닌 꽃송이 하나하나에 눈을 맞추며 소중한 의미를 주듯 인사를 해야 함을 이야기하고 있고,

이 시의 4연은 그렇게 인사하는 방법이 당연함을 강조하고 있다.

[How 나에게 어떻게 적용할 것인가?] 실천 사항

앞으로 나는 이 시에서 의미하는 전체보다는 각각의 존재를 좀 더 깊이 있게 생각을 하고 그 가치의 귀함을 소중하게 대할 것이다.

1 생각 [나는 ~라고 생각한다] / 주장, 평가

나는 나태주 시인의《꽃을 보듯 너를 본다 中 "꽃들아 안녕"》은 우리나라 사회 속의 무리생활에 젖어들어 본인의 존재 가치가 희미해져 가는 이들에게 각자 존중받고 사랑받을 가치가 충분히 있다는 것을 알려주려 한다고 생각한다.

3 이유 [왜냐하면] / 내 생각에 대한 이유 3가지

왜냐하면 첫째, 단체가 먼저임을 강조하는 우리 사회의 문화를 깨는 의식의 변화를 가져야 함에 대해 시인은 논하기 때문이고,

둘째, 꽃송이 하나하나에게 눈을 맞추는 행위를 말함으로 시인의 성향과 가치관을 알 수 있고 그로 인해 시를 읽는 독자들도 덩달아 나 자신 하나하나가 소중하다는 것을 느끼게 해 주기 때문이며,

셋째, 독자들이 좋은 하는 시들로 이루어진 시집에서 느껴지듯 특별하고 의미있는 존재의 시로 쉽게 다가와서 독자들의 마음을 열어주는 역할을 하기 때문이다.

1 결론 [그래서, 나는 ~라고 생각한다] / 2% 평가

그래서 나는 나태주 시인의《꽃을 보듯 너를 본다 中 "꽃들아 안녕"》은 우리나라 사회 속의 무리생활에 젖어들어 본인의 존재 가치가 희미해져 가는 이들에게 각자 존중받고 사랑받을 가치가 충분히 있다는 것을 알려주려 한다고 생각한다.

2% 아쉬운 점

하지만 이 시에 더 감정적으로 젖어들 수 있게 꽃 삽화가 있었으면 좋겠다고 생각이 드는 면이 아쉽다.

내 마음속에 남은 한 구절

"꽃송이 하나하나에게 눈을 맞추며 꽃들아 안녕! 안녕!"

어린이 마음 시툰 갑자기 인기 짱 中 '나비'

작성자: 이미옥
평점: ★★★★★
저자: 안병현, 김용택(시 원
작자: 김용택)
출판사: ㈜창비교육
연도: 2019년

[Why 작가는 왜 이 책을 썼을까?] / 저술 목적

이 책의 작가는 시를 좀 더 쉽게 이해하기를 원하는 어린이와 어른들에게 시의 배경을 그림으로 보여주고 서사를 알 경우 시에 대한 시각과 접근성이 용이하다는 것을 알려주려고 이 책을 저술했다.

[What 작가는 무엇을 말하는가?] / 핵심적인 내용

이 시의 전반부에서는 나비가 목적지를 향해서 세찬 바람을 뚫고 필사의 힘을 다해서 가고 있음을 이야기를 하고 있고,

이 시의 중반부에서는 목적지인 꽃까지 가야 하는 마음가짐을 말하며 1연에서 말한 나비의 바람 속 비행의 힘듦을 한번 더 강조해서 이야기를 하고 있으며,

이 시의 후반부에서는 있는 힘을 다해서 가는 나비의 의지를 표현하기 위해 '나는'이라는 주체를 부각하여 중반부의 같은 문장 속 주어의 위치를 바꿔서 이야기를 하고 있다.

[How 나에게 어떻게 적용할 것인가?] 실천 사항

앞으로 나는 이 시 속의 '나비'처럼 누군가를 위해 내가 도와줄 수 있는 일은 베풀면서 살아가고자 할 것이다.

1 생각 [나는 ~라고 생각한다] / 주장, 평가

나는 안병현, 김용택 저자의 《어린이 마음 시툰 - 갑자기 인기 짱》 중 김용택 시인의 '나비'는 시에 대해 잘 모르는 사람들을 위해 시를 가르쳐 주고자 하는 마음을 가진 사람들에게 시의 배경을 그림 이야기 형식을 통해 시간의 흐름대로 설명해 주어 시를 좀 더 잘 이해할 수 방법을 알려주는 것이라고 생각한다.

3 이유 [왜냐하면] / 내 생각에 대한 이유 3가지

왜냐하면 첫째, 시를 먼저 접할 때 이해가 되지 않는 함축적인 의미를 그림 이야기를 통해 배경을 알게 되면 좀 더 시를 이해하기 쉽기 때문이고,

둘째, 그림 속의 녹아있는 대화를 통해 시의 소재가 가진 속마음을 알 수 있어서 몰입도가 높아지기 때문이며,

셋째, 그림 속 배경지를 한지로 표현하여 시각적으로 편하게 보여 좀 더 시를 친근하게 다가가도록 해 주기 때문이다.

1 결론 [그래서, 나는 ~라고 생각한다] / 2% 평가

그래서 나는 안병현, 김용택 저자의 《어린이 마음 시툰 - 갑자기 인기 짱》 중 김용택 시인의 "나비"는 시에 대해 잘 모르는 사람들을 위해 시를 가르쳐 주고자 하는 마음을 가진 사람들에게 시의 배경을 그림 이야기 형식을 통해 시간의 흐름대로 설명해 주어 시를 좀 더 잘 이해할 수 방법을 알려주는 것이라고 생각한다.

2% 아쉬운 점

하지만 시에 대한 내용은 서사 형식으로 잘 표현되어 있으나 시를 쓴 저자에 대해 좀 더 정보를 제공한다면 이 시를 쓴 시인의 의도를 더 잘 알 수 있을 것 같다는 점에서 아쉽다.

내 마음속에 남은 한 구절

"나는 저기 저 꽃까지 꼭 가야 해"

어린이 마음 시툰 갑자기 인기 짱 中 '봄'

작성자: 이미옥
평 점: ★★★★★
저 자: 안병현, 김용택(시 원
작자: 윤동주)
출판사:(주)창비교육
연 도:2019년

[Why 작가는 왜 이 책을 썼을까?] / 저술 목적

이 책의 작가는 시를 어떻게 감상해야 하는지를 모르는 어린이들과 시를 어렵게 생각하는 어른들에게 쉽게 접하고 이해할 수 있는 방법을 알려주려고 이 책을 저술했다.

[What 작가는 무엇을 말하는가?] / 핵심적인 내용

이 시의 1연은 아직 어린 아기를 애기로 표현하면서 아기의 자는 모습을 콜콜이 아닌 코올코올로 표현하여 좀 더 도롱도롱 자는 느낌을 이야기하고 있고,

이 시의 2연은 아기와 같은 보송보송한 느낌의 고양이를 주체로 하여 부뚜막에서 가릉가릉 자는 모습으로 상상이 되도록 이야기하고 있으며,

이 시의 3연은 1연과 같이 애기라는 표현을 반복 사용하여 작은 바람을 나타내는 애기 바람을 말하고 있으며 소올소올이라는 의성어를 이용하여 잠자는 아기가 깰까 봐 조심조심하는 느낌을 이야기하고 있고,

이 시의 4연은 모든 것을 품어줄 수 있는 커다란 존재인 태양을 어른인 아저씨로 표현하여 여린 대상들을 지켜주고 보호해 준다는 의미를 이야기하고 있다.

[How 나에게 어떻게 적용할 것인가?] 실천 사항

앞으로 나는 윤동주 시인의 '봄' 속의 아저씨 해님처럼 나의 자녀들을 따뜻하고 포근하게 보듬으면서 살아갈 것이다.

1 생각 [나는 ~라고 생각한다] / 주장, 평가

나는 안병현, 김용택 저자의《어린이 마음 시툰 - 갑자기 인기 짱》중 윤동주 시인의 "봄"은 시를 재미있게 접하고 싶어 하는 사람들에게 시의 배경을 미리 보기 형식처럼 보여주어 이해도를 높이려고 하는 것이라고 생각한다.

3 이유 [왜냐하면] / 내 생각에 대한 이유 3가지

왜냐하면 첫째, 시의 배경을 이해하기 쉽게 웹툰으로 시 속의 이야기가 그려져 있어서 어린아이들마저도 이해할 수 있기 때문이고,

둘째, 시의 원제목과는 다르게 웹툰의 제목이 기재되어 있어 상상하는 기분으로 작품을 미리 감상하는 느낌을 가질 수 있게 해 주기 때문이며,

셋째, 그림체가 파스텔톤으로 되어 있어 심리적으로 안정감을 주고 아이이든 어른이든 모두 시를 좋아할 수 있는 분위기를 만들기 때문이다.

1 결론 [그래서, 나는 ~라고 생각한다] / 2% 평가

그래서 나는 안병현, 김용택 저자의《어린이 마음 시툰 - 갑자기 인기 짱》중 윤동주 시인의 "봄"은 시를 재미있게 접하고 싶어 하는 사람들에게 시의 배경을 미리 보기 형식처럼 보여주어 이해도를 높이려고 하는 것이라고 생각한다.

2% 아쉬운 점

하지만 시에 대한 이해도를 높이기 위해 웹툰으로 배경을 설명하듯 원작자인 윤동주 시인에 대해서도 간단한 웹툰으로 소개를 해 주는 점이 없어서 아쉽다.

내 마음속에 남은 한 구절

"애기 바람이 나뭇가지에 소올소올"

하늘과 별과 바람과 詩 中 눈 감고 간다

작성자: 이미옥
평 점: ★★★★★
시 인: 윤동주 지음
출판사: 정음사
연 도: 1948년

[Why 작가는 왜 이 책을 썼을까?] / 저술 목적

이 시의 시인은 과거 일제시대를 살았던 아이들과 현재 시대를 살아가는 아이들에게 희망을 잃지 않고 씩씩하게 살아가는 법을 알려주려고 이 시를 창작했다.

[What 작가는 무엇을 말하는가?] / 핵심적인 내용

이 시의 전반부에서는 예쁜 아이들을 부르면서 어두운 시대를 살아가는 힘듦을 조금은 모르게 하고 싶음을 이야기하고 있고,

이 시의 중반부에서는 가진 것을 서로 나누는 미덕을 이야기하고 있으며,

이 시의 후반부에서는 밤이 어두울지라도 눈을 반짝 뜨며 희망을 잃지 않기를 이야기하고 있다.

[How 나에게 어떻게 적용할 것인가?] 실천 사항

앞으로 나는 윤동주 선생님의 아이들을 사랑하고 배려하는 마음을 본받아 나의 자녀 그리고 나아가 나에게 선한 영향을 받을 수 있는 주변지인들에게 그 마음을 베풀 것이다.

1 생각 [나는 ～라고 생각한다] / 주장, 평가

나는 윤동주 시인의 《하늘과 별과 바람과 詩 중 "눈 감고 간다."》가 사회속에서 더불어 살아가는 아이들에게 새로운 어려움을 만나더라도 기운을 차리고 희망을 잃지 않기를 말하고 있다고 생각한다.

3 이유 [왜냐하면] / 내 생각에 대한 이유 3가지

왜냐하면 첫째, 아이들을 향한 무한한 애정이 느껴지는 호칭이 있기 때문이고,

둘째, 어두운 시대임에도 불구하고 베품을 가르쳐주고 있기 때문이며,

셋째, 돌부리라는 고난이 닥쳐도 와짝 눈을 뜨라는 표현으로 아이들을 잘 이해시키려 하기 때문이다.

1 결론 [그래서, 나는 ～라고 생각한다] / 2% 평가

그래서 나는 윤동주 시인의 《하늘과 별과 바람과 詩중 "눈 감고 간다."》가 사회속에서 더불어 살아가는 아이들에게 새로운 어려움을 만나더라도 기운을 차리고 희망을 잃지 않기를 말하고 있다고 생각한다.

2% 아쉬운 점

하지만 단어의 속뜻을 잘 모르는 어린아이들에게 생소한 단어를 각주로 알려주지 못한 점이 아쉽다.

내 마음속에 남은 한 문장

"발부리에 돌이 채이거든 감았던 눈을 와짝 떠라."

서로 다른 계절의 여행 中 서점에서(시화집)

작성자: 이미옥
평 점: ★★★★★
저자, 그림: 나태주 글,유라 그림
출판사: (주)미래엔 북폴리오
연 도: 2022년

[Why 작가는 왜 이 책을 썼을까?] / 저술 목적

이 시화의 시인과 화가는 MZ와 세대라는 이름으로 나누어 교류하는 것이 힘들다고 말하는 사람들에게 시대를 벗어나 두 세대를 아우를 수 있음을 알려주려고 이 시화를 창작했다.

[What 작가는 무엇을 말하는가?] / 핵심적인 내용

이 시화의 전반부에서는 서점에 들어가는 것은 나무숲에 들어가는 것 같이 편안해지며 새소리와 물소리가 들리는 듯한 느낌이 있다는 것을 이야기하고 있고,

이 시화의 중반부에서는 생각해 보면 서점의 책들은 모두가 숲에서 온 친구이고 서가 사이를 서성이는 것은 나무와 나무 사이를 서성이는 것이며 책을 넘기는 것은 나무의 속살을 보는 것과 같다는 이야기하고 있으며,

이 시화의 후반부에서는 서점에서 나는 오늘도 숲속 길을 멀리 걸었고 나무들과 어울려 잘 놀았음을 이야기하고 있다.

[How 나에게 어떻게 적용할 것인가?] 실천 사항

앞으로 나는 서점으로의 여행을 숲으로 가는 소풍 같은 느낌처럼 발걸음이 가볍고 즐겁게 향유하며 피톤치드 뿜뿜하게 흠뻑 나의 지식과 감성을 채워갈 것이다.

1 생각 [나는 ~라고 생각한다] / 주장, 평가

나는 나태주×유라 저자의《서로 다른 계절의 여행》중 "서점에서"는 문제집과 재테크 영역 같은 출판물로 대학 시절 필수과목 같이 여겨지는 영역을 벗어나 서로 다른 세대가 인생의 길에서 만나 숲속을 거닐듯이 서점이라는 공간을 느낄 수 있다는 것을 알려준다고 생각한다.

3 이유 [왜냐하면] / 내 생각에 대한 이유 3가지

왜냐하면 첫째, 우리나라를 현재 대표하는 국민 시인 나태주 님과 연예계 대표 화백으로 불리는 걸그룹 걸스데이 출신의 배우 유라 님의 콜라보 시화집으로 나이는 숫자에 불과하다는 것을 알려주기 때문이고,

둘째, 노시인과 청년 화가의 만남은 세대 간의 간극을 줄여주며 서로 다른 인생의 계절을 사는 것을 시와 그림으로 녹여내어 보여주기 때문이며,

셋째, 서점이라는 공간을 매개로 숲이라는 세계로 이끌어 가는 것이 부드럽게 연결되어 와닿을 수 있는 감성을 만들어 내기 때문이다.

1 결론 [그래서, 나는 ~라고 생각한다] / 2% 평가

그래서 나는 나태주×유라 저자의《서로 다른 계절의 여행》중 "서점에서"는 문제집과 재테크 영역 같은 출판물로 대학 시절 필수과목같이 여겨지는 영역을 벗어나 서로 다른 세대가 인생의 길에서 만나 숲속을 거닐듯이 서점이라는 공간을 느낄 수 있다는 것을 알려준다고 생각한다.

2% 아쉬운 점

하지만 나태주 시인의 주옥같은 작품 곳곳에 유라 화가의 작품이 모두 콜라보가 되어 있는 것은 아니라서 좀 더 그림을 보고 싶은 나에게는 이 부분이 아쉽다.

내 마음속에 남은 한 구절

"서점에 들어가면 나무숲에 들어간 것같이 마음이 편안해진다."

살짝 욕심이 생겼어

작성자: 이미옥
평 점: ★★★★★
저 자: 요시타케 신스케 지음
출판사: 김영사
연 도: 2022년

[Why 작가는 왜 이 책을 썼을까?] / 저술 목적

이 책의 작가는 삶에 무기력증이 온 어른들과 욕심이 없는 것이 착한 아이라고 생각하는 어린이들에게 어린이의 시선에서 글을 쓰던 눈을 돌려 어른 작가 시선에서 본 욕심에 대한 긍정 효과를 알려주려고 이 책을 저술했다.

[What 작가는 무엇을 말하는가?] / 핵심적인 내용

이 책의 전반부에서는 작가가 라면 가게에서 본 표면 위 온갖 것들을 옆으로 살살 치운 다음에 국물을 푸는 것처럼 자신이 작품을 쓸 때도 불필요한 것을 치워야 핵심을 전달할 수 있다는 이야기를 하고 있고,

이 책의 중반부에서는 옳고 그름의 문제가 아니라 '직성이 풀리는가'의 문제처럼 인간관계는 딱 부러지는 논리보다는 그 본성을 이해하는 것이 더 중요하다는 사실을 알려주고 어느 정도 여문 열매처럼 어른도 인생사에서 적당히 얼버무릴 줄 아는 어른이 되는 것도 좋다는 이야기를 하고 있으며,

이 책의 후반부에서는 작가 자신을 들여다볼 때 "아침부터 밤까지 욕심을 부렸습니다."라는 관점에서 자신의 작품에 대해 평가하는 것에 대한 스트레스를 '착한 마음을 가진 자만 작품 감상'이라는 욕심을 드러내는 이야기를 하고 있다.

[How 나에게 어떻게 적용할 것인가?] 실천 사항

앞으로 나는 이 책의 작가처럼 세상을 바라보는 눈을 아이의 시선과 어른의 시선으로 잘 버물려 보도록 노력하며 엄마와 아내 그리고 나 자신의 욕심을 들여다보며 약간은 욕심내는 인생이 활력소가 될 것을 알기에 소소한 욕심을 부려보려 할 것이다.

1 생각 [나는 ～라고 생각한다] / 주장, 평가

나는 요시타케 신스케 저자의 《살짝 욕심이 생겼어》는 열정이 점점 식어가는 나이가 되어가는 중년들과 BTS 노래에서 말하는 N포 세대와 '흙수저'라는 말로 자신들의 가치를 내려놓는 젊은이들에게 무기력보다는 욕심이 내는 긍정의 힘과 현 세태를 비판하며 변화를 꾀하려 하지 않는 것보다 시대에 반항하는 '서태지' 같은 면모가 필요하다는 것을 알려준다고 생각한다.

3 이유 [왜냐하면] / 내 생각에 대한 이유 3가지

왜냐하면 첫째, 전통적으로 욕심은 나쁜 것이라는 의식에 사로잡혀 욕망을 가진 이를 비판하는 사회에서 이제는 각자의 개성을 존중하고 욕망을 표현하는 것이 멋지게 여겨지는 시대가 되었기 때문이고,

둘째, 익숙한 상황 속 다양한 욕심은 '나는 누구? 여긴 어디?' 같은 정체성 존재의 의미를 무(無)에서 유(有)로 바꾸어 본인을 존재감을 드러나게 하는 계기가 되기 때문이며,

셋째, '큰 빗이 천장에 달린 방'과 '마음에 끼는 장갑'을 통해 본 작가의 생각은 아이와 어른 모두 상상력의 나래를 펼 수 있는 소재로 재미있는 관점을 연령 가리지 않고 독자 모두에게 선물하며 그중 어른들에게는 중의적인 의미로 와닿아 인생에서 조금은 겁이라는 가면을 벗어던지고 편하게 즐기며 살면서 용기 내어 봄이 어떠한지를 알려주기 때문이다.

1 결론 [그래서, 나는 ～라고 생각한다] / 2% 평가

그래서 나는 요시타케 신스케 저자의 《살짝 욕심이 생겼어》는 열정이 점점 식어가는 나이가 되어가는 중년들

과 BTS 노래에서 말하는 N포 세대와 '흙수저'라는 말로 자신들의 가치를 내려놓는 젊은이들에게 무기력보다는 욕심이 내는 긍정의 힘과 현 세태를 비판하며 변화를 꾀하려 하지 않는 것보다 시대에 반항하는 '서태지' 같은 면모가 필요하다는 것을 알려준다고 생각한다.

2% 아쉬운 점

하지만 요시타케 신스케의 작품은 사람들마다 감상하는 느낌이 달라 호불호가 있을 수도 있고 글 속 소소한 일상들이 와닿기도 하지만 뭔가 약간은 좀 모자란 듯한 느낌으로 인해 소장욕 부분에서 내려놓을 수도 있어서 아쉽다.

내 마음속에 남은 문장

"작품에 대한 자기만족이란 출발점이자 도착점이다.
빙 돌아서 제자리로 되돌아온다. 결국은, 직경의 문제다."

치킨런

작성자: 이미옥
평 점: ★★★★★
기획자: 김경미
제작사: KM컴퍼니
연 도: 2022년

[Why 작가는 왜 이 책을 썼을까?] / 저술 목적

이 게임의 개발자는 내가 사는 지역을 알고 싶어 하는 아이들에게 고장의 특성과 역사유물을 간접적으로 체험하게 하려고 이 게임을 개발했다.

[What 작가는 무엇을 말하는가?] / 핵심적인 내용

이 게임의 특징은 어린아이들도 쉽게 알 수 있게 큰 글씨와 화려한 배경지로 인해 시각적으로 흥미를 느끼게 할 수 있고,

이 게임의 규칙은 블루마블과 같이 주사위 개념의 블록을 던져서 나오는 결과에 따라 작은 캐릭터들이 이동을 하면서 미션을 완료할 수 있으며,

이 게임의 효과는 내가 살고 있는 지역은 물론이며 인근 주변까지 지리적으로 알 수 있고 대표적 역사 유물을 같이 소개하여 지리와 역사를 동시에 학습할 수 있다.

[How 나에게 어떻게 적용할 것인가?] 실천 사항

앞으로 나는 이 게임을 가족들과 같이 즐기며 애향심을 키우고 역사를 같이 공부하고자 할 것이다.

1 생각 [나는 ~라고 생각한다] / 주장, 평가

나는 KM컴퍼니에서 제작한 '치킨런'이 보드게임을 좋아하는 아이들과 어른들에게 재미와 흥미에서 나아가 지리와 역사를 알려주는 좋은 보드게임이라 생각한다.

3 이유 [왜냐하면] / 내 생각에 대한 이유 3가지

왜냐하면 첫째, 선명하고 또렷한 배경지로 시각적인 흥미를 유발하고 게임에 몰입할 수 있기 때문이고,

둘째, 내가 사는 지역에 대한 정보를 지리적 학습으로 연계할 수 있기 때문이며,

셋째, 그 지역을 대표하는 역사적 유물을 함께 알려주면서 한국사 공부를 동시에 진행할 수 있기 때문이다.

1 결론 [그래서, 나는 ~라고 생각한다] / 2% 평가

그래서 나는 KM컴퍼니에서 제작한 '치킨런'이 보드게임을 좋아하는 아이들과 어른들에게 재미와 흥미에서 나아가 지리와 역사를 알려주는 좋은 보드게임이라 생각한다.

2% 아쉬운 점

하지만 어린 자녀들을 위해 보드게임을 QR로 연계하여 음성 지원해 주는 서비스가 없어서 아쉽다.

내 마음속에 남은 한 장면

"지도 위를 달리는 치킨들의 행진"

내가 다 열어 줄게

작성자: 이미옥
평 점: ★★★★★
저 자: 요시타케 신스케 지음
출판사: 위즈덤하우스
연 도: 2021년

[Why 작가는 왜 이 책을 썼을까?] / 저술 목적

이 책의 작가는 스스로 뭐든 하고 싶은 아이들과 그 아이들을 양육하고 있는 부모들에게 아이의 마음을 헤아려 주는 방법을 알려주려고 이 책을 창작했다.

[What 작가는 무엇을 말하는가?] / 핵심적인 내용

이 책의 전반부에서는 초콜릿이 먹고 싶은데 봉지 뜯기가 어려운 아이가 할 수 없이 엄마에게 부탁하게 되고 어른의 힘으로 쉽게 봉지를 뜯은 엄마에게 감사 인사를 요구받는 경험을 겪게 된 아이는 '자신만의 힘으로 물건을 열어보는 열기 대장이 되고 싶어.'하는 이야기를 하고 있고,

이 책의 중반부에서는 아이가 잼병·캔·과자봉지·우유·콜라페트병·치캔·도시락통·와인병·지갑·여행캐리어 등 각종 물건들을 열 수 있는 상상으로 사람들을 도와주고 심지어 지구를 열고자 하는 황당한 생각까지 하는 이야기를 하고 있으며,

이 책의 후반부에서는 아직 자신은 어려 지금 안 된다는 사실을 깨닫고 목이 말라 음료수를 마시려고 하는데 잘 되지 않아 아빠에게 의기소침하게 부탁을 하게 되며 그때 아빠는 아이의 상상의 세계가 이루어질 수 있게 해 주는 이야기를 하고 있다.

[How 나에게 어떻게 적용할 것인가?] 실천 사항

앞으로 나는 아이들이 상상하는 세계가 허무맹랑하고 실현 가능성이 없다고 비판하기보다는 그 상상력의 나래를 펼치게 기회를 주고 성취욕구가 생기게끔 같이 생각을 소통하는 시간을 가질 것이다.

1 생각 [나는 ~라고 생각한다] / 주장, 평가

나는 요시타케 신스케 저자의 《내가 다 열어 줄게》는 아이를 키우는 부모들 모두에게 아이의 상상력이 얼마만큼 자기 성취감으로 이어질 수 있는지를 알려주고 있다고 생각한다.

3 이유 [왜냐하면] / 내 생각에 대한 이유 3가지

왜냐하면 첫째, 처음 아이가 가진 고민을 '시간이 지나면 해결된다.'는 답보다는 스스로 호기심을 가지고 자신만의 세계를 계속 상상하게 상황을 표현하였기 때문이고,

둘째, 어린아이부터 같이 즐기고 읽을 수 있게 삽화로 그려져 글을 모르는 아이들도 이 책을 통해 자신의 상상력이 얼마나 멋진 것인지 부모와 함께 느낄 수 있기 때문이며,

셋째, 마지막 부분에 아이가 상상력만으로 끝남에 의기소침할 때 아빠의 멋진 행동력과 배려로 아이의 성취감이 최고조로 오르는 것을 보여주기 때문이다.

1 결론 [그래서, 나는 ~라고 생각한다] / 2% 평가

그래서 나는 요시타케 신스케 저자의 《내가 다 열어 줄게》는 아이를 키우는 부모들 모두에게 아이의 상상력이 얼마만큼 자기 성취감으로 이어질 수 있는지를 알려주고 있다고 생각한다.

2% 아쉬운 점

하지만 아이의 시선에서 상상하기는 가능할지라도 현실 세계에서 벌어지면 안 되는 일들도 있기에 이 부분은 아이에게 인지시켜야 하는 점에서는 아쉽다.

내 마음속에 남은 한 문장

"아빠가 열렸다!"

작은 것들을 위한 시 中
"Euphoria & 꿈 속의 꿈"

작성자: 이미옥
평 점: ★★★★★
저 자: 나태주 지음
출판사: (주)도서출판 열림원
연 도: 2022년

[Why 작가는 왜 이 책을 썼을까?] / 저술 목적

이 책의 작가는 BTS를 아는 사람들과 사랑하는 사람 그 모든 이들에게 그들의 가사에 실린 의미와 힘을 나태주 시인의 시선으로 알려주려고 이 책을 저술했다.

[What 작가는 무엇을 말하는가?] / 핵심적인 내용

이 책의 전반부에서는 BTS 멤버 정국의 솔로곡 Euphoria를 보라색으로 실어 작가 스스로 그들의 팬임을 증명하며 가사를 산문으로 읽어 볼 수 있게 이야기를 하고 있고,

이 책의 중반부에서는 인생 자체를 하나의 꿈으로 보며 중국의 장자가 쓴 『장자』「제물편」호접지몽(胡蝶之夢)을 예로 들어 자신과 나비를 꿈을 통해 투영하는 이야기를 하고 있으며,

이 책의 후반부에서는 BTS 멤버들도 자신들이 받은 팬들의 사랑을 꿈인지 현실인지 믿기지 않는 세계로 설명하며 행복이란 홀로 존재하는 감정이 아닌 기쁨, 성취, 만족과 같은 것들 다음에 오는 복합적인 감정이라는 것을 이야기를 하고 있다.

[How 나에게 어떻게 적용할 것인가?] 실천 사항

앞으로 나는 BTS의 팬으로서 그들의 세계관을 깊이 이해하고 가사를 통해 힐링을 받는 것과 동시에 선한 영향력을 느끼며 깊이 공감하고 그것을 같이 행하고자 할 것이다.

1 생각 [나는 ~라고 생각한다] / 주장, 평가

나는 나태주 저자의《작은 것들을 위한 시》중 "Euphoria & 꿈 속의 꿈"은 이 시대를 살아가는 모든 이들에게 행복과 사랑은 뫼비우스의 띠처럼 돌고 돌아 우리를 행복하게 해 준다는 것을 알려준다고 생각한다.

3 이유 [왜냐하면] / 내 생각에 대한 이유 3가지

왜냐하면 첫째, BTS의 가사를 산문 시선으로 읽고 또 읽을 때마다 그들이 표현하고자 하는 세계관이 점점 강렬하게 다가오며 메시지를 주기 때문이고,

둘째, 가끔 내가 사는 삶이 맞는 것인지 정체성을 잃을 때 뒤를 돌아보며 자신이 받는 사랑과 그로 인해 생기는 행복으로 삶의 가치를 한번 더 살펴볼 수 있기 때문이며,

셋째, 현시대를 살아가는 사람들의 생각과 가치를 이야기하고 싶은 BTS와 우리나라 국민들이 사랑하는 나태주 시인의 만남을 통해 두 개의 세계관이 뫼비우스처럼 돌고 돌아 우리에게 행복감을 주기 때문이다.

1 결론 [그래서, 나는 ~라고 생각한다] / 2% 평가

그래서 나는 나태주 저자의《작은 것들을 위한 시》중 "Euphoria & 꿈 속의 꿈"은 이 시대를 살아가는 모든 이들에게 행복과 사랑은 뫼비우스의 띠처럼 돌고 돌아 우리를 행복하게 해 준다는 것을 알려준다고 생각한다.

2% 아쉬운 점

하지만 BTS의 가사를 산문으로 내는 의미적인 면에서 BTS 멤버들의 각자의 생각도 같이 담지 못해서 아쉽다.

내 마음속에 남은 한 구절

"너는 내 삶에 다시 뜬 햇빛 어린 시절 내 꿈들의 재림 모르겠어.

이 감정이 뭔지 혹시 여기도 꿈 속인 건지"

5월의 1학년

서평자: 이미옥
평 점: ★★★★★
저 자: 안수민 지음
출판사: 소원나무
연 도: 2022년

[Why 작가는 왜 이 책을 썼을까?] / 저술 목적

이 책의 작가는 코로나와 함께 살아가는 일상에 무던해진 사람들에게 미래의 시점으로 다시 이 사건을 바라보는 것과 그 시기에 겪었던 어려움을 알려주려고 이 책을 저술했다.

[What 작가는 무엇을 말하는가?] / 핵심적인 내용

이 책의 전반부에서는 입학식 날 출장으로 아빠가 오지 않아 속상한 파니는 엄마로부터 30년 전 코로나로 인해 부모님 모두 오시지 않았던 입학식 이야기를 전해 듣고 그 시절을 회상하는 엄마의 8살 시절로 돌아가는 이야기를 하고 있고,

이 책의 중반부에서는 코로나로 인해 5월의 신입생이 된 하윤이가 마스크를 쓰는 생활로 인해 친구와 서로 이야기도 잘 하지 못해 재미없는 학교생활을 하고 그때 알게 된 반 친구 진주가 같은 아파트 아래위층이라는 사실을 알게 되어 절친이 되어가며 그쯤 진주의 부모님이 운영하시는 식당에 코로나 확진자가 다녀가서 반 아이들이 다 진주를 괴롭히고 따돌리는 이야기를 하고 있으며,

이 책의 후반부에서는 진주를 위해 나서거나 위로를 많이 못 해 미안한 마음을 가지고 있던 하윤에게도 택배일을 하시는 아빠의 확진으로 인해 가족은 두려움에 떨고 학교에서도 외면받을까 두려워하지만 친구 진주의 따뜻한 배려로 인해 마음이 치유되고 그 일화를 딸 파니에게 멋지게 소개하는 이야기를 하고 있다.

[How 나에게 어떻게 적용할 것인가?] 실천 사항

앞으로 나는 코로나 바이러스 같은 상황이 생길 때 너무 겁을 먹지 말고 그 속에서 생기는 소문과 차별로 인해 몸과 마음 모두 아프게 하는 것들에 동참하지 않고 의연하게 대처하여 포용할 수 있는 사람이 되고자 할 것이다.

1 생각 [나는 ~라고 생각한다] / 주장, 평가

나는 안수민 저자의 《5월의 1학년》은 힘든 상황이 닥쳐 서로를 경계하고 보듬어주지 못하는 사람들에게 그 힘듦의 끝은 언젠가는 있지만 그 과정 속에서 몸과 마음 모두를 아프게 할 수 있는 상황보다는 서로를 품어주고 그 고통을 함께하여 극복하는 것이 필요하다는 것을 알려준다고 생각한다.

3 이유 [왜냐하면] / 내 생각에 대한 이유 3가지

왜냐하면 첫째, 2020년 시작된 코로나 바이러스로 인해 우리의 삶은 정말 많이 바뀌었고 그 당시 서로가 서로를 경계하며 갖은 소문과 차별로 마음의 상처를 주는 그때를 돌아보는 시간을 가질 수 있기 때문이고,

둘째, 다수가 소수를 괴롭히던 상황을 삽화와 글로 보여주어 어린이들에게 이 방식이 얼마나 나쁘고 잔인한 것인지를 알려주기 때문이며,

셋째, 나쁜 바이러스로 인해 멀어진 마음의 거리를 두 어린이가 서로를 보듬어 가는 일화로 극복하는 것을 보고 어른인 나부터 반성하게 되며 힘들 때나 어려울 때 건네는 따뜻한 말의 힘을 깨달았기 때문이다.

1 결론 [그래서, 나는 ~라고 생각한다] / 2% 평가

그래서 나는 안수민 저자의 《5월의 1학년》은 힘든 상황이 닥쳐 서로를 경계하고 보듬어주지 못하는 사람들에게 그 힘듦의 끝은 언젠가는 있지만 그 과정 속에서 몸과 마음 모두를 아프게 할 수 있는 상황보다는 서로를 품어주고 그 고통을 함께하여 극복하는 것이 필요하다는 것을 알려준다고 생각한다.

2% 아쉬운 점

하지만 집단의 힘으로 개인을 보듬어 주지 못하고 비판했던 부분을 아동의 시점에서 보면 '사과'라는 형태로 해결이 되지 않고 무심하게 넘겨 이해가 되지 못하게 하는 것보다는 시간이 흐른 뒤라도 그 부분에 대한 오해와 해결방법이 있으면 좋지 않을까? 라는 생각이 들어서 아쉽다.

내 마음속에 남은 한 문장

"거짓말 바이러스에 대한 면역력이 생겼다는 거지.
애들이 사실도 아닌 걸로 떠드는 거, 이제 하나도 안 무서워!"

한마디 말로 사람은 성장해요

작성자: 최은경
평 점: ★★★
제작사: 세바시
연 도: 2022년

[Why 작가는 왜 이 책을 썼을까?] / 저술 목적

이 영상의 제작자는 비속어에 익숙한 디지털 시대를 살아가고 있는 청소년과 직장인들에게 말 한마디가 타인에게 전해주는 변화의 중요성을 알려주려고 이 영상을 제작했다.

[What 작가는 무엇을 말하는가?] / 핵심적인 내용

이 영상의 전반부에서는 무학으로 늦깎이 공부를 하는 것이 힘들었지만, 남편의 건넨 말 한마디에 대학 공부까지 마치는 한 할머니의 인생을 이야기하고 있고,

이 영상의 중반부에서는 냉정한 부장님 때문에 힘들어할 때 직장 동료의 한마디 말로 위안이 되었다는 내용을 이야기하고 있으며,

이 영상의 후반부에서는 자존감이 약했던 대학 후배가 자존감을 올리기 위해 자존감 다이어리를 작성하며 극복해 나가게 되었다는 내용을 이야기하고 있다.

[How 나에게 어떻게 적용할 것인가?] 실천 사항

앞으로 나는 나의 부족한 자존감을 올리기 위해 실천할 수 있는 작은 것부터 자존감 다이어리를 작성해볼까 한다. 또한 어려움이 닥쳤을 때 좌절보다는 잠시 지나가는 것임을 알았기에 기다리는 여유를 가져보도록 노력해볼 것이다.

1 생각 [나는 ~라고 생각한다] / 주장, 평가

그래서 나는 세바시가 제작한 '한마디 말로 사람은 성장해요'는 비속어에 익숙한 디지털 시대를 살아가고 있는 청소년과 직장인들에게 한마디 말이 때론 큰 위로가 되어주고, 누군가에게는 인생의 새로운 전환점이 될 수 있기에 한마디 말이 가지고 있는 중요성을 한번 더 생각하게 하는 좋은 강의였다고 생각한다.

3 이유 [왜냐하면] / 내 생각에 대한 이유 3가지

왜냐하면 첫째 이 강연을 듣고 나는 누군가를 향해 따뜻한 말 한마디를 건넬 수 있는 마음의 여유가 생겼기 때문이고,

둘째 좋은 말이 있다면, 무심코 던진 말이 타인에게는 상처가 될 수 있음을 알았기에 때문이며,

셋째 영상을 듣는 내내 편안함과 따뜻한 어투로 전달하고자 하는 내용을 집중할 수 있기 때문이다.

1 결론 [그래서, 나는 ~라고 생각한다] / 2% 평가

그래서 나는 세바시가 제작한 '한마디 말로 사람은 성장해요'는 비속어에 익숙한 디지털 시대를 살아가고 있는 청소년과 직장인들에게 한마디 말이 때론 큰 위로가 되어주고, 누군가에게는 인생의 새로운 전환점이 될 수 있기에 한마디 말이 가지고 있는 중요성을 한번 더 생각하게 하는 좋은 강의였다고 생각한다.

2% 아쉬운 점

하지만 내 인생에서 이 강연을 좀 더 빨리 접할 수 있었더라면 상사에게 받았던 스트레스가 확 줄지 않았을까 하는 생각이 들어 아쉽다.

내 마음속에 남은 한마디

"그냥 교차로에서 잠시 만난 것뿐이에요."

이게 정말 마음일까?

작성자: 최은경
평 점: ★★★
저 자: 요시타케 신스케 지음
출판사: 주니어 김영사
연 도: 2020년

[Why 작가는 왜 이 책을 썼을까?] / 저술 목적

기발하고 독특한 상상력이 풍부한 천재 작가는 성장하고 있는 아이와 부모님들과 학생들을 가르치는 선생님들에게 자기 마음속에 존재하는 미움의 감정과 타인에게 받는 마음 상처를 대처하는 처방전 같은 편안함을 알려주려고 이 책을 저술했다.

[What 작가는 무엇을 말하는가?] / 핵심적인 내용

이 책의 전반부에서는 싫은 사람 때문에 뭘 해도 기분이 나빠서 점점 더 미워하는 시간이 많아지고 그 시간을 아까워하는 주인공에 대해 이야기하고 있고,

이 책의 중반부에서는 싫은 사람을 상상 속에 혼내주기도 하고 속상한 날에는 무엇을 해도 기분이 풀리지 않는 싫은 마음이 어떤 걸까 고민하는 주인공을 이야기하고 있으며,

이 책의 후반부에서는 기분 좋은 일을 못 보게 하는 괴물이 사는 건 아닌지 아니면 누군가에게 조종당해서 나쁜 일만 하는 건 아닌지 고민하다가 즐거운 일을 찾으면 좋은 일이 생길 거라는 긍정적인 마음을 가져보자는 주인공을 이야기하고 있다.

[How 나에게 어떻게 적용할 것인가?] 실천 사항

앞으로 나는 짜증 나는 일이 있거나 화나는 일이 있을 때 나의 마음의 안정을 위해 매일 긍정 메모를 작성해보면서 마음의 진정을 유도하고 다스리도록 노력해 볼 것이다.

1 생각 [나는 ~라고 생각한다] / 주장, 평가

그래서 나는 요시타케 신스케가 쓴《이게 정말 마음일까?》는 성장하고 있는 아이와 부모님들과 학생들을 가르치는 선생님들에게 자기의 감정을 살피고 마음을 좀 더 단단하게 만들어가는 방법을 알려주는 좋은 책이라 생각한다.

3 이유 [왜냐하면] / 내 생각에 대한 이유 3가지

왜냐하면 첫째 이 책을 읽는 내내 나도 모르게 피식 웃게 만드는 편안함을 주기 때문이고,

둘째 명쾌한 정답은 아니지만, 읽다 보면 마음의 여유와 위안을 받을 수 있기 때문이며,

셋째 타인을 미워하는 마음보다 이해해 보려는 생각을 가져 볼 수 있기 때문이다.

1 결론 [그래서, 나는 ~라고 생각한다] / 2% 평가

그래서 나는 요시타케 신스케가 쓴《이게 정말 마음일까?》는 성장하고 있는 아이와 부모님들과 학생들을 가르치는 선생님들에게 자기의 감정을 살피고 마음을 좀 더 단단하게 만들어가는 방법을 알려주는 좋은 책이라 생각한다.

2% 아쉬운 점

하지만 화면에 꽉 찬 그림들이 많다 보니 글에 집중도가 떨어지는 것 같아 아쉽다.

내 마음속에 남은 한문장

"싫은 사람이나 싫은 마음은 언제 생길지 몰라. 그러니 언제든지 바로 나를 위로할 수 있게 좋아하는 물건이나 내 마음을 따뜻하게 해주는 것들을 모은 상자를 준비해 두면 좋겠다."

우리 모두 처음이니까

작성자: 최은경
평 점: ★★★
저 자: 김을호 지음
출판사: 크레용하우스
연 도: 2019년

[Why 작가는 왜 이 책을 썼을까?] / 저술 목적

이 책의 작가는 극심한 사춘기를 겪고 있는 자녀와 지켜보는 부모들에게 처음이라 모든 것에 서툴고 어색하지만 서로를 이해하는 마음의 중요성을 알려주려고 이 책을 저술했다.

[What 작가는 무엇을 말하는가?] / 핵심적인 내용

이 책의 전반부에서는 부모의 사랑으로 태어난 날을 회생하며 부모가 되기 전 엄마의 마음이 어떠했는지 어떤 생각을 가졌었는지 이야기하고 있고,

이 책의 중반부에서는 아이의 사춘기 과정에 대한 부모가 미처 보지 못한 아이의 새로운 모습을 파악하며 아이에게 대한 믿음의 중요성을 이야기하고 있으며,

이 책의 후반부에서는 서로 이 삶이 처음인지라 서로 넉넉한 마음으로 이해하며 너에게 엄마 나에게 아들이 됨을 감사하며 살았으면 하는 주인공의 마음에 대해 이야기하고 있다.

[How 나에게 어떻게 적용할 것인가?] 실천 사항

앞으로 나는 한참 사춘기로 대화가 없어진 우리 가족들을 위해 메모할 수 있는 가족 게시판이나 메모판을 거실에 두어 활용하면서 소통하는 가족이 되어 볼 것이다.

1 생각 [나는 ~라고 생각한다] / 주장, 평가

그래서 나는 김을호 작가가 쓴《우리 모두 처음이니까》는 극심한 사춘기를 겪고 있는 자녀와 비켜보는 부모들에게 처음부터 잘하지 못해도 서로를 이해하며 용기와 믿음으로 서로를 배려하는 마음을 일깨워주는 따뜻함이 전해지는 좋은 책이라고 생각한다.

3 이유 [왜냐하면] / 내 생각에 대한 이유 3가지

왜냐하면 첫째, 나의 삶의 여행이 처음이라 잠시 힘든 날이 오더라도 그래 처음부터 잘할 수 있나 라는 나 자신에게 위로의 말을 건넬수 있기 때문이고,

둘째, 사람은 누구나 실수를 하고 살아가며, 그런 삶 속에 느긋하게 기다려 주는 마음의 여유가 꼭 필요하기 때문이며,

셋째, 타인을 이해하고 남을 배려할 수 있는 따뜻한 마음을 가져 볼 수 있는 생각을 할 수 있기 때문이다.

1 결론 [그래서, 나는 ~라고 생각한다] / 2% 평가

그래서 나는 김을호 작가가 쓴《우리 모두 처음이니까》는 극심한 사춘기를 겪고있는 자녀와 비켜보는 부모들에게 처음부터 잘하지 못해도 서로를 이해하며 용기와 믿음으로 서로를 배려하는 마음을 일깨워주는 따뜻함이 전해지는 좋은 책이라고 생각한다.

2% 아쉬운 점

하지만 아직 글을 읽을 줄 모르는 아동들에게는 다소 이해하기 어렵다는 것이 조금 아쉽다.

내 마음속에 남은 한문장

"우리 모두 실수를 하고 상처가 생기지. 나무에 나이테가 생겨나듯."

바램

작성자: 최은경
평 점: ★★★
작사가: 김종환
연 도: 2014년

[Why 작가는 왜 이 책을 썼을까?] / 저술 목적

이 노래의 작사가는 시대의 변화 속에 살아가고 있는 우리네 아버지들에게 힘들게 살아온 무게만큼이나 함께 할 가족 사랑의 중요함을 알려주려고 이 노래를 작사했다.

[What 작가는 무엇을 말하는가?] / 핵심적인 내용

이 노래의 전반부에서는 앞만 보며 살아온 세월의 무게 속에 덩그러니 혼자 남지 않을까 두려움을 이야기하고 있고,

이 노래의 중반부에서는 지친 인생에서 사랑한다는 말 한마디가 주는 감사함이 사막을 걷는다 해도 그 길이 꽃 길이 될 수 있음을 이야기하고 있으며,

이 노래의 후반부에서는 남은 인생의 동반자로 함께 살아가고 함께 삶이 익어가는 거라는 내용을 이야기하고 있다.

[How 나에게 어떻게 적용할 것인가?] 실천 사항

앞으로 나는 인생의 동반자인 남편과 함께 남은 인생에 꼭 해봐야 할 버킷리스트를 작성해서 하나하나 지워가 며 삶이 익어가는 것을 함께 지켜볼 것이다.

1 생각 [나는 ~라고 생각한다] / 주장, 평가

나는 김종환 작사가의 '바램'은 중년의 가장과 중년 부부들에게 그동안의 삶의 무게를 뒤돌아보며 남은 인생을 마무리함에 있어 함께할 동반자의 소중함을 한번 더 생각하게 하는 좋은 노래라고 생각한다.

3 이유 [왜냐하면] / 내 생각에 대한 이유 3가지

왜냐하면 첫째 나 또한 내가 살아온 과정을 한번 뒤돌아봐야겠다는 생각이 들게 했기 때문이고,

둘째 사람들과 주고받는 말 한마디에서 타인이 받는 파장이 크다는 걸 알았고 따뜻한 말 한마디가 사막의 길도 꽃길로 바뀔 만큼 크다는 걸 알았기 때문이며,

셋째 내가 지치고 힘들 때 큰 힘이 되어주는 내 가족의 소중함을 잊지 않고 기억할 수 있기 때문이다.

1 결론 [그래서, 나는 ~라고 생각한다] / 2% 평가

그래서 나는 김종환 작사가의 '바램'은 중년의 가장과 중년 부부들에게 그동안의 삶의 무게를 뒤돌아보며 남은 인생을 마무리함에 있어 함께할 동반자의 소중함을 한번 더 생각하게 하는 좋은 노래라고 생각한다.

2% 아쉬운 점

하지만 가족이 없는 중년에게는 혼자라는 쓸쓸함을 더욱 부각시켜 주어 더 외롭게 만들 것 같고, 아직 어린아이 들은 이런 애절함이 어떤 것인지 느끼기에 좀 어려울 것 같아 아쉽다.

내 마음속에 남은 한 소절

"우린 늙어가는 것이 아니라 조금씩 익어가는 겁니다."

푸틴이 부른 참상...
"러, 어린이 437명 등 8300명 학살"

작성자: 문휘
평 점: ★★★
기 자: 이제훈
신문사: 서울신문
발행일: 2022년 11월 22일

[Why 작가는 왜 이 책을 썼을까?] / 저술 목적

이 기사의 기자는 대한민국 국민에게 러시아의 우크라이나 침공에 대한 피해 상황을 알려주려고 이 기사를 작성했다.

[What 작가는 무엇을 말하는가?] / 핵심적인 내용

이 기사의 전반부에서는 러시아가 우크라이나를 침공한 270여 일 동안, 미사일 4700여 발을 우크라이나 전역에 발사했다는 내용을 이야기하고 있고,

이 기사의 중반부에서는 우크라이나에서 어린이를 포함하여 8300여 명이 사망하고 민간인 부상자가 1만 1000여 명에 달하며 고문이 있었던 것으로 추정되는 청소년 수용소도 발견된 내용을 이야기하고 있으며,

이 기사의 후반부에서는 우크라이나군 역시 러시아 군 포로를 처형한 정황이 발견되었으며, 유엔인권사무소 대변인의 말을 빌려 전투력을 상실한 사람을 즉각 처형한 혐의에 관련된 모든 가해자는 책임을 져야한다는 내용을 이야기하고 있다.

[How 나에게 어떻게 적용할 것인가?] 실천 사항

앞으로 나는 러시아의 우크라이나 침공에 관한 기사를 하루에 한 개 이상 찾아서 보고 피해 상황을 기록해 둘 것이다.

1 생각 [나는 ~라고 생각한다] / 주장, 평가

나는 이제훈 기자의 '푸틴이 부른 참상..."러, 어린이 437명 등 8300명 학살"'이 우리나라 국민에게 러시아 우크라이나 침공 전쟁의 피해 상황을 알려주는 좋은 기사라고 생각한다.

3 이유 [왜냐하면] / 내 생각에 대한 이유 3가지3

왜냐하면 첫째, 내가 직접 가 볼 수 없는, 지리적으로 멀리 떨어진 곳의 상황을 알려주고 있기 때문이고,

둘째, NYT 통신의 보도를 우리말로 번역하여 우리나라 국민이 알기 쉽게 정리하여 전달해 주기 때문이며,

셋째, 국내에서 일어나는 일이 아니므로 쉽게 지나칠 수 있는 문제에 대해 지속적인 관심을 둘 수 있도록 각성시켜주기 때문이다.

1 결론 [그래서, 나는 ~라고 생각한다] / 2% 평가

그래서 나는 이제훈 기자의 '푸틴이 부른 참상..."러, 어린이 437명 등 8300명 학살"'이 우리나라 국민에게 러시아 우크라이나 침공 전쟁의 피해 상황을 알려주는 좋은 기사라고 생각한다.

2% 아쉬운 점

하지만 직접 취재한 내용이 아니라 NYT보도를 빌어 보도함으로써 현장감이 떨어진다는 점이 아쉽다.

내 마음속에 남은 한 문장

"전투력을 상실한 사람을 즉결 처형한 혐의에 관련된 모든 가해자는 책임을 져야한다."

The Door

작성자: 문휘
평 점: ★★★★★
작사가: 안신애
연 도: 2014년

[Why 작가는 왜 이 책을 썼을까?] / 저술 목적

이 노래의 작사가는 보고 싶은 연인을 마음속에 담아둔 이별한 사람과 마음속 이야기를 쉽게 꺼내어 이야기하지 못하는 수줍음이 많은 사람에게 문득 밀려오는 그리움과 미안한 감정을 잘 추슬러 보라고 위로를 해주려고 이 노래를 작사했다.

[What 작가는 무엇을 말하는가?] / 핵심적인 내용

이 노래의 전반부에서는 마음의 문을 닫은 채 사랑하는 사람을 잊고 아무 일 없이 지내다가 누군가 관심을 두고 귀 기울이면 마음의 문을 열어 마음을 꺼내어보는 내용을 이야기하고 있고,

이 노래의 중반부에서는 마음의 문을 열었을 때 쏟아져 내리는 기억 때문에 슬퍼하고, 전 연인에 대한 미안함에 결국 자신의 두 손으로 다시 문을 닫는 내용을 이야기하고 있으며,

이 노래의 후반부에서는 상대방에게도 누군가 이야기에 귀 기울여 줄 때까지는 자신을 생각하지 말고 마음의 문을 닫고 있으라고 당부하는 내용을 이야기하고 있다.

[How 나에게 어떻게 적용할 것인가?] 실천 사항

앞으로 나는 하고 싶었던 이야기를 잔뜩 담고만 있다가, 불쑥 꺼냈을 때 와르르 쏟아지지 않도록 그때그때 용기 내어 상대방에게 조금씩 표현해 볼 것이다.

1 생각 [나는 ~라고 생각한다] / 주장, 평가

나는 안신애 작사가의 'The Door'가 사랑하는 연인을 마음속에 품고 잊으려 애쓰는 이별한 이들에게 가슴이 미어질 듯한 슬픔과 상대방에게 미처 다 전하지 못한 말들에 대한 아쉬움을 잘 추스르라고 위로를 해주는 좋은 노래라고 생각한다.

3 이유 [왜냐하면] / 내 생각에 대한 이유 3가지

왜냐하면 첫째, 문을 열고 닫는다는 표현으로 감정을 쏟아내고 억누름을 서술함으로써 눈에 보이지 않는 마음을 시각화하여 상상하도록 만들어 주었기 때문이고,

둘째, 참고 참다가 마음의 문을 열었을 때 기억을 마구 쏟아내고, 결국 힘들어져 스스로 다시 문을 닫는다는 표현에서 노랫말 속 인물의 절절한 감정이 고스란히 묘사되었기 때문이며,

셋째, 독백처럼 진행되다가 헤어진 이에게 하는 당부로 가사를 맺어, 이별한 사람들이 자신들에게 하는 이야기인 것처럼 공감할 수 있기 때문이다.

1 결론 [그래서, 나는 ~라고 생각한다] / 2% 평가

그래서 나는 안신애 작사가의 'The Door'가 사랑하는 연인을 마음속에 품고 잊으려 애쓰는 이별한 이들에게 가슴이 미어질 듯한 슬픔과 상대방에게 미처 다 전하지 못한 말들에 대한 아쉬움을 잘 추스르라고 위로를 해주는 좋은 노래라고 생각한다.

2% 아쉬운 점

하지만 잦은 이별을 경험하는 연애 경험이 많은 사람들이나, 연애를 아직 해보지 못한 사람들에게 이 가사가 공감이 될까 의문이다.

내 마음속에 남은 한 소절

"지친 영혼의 무게는 내 곁에 머물던 그대를 향했죠. 미안했어요."

나의 작은 새

작성자: 문휘
평 점: ★★★★
저 자: 에쿠니 가오리 지음
출판사: 소담출판사
연 도: 2012년

[Why 작가는 왜 이 책을 썼을까?] / 저술 목적

이 책의 작가는 홀로서기에 어려움을 느끼는 사람과 상대가 나만의 것이기를 바라는, 애정에 대한 갈구함이 있는 사람에게 서로를 향한 사랑이 주는 행복과 온전히 나의 것이 되었을 때의 정착에 대한 안도감을 '작은 새' 이야기를 통해 느끼게 해 주려고 이 책을 저술했다.

[What 작가는 무엇을 말하는가?] / 핵심적인 내용

이 책의 전반부에서는 우연히 집으로 날아온 작은 새를 위해 주인공이 먹을 것과 잠잘 곳을 마련해 주는 내용을 이야기하고 있고,

이 책의 중반부에서는 주인공이 작은 새와 함께 식사, 산책을 하며 추억을 쌓는 내용과 주인공이 여자 친구와 함께 데이트할 때마다 이를 시샘한 작은 새가 토라지는 모습을 보이자 그 마음을 풀어주기 위해 노력하는 내용을 이야기하고 있으며,

이 책의 후반부에서는 주인공 또한, 작은 새에게도 윗집 노부부의 다른 친구가 있다는 점을 알게 되어 질투를 하고, 이내 대화를 통해 서로 소중한 존재임을 확인하며 일상을 행복하게 이어가는 내용을 이야기하고 있다.

[How 나에게 어떻게 적용할 것인가?] 실천 사항

앞으로 나는 결혼이 주는 소속감에 답답해하지 않고, 나만의 사랑하는 가족을 꾸렸다는 긍정적인 마음을 가지고 남편과 아이가 속상하게 할 때마다, "당신은 나의 작은 새야.", "너는 나의 소중한 작은 새야."를 외치며 화를 가라앉혀 볼 것이다.

1 생각 [나는 ~라고 생각한다] / 주장, 평가

나는 에쿠니 가오리 작가의 《나의 작은 새》가 누군가에게 소중한 존재가 되고 싶어 하는 사람들에게 위안을 주는 좋은 책이라고 생각한다.

3 이유 [왜냐하면] / 내 생각에 대한 이유 3가지

왜냐하면 첫째, 누군가에게 소중한 존재가 되고 싶은 인간의 심리를 작은 새에 투영하여 잘 묘사하고 있기 때문이고,

둘째, 설명하는 글보다는 대화체를 많이 사용함으로써 친구와 이야기하듯 편하게 읽을 수 있었기 때문이며,

셋째, 길지 않은 분량으로 누구나 손쉽게 완독할 수 있기 때문이다.

1 결론 [그래서, 나는 ~라고 생각한다] / 2% 평가

그래서 나는 에쿠니 가오리의 《나의 작은 새》가 누군가에게 소중한 존재가 되고 싶어 하는 사람들에게 위안을 주는 좋은 책이라고 생각한다.

2% 아쉬운 점

하지만 개인주의 성향이 강한 사람들에게는 서로에게 기댐으로써 행복함과 안도감을 느끼는 주인공과 작은 새의 설정이 오히려 반감의 대상이 될 수 있지 않을까 하는 점이 아쉽다.

내 마음속에 남은 한 문장

"나는 너의 작은 새지?"

수많은 죽음을 목격하면서
깨닫게 된 행복의 비밀

작성자: 문휘
평 점: ★★★
제작자: 세바시
제작사: 유튜브
연 도: 2022년

[Why 작가는 왜 이 책을 썼을까?] / 저술 목적

이 영상의 제작자는 세상을 정신없이 살아가고 있는 현대인들에게 서로 아낌없이 사랑할 것과 사랑하는 사람과 시간을 많이 보낼 것을 권유하려고 이 영상을 제작했다.

[What 작가는 무엇을 말하는가?] / 핵심적인 내용

이 영상의 전반부에서는 오랜 시간 간호사로 일하면서 임종을 앞둔 환자가 기다리던 사람을 만난 후에야 편히 눈을 감았던 사례들을 통해 사랑하는 사람을 기다리는 힘이 간절한 삶의 의지로 이어진다는 내용을 이야기하고 있고,

이 영상의 중반부에서는 '20초 동안 눈 마주치기'의 방법을 소개하며 사랑의 관계를 유지하기 위해서는 시간을 투자해야 한다는 내용을 이야기하고 있으며,

이 영상의 후반부에서는 서로 아낌없이 사랑하고 후회 없이 용서하며, 베푸는 사랑에 서로 감사하면서 삶을 행복하게 이끌어가기를 소망한다는 내용을 이야기하고 있다.

[How 나에게 어떻게 적용할 것인가?] 실천 사항

앞으로 나는 사랑하는 가족과의 관계를 잘 유지하기 위해, 영상에서 소개했던 '20초 동안 눈 마주치기'를 일주일에 최소 1번 이상 해 볼 것이다.

1 생각 [나는 ~라고 생각한다] / 주장, 평가

나는 세바시 '수많은 죽음을 목격하면서 깨닫게 된 행복의 비밀' 영상이 바쁘게 살아가고 있는 현대인들에게 사랑하는 사람을 돌아보고 시간을 함께 보내야겠다는 다짐을 하게 하는 좋은 영상이라고 생각한다.

3 이유 [왜냐하면] / 내 생각에 대한 이유 3가지

왜냐하면 첫째, 현직 간호사의 경험을 토대로 다양한 사례를 소개함으로써 시청자로 하여금 신뢰감을 주기 때문이고,

둘째, 누구나 공감할 수 있는 '사랑'과 '시간'이라는 다소 쉬운 주제를 다루고 있기 때문이며,

셋째, 최대 구독자를 보유하고 있는 유튜브 콘텐츠로 등록이 되어있어 누구나 검색을 통해 시청할 수 있고, 6분여의 시간 동안 재생되는 짧은 영상이므로 여러 방면으로 접근성이 좋은 영상이라고 생각하기 때문이다.

1 결론 [그래서, 나는 ~라고 생각한다] / 2% 평가

그래서 나는 세바시 '수많은 죽음을 목격하면서 깨닫게 된 행복의 비밀'영상이 바쁘게 살아가고 있는 현대인들에게 사랑하는 사람을 돌아보고 시간을 함께 보내야겠다는 다짐을 하게 하는 좋은 영상이라고 생각한다.

2% 아쉬운 점

하지만 많이 다뤄지고 쉽게 접할 수 있는 주제이다 보니 영상에서 소개되는 내용이 조금은 진부하게 다가왔다는 점이 아쉽다.

내 마음속에 남은 한 마디

"사람과 좋은 관계를 유지하기 위해서는 시간을 투자해야 합니다."

한번은 詩처럼 살아야 한다

작성자: 황지영
평 점: ★★★★★
저 자: 양광모 지음
출판사: 푸른길
연 도: 2021년

[Why 작가는 왜 이 책을 썼을까?] / 저술 목적

이 책의 작가는 독자와 시를 좋아하는 사람들에게 누구라도 한때는 시인이었다며 한번은 시처럼, 한번은 시인인 양 살아야 한다고 삶에 대한 철학적 내용을 시에 담아 알려주려고 이 책을 저술했다.

[What 작가는 무엇을 말하는가?] / 핵심적인 내용

이 책의 1장에서는 〈푸르른 날엔 푸르게 살고 흐린 날엔 힘껏 산다〉라는 제목으로 30편의 시를 담고 있고, 그중 '꽃이 그늘을 아파하랴'는 꽃, 나무, 산 모두 그늘을 이끌고 살아가니까 내 영혼의 그늘을 아파도 두려워도 말라는 내용을 담고 있다. 양광모 시인하면 유명한 '무료'라는 시는 햇볕, 바람, 일출, 노을, 어머니 사랑, 아이들 웃음 등 우리가 누리는 것이 무료이므로 욕심 없는 삶과 누리고 있는 것들에 대한 감사한 마음을 느끼게 하는 내용을 이야기하고 있고,

이 책의 2장에서는 〈내가 한 송이 꽃이라면〉이라는 제목으로 20편의 시를 담고 있다. 그중 '잠자리'라는 시는 내가 양광모 시인을 알게 된 첫 시이고 잠자리를 통해 삶을 가볍게 살라는 이야기를 하고, '미움이 비처럼 쏟아질 때'는 미워하자면 사소한 모든 것이 미워질 수 있으니 내 마음에 의한 것이라는 내용을 이야기하고 있으며,

이 책의 3장에서는 〈내가 사랑을 비처럼 해야 한다면〉에서는 사랑, 이별, 그리움에 관한 시 39편을 담고 있다. '그리고 지금'이라는 시는 '유난히 그대가/그리운 날이 있다/어제/오늘/내일' 짧으면서도 그리움의 마음이 고스란히 느껴지는 깊이감 있는 이야기를 하고 있고, 이 책의 4장에서는 〈나는 노래 한다〉라는 제목으로 5편의 시에 대한 내용을 이야기하고 있다.

[How 나에게 어떻게 적용할 것인가?] 실천 사항

앞으로 나는 양광모 시인의 《한번은 詩처럼 살아야 한다》시집 제목처럼 삶을 복잡하지 않게, 힘들지 않게, 어렵지 않게 생각하며 아픔도, 슬픔도, 즐거움도, 기쁨도 주어지는 대로 이겨내고 즐기며 살아갈 수 있도록 노력할 것이다.

1 생각 [나는 ~라고 생각한다] / 주장, 평가

나는 양광모 시인의 《한번은 詩처럼 살아야 한다》가 책을 읽는 독자와 시를 좋아하는 사람들에게 삶과 사랑, 시에 대한 깨달음과 울림을 주고 시처럼 살아갈 수 있게 해 줄 것이라고 생각한다.

3 이유 [왜냐하면] / 내 생각에 대한 이유 3가지

왜냐하면 첫째, 양광모 시인의 《한번은 詩처럼 살아야 한다》가 책을 읽는 독자와 시를 좋아하는 사람들에게 삶과 사랑, 시에 대한 깨달음과 울림을 주고 시처럼 살아갈 수 있게 해 줄 것이라 때문이고,

둘째, 삶에 대한 철학적인 내용이 시 한 편, 한 편에 녹아 있어 깨달음과 찡한 울림을 주기 때문이며,

셋째, 시가 어떤 것이지, 시인의 삶은 어떤지, 시처럼 사는 것은 어떤 것인지 책을 덮고 나면 다시 읽고 싶어지는 시집이기 때문이다.

1 결론 [그래서, 나는 ~라고 생각한다] / 2% 평가

그래서 나는 양광모 시인의 《한번은 詩처럼 살아야 한다》가 책을 읽는 독자와 시를 좋아하는 사람들에게 삶과 사랑, 시에 대한 깨달음과 울림을 주고 시처럼 살아갈 수 있게 해 줄 것이라 생각한다.

2% 아쉬운 점

하지만 시 속에 내포되어 있는 의미가 어려운 시도 있어서 아직까지 내가 시를 읽기에 부족한 부분이 많다라는 생각이 들어 아쉽다.

내 마음속에 남은 한 구절

"인생 예찬"

죽기 전에 시 한 편 쓰고 싶다

작성자: 황지영
평 점: ★★★★★
저 자: 나태주 지음
출판사: 리오북스
연 도: 2018년

[Why 작가는 왜 이 책을 썼을까?] / 저술 목적

이 책의 작가는 독자들에게 은영이라는 이름을 붙여주고 은영 씨에게 시 쓰는 방법을 알려주고 있으며, 오늘날을 살아가는 힘든 사람들에게 시가 방책이 된다는 것을 알려주려고 이 책을 저술했다.

[What 작가는 무엇을 말하는가?] / 핵심적인 내용

이 책의 1부에서는 '시 속엔 시가 없다'라는 소제목으로 붕어빵 속에 붕어가 없고 제비꽃 속에 제비가 없는 것처럼 시는 우리의 일상생활과 자연 속에서 찾아야 한다는 것을 이야기하고 있고,

이 책의 2부에서는 '시에 대해서'를 설명하는데, 시는 사람을 살리고 신이 주신 문장이며 모든 시는 자서전이라 이야기하고 있으며,

이 책의 3부에서는 '아내와 시 쓰기'로 글을 쓰는 사람(나태주)과 살다보니 글에 대해 무관심할 수 없었던 아내가 쓴 시를 소개하고 있으며, 아내 본인의 생각도 이야기하고 있고,

이 책의 4부에서는 나태주 시인이 쓴 시와 그 시를 어떻게 쓰게 되었는지 그 시에 대한 뒷이야기가 있고, 시는 짧지만 무거운 인생을 담아내고 있다는 것을 이야기하고 있다.

[How 나에게 어떻게 적용할 것인가?] 실천 사항

앞으로 나는 이 책을 길잡이 삼아 필요한 부분을 나에게 적용시키면서 나만의 독창적이고 개성 있는 시를 많이 남기고, 위로가 되고 힘이 되고 공감이 되는 시를 쓰도록 노력할 것이며 그 노력이 완성될 때 내 이름으로 시집을 남길 것이다.

1 생각 [나는 ~라고 생각한다] / 주장, 평가

나는 나태주 시인의 《죽기 전에 시 한 편 쓰고 싶다》라는 책이 시를 좋아하는 사람과 시를 쓰고 싶은 사람들에게 시에 어떻게 다가가야 하는지를 알려주고 시가 왜 좋은 것인지를 알려주며 시 쓰는 방법을 제시하면서 시를 쓰고 싶은 욕망을 불러일으키는 좋은 책이라고 생각한다.

3 이유 [왜냐하면] / 내 생각에 대한 이유 3가지

왜냐하면 첫째, 시를 쓸 때 글의 내용이나 소재에 관계되는 기억들이 마음속에 촘촘히 도열해 있다가 밖으로 나와야 한다. 한 줄로 나와야 하고 일정한 질서에 따라 순서를 밟아서 나와야 하며 급한 감정부터 밖으로 나오게 해야 한다고 했으며 그것이 하나의 능력이고 마음의 기술이라 하였는데, 시가 안 써질 때 무작정 고민하지 말고 시가 먼저 다가오기를 기다려야 한다는 것을 알았기 때문이고,

둘째, 사람에게 용기와 격려와 기쁨과 축복과 만족을 주는 시, 행복에 이르게 하는 시, 마음속의 소녀를 깨워 밖으로 나오게 하여 시를 쓰고 자기다운 시, 진정성 있는 시가 감동도 더불어 보장하고, '좋은 시'는 사람에게 도움을 주는 시라고 하였기에 나의 가치관과 같아서 공감이 되었고 시를 읽으며 위로를 받았던 나의 모습이 떠올랐기 때문이며,

셋째, 날마다 순간마다 주변에서 일어나는 사소한 느낌에서 출발하고, 첫 단어가 마지막까지 끌고 가는 힘이며 시의 이론을 배워서 되는 것보다 익히고 익혀야만 되는 것이라고 하여 시를 쓰려면 이론부터 배우고 이론을 숙지하여야 한다는 나의 고정관념을 없애주었기 때문이다.

1 결론 [그래서, 나는 ~라고 생각한다] / 2% 평가

그래서 나는 나태주 시인의 《죽기 전에 시 한 편 쓰고 싶다》라는 책이 시를 좋아하는 사람과 시를 쓰고 싶은 사람들에게 시에 어떻게 다가가야 하는지를 알려주고 시가 왜 좋은 것인지를 알려주며 시 쓰는 방법을 제시하면서 시를 쓰고 싶은 욕망을 불러일으키는 좋은 책이라고 생각한다.

2% 아쉬운 점

하지만 시를 쓰는 시인들이 모두 나태주 시인처럼 생각하고 쓰는 것은 아니기 때문에 나에게 맞는 부분은 참고하고 적용하면 될 것이고, 이 책 한 권이 시를 잘 쓸 수 있는 정답이 아니라는 것은 아쉽다.

내 마음속에 남은 한 구절

"시 쓰는 사람은 다른 시인의 시를 읽을 때도 겸손하고 부드럽고 친절하게 읽어야 합니다. 까다롭게 따지고 분석하고 깔보는 태도로 읽으면 백해무익입니다."

"점심값 아끼려고 햄버거 먹었는데..."직장인들 한숨 나오는 이유'

작성자: 황지영
평 점: ★★★★★
기 자: 안혜원
신문사: 한국경제
발행일: 2022년 7월 13일

[Why 작가는 왜 이 책을 썼을까?] / 저술 목적

이 기사의 기자는 외식으로 식사를 하는 직장인과 외식하는 사람들에게 외식값 인상과 원재료 가격의 폭등에, 도미노 인상으로 외식물가가 더 올라갈 것을 알려주려고 이 기사를 작성했다.

[What 작가는 무엇을 말하는가?] / 핵심적인 내용

이 기사의 전반부에서는 롯데리아, KFC,써브웨이 등 주요 외식 프랜차이즈 업체들이 가격을 인상하고, 올해 들어 두 번째 인상이라는 것을 이야기하고 있고,

이 기사의 중반부에서는 외식 업체들의 가격 인상 주기가 빨라지고 인상 폭도 커지고 있으며 생활물가를 잡기에는 역부족이라는 것을 이야기하고 있으며,

이 기사의 후반부에서는 커피 프랜차이즈의 가격도 인상되어 외식가격의 상승세는 계속될 전망이고 가격 인상을 하지 않았던 기업 절반 이상인 53%가 연내 가격을 인상할 것이라고 이야기하고 있다.

[How 나에게 어떻게 적용할 것인가?] 실천 사항

앞으로 나는 자주 사먹던 배달음식과 외식을 줄이고 커피도 집에서 마시거나 텀블러에 커피를 담아 외출하여 절약할 것이다.

1 생각 [나는 ~라고 생각한다] / 주장, 평가

나는 안혜원 기자가 쓴 ""점심값 아끼려고 햄버거 먹었는데..."직장인들 한숨 나오는 이유'라는 기사가 직장인들과 외식을 즐기는 사람들에게 물가 인상으로 인한 부담을 알려주기 위한 좋은 기사라고 생각한다.

3 이유 [왜냐하면] / 내 생각에 대한 이유 3가지

왜냐하면 첫째, 외식으로 끼니를 해결해야하는 직장인들은 식사값이 부담스러워 햄버거로 해결했는데 그 가격이 인상되어 그마저도 부담이 된다는 물가 인상을 알려주기 때문이고,

둘째, 연속적으로 가격이 올랐다는 정보와 인상 폭 또한 크다는 것, 원재료값이 올랐다는 정보도 제공하고 있기 때문이며,

셋째, 식사 후 즐기는 커피 가격도 크게 인상되어 외식가격의 상승으로 인한 부담을 알려주기 때문이다.

1 결론 [그래서, 나는 ~라고 생각한다] / 2% 평가

그래서 나는 안혜원 기자가 쓴 ""점심값 아끼려고 햄버거 먹었는데..."직장인들 한숨 나오는 이유'라는 기사가 직장인들과 외식을 즐기는 사람들에게 물가 인상으로 인한 부담을 알려주기 위한 좋은 기사라고 생각한다.

2% 아쉬운 점

하지만 패스트푸드 햄버거와 프랜차이즈 커피숍에 대한 내용만 알려주는 것이 아쉽다.

내 마음속에 남은 한 문장

"각종 수입액이 동시다발적으로 상승하는 변수탓에 물가 대책의 실효성을 체험하기 어려운 상황이다."

장수상회

작성자: 황지영
평 점: ★★★★★
감 독: 강제규
제작사:CJ엔터테이먼트
연 도:2014년

[Why 작가는 왜 이 책을 썼을까?] / 저술 목적

이 영화의 감독은 치매환자와 치매환자를 둔 가족에게 환자를 돌보는 어려움과 가족의 사랑, 노인문제에 대해 알려주려고 이 영화를 제작했다.

[What 작가는 무엇을 말하는가?] / 핵심적인 내용

이 영화의 전반부에서는 혼자서만 동네 재개발을 반대하고 있는 까칠한 노인 성칠이 임꽃님 할머니를 만나 사랑을 하게 되고 마을 사람들은 그들의 연애를 돕는 내용으로 이야기하고 있고,

이 영화의 중반부에서는 성칠이 집을 비운 사이 장수가 인감을 찾아 재개발에 동의하려고 하자 성칠이 재개발을 저지했고 꽃님과 데이트하기로 한 것이 기억나 찾아갔으나 기억을 잃었고 중환자실에서 일어난 성칠 주변 인물은 모두 가족이었다는 것을 이야기하고 있으며,

이 영화의 후반부에서는 성칠 자신은 알츠하이머 환자였고 하나씩 기억을 잃어가고 있었는데 기억을 잃어가는 성칠을 위해 가족들이 성칠에게 맞춰가며 노력하는 것을 이야기하고 있다.

[How 나에게 어떻게 적용할 것인가?] 실천 사항

앞으로 나는 언젠가 우리 가족에게도 일어날 수 있는 일을 준비하고 가족들과 상의하고 질병의 어려움을 함께 극복해 나가도록 할 것이다.

1 생각 [나는 ~라고 생각한다] / 주장, 평가

나는 강제규 감독의 '장수상회'라는 영화가 알츠하이머 환자를 둔 가족과 그 환자에게 깊은 울림과 가족의 소중함, 알츠하이머를 어떻게 받아들이고 극복해 나가야 하는지에 대해 생각해보게 하는 감동적인 영화라고 생각한다.

3 이유 [왜냐하면] / 내 생각에 대한 이유 3가지

왜냐하면 첫째, 노년의 사랑에 관한 이야기와, 반전으로 알츠하이머에 걸린 노인에 대한 가족의 사랑과 배려, 보살핌을 느낄 수 있기 때문이고,

둘째, 기억의 부재는 여러 가지로 곤혹스러운 일을 만들고 슬픔과 우울감을 주고 환자 본인은 물론 가족들에게도 고통을 주는 질환이라 개인의 문제만으로 치부할 것이 아니라 사회구성원이 함께 고민해야할 문제라는 것을 내포하고 있기 때문이며,

셋째, 마음 한쪽이 무너져 내릴 듯한 슬픔과 함께 따뜻한 가족애와 인간애를 느끼며 부모란 무엇인가, 자식이란 무엇인가 하는 과거를 돌아보고 미래를 그려볼 수 있기 때문이다.

1 결론 [그래서, 나는 ~라고 생각한다] / 2% 평가

그래서 나는 강제규 감독의 '장수상회'라는 영화가 알츠하이머 환자를 둔 가족과 그 환자에게 깊은 울림과 가족의 소중함, 알츠하이머를 어떻게 받아들이고 극복해 나가야 하는지에 대해 생각해보게 하는 감동적인 영화라고 생각한다.

2% 아쉬운 점

그러나 꽃님 할머니의 췌장암 말기는 슬픔을 더해서 더욱 마음 아프고 안타깝다.

내 마음속에 남은 한 문장

"나는 짐이다."

인생수업

작성자: 황지영
평 점: ★★★★★
저자: 법륜 지음
출판사: 한겨레출판
연 도: 2013년

[Why 작가는 왜 이 책을 썼을까?] / 저술 목적

이 책의 작가는 법륜 스님은 책을 읽는 독자와 사람들에게 후회하고 과거에 연연하며 살지 말고, 10대는 10대에 충실하고 20대는 20대에 충실하면서 자기를 긍정하고 현재의 삶을 더 좋게 만들어가야 하는 것을 알려주려고 이 책을 저술했다.

[What 작가는 무엇을 말하는가?] / 핵심적인 내용

이 책의 전반부에서는 '지금, 당신은 행복합니까?'와 '생로병사로부터 자유로워지는 법'을 제목으로 나이 들면서 얻은 것과 잃은 것, 일어난 일은 언제나 잘된 일이다, 내일 죽어도 후회 없는 인생 살기, 삶과 죽음은 하나의 변화일 뿐이라는 내용으로 삶과 죽음에 대해 이야기하고 있고,

이 책의 중반부에서는 '사흘 슬퍼했다면 그것으로 충분하다'와 '아픈 인연의 매듭을 풀다'로 이별과 사랑, 가족에 관한 내용으로 이야기하고 있으며,

이 책의 후반부에서는 '인생 후반전, 즐겁고 행복하게 일하는 법'과 '잘 물든 단풍은 봄꽃보다 아름답다'라는 제목으로 돈, 직위, 명예가 '나'를 대신할 수 없다, 서로 다름을 인정하면 다툼이 사라진다, 세상에 입은 은혜는 갚고 떠나기, 살아있을 때 나눠줘야 선물이다, 마음의 오랜 습관을 바꾸는 기도 등 삶을 현명하고 지혜롭게 살아가기 위한 방법을 이야기하고 있다.

[How 나에게 어떻게 적용할 것인가?] 실천 사항

앞으로 나는 사건이나 시간이 흘러가면 흘러가는 대로, 과거에 얽매이지 않고, 조급해 않고 있는 그대로를 받아들여 한번뿐인 삶을 긍정적으로 살아갈 것이며 '그렇구나, 그럴 수도 있지'하며 괴로움과 아픔, 슬픔을 곱씹지 않고 현명하고 슬기롭게 이겨내고 해결해 나가도록 할 것이다.

1 생각 [나는 ~라고 생각한다] / 주장, 평가

나는 법륜 스님이 쓴《인생수업》이 책을 읽는 독자와 삶이 고통스럽고 힘든 사람들, 자녀, 부모, 부부들에게 삶과 죽음 사랑과 이별, 자식과 부모, 그리고 부부 사이의 관계를 다시금 생각하고 앞으로 내가 어떤 삶을 살아가야 할지 방향을 제시해 주는 좋은 책이라고 생각한다.

3 이유 [왜냐하면] / 내 생각에 대한 이유 3가지

왜냐하면 첫째, 친구의 추천으로《스님의 주례사》를 읽고 법륜 스님의 다른 책을 찾아보다가 읽게 된 책인데 종교적인 부분을 떠나서《인생수업》은 나의 인생 책이라고 할 수 있을 만큼 가치관과 생각을 바꿔주는 책이었다. 살아가면서 힘든 일이나 고민이 있을 때 찾아서 읽게 되는 지침서 같은 책이기 때문이고,

둘째, 왜 이렇게 사냐고 부정적인 시선으로 살아가기보다는 어떻게 행복하게 살아갈 것인지에 대해 생각하고 일어나지 않은 일에 대한 걱정과, 고민한다고 해결될 일도 아닌 것을 안고 있기보다는 걱정을 내려놓고 이미 일어난 일은 잘된 일이라고 생각할 수 있는 편안한 마음을 가져야 한다는 생각 때문이며,

셋째, 내가 어떤 사람을 사랑하고 도와줬는데, 그 사람은 나를 사랑하지 않고 도와주지 않는 것은 오롯이 그 사람 마음이므로 서운해할 필요도 없고 내가 사랑하는 것, 내가 도와준 것 그 자체로 행복하면 된다. 10대는 10대에 충실하고 20대는 20대에 충실하며 늙으면 늙는 대로 있는 그대로를 받아들이고, 산을 좋아하듯 바다를 좋아하듯 기대 없이 좋아하면 된다는 것, 모든 문제의 중심은 '나'라는 것을 알려주고 있기 때문이다.

1 결론 [그래서, 나는 ~라고 생각한다] / 2% 평가

그래서 나는 법륜 스님이 쓴《인생수업》이 책을 읽는 독자와 삶이 고통스럽고 힘든 사람들, 자녀, 부모, 부부들에게 삶과 죽음 사랑과 이별, 자식과 부모, 그리고 부부 사이의 관계를 다시금 생각하고 앞으로 내가 어떤 삶을 살아가야 할지 방향을 제시해 주는 좋은 책이라고 생각한다.

2% 아쉬운 점

하지만 인생은 긍정적으로만 바라보게 되지 않는다. 힘든 일, 고민, 걱정거리, 괴로움 등을 내려놓고 '다 잘 될 거야'보다는 '다 잘 됐어'라고 생각하기가 쉬운 일이 아닌 것 같다. 가까운 지인들조차《인생수업》이라는 책을 모르는 사람이 많은데 많은 분들이 읽어봤으면 하고, 나이가 들어감에도 마음을 비우고 수용하고 연습하는 과정이 쉽지 않을 것 같아서 아쉽다.

내 마음속에 남은 한 문장

"행복도 내가 만드는 것이네.
불행도 내가 만드는 것이네.
진실로 그 행복과 불행
다른 사람이 만드는 것 아니네."

산다는 건

작성자: 황지영
평 점: ★★★★★
작사가: 강은경
제작사: 뮤직K
연 도: 2014년

[Why 작가는 왜 이 책을 썼을까?] / 저술 목적

이 노래의 작사가는 삶이 힘든 사람들에게 살아가는 사람은 누구나 비슷하고 보이는 것이 다가 아니므로 힘들더라도 산다는 것은 좋은 것이라는 것을 알려주려고 이 노래를 작사했다.

[What 작가는 무엇을 말하는가?] / 핵심적인 내용

이 노래의 전반부에서는 사는 게 힘들고 아픈 날도 많으며 뜻대로 되지 않지만 좋은 날이 올 것이라 이야기하고 있고,

이 노래의 중반부에서는 옆집이나 친구, 남들은 다 좋아보여도 보이는 것이 다가 아니니 슬퍼 말라 이야기하고 있으며,

이 노래의 후반부에서는 세상일 알 수 없지만 사는 것은 다 그렇고 그건 것이니 힘내라 이야기하고 있다.

[How 나에게 어떻게 적용할 것인가?] 실천 사항

앞으로 나는 고민을 오래 가지지 않고, 부정적인 것을 긍정적으로 바꿀 수 있도록 마음가짐을 변화시키도록 할 것이다.

1 생각 [나는 ~라고 생각한다] / 주장, 평가

나는 강은경 작사가의 '산다는 건'이란 노래가 마음이 힘든 사람들에게 삶을 위로하고 아픔을 쓰다듬어 줄 수 있는 좋은 노래라고 생각한다.

3 이유 [왜냐하면] / 내 생각에 대한 이유 3가지

왜냐하면 첫째, 산다는 건 좋은 것이다, 살다보면 좋은 날이 온다, 인생 거기서 거기다, 사는 건 멋진 것이다, 힘내라는 메시지가 있기 때문이고,

둘째, 네가 더 가졌네, 내가 더 가졌네 비교할 필요도 없고 남을 욕할 필요도 없으며 살다보면 힘이 나는 일이 생길 것이라는 긍정 때문이며,

셋째, 지금까지 고민과 아픔과 괴로움을 이고 살았지만 누구나 같은 고민을 하며 살아가는 삶이기에 삶을 즐기며 살아가라는 것 때문이다.

1 결론 [그래서, 나는 ~라고 생각한다] / 2% 평가

그래서 나는 강은경 작사가의 '산다는 건' 이란 노래가 마음이 힘든 사람들에게 삶을 위로하고 아픔을 쓰다듬어 줄 수 있는 좋은 노래라고 생각한다.

2% 아쉬운 점

하지만 부정에서 쉽게 빠져나오지 못하는 사람들은 좋은 노래도 좋은 말도 위로가 되지 못 할 때가 있어서 안타깝다.

내 마음속에 남은 한 문장

"세상일이란 알 수 없지만 산다는 건 참 멋진 거래요."

말투 때문에 말투 덕분에

작성자: 황지영
평 점: ★★★★★
저 자: 이오타 다쓰나리 지음
출판사: 2019년

[Why 작가는 왜 이 책을 썼을까?] / 저술 목적

이 책의 작가는 독자와 사람들에게 말투는 우리가 생각하는 이상으로 중요하다는 것을 알려주고, 호감도를 끌어올리는 대화 습관의 결정판인《말투 때문에 말투 덕분에》를 읽고 나서 말을 컨트롤하고 인생을 컨트롤할 수 있도록 알려주려고 이 책을 저술했다.

[What 작가는 무엇을 말하는가?] / 핵심적인 내용

이 책의 전반부에서는 말투 때문에 외로운 사람과 말투 덕분에 행복한 사람이라는 주제로 듣기만 잘해도 상대는 고마워한다, 차라리 안 하는 게 나은 말, 달라진 점만 언급해도 센스 있는 사람이 된다는 내용으로 말을 어떻게 해야 하는지 예와 방법을 이야기하고 있고,

이 책의 중반부에서는 말투 때문에 미움받는 사람과 말투 덕분에 인기 많은 사람으로 자기 생각을 고집하지 않고 상황에 맞추는 것, 속마음을 적당히 내비쳐야 매력적으로 느낀다는 것, 맞장구를 잘 치면 계속 만나고 싶어진다는 내용 등을 이야기하고 있으며,

이 책의 후반부에서는 말투 때문에 무시당하는 사람과 말투 덕분에 인정받는 사람을 주제로 직장이나 비즈니스에서 사용할 말투를 다루고 있는데 구체적으로 말해야 일을 잘한다고 느끼고, 이유를 먼저 설명하면 변명이 된다는 것과 과정을 공유하면 서로 간의 신뢰가 쌓인다는 것을 이야기하고 있다.

[How 나에게 어떻게 적용할 것인가?] 실천 사항

앞으로 나는 말은 오랜 시간 몸에 익혀 나오는 습관임을 알고 '때문에'라고 말하며 책임을 타인이나 환경에 돌리지 않고 '덕분에'라는 말을 사용하여 상황을 긍정적으로 바라보고 문제의 상황에서도 긍정적으로 해결책을 찾도록 할 것이다.

1 생각 [나는 ~라고 생각한다] / 주장, 평가

나는 이오타 다쓰나리 작가의《말투 때문에 말투 덕분에》가 독자와 사람들에게 나의 말투를 되돌아보고 내 말투의 습관은 무엇인지, 어떤 점이 잘못되었는지, 그동안 어떻게 말을 해왔는지, 점검하고 반성하고 긍정적인 말투를 사용할 수 있도록 도와주는 좋은 책이라고 생각한다.

3 이유 [왜냐하면] / 내 생각에 대한 이유 3가지

왜냐하면 첫째, "잘한다."라는 말을 들었을 때 말투의 차이로 칭찬의 말이 되기도 하고 비꼬는 말이 되기도 한다. 말은 뉘앙스의 차이로 칭찬과 비난으로 바뀌는데 이로 인해 내 주위에 사람이 모이기도 하고 외로워지기도 하며 사랑받기도 하고 미움받기도 한다. 호감이 되기도 하고 비호감이 되기도 하는데 좋은 대화는 말을 유창하게 하는 것이 아니라 상대의 말을 끝까지 듣고 공감하는 태도가 중요하는 것을 알려 주었기 때문이고,

둘째, 나의 친구들 중 유독 한 명의 친구를 만나면 내 이야기는 할 수 없고 오로지 자신의 이야기만 쉴 틈 없이 하여 그 친구를 만나고 돌아오는 날이면 무척이나 피곤하고 이야기 듣기가 괴롭기까지 하다고 느낀 적이 있다. 상대방의 말을 경청하고 공감하고 잘 맞장구 쳐주는 것은 생각보다 피곤하고 어려운 일이라고 생각이 들었는데 반면 나는 내 아이에게 나의 이야기를 많이 하는 편이다. 아이는 나의 말을 끝까지 들어주고 고개를 끄덕여주고 맞장구를 쳐준다. 그래서 대화가 즐겁다고 느끼는데 잘 들어주는 것은 정서적 노동이라는 생각이 들어서 결코 쉬운 일은 아니라는 느낌 때문이며,

셋째, 누군가 나를 칭찬할 때 "아니다, 나는 부족하다.", "그럴리가 없다, 나는 못하는 게 더 많다." 하며 부끄럽고 쑥스러워서 나를 깎아내리는 말을 사용한다. 단지 겸손하게 표현하기 위해 그런 것이고 상대방이 내 모습을 잘난 척으로 판단할까 봐 부정하게 되는 것이다. 그러나 "더 열심히 하려고.", 내가 좀 느리지만 꼼꼼하게 할 줄 알아. 그렇게 말해줘서 고마워." 등 긍정의 말을 사용하며 받아들이는 연습이 필요하다는 것을 느꼈기 때문이다.

1 결론 [그래서, 나는 ~라고 생각한다] / 2% 평가

그래서 나는 이오타 다쓰나리 작가의《말투 때문에 말투 덕분에》가 독자와 사람들에게 나의 말투를 되돌아보고 내 말투의 습관은 무엇인지, 어떤 점이 잘못되었는지, 그동안 어떻게 말을 해왔는지, 점검하고 반성하고 긍정적인 말투를 사용할 수 있도록 도와주는 좋은 책이라고 생각한다.

2% 아쉬운 점

그러나 잘 듣고 공감하고 필요 없는 말을 줄이고 솔직하게 표현하기를 기억하고, 말투로 생각이 긍정적으로 바뀌고 말투로 나의 가치를 높일 수 있다는 걸 아는 사람들은 실천하겠지만, 알려줘도 바뀌지 않는 사람들은 참으로 안타깝다.

내 마음속에 남은 한 문장

"식상한 립서비스의 놀라운 효과 – 긍정적인 말이 주위를 밝힌다."

내가 중년의 3대 재앙을 해결한 방법

작성자: 황지영
평 점: ★★★★★
강연자: 이의상
주최사: 세바시
연 도: 2022년

[Why 작가는 왜 이 책을 썼을까?] / 저술 목적

이 강연의 강사는 돈이 없고, 병이 있고, 외롭게 살고 있는 중년과 강의를 듣는 사람들에게 살면서 힘든 일을 쉽게 해결할 수 있도록 방법을 알려주려고 이 강연을 준비했다.

[What 작가는 무엇을 말하는가?] / 핵심적인 내용

이 강연의 전반부에서는 중년의 3대 재앙으로 돈 없이 오래 사는 것, 병을 가지고 오래 사는 것, 외롭게 오래 사는 것을 이야기하고 있고,

이 강연의 중반부에서는 강연자의 과거를 이야기하며 힘든 고비를 어떻게 넘겨왔는지, 어떻게 성공하게 되었는지를 이야기하고 있으며,

이 강연의 후반부에서는 가장 중요한 건 글쓰기인데 내가 알고 있는 지식과 경험을 글과 영상으로 온라인에 꾸준히 공유하면 나도 성장하고 그것을 보는 타인도 성장하며 선한 영향력을 선사한다는 것을 이야기하고 있다.

[How 나에게 어떻게 적용할 것인가?] 실천 사항

앞으로 나는 오프라인에서 글을 썼지만 블로그나 온라인으로 글쓰는 활동을 생각하지는 않았는데 블로그 활동을 시작할 것이다.

1 생각 [나는 ~라고 생각한다] / 주장, 평가

나는 이의상 강연자의 '내가 중년의 3대 재앙을 해결한 방법'이라는 영상이 중년을 살아가는 사람들과 나태하게 살아가고 있는 사람들에게 꾸준함과 본인이 가진 지식으로 선한 영향력을 선사하는 좋은 가르침을 주는 강연이라고 생각한다.

3 이유 [왜냐하면] / 내 생각에 대한 이유 3가지

왜냐하면 첫째, 40대~50대 사망원인 2위가 자살인데 그것을 어떻게 극복하고 돈, 병, 외로움을 해결할 수 있는지 알려주기 때문이고,

둘째, 글쓰기의 중요성, 그 외 본인이 갖고 있는 재능과 능력을 꾸준히 사람들에게로 내보이면 기회가 찾아오고 주변에 영향력을 주기 때문이며,

셋째, 노숙, 쪽방, 고시원 등에 살며 형편이 어려워도 극복할 수 있으며, 세상과 싸워 이길 수 있는 무기는 글쓰기라는 것 때문이다.

1 결론 [그래서, 나는 ~라고 생각한다] / 2% 평가

그래서 나는 이의상 강연자의 '내가 중년의 3대 재앙을 해결한 방법'이라는 영상이 중년을 살아가는 사람들과 나태하게 살아가고 있는 사람들에게 꾸준함과 본인이 가진 지식으로 선한 영향력을 선사하는 좋은 가르침을 주는 강연이라고 생각한다.

2% 아쉬운 점

그러나 블로그, 유튜브 등 온라인 공유로 기회가 왔다는 것이 아날로그를 좋아하는 나에게 크게 와닿지 않아서 그 점이 아쉽다.

내 마음속에 남은 한 마디

"세상과 싸워 이길 수 있는 무기는 글쓰기"

흉터 속의 새

작성자: 황지영
평 점: ★★★★★
시인: 유홍준 지음
출판사: 모인구두들
연 도: 2004년

[Why 작가는 왜 이 책을 썼을까?] / 저술 목적

이 시의 시인은 시를 읽는 독자들에게 열다섯 살에 허벅지 곁에 생긴 상처를 시로 표현하며 억눌린, 좌절된, 울화의 자아를 표현하고 거기에 갇혀 살아야 했던 슬픔을 알려주려고 이 시를 창작했다.

[What 작가는 무엇을 말하는가?] / 핵심적인 내용

이 시의 전반부에서는 새의 부리만한 흉터가 열다섯 살 저녁때 새처럼 날아와 허벅지에 갇혔다고 표현하여 이야기하고 있고,

이 시의 중반부에서는 '꺼내줄까 새야'라는 표현으로 흉터를 없애고픈 마음을 알 수 있도록 이야기하고 있으며,

이 기사의 후반부에서는 혼자가 되면 흉터를 긁는데 허벅지에 갇힌 새가 꿈틀거린다며 본인의 상처에 관한 내용을 이야기하고 있다.

[How 나에게 어떻게 적용할 것인가?] 실천 사항

앞으로 나는 흉터를 새의 부리로 표현하고, 가렵고 따가운 흉터를 꿈틀거린다고 표현한 작가의 관찰력과 창의성을 배우고 다른 사람이 생각하지 못한 것을 새롭게 들여다보는 시를 쓰는 연습을 하도록 할 것이다.

1 생각 [나는 ~라고 생각한다] / 주장, 평가

나는 유홍준 시인이 쓴《흉터 속의 새》가 아픔을 갖고 있는 사람, 흉터와 상처를 갖고 있는 사람들에게 공감을 형성하고 내면의 자아를 구원하고자 하는 좋은 시라고 생각한다.

3 이유 [왜냐하면] / 내 생각에 대한 이유 3가지

왜냐하면 첫째, 같은 아픔을 가진 사람들에게 깊은 공감을 주기 때문이고,

둘째, 상처를 새의 부리에 비유하며 새를 꺼내고 싶은 소망을 노래하여 흉터가 없었으면 하는 바람의 마음이 보이기 때문이며,

셋째, 켈로이드 흉터는 따갑고 가려운데 혼자가 되면 흉터를 긁는다며 욱신거리는 흉터를 새가 꿈틀거린다며 아픔을 표현하기 때문이다.

1 결론 [그래서, 나는 ~라고 생각한다] / 2% 평가

그래서 나는 유홍준 시인이 쓴《흉터 속의 새》가 아픔을 갖고 있는 사람, 흉터와 상처를 갖고 있는 사람들 '에게 공감을 형성하고 내면의 자아를 구원하고자 하는 좋은 시라고 생각한다.

2% 아쉬운 점

하지만 희망보다는 슬픔을 이야기하고 있어서 공감을 하면서도 마음이 무거워지는 시라서 아쉽다.

내 마음속에 남은 한 구절

"꺼내줄까 새야 꺼내줄까 새야"

식물혁명

작성자: 황지영
평 점: ★★★★★
저 자: 스테파노 만쿠소 지음
출판사: 동아엠앤비
연 도: 2019년

[Why 작가는 왜 이 책을 썼을까?] / 저술 목적

이 책의 작가는 독자들에게 식물이 인간의 삶에 얼마나 중요한 요소인지, 식물에 대한 연구의 가치와 식물이 얼마나 월등한 생물인지를 알려주려고 이 책을 저술했다.

[What 작가는 무엇을 말하는가?] / 핵심적인 내용

이 책의 전반부에서는 식물이 경험을 통해 기억메커니즘을 갖고 있으며 그 기억이 단기가 아니라는 것, 식물에서 영감을 얻고 로봇을 만들 수 있다는 것, 그 영감으로 플랜토이드 토양탐사에 대한 아이디어를 얻었고, 동물을 능가하는 식물의 모방 기술에 대해 이야기하고 있고,

이 책의 중반부에서는 근육이 없음에도 움직이는 식물의 능동적 움직임과 수동적 움직임, 식물과 개미의 협력, 식물이 동물을 조작하고 있다는 것과 동물을 중독시키는 화학적 조작, 식물로부터 영감을 얻어야함을 이야기하고 있으며,

이 책의 후반부에서는 식물의 나이테, 잎차례, 배열이 건축계의 원천이 된다는 것과 식물은 우주여행의 동반자이며 젤리피시 바지선으로 담수 없이 채소를 생산하고 우리가 사는 환경, 지구를 무료로 이용하고 있다는 것을 이야기하고 있다.

[How 나에게 어떻게 적용할 것인가?] 실천 사항

앞으로 나는 발길 닿는 곳, 눈길 닿는 곳마다 있는 식물을 그저 흔한 식물이 아니라 생명의 다양성과 식물의 근원적인 차이, 구조의 구성에 대해 생각하며 식물을 바라볼 것이다.

1 생각 [나는 ~라고 생각한다] / 주장, 평가

나는 스테파노 만쿠소의 《식물혁명》이 독자와 독자를 통해 식물혁명의 내용을 전해들을 사람들에게 그동안 잘 알지 못했던 식물의 신비로움을 알리고 혁명이라 느낄 만큼 식물이 어떠한 생명체인지 지식을 전달하는 좋은 책이라고 생각한다.

3 이유 [왜냐하면] / 내 생각에 대한 이유 3가지

왜냐하면 첫째, 작은 움직임에도 잎을 움츠리는 미모사 화분을 약 10cm 높이에서 반복적으로 추락하는 상황에 놓이게 하고 7~8회 정도 자극이 반복하니 미모사는 더 이상 잎을 닫지 않기 시작했는데 그것은 식물이 과거의 경험을 기억할 수 있다는 흥미로운 내용이었기 때문이고,

둘째, 나뭇가지를 모방한 타워, 잎차례의 배치방식으로 모든 세대가 가지에 달린 잎처럼 한쪽 면으로 햇볕을 받는 건물, 빅토리아 연꽃의 잎 아랫면 구조를 이용해 크리스털 팰리스를 설계한 것 외 식물에서 영감을 얻어 건물과 빌딩을 만든 새로움 때문이며,

셋째, 동물과는 완전히 다른 생명인 식물이 저항력 있고 현대적인 모델을 구현하며 견고함과 융통성이 어떻게 결합될 수 있는지를 기억하고 연구하고 확장, 발전시키는 것을 미래 설계에서 염두에 두어야 한다는 식물의 중요함 때문이다.

1 결론 [그래서, 나는 ~라고 생각한다] / 2% 평가

그래서 나는 스테파노 만쿠소의 《식물혁명》이 독자와 독자를 통해 식물혁명의 내용을 전해들을 사람들에게 그동안 잘 알지 못했던 식물의 신비로움을 알리고 혁명이라 느낄 만큼 식물이 어떠한 생명체인지 지식을 전달하

는 좋은 책이라고 생각한다.

2% 아쉬운 점

하지만 이 책을 읽지 않은 사람들은 식물이 얼마나 대단하고 놀라운 생명체인지 자세히 알 수 없을 것 같아서
안타깝다.

내 마음속에 남은 한 문장

"풀잎이 지구에서는 정상적인 것이지만, 화성에서는 기적일 것이다. 화성에서 우리 후손들은 작은 녹지의 가치
를 알게 될 것이다.

　_칼 세이건,《창백한 푸른 점》"

박상미의 가족 상담소

작성자: 황지영
평 점: ★★★★★
저자: 박상미 지음
출판사: 특별한 서재
연 도: 2022년

[Why 작가는 왜 이 책을 썼을까?] / 저술 목적

이 책의 작가는 가족들에게 서로를 이해하고 사랑하고 공감하고 소통을 잘 할 수 있게 비결을 알려주고, 독자가 상담 받는 마음으로 책을 읽고 가족을 공부할 수 있도록 알려주려고 이 책을 저술했다.

[What 작가는 무엇을 말하는가?] / 핵심적인 내용

이 책의 파트1에서는 '사랑하지만 가장 상처 주는 관계, 가족'에 대한 주제로 자식은 타인, 부모로부터 받은 상처 돌보기, 부부는 일심동체가 아니라는 것, 운명의 라이벌 형제자매, 사위도 처가가 힘들다, 착한 사람들의 화병에 대한 소주제로 이야기하고 있고,

이 책의 파트2에서는 '가족, 치유가 필요하다'는 주제로 가족을 공부해야 한다는 것과 상처를 치유하는 가족의 비결, 최고의 유산은 긍정 유전자라는 것을 이야기하고 있으며,

이 책의 파트3에서는 '부모, 공부가 필요하다'라는 주제로 학부모 말고 부모 되기, 내 아이는 내가 지킨다, 꼭 알아야 할 부모 공부라는 소주제로 이야기하고 있고,

이 책의 파트4에서는 가족 상담소 처방전으로 화 다스리는 방법, 꼭 지키는 소통의 기술, 공감대화와 고민 상담실, 사랑은 배우고 익혀야하는 기술이라는 것을 이야기하고 있으며,

이 책의 파트5에서는 '혼자 우는 아빠들을 위하여'로 아빠의 우울증, 발상의 전환이 필요하다는 것, 남자도 울어야 산다는 것과, 현실에서 있었던 가족 고민 사연을 공개하여 해결책을 제시하고 배울 수 있도록 알려주고자 이야기하고 있다.

[How 나에게 어떻게 적용할 것인가?] 실천 사항

앞으로 나는 가족을 위해 희생하는 사람이 아니라는 것과 자녀를 내 것이라는 소유물이 아닌 철저한 타인으로 대하고 존중할 것을 기억하고, 나는 윗사람 너는 아랫사람으로 권위를 세우는 것이 아니라 동등한 위치에서 사랑을 표현하고 섭섭함도 표현하면서 가족을 배려하고 이해하려는 마음을 갖고, 완벽보다는 행복을 추구하며 가족과 함께 살아갈 것이다.

1 생각 [나는 ~라고 생각한다] / 주장, 평가

나는 박상미 작가의《박상미의 가족 상담소》가 가족과 갈등을 겪고 있는 가정과 가족에 대한 이해가 필요하고 소통하고 싶은 가정에게 더 나은 가정을 만들고 가족을 공부하면서 존중과 이해, 소통의 비결을 배울 수 있는 아주 좋은 책이라고 생각한다.

3 이유 [왜냐하면] / 내 생각에 대한 이유 3가지

왜냐하면 첫째, 나의 결핍을 자녀에게서 채우려고 내 분신이라는 생각에서 자녀를 나와 같은 존재라고 생각하고 대했는데 타인임을 인정하고 존중하고 배려해야한다는 것을 다시 한번 각인시키고 노력해야한다는 것을 알려주었기 때문이고,

둘째, 행복과 불행은 한 끗 차이로 내 부모에게서 받았던 상처는 끊어내고 나를 위해 내가 치유자가 되어 오늘 내가 변함으로써 내 자녀, 또 그 아래 자손들에게까지 긍정 유전자를 물려줄 수 있다는 것 때문이며,

셋째, 인정받고 존중받길 원하는 자녀에게 늘 내 감정이 우선이었는데 그 부분을 자각하면서 나를 되돌아보았고 지금까지 많은 시행착오를 겪었지만《박상미 가족 상담소》를 반복해서 읽고, 실생활에 잘 적용할 수 있겠다

는 자신감이 생겼기 때문이다.

1 결론 [그래서, 나는 ~라고 생각한다] / 2% 평가

그래서 나는 박상미 작가의 《박상미의 가족 상담소》가 가족과 갈등을 겪고 있는 가정과 가족에 대한 이해가 필요하고 소통하고 싶은 가정에게 더 나은 가정을 만들고 가족을 공부하면서 존중과 이해, 소통의 비결을 배울 수 있는 아주 좋은 책이라고 생각한다.

2% 아쉬운 점

하지만 하루아침에 바뀔 수 있는 게 아니라 많은 노력과 연습이 필요한 것이기에 당장 좋은 부모, 좋은 가정이 만들어지는 것이 아니어서 아쉽다.

내 마음속에 남은 한 문장

"20세부터 나를 키우는 사람은 나 자신입니다."

베이킹소다 손걸레 청소포

작성자: 황지영
평 점: ★★★★★
회사명: 다올리엔씨
출시일: 2022년 1월

[Why 작가는 왜 이 책을 썼을까?] / 저술 목적

이 상품의 회사는 청소를 하는 주부와 소비자들에게 청소할 때 좀 더 쉽게 물티슈로 닦아내고 찌든 때와 물때 제거에 베이킹소다가 효과 있다는 것을 알려주려고 이 상품을 출시했다.

[What 작가는 무엇을 말하는가?] / 핵심적인 내용

이 상품의 기능은 물티슈에 베이킹소다가 첨가되어 찌든 때와 물때 제거에 효과가 있고 바닥, 창문, 싱크대, 타일, 욕조, 전자레인지, 가스레인지 등 대부분의 청소에 이용할 수 있는 제품이고,

이 상품의 특징은 천 원이라는 가격에 100장이 들어있어서 가성비가 아주 좋다는 것, 다양한 제품청소와 집안 구석구석을 청소하기에 부담이 없어서 다용도로 사용하기 좋으며,

이 상품의 효과는 일반 물티슈와는 달리 베이킹소다로 인해 연마효과가 있고 약알칼리성이므로 산성을 중화하는 작용이 있으며 탈취 작용과 발포작용으로 오염물질을 잘 떨어지기 쉬운 상태로 만들어준다.

[How 나에게 어떻게 적용할 것인가?] 실천 사항

앞으로 나는 베이킹소다 손걸레청소포로 바닥청소, 주방청소, 욕실청소를 하며 쾌적하고 깨끗한 집안을 만들도록 할 것이다.

1 생각 [나는 ~라고 생각한다] / 주장, 평가

나는 다올이엔씨에서 만든 '베이킹소다 손걸레 청소포'가 청소를 자주하는 주부와 소비자들에게 깔끔하고 손쉽게 청소할 수 있는 좋은 제품이라고 생각한다.

3 이유 [왜냐하면] / 내 생각에 대한 이유 3가지

왜냐하면 첫째, 물티슈에 베이킹소다가 첨가되어 베이킹소다의 장점을 이용하여 더러움이 잘 닦이는 청소용 물티슈이기 때문이고,

둘째, 천원에 100매가 들어있어 가격이 매우 저렴하여 물티슈형으로 필요할 때 한 장씩 뽑아 쓸 수 있어서 편리성도 갖추고 있기 때문이며,

셋째, 오븐, 전자레인지, 가스레인지 등의 가전제품과 주방, 욕실, 바닥 등 다양하게 청소하기에 좋기 때문이다.

1 결론 [그래서, 나는 ~라고 생각한다] / 2% 평가

그래서 나는 다올이엔씨에서 만든 '베이킹소다 손걸레 청소포'가 청소를 자주하는 주부와 소비자들에게 깔끔하고 손쉽게 청소할 수 있는 좋은 제품이라고 생각한다.

2% 아쉬운 점

하지만 저렴한 가격에 효능이 좋다고 주변에 써보라고 추천을 했지만 많은 사람들이 다 사용하는 것은 아니라는 것, 손걸레 청소포보다 청소용 물티슈라는 상품명이 더 좋지 않을까하는 개인적인 생각이 들어 아쉽다.

내 마음속에 남은 한 문장

"찌든 때 & 물때 제거"

2020년 도쿄올림픽 양궁남자단체전 결승전

작성자: 황지영
평 점: ★★★★★
주 최: IOC
장 소: 일본도쿄
연 도: 2021년

[Why 작가는 왜 이 책을 썼을까?] / 저술 목적

이 경기의 주최자는 4년마다 개최하는 국제 스포츠 대회로 모든 참가자가 올림픽의 의미를 경기에서 이기는 것이 아닌 참가하는 데 두고 어떠한 국가나 개인, 인종, 종교, 정치적 이유로 차별받지 않고 전 세계인들이 즐길 수 있는 국제스포츠대회임을 알려주려고 이 경기를 개최했다.

[What 작가는 무엇을 말하는가?] / 핵심적인 내용

이 경기의 1세트에서는 한국과 대만의 결승전 경기로 막내 김제덕 선수의 쩌렁쩌렁한 파이팅이 고요한 장내에 울려 퍼지며 시작되고 1세트 김우진 슈팅 10점, 김제덕 9점, 오진혁 10점으로 대한민국이 완벽한 점수 59점으로 승기를 잡았고,

이 경기의 2세트에서는 대만 다음으로 두 번째 슈팅, 여기서 대만 10점이 연속해서 나와 대만도 대단한 실력을 자랑했지만 60점 만점으로 60대 58로 대한민국이 2세트도 승리했으며,

이 경기의 후반부에서는 바람이 조금 부는 관계로 9점이 많았지만 마지막 오진혁 선수가 10점으로 마무리하여 56대 55로 양궁 남자 단체전 금메달을 손에 쥐게 되었다.

[How 나에게 어떻게 적용할 것인가?] 실천 사항

앞으로 나는 40대, 20대, 10대의 팀으로 구성된 양궁남자단체전을 보고서 나이는 중요하지 않다는 것, 팀워크가 그보다 중요하다는 것을 알았기에 단체생활에서 팀워크를 우선에 두고 사회생활을 할 것이다.

1 생각 [나는 ~라고 생각한다] / 주장, 평가

나는 이 경기의 주최자가 '도쿄올림픽 양궁남자단체 결승전'이 대한민국 국민들에게 긴장감, 전율, 짜릿함을 선사하면서 국가의 위상을 높이고, 세계에 우리 선수들의 양궁 실력을 알리고 국민에게 행복함을 주는 멋진 경기였다고 생각한다.

3 이유 [왜냐하면] / 내 생각에 대한 이유 3가지

왜냐하면 첫째, 2004년생 김제덕 선수가 코리아 파이팅을 외치며 동료선수들에겐 힘을, 상대에겐 위압감을 주면서 국민들에게 귀여움과 사랑스러움을 선사했기 때문이고,

둘째, 양궁이라는 스포츠가 전 세계에 알려지면서 우리 선수들의 실력을 증명하고 스포츠산업의 성장과 그에 따른 효과가 지속적으로 상승세를 보이고 있기 때문이며,

셋째, 양궁이 효자 종목이 되면서 양궁의 경기방법, 표적경기, 필드경기, 컴파운드경기 등 잘 알지 못했던 스포츠인 양궁을 알게 되었기 때문이다.

1 결론 [그래서, 나는 ~라고 생각한다] / 2% 평가

그래서 나는 이 경기의 주최자가 '도쿄올림픽 양궁남자단체 결승전'이 대한민국 국민들에게 긴장감, 전율, 짜릿함을 선사하면서 국가의 위상을 높이고, 세계에 우리 선수들의 양궁 실력을 알리고 국민에게 행복함을 주는 멋진 경기였다고 생각한다.

2% 아쉬운 점

하지만 다양한 종목의 모든 선수들이 열심히 했으나 편파판정 등으로 인해 16위에 그친 것이 아쉽다.

내 마음속에 남은 한 장면

" '코리아 파이팅' 김제덕 선수의 외침"

'오은영 솔루션'은 틀린 말... 이해하는 과정 보여 줄 뿐이에요.'

작성자: 황지영
진행자, 대담자: 공성윤, 오은영
매체명: 시사저널pick
연 도: 2022년

[Why 작가는 왜 이 책을 썼을까?] / 저술 목적

이 인터뷰의 진행자는 인터뷰 기사를 읽는 사람들에게 2022년 가장 영향력 있는 사회 인물 오은영 박사를 알리고 오은영 박사의 영향과 가치관을 알려주려고 이 인터뷰를 진행했다.

[What 작가는 무엇을 말하는가?] / 핵심적인 내용

이 인터뷰의 전반부에서는 한국을 움직인 가장 영향력 있는 사회 인물로 정신건강의학 전문의 오은영 박사가 꼽혔다는 것과 여러 매스컴에서 최근 오박사에 대한 신드롬이라고 표현하는 오은영 박사에 관해 이야기하고 있고,

이 인터뷰의 중반부에서는 국민 멘토가 된 오은영 박사는 방송인이 아니며 소통의 벽을 허물고자 했던 노력을 많은 분이 좋게 봐주신 게 아닌가 생각한다며 그녀가 출연했던 방송과 출간된 책이 10권이 넘고, 본인은 솔루션이 아니라 인간에 대한 이해의 폭을 넓힌다는 내용으로 이야기하고 있으며,

이 인터뷰의 후반부에서는 오은영은 답을 내리는 사람이 아니라 전공 분야에서 문제의 이유를 찾는 것이라며 여러 사례를 상담하다보면 시청자들도 본인과 일치하는 사례를 발견할 수 있을 거라고 인터뷰하며, 비판이 있음에도 불구하고 오박사의 영향력이 크다는 걸 이야기하고 있다.

[How 나에게 어떻게 적용할 것인가?] 실천 사항

앞으로 나는 사람에 대한 다름을 이해하고 나의 내면에 있는 자아를 회복시키고 아끼는 힘을 키우도록 할 것이다.

1 생각 [나는 ~라고 생각한다] / 주장, 평가

나는 공성윤 기자가 인터뷰한 ''오은영 솔루션'은 틀린 말... 이해하는 과정 보여 줄 뿐이에요.' 라는 인터뷰가, 사람들이 2022년 한국을 움직인 가장 영향력 있는 사회인물 오은영 박사를 이해하고 그녀의 가치관을 알 수 있는 좋은 인터뷰라고 생각한다.

3 이유 [왜냐하면] / 내 생각에 대한 이유 3가지

왜냐하면 첫째, 본인은 방송인이 아니라 소통의 벽을 허물고자 했던 노력이었다며 전문가로서의 오은영 박사를 알 수 있기 때문이고,

둘째, 다양한 주제의 방송과 오은영 박사가 쓴 책에 대한 궁금증이 생겼고 자신이 모르는 분야는 절대 상담하지 않는다고 강조했기 때문이며,

셋째, 꼭 상담을 받지 않더라도 정신건강 회복을 위해 지켜야 할 원칙으로, 노력으로도 극복하지 못하는 한계가 있다면 받아들일 줄 알아야한다는 것과 약점을 뿌리 뽑으려하기보단 약점이 덜 적용하는 환경을 조성할 줄 알아야 한다고 이야기하고 있기 때문이다.

1 결론 [그래서, 나는 ~라고 생각한다] / 2% 평가

그래서 나는 공성윤 기자가 인터뷰한 ''오은영 솔루션'은 틀린 말... 이해하는 과정을 보여 줄 뿐이에요.' 라는 인터뷰가, 사람들이 2022년 한국을 움직인 가장 영향력 있는 사회인물 오은영 박사를 이해하고 그녀의 가치관을 알 수 있는 좋은 인터뷰라고 생각한다.

2% 아쉬운 점

하지만 진행자가 비판적인 견해에 대해 너무 자세히 예를 들어 이야기한 것이 아쉽다.

내 마음속에 남은 한 마디

"한 발 물러서서 자신의 아픔을 객관적으로 직면해야 한다"

애니팡

작성자: 황지영
평 점: ★★★★★
개발자: 이정웅, 박찬석, 임현수
제작사: 선데이토즈
연 도: 2012년

[Why 작가는 왜 이 책을 썼을까?] / 저술 목적

이 게임의 개발자는 친근한 동물 캐릭터로 어린이, 성인, 노인 등 나이에 관계없이 즐겁게 게임하고 친구들과 경쟁하면서 레벨을 올릴 수 있도록 체험하게 하려고 이 게임을 개발했다.

[What 작가는 무엇을 말하는가?] / 핵심적인 내용

이 게임의 특징은 반복 플레이성을 충족하고 있으며 연속 플레이가 5회이다. 1분 동안 빈틈없이 플레이 할 것을 요구하기 때문에 유저는 약간이라도 부족한 점이 있다면 계속해서 플레이 하게 되는 특징이 있고,

이 게임의 규칙은 60초의 제한 시간동안 7종류의 동물(원숭이, 고양이, 돼지, 쥐, 토끼, 강아지, 병아리) 중 같은 동물 3마리 이상을 일렬로 배치하면 득점하는 게임이며,

이 게임의 효과는 다운로드 수 2,000만 건이 넘었고 최전성기엔 하루 이용자 700만 명에 동시 접속자 수 200만 명이라는 엄청난 흥행대박을 터트린 바 있다. 친구를 계속해서 끌어들이고 함께 플레이하고 친구들의 랭킹도 볼 수 있으며 순발력과 민첩성이 필요하다.

[How 나에게 어떻게 적용할 것인가?] 실천 사항

앞으로 나는 스트레스와 무료함을 느낄 때 종종 게임을 하는 것도 즐거움과 재미를 느낄 수 있을 것 같아서 가족, 친구들과 온라인 게임, 오프라인 게임을 이용할 것이다.

1 생각 [나는 ~라고 생각한다] / 주장, 평가

나는 선데이토즈에서 개발한 '애니팡'이라는 게임이 나이에 관계없이 전체 게임 사용자들이 즐겁게 이용하면서 순발력과 민첩성을 기르는 재미있는 게임이라고 생각한다.

3 이유 [왜냐하면] / 내 생각에 대한 이유 3가지

왜냐하면 첫째, 친구들이나 가족과 순위를 올리면서 같은 동물 맞추기를 하며 스트레스를 풀 수 있기 때문이고, 둘째, 게임을 하려면 하트가 필요한데 게임친구에게 하트를 주고 받을 수 있어서 연속 플레이가 가능하기 때문이며,

셋째, 한때 많은 사용자들로 인해 길거리 어디에서나 애니팡 노래를 들을 만큼 많은 사람이 즐겼던 게임이기 때문이다.

1 결론 [그래서, 나는 ~라고 생각한다] / 2% 평가

그래서 나는 선데이토즈에서 개발한 '애니팡'이라는 게임이 나이에 관계없이 전체 게임 사용자들이 즐겁게 이용하면서 순발력과 민첩성을 기르는 재미있는 게임이라고 생각한다.

2% 아쉬운 점

하지만 내가 한창 애니팡에 빠져 있을 때 사람들 얼굴을 보고 두 개의 눈 사이에 코를 올려 일렬로 세 개를 맞추어 한 줄을 만들고 싶다는 생각이 들었는데 그때 게임 중독은 아니었을까 하는 게 의문이다.

내 마음속에 남은 한 장면

"2022년 7월 30일부로 10주년을 맞았다"

서울대, 신입생 1500명 글쓰기 평가 "문해력 키울것"

작성자: 전춘미
평 점: ★★★★
기 자: 김 남영
신문사: 한국경제
발행일: 2022년 5월 23일

[Why 작가는 왜 이 책을 썼을까?] / 저술 목적

이 기사의 기자는 우리나라 교육 문제점 중의 하나로 볼 수 있는 입시 위주의 오지선다형 선택지를 주된 교육 방식으로 채택하고 있는 교육자들에게 교수방법에 대한 변화의 필요성을 알려주고, 갈수록 사고의 깊이와 문제 해결 능력이 떨어지고 있는 청소년들에게 체계적인 글쓰기의 중요성을 알려주려고 이 기사를 작성했다.

[What 작가는 무엇을 말하는가?] / 핵심적인 내용

이 기사의 전반부에서는 2017년부터 시범적으로 운영된 서울대의 글쓰기 평가가 2022년에는 1,472명이 평가에 참여하였고, 특히 인문대 뿐만 아니라 공대, 미대 학생들도 자율적으로 평가에 참여하였으며, 올해 처음으로 전체 단과대를 대상으로 글쓰기 평가를 실시하는 등 글쓰기 평가가 점차 확대되고 있다는 점에서 글쓰기의 중요성이 점차 교육의 큰 화두로 자리잡을 것이라는 것을 이야기하고 있고,

이 기사의 중반부에서는 서울대가 글쓰기 교육에 힘쓰기 시작한 배경으로 오지선다형 시험에만 매진해 자신의 생각을 글로 표현하기 어려워한다는 학계의 지적, 영상에는 익숙하나 활자 매체를 기피해 갈수록 문해력이 떨어지고 있다는 MZ세대의 문제점, 문장의 의미 이해를 나타내는 '축자적 의미 표상' 정답률이 OECD 국제학업성취도 평가 대상 5개국 중 가장 큰 하락폭을 기록한 사례를 제시하며 설명하고 있고, 서울대에서 체계화된 글쓰기 교육프로그램 운영 등 글쓰기 향상을 위한 노력과 정규 교과목으로 편성 운영할 계획임을 이야기하고 있으며,

이 기사의 후반부에서는 서울대 기초교육원장 최윤정 교수와의 인터뷰를 소개하고 글쓰기가 모든 학문의 기초지만 한국의 입시 위주 교육으로 충분한 글쓰기 교육을 받지 못하고 있는 현 상황에 대한 안타까움과 인공지능 시대에서도 글쓰기 능력은 학교뿐만 아니라 사회생활에서도 필수 요소임을 하버드대 졸업생들의 이야기를 통해 알려 주며, 향후 글쓰기 능력 향상을 위한 서울대의 의지에 대하여 이야기하고 있다.

[How 나에게 어떻게 적용할 것인가?] 실천 사항

앞으로 나는 글쓰기의 중요성에 대하여 인식하였기에 나의 부족한 점을 보완하기 위해 글쓰는 연습을 꾸준히 할 것이다. 대부분의 사람들이 그렇듯이 알고는 있지만 꾸준히 실천으로 옮긴다는 것이 쉬운 일이 아니다. 더욱이 자신의 전공분야가 아닌 새로운 분야에서는 더욱 어렵게 다가온다. 기사에서 언급된 것처럼 오지선다형 세대이며 자신의 생각이 아닌 정해진 답을 그대로 외워서 적어 내야하는 대학시절의 평가 방법에 익숙한 나로서는 다른 사람의 글을 읽고 내 자신의 생각을 글로 쓴다는 것은 무척이나 어렵고 새로운 분야에 대한 도전이지만, 논리적 접근성과 사고의 풍부성을 샘솟게 하는 글쓰기를 부지런히 실천할 것이다.

1 생각 [나는 ~라고 생각한다] / 주장, 평가

나는 한국경제신문 김남영 기자의 '서울대 신입생 글쓰기 평가 "문해력 키우기' 기사가 입시 위주의 교육정책 기획자들에게 교육방향의 대전환의 필요성과 오지선다형 정답 고르기에만 익숙해져 있는 대다수의 학생들에게 글쓰기의 중요성을 알려주는 좋은 기사라고 생각한다.

3 이유 [왜냐하면] / 내 생각에 대한 이유 3가지

왜냐하면 첫째, 최고의 지성이라고 불리울 수 있는 서울대 학생들의 문해력이 갈수록 떨어지고 있음을 알려, 입시 위주의 주입식 낡은 교육 방식을 아직까지 고수하고 있는 교육정책의 문제점과 자기의 생각조차 논리정연

하게 글로 표현하지 못하는 결과를 낳게 한 교육현장의 문제점을 인식하게 해 주었기 때문이고,

둘째, 글쓰기가 지루하고 재미없고 인문학을 하는 사람들의 전유물이라는 생각을 하고 있는 사람들에게 글쓰기가 모든 학문의 기초이며, 전공에 관계없이 학교생활이나 사회생활을 하는데 있어 자기의 생각을 논리적으로 표현할 수 있는 필수적 요소라는 것을 알려주었기 때문이며,

셋째, 스마트한 기계가 모든 것을 대체하는 AI 시대이지만 사람의 논리적 사고 능력과 소통의 방법으로 글쓰기 훈련이 뒷받침되어야 보다 나은 스마트한 세상이 될 수 있다는 생각을 가지게 해 주었기 때문이다.

1 결론 [그래서, 나는 ~라고 생각한다] / 2% 평가

그래서 나는 한국경제신문 김남영 기자의 '서울대 신입생 글쓰기 평가 "문해력 키우기"' 기사가 입시 위주의 교육정책 기획자들에게 교육 방향의 대전환의 필요성과 오지선다형 정답 고르기에만 익숙해져 있는 대다수의 학생들에게 글쓰기의 중요성을 알려주는 좋은 기사라고 생각한다.

2% 아쉬운 점

하지만 서울대에서 글쓰기의 중요성을 인식하고 체계적인 교과목으로 운영한다는 것은 고무적인 일이나 다른 대학에서는 이러한 움직임이 활발하지는 않은 것 같고 아직까지는 사회적 화두로 교육정책이 변화되고 있지는 않는 것 같아 많이 아쉽다.

내 마음속에 남은 한 문장

"글쓰기가 모든 학문의 기초"

나는 문제없어

작성자: 전춘미
평 점: ★★★★★
작 곡: 김성호
연 도: 1993년

[Why 작가는 왜 이 책을 썼을까?] / 저술 목적

이 노래의 작사가 황규영은 삶의 과정 속에서 만나는 여러 가지 어려운 일들로 좌절하고 있는 모든 사람들에게 사랑하는 사람들과 함께라면 극복할 수 있다는 신념과 용기를 알려주기 위해 이 노래를 작사했다.

[What 작가는 무엇을 말하는가?] / 핵심적인 내용

이 노래의 전반부에서는 힘들고 외로운 인생이지만 사랑하는 사람들과 함께라면 좌절하지 않고 문제 없이 극복할 수 있다는 신념을 이야기하고 있고,

이 노래의 중반부에서는 평범한 일상도, 꿈꾸던 사랑도, 시련 속에서 방향을 잃고, 희망들도 희미해져 가는 방황과 좌절의 인생의 과정을 이야기하고 있으며,

이 노래의 후반부에서는 지나간 일들로 인해 좌절하지 말고 지금의 상황이 나의 편이 아니더라도 포기하지 말고 반드시 할 수 있다는 신념으로 다시 일어나라고 이야기하고 있다.

[How 나에게 어떻게 적용할 것인가?] 실천 사항

앞으로 나는 조금 힘들다고 쉽게 포기하지 않을 것이고 "나는 문제없다, 할 수 있다"라는 말을 되새김하며 작은 성취감부터 한 걸음씩 실천하여 나의 삶의 바꾸기 위한 첫걸음으로 나를 가장 괴롭히는 올빼미 체질을 변화하기 위해 아침에 10분만 더 일찍 일어나기를 실천하고 둘째, 매일 저녁 잠들기 전 감사메모 5가지씩 쓰기를 반드시 실천할 것이다.

1 생각 [나는 ~라고 생각한다] / 주장, 평가

나는 황규영 작사가의 '나는 문제없어'라는 노래가 희망을 잃고 삶을 포기하고 싶은 사람들에게 용기와 희망으로, 삶을 대하는 자세를 바꾸도록 일깨워주는 좋은 노래라고 생각한다.

3 이유 [왜냐하면] / 내 생각에 대한 이유 3가지

왜냐하면 첫째, 내가 가장 힘들고 삶을 포기하고 싶었던 시기에, 가장 나를 위로해 주고 나를 다시 일으켜 세워 준 노래이기 때문이고,

둘째, 짧은 노래임에도 불구하고 그 속에 과거, 현재, 미래를 모두 이야기하고 있기 때문이며,

셋째, 사랑하는 사람들과 함께하는 것, 즉 나의 곁에 있는 가족이 나의 응원자이고, 나와 함께 어려움을 극복하는 사람들이라는 것을 일깨워주는 노래이기 때문이다.

1 결론 [그래서, 나는 ~라고 생각한다] / 2% 평가

그래서 나는 황규영 작사가의 '나는 문제없어'라는 노래가 희망을 잃고 삶을 포기하고 싶은 사람들에게 용기와 희망으로, 삶을 대하는 자세를 바꾸도록 일깨워주는 좋은 노래라고 생각한다.

2% 아쉬운 점

하지만 같은 노래라 하더라도 사람들은 각자 자신이 처한 상황에 따라 다르게 느껴진다. 코로나로 인하여 많은 사람들이 힘들고 어려운 상황을 버티며 살아가고 있다. 누구에게나 자기만의 인생의 굴곡이 있다고는 하지만 경쾌한 리듬의 이 노래는 삶의 힘든 과정을 겪은 상황이 아니라면 가슴에 와닿는 노래가 될 수 있었을 지는 의문이다.

내 마음속에 남은 한 소설

"그렇게 돌아보지 마, 여기서 끝낼 수는 없잖아, 나에겐 가고 싶은 길이 있어 넘어지진 않을 거야 나는 문제없어"

메타버스

작성자: 전춘미
평 점: ★★★★★
저 자: 김상균 지음
출판사: 플랜비디자인
연 도: 2022년

[Why 작가는 왜 이 책을 썼을까?] / 저술 목적

경희대학교 경영대학원 교수로 재직 중인 저자 김상균 교수의 디지털 지구, 뜨는 것들의 세상《메타버스》라는 도서는 독자들에게 메타버스에 대한 이해도를 높이고 디지털 일상화에 준비와 적응, 활용을 위해서는 메타버스와 함께 갈 수 밖에 없음을 알려주려고 이 책을 저술했다.

[What 작가는 무엇을 말하는가?] / 핵심적인 내용

이 책의 전반부에서는 '인류는 디지털 지구로 이주한다' 편에서는 새로운 세상인 메타버스의 탄생, 디지털 테라포밍에 대하여 인류의 진화를 예로 들어 설명하고, 말하기를 다시 배워야 하는 세상, 메타버스에서의 소통에 대해 언급하며, 메타버스가 세계 경제의 중심이 되어가고 있는 상황에서 디지털 지구로 이동하여야 함을 이야기하고 있고,

이 책의 중반부에서는 메타버스의 대표적 4가지 유형으로 첫 번째는 현실에 판타지와 편의를 입힌 증강현실 세계, 두 번째는 내 삶을 디지털 공간에 복제하는 라이프로깅 세계, 세 번째는 세상을 디지털 공간에 복제하는 거울 세계, 네 번째는 이디에도 없던 세상을 창조하는 가상 세계로 4가지 유형별로 다양한 실험 결과와 실생활 사례를 들어 독자들이 쉽게 이해할 수 있도록 설명하고 있으며,

이 책의 후반부에서는 메타버스 개척 방향, 메타버스가 낙원만은 아니라는 주제로 아마존, 구글, MS, 메타(페이스북) 등 세계적 기업들의 메타버스 활용 사례와 향후 국내 기업들의 메타버스 활용을 통한 성장 아이디어를 제공하며, 현실과 메타버스와의 관계, 현실은 소멸될 것인가? 과연 메타버스는 지상낙원인가? 밝은 미래에 대한 사례, 어두운 사례들에 대하여 언급하며, 메타버스의 올바른 사용법과 미래에 대해 이야기하고 있다.

[How 나에게 어떻게 적용할 것인가?] 실천 사항

앞으로 나는, 메타버스가 확장할 우리들의 현실세계와 가상 세계에 대해 좀 더 공부를 하고 메타버스 속에서의 활동공간을 찾기 위한 기본 플랫폼들에 대해 배울 것이다.

1 생각 [나는 ~라고 생각한다] / 주장, 평가

나는 김상균 교수의 디지털 지구, 뜨는 것들의 세상《메타버스》라는 책이 독자들에게 메타버스에 대한 개념과 미래 사회의 변화된 모습을 미리 접할 수 있고 준비할 수 있는 영감을 주는 훌륭한 책이라 생각한다.

3 이유 [왜냐하면] / 내 생각에 대한 이유 3가지

왜냐하면 첫째, 실제 우리가 택배 시스템, 음식배달, 다양한 게임 등을 통해 자의든 타의든 간에 실생활에서 메타버스 환경을 경험하고 있음을 알게 해주었기 때문이고,

둘째, 다른 곳에서 읽었던 증강현실, 라이프로깅, 거울 세계, 가상 세계에 대한 개념이 잘 이해가 되지 않았지만, 이 책에서는 실제 생활을 사례로 들어 확실하게 개념에 대한 이해도를 높일 수 있게 해 주었기 때문이며,

셋째, 디지털 원주민과 디지털 이주민 사이의 새로운 대화방식을 배워야 하고, 메타버스 속에서도 현실에서 발생되는 선행과 악행이 그대로 재현될 수 있는 사례들을 소개하여 과연 메타버스는 낙원인가에 대한 윤리적 문제 등을 해결과제로 제시함과 동시에 미래에 대해 전망해 주었기 때문이다.

1 결론 [그래서, 나는 ~라고 생각한다] / 2% 평가

그래서 나는 김상균 교수의 디지털 지구, 뜨는 것들의 세상《메타버스》라는 책이 독자들에게 메타버스에 대한

개념과 미래 사회의 변화된 모습을 미리 접할 수 있고 준비할 수 있는 영감을 주는 훌륭한 책이라 생각한다.

2% 아쉬운점

하지만, 시대적 조류에 따라 메타버스 세계를 거스르지 못하고 그 세계가 나의 삶을 어떻게 변화시킬 것인지에 대한 자각을 해 준 점은 좋으나, 점차 심화되고 있는 디지털 격차와 정보 접근성이 떨어지는 사람들에 대한 문제 해결을 위한 방안이 충분히 제시되지 않은 점은 아쉽다.

내 마음속에 남은 한 문장

"4G가 삶을 변화시켰다면 5G는 사회를 바꿀 수 있습니다. 6G 시대에는 위성과 지상통신이 연결되고 인공위성은 새로운 세계를 열 것입니다. 그 세계가 바로 메타버스입니다."

Start with Why(나는 왜 이 일을 하는가?)

작성자: 전춘미
평 점: ★★★★★
작성일: 2022년 3월 27일
제작자: Simon Sinek
제작사: TED
연 도: 2012년

[Why 작가는 왜 이 책을 썼을까?] / 저술 목적

이 영상의 제작자는 기업가들에게 소비자가 그들의 제품을 사기 위해 마음을 움직여 줄을 서게 만드는 동기가 무엇인지를 알려주고, 조직을 이끄는 리더들에게는 직원들이 조직을 위해 자발적 충성을 이끌어 내는 요소가 무엇인지를 알려주려고 이 영상을 제작했다.

[What 작가는 무엇을 말하는가?] / 핵심적인 내용

이 영상의 전반부에서는 창의적 기업과 실패한 기업, 훌륭한 리더로 존경받는 리더와 그렇지 못한 리더의 사례를 통하여 알게 된 골든 써클(Golden Circle)의 개념을 설명하고 있고, 실패한 기업과 리더들은 What(무엇을) → How(어떻게) → Why(왜, 신념)의 순으로 일을 하고 성공한 기업과 리더들은 Why(왜, 신념)→How(어떻게)→What(무엇을) 순서로 일하고 있다는 것을 이야기하고 있고,

이 영상의 중반부에서는 애플, 게이트웨이, 델의 사례를 들어 소비자들의 구매 결정은 그 회사가 '무엇'을 하느냐가 아니라 '왜' 하느냐를 보고 행동을 하며 사람들은 자신들의 Why, 즉 신념과 일치한다면 그것이 무엇이든 구매할 자세가 되어 있고 최초의 유인조정 동력비행기 개발 또한 성공할 수 있는 요건을 다 갖추었지만, 부자가 되고 싶고 유명해지고 싶었던 것에만 집착한 새무엘이 성공한 것이 아니라, 실패할 요인만 갖고 있던 라이트 형제가 성공할 수 있었던 것도 바로 Why에 따라 세상의 향배를 바꿀수 있다는 신념에 충실했기 때문에 성공할 수 있었음을 이야기하고 있으며,

이 영상의 후반부에서는 사람들은 자신들의 신념에 생기를 불어 넣어 주고 영감을 주는 리더들을 추종하고 확산에 동참하게 된다고 하였으며, 그러한 리더들의 공통점은 왜(Why)에서 출발하고 그것이 누군가에게 영감을 주고 점차 확산되어 나간다는 확산의 법칙에 대해 이야기하고 있다.

[How 나에게 어떻게 적용할 것인가?] 실천 사항

앞으로 나는 직장에서 좋은 리더가 되기 위해 골든 써클을 활용하도록 노력하겠다. 우선, 직원들이 반짝이는 아이디어를 자유로운 분위기에서 이야기할 수 있도록 회의 문화를 개선하여 토론의 문화로 바꾸도록 할 것이다. 다음으로 매일 하루에 한 가지씩 직원들에게 칭찬과 감사의 말을 큰 소리로 이야기하여 서로 칭찬하는 문화가 되도록 할 것이다. 나아가 책읽기와 글쓰기가 소통과 공감의 기본임을 알리고 소규모 모임을 구성하여 널리 확산되도록 노력할 것이다.

1 생각 [나는 ~라고 생각한다] / 주장, 평가

나는 Simon Sinek의 'Start with Why'라는 강연이 기업가와 조직의 리더들에게 비전을 제시하고 자발적 동참을 유도하여 성공적 기업, 리더로 성장하기 위해 필요한 것이 무엇인지를 알려주는 좋은 강연이라고 생각한다.

3 이유 [왜냐하면] / 내 생각에 대한 이유 3가지

왜냐하면 첫째, 골든 써클이라는 중요한 개념을 알려주었고 실패한 기업들의 행동패턴과 성공한 기업들의 행동패턴의 차이점을 인식하게 해 주었기 때문이고,

둘째, 아무리 좋은 여건이 갖추어져 있다 하더라고 What(무엇)에 방점을 둔 기업과 리더는 일시적 성공을 이룰 수 있겠지만, Why(비전, 신념, 목표)를 함께 하는 기업과 결국은 성공과 존경을 받을 수 있다는 것을 실제 사례를 들어 잘 설명해 줌으로써 자신을 되돌아보는 계기를 제공해 주었기 때문이며,

셋째, 세상의 변화와 발전을 가져오는 원동력은 Why를 공유하고 사람의 마음을 움직여 함께 동참하고 확산시켜 나가는 혁신의 확산법칙을 실천하라는 영감을 주었기 때문이다.

1 결론 [그래서, 나는 ~라고 생각한다] / 2% 평가

그래서 나는 Simon Sinek의 'Start with Why' 강연이 기업가와 조직의 리더들에게 비전을 제시하고 자발적 동참을 유도하여 성공적 기업, 리더로 성장하기 위해 필요한 것이 무엇인지를 알려주는 좋은 강연이라고 생각한다.

2% 아쉬운 점

하지만 많은 사람들은 성공한 기업과 리더들의 공통적인 골든 써클 행동패턴을 충분한 사례와 역사적 경험을 통하여 인정하고 있으나, 신념을 전파하여 사람의 마음을 움직이고 동참의 결과를 만들기까지는 수많은 좌절과 실패의 과정을 두려워한다. 조금씩 나아지고는 있지만 아직까지 우리 사회는 한번의 실패로 다시 재기할 수 없도록 만드는 수많은 꼬리표와 낙인을 찍는 사회적 분위기가 팽배해 있고 이것을 극복할 수 있는 다양한 사회적 시스템이 만들어지고 지원되어야 한다. 이 강연에서 Simon Sinek은 신념이 결과물로 나타나기까지의 과정을 시장의 제품수명주기이론과 유사한 혁신의 확산법칙의 예를 설명하고 Tipping Point를 넘어서야 한다고 이야기하고 있다. 그러나 단순히 신념이 부족해서 행동으로 옮기지 못하는 것일까? 조금 더 깊이 생각해 볼 문제다. 알고 있는 것과 행동으로 옮기는 것이 생각처럼 그리 쉬운 일이 아니라는 사실이 아쉽다.

내 마음속에 남은 한 문장

"정치가들의 12가지 공약 같은 것이 사람들에게 영감을 줄 리가 없습니다."

word tower

작성자: 전춘미
평 점: ★★★★
제작사: 몬스터플래닛
연 도: 2017년

[Why 작가는 왜 이 책을 썼을까?] / 저술 목적

word tower 게임의 제작사인 몬스터플래닛은 틈나는 시간을 이용하여 가볍게 게임을 즐기면서 본인의 단어 실력을 테스트하고 싶은 사람들에게 흥미와 도전을 체험하게 하려고 이 게임을 개발했다.

[What 작가는 무엇을 말하는가?] / 핵심적인 내용

이 게임의 특징은 퍼즐형 단어 맞추기 게임으로 국어, 영어, 중국어, 일본어가 있으며 무작위로 나열되어 있는 알파벳을, 연결된 상태로 조합하여 각 단계별로 3개~5개의 단어를 맞추는 게임으로, 성공시 포인트를 부여하고, 각 단계별로 난이도를 높여 성취감을 느끼도록 프로그래밍하여 흥미와 동기를 자극하고 있고,

이 게임의 규칙은 각 단계별로 단어를 맞추면 점수가 올라가고, 단어를 유추할 수 없을 경우에는 힌트 키를 눌러 단어의 첫 시작 스펠링을 볼 수 있지만, 이 경우 누적된 점수에서 60포인트가 삭감되고, 더 이상 힌트를 사용할 수 있는 포인트가 없을 경우에는 게임사에서 제공하는 광고를 시청하여 60포인트를 받을 수 있어 포인트 관리에 신경을 써야 하며,

이 게임의 효과는 자투리 시간의 무료함을 없애고, 나이가 들어갈수록 기억력과 집중력이 떨어지는 것을 걱정하는 현대인들에게 기억력과 집중력을 높이고 단계가 올라갈때의 성취감을 느끼게하는 효과가 있다.

[How 나에게 어떻게 적용할 것인가?] 실천 사항

앞으로 나는 아무리 좋은 효과를 가져다준다 하더라도 지나친 게임은 시간을 낭비하게 된다는 것을 상기하고, 다만 기분전환이 필요할 때나 작은 성취감을 느끼고 싶을 때 가끔씩만 사용 할 것이다.

1 생각 [나는 ~라고 생각한다] / 주장, 평가

나는 몬스터플래닛에서 제작한 '워드타워' 게임이 어휘력 증진이 필요하다고 생각하는 사람들에게 게임을 하면서 단어공부와 집중력, 성취감을 느끼게 해주는 좋은 게임이라고 생각한다.

3 이유 [왜냐하면] / 내 생각에 대한 이유 3가지

왜냐하면 첫째, 게임을 하다보면 기존에 내가 알고 있는 단어들만 찾으려고 노력하는데 전혀 알지 못하는 단어들이 조합되는 경우가 있어 나의 단어 실력의 한계를 알게 해 주기 때문이고,

둘째, 자투리 시간을 활용하지만 고도의 집중력을 요구하고, 단어를 맞추었을 때는 포인트가 누적되며 단계가 올라가는 성취감을 느끼게 해주기 때문이며,

셋째, 독서와 글쓰기를 공부하는 나의 입장에서는 영어 단어 게임보다는 한국말 단어 게임이 더 필요하다는 사실을 알게 해 주었기 때문이다.

1 결론 [그래서, 나는 ~라고 생각한다] / 2% 평가

그래서 나는 몬스터플래닛에서 제작한'워드타워' 게임이 어휘력이 필요하다고 생각하는 사람들에게 게임을 하면서 단어공부와 집중력, 성취감을 느끼게 해주는 좋은 게임이라고 생각한다.

2% 아쉬운점

하지만 게임의 단계가 올라갈수록 포인트를 쌓고 싶은 욕심이 생겨 자투리 시간에만 게임을 하는 것이 아니라, 예정된 시간을 훌쩍 넘기는 일들이 종종 발생하고, 게임 중간 중간에 원하지 않는 광고를 봐야 한다는 점은 사용자들이 불편을 느낄 수 있어서 아쉽다.

내 마음속에 남은 한 장면

"당신의 어휘력이 인격을 좌우합니다."

따끈따끈한 커피 있어요!

작성자: 전춘미
평 점: ★★★★★
저 자: 최현우 지음
출판사: 서영출판사
연 도: 2022년

[Why 작가는 왜 이 책을 썼을까?] / 저술 목적

우리나라의 대표 평생학습 파트너사로 잘 알려진 주식회사 휴넷의 영업이사로 재직 중인 이 책의 작가 최현우는 외향성을 선호하는 사회에서, 내성적인 성향을 탓하며 내재된 본인의 재능과 가치를 미리 한정 짓고, 스스로 도전하기를 포기하는 사람들과 현재 영업 분야에서 일하고 있는 영업인들에게, 자신의 내향적인 틀에 얽매이지 말고, 가지고 있는 강점을 찾아 발전시키고 꾸준히 활용한다면 자신을 재발견할 수 있고, 충분히 성공적인 삶과 성공적인 영업인이 될 수 있다는 것을 알려주려고 이 책을 저술했다.

[What 작가는 무엇을 말하는가?] / 핵심적인 내용

이 책의 전반부에서는 내향적 성격이었던 작가가 대학시절 새마을호 기차 안에서 커피를 판매한 경험으로 자신도 인지하지 못했던 자신의 다른 면을 발견하고, 내향적이라는 프레임 안에 스스로를 가두어 놓았음을 자각했고, 자신안의 숨겨진 끼와 열정을 끌어올릴 수 만 있다면 외향적인 사람 못지않게 사회적 성공을 거둘 수 있다는 것을 경험을 통하여 깨달았음을 이야기하고 있고,

이 책의 중반부에서는 외향적인 사람과 내향적인 사람은 영업의 접근방식과 해결방법이 다르고, 내향인 특유의 민감함과 집중력, 공감하기, 자기성찰과 사람에 대한 신뢰쌓기 등을 통하여 강점을 극대화하고, 소심한 성향을 탓하며 혼자서 끙끙 앓지 말고 거절에 대한 두려움을 극복하는 방법, 선택과 집중, 나만의 속도유지, 외향적 고객과 친해지기 등 본인의 경험을 알려주고, 영업인들은 환자를 위해 진찰하고, 진단하고, 고객의 최대 이익을 위해 처방을 내리는 전문의처럼 상대방에 대한 경청과 공감의 필요성을 강조하며 내향인의 강점을 살리고 약점을 채우는 방법을 이야기하고 있으며,

이 책의 후반부에서는 내공을 키우는 영업 전략으로 정보를 파악하는 열쇠인 질문, 문제를 해결하는 협업, 능력보다 더 중요한 배움의 자세와, 당신이 전달하고자 하는 무엇(what)보다 왜(why, 신념)가 대화와 협상의 핵심임을, 가격보다 가치가 우선임을 이야기하고 있고, AI 시대, 24시간 365일 개방된 네트워크, 달라진 환경에서 활동하는 영업인들은 과거의 성공경험과 변화에 대한 둔감함을 경계해야하며, 내향적, 외향적인 성향이 아니라 본인의 강점을 살리고 1등보다는 상생, 독점이 아닌 공유를 실천하는 것이 새로운 시대에 영업인들이 가야 할 길 임을 이야기하고 있다.

[How 나에게 어떻게 적용할 것인가?] 실천 사항

앞으로 나는 내향적인 성향으로 타인들 앞에서 발표를 할때는 너무나도 떨리고, 스스로 만족스럽지 못한 발표를 한 후에는 혼자서 상심에 사로잡혀 있을 때가 많았지만, 더 이상 이런 수줍은 성향의 핑계가 나의 발목을 잡도록 허락하지 않을 것이며, 책 읽기를 좋아하는 나의 강점을 더욱 확장하여 체계적 글쓰기를 배우고, 한걸음 더 나아가기 위한 배움과 연습을 계속하여 성공적인 프리젠테이셔너가 될 수 있도록 노력할 것이다.

1 생각 [나는 ~라고 생각한다] / 주장, 평가

나는 주식회사 휴넷의 영업이사인 최현우 작가의 《따끈따끈한 커피 있어요!》라는 책이 내향적인 성향으로 본인 스스로 안전장치라고 생각하고 있는 자기방어적 울타리를 탈출하기 위해 고민하고 있는 사람들과 영업현장에서 많은 좌절로 주저앉아 포기하고 싶은 영업인들에게 울타리의 문을 열기 위한 약점을 보완하고, 울타리 밖 넓은 세계로 비상하기 위한 강점을 찾아서 더욱 발전시키면, 자신도 모르는 새로운 자신을 발견하고 원하는 삶

을 살 수 있다는 경험적 메시지와 사례가 패키지 선물처럼 담겨 있는 책이라고 생각한다.

3 이유 [왜냐하면] / 내 생각에 대한 이유 3가지

왜냐하면 첫째, 내향적 성향이 많은 내 안에는 내가 너무나도 많다. 그리고 항상 외향적인 사람들을 부러워했다. 그러나 내향적이라고 해서 소극적이지는 않다는 이야기에 저절로 고개를 끄떡이게 되었고, 객관적으로 나를 바라보고 이해하는 시간을 가져야 한다는 것을 알게 되었으며, 수줍은 성향을 열정의 에너지로 전환시키기 위한 나만의 강점이 무엇인지 생각해보는 시간을 갖도록 해 주었기 때문이고,

둘째, 영업을 하고 있지는 않지만, 크고 작은 성공과 업적은 남들이 모르는 수백 가지의 노력과 갈등 속에서 축적된 꾸준함의 결과라는 이야기에, 새해마다 결심하는 신년 계획은 한달을 채 넘기지 못하고 작심삼일로 막을 내리는 나의 게으름을 반성하고 하루 하루의 나의 작은 목표와 성취 상황을 기록하도록 영감을 주었기 때문이며,

셋째, 속도보다 방향, 가격보다 가치, 공감과 소통, 1등보다는 상생이라는 이야기에 빨리 빨리에 익숙해져 있고, 소통은 뒷전이고 나의 진심을 몰라준다고 서운해했던 일, 내가 가진 자료를 공유하면 나의 아이디어를 빼앗긴 기분이 들었던 과거의 일들이 부끄러움으로 화끈거리는 나의 가슴과 두뇌를 리셋시켜 주었기 때문이다.

1 결론 [그래서, 나는 ~라고 생각한다] / 2% 평가

그래서 나는 주식회사 휴넷의 영업이사인 최현우 작가의 《따끈따끈한 커피 있어요!》라는 책이 내향적인 성향으로 본인 스스로 안전장치라고 생각하고 있는 자기방어적 울타리를 탈출하기 위해 고민하고 있는 사람들과 영업현장에서 많은 좌절로 주저앉아 포기하고 싶은 영업인들에게 울타리의 문을 열기 위한 약점을 보완하고, 울타리 밖 넓은 세계로 비상하기 위한 강점을 찾아서 더욱 발전시키면, 자신도 모르는 새로운 자신을 발견하고 원하는 삶을 살 수 있다는 경험적 메시지와 사례가 패키지 선물처럼 담겨 있는 책이라고 생각한다.

2% 아쉬운 점

하지만 껍질을 깨고 나온 병아리가 영업의 달인이 되기까지는 본인의 강점을 개발하기 위해 쏟아 부은 열정과 약점을 채우기 위한 부단한 노력이 있었음을 알 수 있었지만 직장 생활과 자기계발을 위한 시간관리 또한 매우 중요한 요소라 생각한다. 특히 영업인들은 더욱 그럴 것이다. 최현우 작가의 시간관리 노하우가 추가되었다면 독자들이 한 걸음 더 나아가는 데 더 많은 도움이 될 수 있지 않을까 하는 점은 아쉽다.

내 마음속의 한 문장

"목표는 핏빛처럼 선명해야 한다."

홀로 성장하는 시대는 끝났다.
(제3장 왜 세계 최고의 기업들은 커뮤니티 리더를 주목하는가?)

작성자: 전춘미
평 점: ★★★★
저 자: 이소영 지음
출판사: 더 메이커
연 도: 2021년

[Why 작가는 왜 이 책을 썼을까?] / 저술 목적

마이크로소프트사 글로벌 인플루언서팀 아시아 지역 매니저로 근무하고 있는 이소영 작가는 일하면서 만난 많은 사람들과의 인터뷰를 통하여, 그들이 글로벌 리더로 성장하는 과정과 그 속에서 공통점을 찾아내어, 각 분야에서 리더로 성장하고 싶은 사람들에게 홀로 성장이 아닌 함께 성장하는 것이 우리 시대의 새로운 인재임을 알려주고 이를 실천하는 과정을 나누고자 이 책을 저술하였다.

[What 작가는 무엇을 말하는가?] / 핵심적인 내용

이 장의 전반부에서는 세계 최고의 기업들이 커뮤니티 리더들을 주목하는 이유에 대하여

1. 커뮤니티 리더십이 IT 기업의 흥망성쇠에 큰 영향을 끼치고,

2. 커뮤니티 리더가 다른 IT 기술자에게 미치는 영향력과

3. IT 기업의 가장 중요한 자산인 인적자원 확보를 위함이라고 설명하고 있고,

이 장의 중반부에서는 아마존과 샤오미가 커뮤니티와 피드백을 주고받으며 함께 성장하는 생태계에 대하여 이야기하고 있으며, 아마존의 14가지 인재 기준과 채용과정의 인터뷰를 통한 철저한 검증방법, 샤오미의 성장을 견인한 팬 커뮤니티 미펀의 실제 사례를 들어 리더가 되어 무언가를 경험해 볼것을 권하고 있고, 리더가 되어 작은 성공을 해보면 다음 성공의 물꼬를 트기 쉬우니 큰 꿈을 꾸는 이에게는 리더십은 반드시 필요한 덕목임을 이야기하고 있으며,

이 장의 후반부에서는 스리랑카 고졸 출신의 자나카가 호주 IT리더가 된 사례로 커뮤니티 성공 키워드를 알려주면서 자신만의 커뮤니티 공부시간을 만들고, 때로는 강력한 동기가 필요하며, 리더로 활동할 기회가 오면 일단 해보라고 조언해 주고 있다.

[How 나에게 어떻게 적용할 것인가?] 실천 사항

앞으로 나는 작은 모임이라도 리더의 기회가 온다면 먼저 지원하여 리더의 경험을 해보도록 할것이며, 먼저 동료들과 함께 동아리 모임을 구성하여 좌충우돌 경험을 쌓아보도록 할 것이다.

1 생각 [나는 ~라고 생각한다] / 주장, 평가

나는 마이크로소프트 아시아 지역매니저인 이소영 작가의 《홀로 성장하는 시대는 끝났다》라는 책이 커뮤니티가 단순히 친목이나 영리만을 목적으로 한다고 생각하는 사람들에게 커뮤니티가 기업과 사회가 함께 성장하는 원동력을 제공할 수 있음을 알려주는 좋은 책이라 생각한다.

3 이유 [왜냐하면] / 내 생각에 대한 이유 3가지

왜냐하면 첫째, 혼자만의 성장이 아닌 다른 사람들에게 피드백을 주고 받으며 함께 성장하는 커뮤니티의 순 기능이 기업과 사회의 발전을 가져준다는 것을 알게 해 주었기 때문이고,

둘째, 스리랑카 청년의 사례를 통하여 자신이 처한 직무나 환경에 상관없이 하고자 하는 의지가 있다면 얼마든지 환경을 만들 수 있다는 것을 알려주었기 때문이며,

셋째, 배워서 남들과 함께 나누는 커뮤니티 리더들의 헌신과 노력을 본받아 나도 커뮤니티 리더가 될 수 있도록 더욱 정진해야 겠다는 생각을 갖게 해 주었기 때문이다.

1 결론 [그래서, 나는 ~라고 생각한다] / 2% 평가

그래서 나는 마이크로소프트 아시아 지역매니저인 이소영 작가의《홀로 성장하는 시대는 끝났다》라는 책이 커뮤니티가 단순히 친목이나 영리만을 목적으로 한다고 생각하는 사람들에게 커뮤니티가 기업과 사회가 함께 성장하는 원동력을 제공할 수 있음을 알려주는 좋은 책이라 생각한다.

2% 아쉬운점

하지만 IT 기업의 최신기술과 트렌드 등을 공유하고 피드백을 받으며 함께 성장하는 커뮤니티의 순기능에 대하여는 충분한 사례를 들어 설명하였지만, 공유의 과정에서 의도치 않았지만, IT기업의 특성상 기업의 민감한 정보가 유출되어 기업에 막대한 손실을 초래하는 등의 역기능에 대한 언급이 되지 않은 점은 아쉽다.

내 마음속에 남은 한 문장

"지금 자신이 어디에 있는지 중요하지 않다. 최고의 인재가 될 수 없다고 지레 단정 짓지 말라"

아들의 방문이 잠겼다

작성자: 전춘미
평 점: ★★★★
감 독: 이석민
연출자: 미등록
제작사: 독립영화
연 도: 2019년

[Why 작가는 왜 이 책을 썼을까?] / 저술 목적

이 드라마의 감독 이석민은 학교폭력이 단순히 그릇된 행동을 하는 청소년들만의 문제라고 생각하는 사람들에게 그 사람의 성장과정을 이해하는 것이 필요함을 알려주고, 학교폭력의 피해로 어려움을 겪고 있는 사람들에게는 치유와 극복을 위해 서로 간의 공감과 부모 역할의 중요성을 알려주려고 이 드라마를 제작했다.

[What 작가는 무엇을 말하는가?] / 핵심적인 내용

이 드라마의 전반부에서는 학원의 수학강사로 근무하는 마미화는 2년 전부터 매일 저녁 8시, 아들의 닫힌 방문 앞으로 저녁을 배달한다. 마미화의 수학반에 문제아로 인식되고 있는 이지훈이라는 새로운 학생이 들어오고 지훈은 마미화의 손등 상처를 유심히 바라본다. 2년만에 처음으로 닫힌 방문으로부터 물감이 필요하다는 아들의 부탁을 받은 마미화는 남편에게 이야기하지만 남편은 얘기를 듣지도 않은 채 나가 버리고, 물감을 사러가야 하는 마미화는 당일 수업에 결석을 한 지훈의 특별수업을 하라는 학원의 지시로 갈등하며 수업을 시작했으나 결국 수업을 중단하고 학원을 나오는 갈등의 상황을 이야기하고 있고,

이 드라마의 중반부에서는 지훈이 선생님을 따라나와 다투다가 바닥에 앉아 다가오지 말라고 소리친다. 마미화는 지훈의 모습에서 아들의 모습을 보게되고, 지훈이는 수학의 필요충분조건인 "진실"이 수학에만 적용되는 것인지, 다른 것에도 적용되는 것인지를 묻는다. 그리고 선생님의 손등 상처가 왜 생겼는지를 묻고, 마미화는 "내가 너무 늦게 가서"라고 답한다. 지훈은 자신의 팔에 상처가 생긴 이유를 얘기하고 자기 엄마가 떠난 것이 자신을 사랑하지 않아서인지를 질문한다. 마미화는 더 이상 학원을 나오지 않고 엄마를 찾겠다는 지훈의 이야기를 듣던 중 자신의 아들도 엄마의 사랑이 더 필요함을 깨닫게 되는 과정을 이야기하고 있으며,

이 드라마의 후반부에서는 집으로 돌아간 마미화는 굳게 닫힌 아들의 방문을 열기로 마음 먹고 방문을 연다. 구석에 물감으로 범벅이 된 채 웅크리고 있는 아들을 보며 마미화도 물감으로 자신을 칠하고 천천히 아들에게 다가가서 두려움에 떨고 있는 아들을 꼭 안아주며 다독거리고 아들의 눈에도 눈물이 고이고 공감과 사랑으로 치유가 시작되고 있음을 이야기하고 있다.

[How 나에게 어떻게 적용할 것인가?] 실천 사항

앞으로 나는 직원들의 업무처리능력도 중요하지만 서로 이해와 공감이 중요하다는 것을 전 직원들과 함께 공유하고 "칭찬은 전 직원이 들을 수 있게 큰 소리로, 개선해야 할 점은 따로 조용히 단둘이서"를 실천해서 왕따 없는 사랑 가득한 부서를 만들도록 노력할 것이다.

1 생각 [나는 ~라고 생각한다] / 주장, 평가

나는 이석민 감독의 '아들의 방문이 닫혔다'라는 드라마가 학교폭력은 단순히 일부 나쁜 아이들의 일탈이고, 특이한 가정에서만 발생하는 일이라고 생각하는 사람들에게 학교폭력은 평범한 가정의 자녀들도 가해자와 피해자가 될 수 있기에 부모의 역할과 건강한 가정의 중요성을 알려주는 울림이 있는 드라마라 생각한다.

3 이유 [왜냐하면] / 내 생각에 대한 이유 3가지

왜냐하면 첫째, 첫째 아이가 다니던 학교와 약 반년 간 지루한 싸움을 한 경험이 되살아났고, 뒷자리 학생의 지속된 협박으로 발생한 답안지 사건으로 인해 나의 아들은 무척이나 상처를 받았지만 우리의 응원과 본인의 의지로 잘 극복해서 지금은 어엿한 대한민국의 1인 청년 사업가로, 열혈청년으로 전국을 종횡무진하며 건강하게

잘 살고 있다. 이 드라마에서는 지훈이를 통해 잠재적 가해자들이 발생하는 경우를 암시적으로 보여주어, 평소와는 다른 반항적이거나 폭력적인 언어를 자주 사용할 경우 유심히 관찰하고, 내면의 상처가 무엇인지를 이해하기 위한 소통이 필요한 상태임을 감지하게 해 주었기 때문이고,

둘째, 아빠의 무관심과 방관이 엄마 혼자서 피해자인 아들을 감당하고 치유와 극복의 과정이 더 길어졌을 것으로 생각된다. 아빠, 엄마, 자녀로 구성된 물리적 형태의 집이 아니라, 모든 상황을 함께하고 극복해가는, 가치(價值)가 함께하는 정서적으로 충만한 가정이 자녀의 건강한 성장을 도울 수 있다는 것을 시사하였기 때문이며,

셋째, 직장생활을 하면서도 어려운 상황을 극복하기 위해 고군분투하는 엄마의 힘든 모습이 모든 워킹맘들의 현재의 모습을 담고 있고 "방문 안 세상"에서 나오기를 거부하는 아들을 위해 문을 부수고 들어가 아들을 보듬는 장면에서 여자가 아닌 위대한 "엄마의 모습"이 내 눈물샘을 자극하였기 때문이다.

1 결론 [그래서, 나는 ~라고 생각한다] / 2% 평가

그래서 나는 이석민 감독의 '아들의 방문이 닫혔다'라는 드라마가 학교폭력은 단순히 일부 나쁜 아이들의 일탈이고, 특이한 가정에서만 발생하는 일이라고 생각하는 사람들에게 학교폭력은 평범한 가정의 자녀들도 가해자와 피해자가 될 수 있기에 부모의 역할과 건강한 가정의 중요성을 알려주는 울림이 있는 드라마라 생각한다.

2% 아쉬운 점

하지만 피해자의 아픔을 치유하고 극복하기 위한 한 엄마의 노력과 과정이 잘 그려진 반면, 아빠는 회피를 하였고 다른 공동체의 이야기가 전혀 그려지지 않았다. 학교폭력은 한 사람, 한 가정의 노력만으로는 사라지지 않기에 인성교육이나 공동체 생활 등 사회적 공동책임을 수면 위로 이끌어 낼 수 있는 내용이 조금 더 가미가 되었으면 하는 아쉬움이 남는다.

내 마음속에 남은 한 문장

"내가 너무 늦게 가서…… 괜찮아, 괜찮아, 엄마가 왔잖아."

돌체구스토 커피머신&캡슐커피

작성자: 전춘미
평 점: ★★★★
회사명: 네스카페 코리아
출시일: 2006년

[Why 작가는 왜 이 책을 썼을까?] / 저술 목적

이 상품의 회사인 네스카페 코리아에서 출시한 돌체구스토 커피머신과 캡슐커피는 직접 커피숍까지 가야 하는 시간을 절약하고, 다양한 종류의 커피를 원하는 사람들에게 시간 절약과 편리함을 제공하기 위해 이 상품을 출시했다.

[What 작가는 무엇을 말하는가?] / 핵심적인 내용

이 상품의 특징은 버튼만 누르면 언제, 어디서나 원하는 곳에서 다양한 종류의 커피를 마실 수 있는 간단한 작동법으로 누구나 이용할 수 있는 편리함이 있고,

이 상품의 구성은 로스터스 초이스, 오리진스, 콜드브루, 수프리모 등 다양한 맛과 풍미의 인스턴트 캡슐 커피와 여러 버전의 돌체구스토 커피머신으로 구성되어 있으며,

이 상품의 효과는 바쁜 일상을 살고 있는 우리들에게 시간을 절약할 수 있고, 다소 높은 가격이 책정되어 있는 프랜차이즈 커피 전문점에 부담을 느끼는 사람들에게 경제적 절약 효과를 제공해 주고 있다.

[How 나에게 어떻게 적용할 것인가?] 실천 사항

앞으로 나는 캡슐 커피의 라벨이 손으로 쉽게 뜯어 분리될 수 있도록 하고, 캡슐 커피 애용자 모두가 리사이클링에 쉽게 동참할 수 있도록 캡슐커피 판매사의 방침과 정부정책이 시행되어 정착될 수 있도록 목소리를 내도록 노력할 것이다.

1 생각 [나는 ~라고 생각한다] / 주장, 평가

나는 네스카페 코리아에서 출시한 '돌체구스토 커피머신과 캡슐커피'가 생활의 편리함과 경제적 이익을 가져다주는 좋은 제품이라고 생각하지만, 커피머신의 경우 고장 나기 전까지는 지속해서 사용할 수 있는 반영구적 제품이라 좋기는 하지만, 캡슐커피는 재활용하기 너무 어려워, 이러한 형태의 캡슐이 계속 생산되는 것은 바람직하지 않다고 생각한다.

3 이유 [왜냐하면] / 내 생각에 대한 이유 3가지

왜냐하면 첫째, 캡슐은 비닐라벨, 플라스틱 용기, 커피로 구성되어 있는데 커피를 내린 후, 손으로 비닐라벨을 제거하기가 너무 어려워 칼이나 다른 도구를 사용해서 분리해야 하는 어려움으로 분리배출을 쉽게 포기하게 만들기 때문이고,

둘째, 사용한 컵슐 커피의 회수를 위한 제도가 운영되고 있지만, 회사의 공식 웹사이트에서 물품 구매 시에만 재활용백과 수거신청을 할 수 있도록 되어 있어, 요즘과 같이 다양한 앱을 이용하여 물품을 구매하는 사람들에게는 그러한 제도가 있는지 모르는 경우가 더 많기 때문이며,

셋째, 사용한 캡슐은 공식 지정 재활용 백으로만 수거 신청할 시 수거가 가능하다고 하여, 회사의 리사이클링 비전에 비해 프로세스의 접근성이 떨어져 리사이클링 의지가 형식적인 것 같은 느낌을 받았기 때문이다.

1 결론 [그래서, 나는 ~라고 생각한다] / 2% 평가

그래서 나는 네스카페 코리아에서 출시한 '돌체구스토 커피머신과 캡슐커피'가 생활의 편리함과 경제적 이익을 가져다주는 좋은 제품이라고 생각하지만, 커피머신의 경우 고장 나기 전까지는 지속해서 사용할 수 있는 반영구적 제품이라 좋기는 하지만, 캡슐커피는 재활용하기 너무 어려워, 이러한 형태의 캡슐이 계속 생산되는 것

은 바람직하지 않다고 생각한다.

2% 아쉬운 점

하지만 아침 커피향이 퍼지는 여유로움을 만끽할 수 있는 아늑함과 시간을 절약해 주는 캡슐커피의 편리함을 부정할 수는 없다.

내 마음속에 남은 한 문장

"Cup of respect . 지구를 존중합니다."

여승

작성자: 전춘미
평 점: ★★★★★
시 인: 백석/ 고형진 지음
출판사: 문학동네
연 도: 2021년

[Why 작가는 왜 이 책을 썼을까?] / 저술 목적

이 시의 작가이며 한때는 월북작가로 작품 출판이 금지되었던 백석 시인은 일제강점기 한 가정의 붕괴와 그로 인해 삶의 의미를 잃고 여승이 된 사연을 함축적으로 그려내어 어느 시대를 막론하고 극복하기 힘든 아픔을 가지고 살아가는 사람들에게 따뜻한 위로의 말을 건네고자 이 시를 창작했다.

[What 작가는 무엇을 말하는가?] / 핵심적인 내용

이 시의 전반부에서는 어디선가 본 듯한 여승의 얼굴에 그녀가 살아온 삶의 고단함과 세상살이의 번뇌가 불경처럼 담겨져 있어 여승을 바라보는 작가의 마음 아픔을 이야기하고 있고,

이 시의 중반부에서는 일벌처럼 어디론가 끌려나간 남편은 10년이 지나도 돌아오지 않고, 배고파 울며 보채는 어린 딸아이를 데리고 먹기 살기 위해 평안도 어느 금광 야전에서 옥수수를 팔아 생계를 이어가지만 끝내 딸아이는 저 세상으로 가버린, 삶의 희망이 사라진 절망의 현실을 이야기하고 있으며,

이 시의 후반부에서는 평안도 금광에서 만났던 여인이 삭발을 하며 불가로 귀의하는 날, 자연의 미물인 산꿩도 슬피 울었다고 표현하여, 의지하고 기댈 가족이 사라진 평범한 한 여인의 슬픈 인생의 여정을 이야기하고 있다.

[How 나에게 어떻게 적용할 것인가?] 실천 사항

앞으로 나는 주권을 잃은 국가의 평범한 국민들이 감내해야 할 고통과 절망을 생각하고, 평화는 가정에서 지역으로, 지역에서 국가로, 국가에서 세계로 확장되는 소통의 결과라고 생각하며 가정에서부터 작은 평화가 유지되도록 노력할 것이다.

1 생각 [나는 ~라고 생각한다] / 주장, 평가

나는 백석 시인의 《여승》이라는 시가, 자국의 이익을 위해 남의 나라를 침공하는 전쟁을 불사하는 불안정한 시대를 살아가는 우리들에게 나라 잃은 평범한 국민들이 겪어야 하는 일상의 고통과 아픔을 알려주고, 주권을 잃는다는 것은 바로 내 삶을 잃는 것이라는 것을 알려주는 짧지만 독자들의 심금을 울리는 훌륭한 시라고 생각한다.

3 이유 [왜냐하면] / 내 생각에 대한 이유 3가지

왜냐하면 첫째, 나라를 잃은 한 국가의 젊은 남편은 일벌처럼 징용으로 끌려가 10년이 지나도 생사를 알 수는 없지만, 그래도 한줄기 삶의 희망인 딸아이와 함께 엄마로서의 책임을 다하는 모습이 너무나 힘들게 느껴졌기 때문이고,

둘째, 사랑하는 어린 딸의 죽음과 여인의 절망과 고통, 산천초목도 함께 슬퍼한 여승의 삭발하던 날의 과정이 너무나도 아름다운 그림과 같이 승화되어 표현되었고, 함께 울던 산꿩은 우리 민족의 한이라는 생각이 들어 몇 번을 다시 읊어도 나의 가슴을 함께 아프게 했기 때문이며,

셋째, 일제강점기, 6.25 전쟁, 현재 진행 중인 우크라이나-러시아 전쟁 속에서 평범한 국민들이 겪었고, 또 겪고 있을 아픔을 생각하게 했고, 지구상에 더 이상 전쟁은 발생하지 않아야 한다는 생각을 다시 한번 하게 해 주었기 때문이다.

1 결론 [그래서, 나는 ~라고 생각한다] / 2% 평가

그래서 나는 백석 시인의 《여승》이라는 시가, 자국의 이익을 위해 남의 나라를 침공하는 전쟁을 불사하는 불안정한 시대를 살아가는 우리들에게 나라 잃은 평범한 국민들이 겪어야 하는 일상의 고통과 아픔을 알려주고, 주권을 잃는다는 것은 바로 내 삶을 잃는 것이라는 것을 알려주는 짧지만 독자들의 심금을 울리는 훌륭한 시라고 생각한다.

2% 아쉬운점

하지만 작품에 사용된 언어가 작가의 출생지인 평안도 사투리와 고어가 중간 중간 들어 있어 단어의 뜻을 알지 못할 경우 처음 접하는 독자들에게는 맥락의 이해가 다소 끊길 수 있을 것 같은 점은 아쉽다.

내 마음속의 한 구절

"지아비는 돌아오지 않고 어린 딸은 도라지꽃이 좋아 돌무덤으로 갔다"

미래를 WON하여!
원하는 인생을 사는 법

작성자: 전춘미
평 점: ★★★★
제작자: 김희준
제작사: CBS
연 도: 2022년

[Why 작가는 왜 이 책을 썼을까?] / 저술 목적

아티스트 박재범이 대표이사로 있는 '원스피리츠' 회사의 브랜드 '원소주' CCO로 재직하고 있는 이 영상의 제작자 김희준은 진정으로 본인이 원하는 삶을 살고 싶어하는 사람들에게 본인이 현재 상황에서, 최선을 다해, 할 수 있는 한 최대한 많은 경험을 하는 것이 필요하다는 것을 알려주려고 이 영상을 제작했다.

[What 작가는 무엇을 말하는가?] / 핵심적인 내용

이 영상의 전반부에서는 증류식 소주 브랜드 원소주의 3가지 의미인 '숫자 1, 미래를 이겼다는 의미로 WIN의 과거 WON, 소망인 WANT'에 대해 설명하고, 2016년 뇌종양이 발견되어, 결과를 기다리던 1주일 사이 '원하는 일이 생긴다면 도전하고 반드시 이루자'라고 결심하였고, 2018년 회사를 퇴직하고 가장하고 싶었던 여행과 술로 콘텐츠를 만들기 시작했으며, 2019년 스코틀랜드 증류소 투어 시, 자랑할 만한 우리 술이 떠오르지 않아 속상했던 기억으로 반드시 자기 브랜드의 술을 만들어 스코틀랜드에 다시 오겠다는 결심의 과정을 이야기하고 있고,

이 영상의 중반부에서는 2020년 자신의 상상을 현실로 만들 수 있는 박재범, 김수혁 대표를 만난 이후 술을 만드는 것이 아니라, 세상과 소통할 수단인 새로운 문화를 만들어 가겠다고 생각했고, 직장인들이 스스로를 응원하고 내일의 파이팅을 외칠 수 있도록 타깃을 설정하고, 첨가물이 없는 부드럽고 어떤 음식과도 잘 어울리는 깔끔한 맛의 술로 방향성을 설정하였으며, 글로벌 시장을 타깃으로, 직물 소재로 된 독특한 문양의 라벨 디자인과 오크통이 아닌 옹기 숙성 등 원소주의 탄생과정에 대하여 이야기하고 있으며,

이 영상의 후반부에서는 현대백화점 행사 중 가장 많은 인원이 몰린 성공적 팝업 행사의 에피소드와 향후 다양한 협업계획과 수출계획, 소주 브랜드가 아니라 문화를 바꾸겠다는 신념을 설명하고, 누구나 원하는 삶을 살기 위해서 내가 원하는 것을 많이 경험하는 것이 필요하며, 그 경험은 특별한 것이 아니라 내가 현재 있는 장소에서 내가 가진 것으로 할 수 있는 경험에 최선을 다한다면, 분명 인생의 WON하는 순간을 만날 수 있다고 이야기하고 있다.

[How 나에게 어떻게 적용할 것인가?] 실천 사항

앞으로 나는 자신의 경쟁력을 높이기 위해 지금하고 있는 공부를 더 심도있게 진행하고 관련 콘텐츠를 축적하여 10년 후 내 삶을 되돌아 봤을 때 후회하지 않도록 현재의 시간을 짜임새 있도록 잘 활용할 수 있도록 노력할 것이다.

1 생각 [나는 ~라고 생각한다] / 주장, 평가

나는 원소주 김희준 제작자의 '미래를 WON하여! 원하는 인생을 사는 법' 의 강연이 창업을 꿈꾸는 청년 세대들에게 작은 성공에서부터 시작하는 경험의 중요성과 본인들이 원하는 인생을 꿈꾸는 사람들에게 내면의 용기를 이끌어 내는 매우 영향력 있는 영상이라고 생각한다.

3 이유 [왜냐하면] / 내 생각에 대한 이유 3가지

왜냐하면 첫째, WON하는 인생을 산다는 것은 하루아침에 만들어지지 않고, 본인이 즐기고 잘하는 분야에서 콘텐츠를 축적했던 것을 이야기해주어, 나의 장·단점을 분석하고, 강점을 찾아 지금부터라도 콘텐츠를 준비해야겠다는 생각이 들도록 하였기 때문이고,

둘째, 머릿속에 정리되지 않은, 뒤죽박죽한 나의 미래 설계를 시각화하고 구체화해서 작은 성공의 씨앗부터 뿌려야겠다는 생각이 들어 문구사로 발걸음을 옮기게 했기 때문이며,

셋째, 녹록치 않은 현자타임(현실자각 타임)이 찾아올 때면, 타인들의 화려하고 성공적 데뷔 뒤에는 터널 속 암흑기가 있었다는 사실을 잊지 말고, 그들의 결과를 부러워하기 전에 험난했던 과정들을 생각하자는 다짐을 갖도록 해 주었기 때문이다.

1 결론 [그래서, 나는 ~라고 생각한다] / 2% 평가

그래서 나는 원소주 김희준 제작자의'미래를 WON하여! 원하는 인생을 사는 법' 의 강연이 창업을 꿈꾸는 청년 세대들에게 작은 성공에서부터 시작하는 경험의 중요성과 본인들이 원하는 인생을 꿈꾸는 사람들에게 내면의 용기를 이끌어 내는 매우 영향력 있는 영상이라고 생각한다.

2% 아쉬운 점

하지만 강연의 구성이 성공으로 인정받고 화려한 스포트라이트를 받고 있는 현재의 상황에 너무 비중이 실려 있고, 물론 시간상의 제약도 있었겠지만, 성공하기 전까지의 힘든 과정과 극복의 이야기가 상대적으로 비중이 적어서, 마음 한편에서는 창업과 성공을 너무 쉽게 느끼는 사람도 있겠다라는 생각이 들어 아쉽다.

내 마음속에 남은 한 마디

"추락이 가끔은 멋진 사고(思考)가 될 수 있습니다.
사고(事故) 칠 사고(思考) 많이 하시길 바랍니다."

코코

작성자: 전춘미
평 점: ★★★★★
감 독: 리 언크리치
제작사: 월트디즈니
연 도: 2017년

[Why 작가는 왜 이 책을 썼을까?] / 저술 목적

이 영화의 감독이며 애니메이션 토이스토리, 몬스터 주식회사를 감독한 리 언크리치는 죽은자의 날을 통해 가족이라는 소중한 가치를 잊고 살아가고 있는 우리들에게 지금 우리가 평온한 일상을 살아갈 수 있는 에너지는 조상들의 헌신과 현재 내 곁에 살고 있는 가족이라는 것을 알려주고, 잘못된 방법으로 기회를 잡고 성공을 쟁취하고자 하는 사람들에게 사후세계에서라도 진실이 밝혀지므로 올바른 방법으로 현재를 살아야 한다는 것을 알려주려고 이 영화를 제작했다.

[What 작가는 무엇을 말하는가?] / 핵심적인 내용

이 영화의 전반부에서는 증조할머니 코코의 아버지가 음악을 위해 가족을 떠난 후 코코의 엄마 이멜다가 신발을 만들어 가족을 부양하고 가업으로 이어지게 되었고, 집안에서는 음악이 금기시되었으나 주인공 미구엘은 음악에 대한 열정을 참을 수 없어 유명가수였던 델라 크루즈의 무덤에서 기타를 빌려 마을광장에서 열리는 '죽은자의 날' 공연에 참가하려고 하였으나 저주를 받아 죽음의 세계에 들어가게 된다는 것을 이야기하고 있고,

이 영화의 중반부에서는 죽음의 세계에서 미구엘은 존경하던 유명 가수 델라 크루즈가 고조할아버지임을 알게 되고 함께 공연을 준비하던 중, 이승으로 가서 딸을 만나고 싶어 하는 '헥터'를 만나 이야기하다가, 미구엘이 이승에서 본 영화 '집으로 가는 길'의 마지막 장면에서 델라 크루즈가 함께 음악을 하던 친구와의 이별의 술잔 속에 독극물을 넣어 상대방을 죽이고 "성공은 그냥 주어지는 것이 아니야, 기회를 잡기 위해선 뭐든지 다 해야돼"라는 말을 기억하였고, 델라 크루즈와 헥터의 사연이 영화의 사연과 똑같음을 알게 되고 자기의 고조할아버지가 '델라 크루즈'가 아닌 '헥터'임을 알게 되는 과정을 이야기하고 있으며,

이 영화의 후반부에서는 미구엘이 이승으로 돌아가기 전에, 고조할아버지 헥터의 명예 회복을 위해 죽음의 세계에 있는 주인공 미구엘의 조상들과 다 함께 힘을 모아 싸우는 과정과 다시 이승으로 돌아온 미구엘이 증조할머니 코코 앞에서 헥터가 부른 "기억해 줘"라는 노래를 불러 코코가 다시 아빠인 헥터를 기억하게 되고 사진을 꺼내 제단에 올리게 되며, 마을광장에는 델라 크루즈의 동상이 아닌 헥터의 동상이 세워지게 되고 미구엘의 가족은 다시 음악으로 충만한 행복한 일상으로 돌아가고 있음을 이야기하고 있다.

[How 나에게 어떻게 적용할 것인가?] 실천 사항

앞으로 나는 가까이 있는 사람들을 쉽게 생각하고, 상처가 될 말들을 쉽게 내었을 지난날들을 반성하고, 세상에 나를 내보내시며 헌신했던 부모님의 축복을 생각하며, 목표는 크게 하되 과정은 항상 다른 사람들에게 피해와 상처를 주지 않는 올바른 방향이 되도록 노력할 것이다.

1 생각 [나는 ~라고 생각한다] / 주장, 평가

나는 리 언크리치 감독의 영화 '코코'가 핵가족화, 1인 가구가 증가하는 이 시기에, 누구의 도움도 없이 스스로, 혼자서 꿈을 이룰 수 있다고 생각하는 사람들에게 나와 삶의 근본을 함께 하는 가족공동체의 위대한 힘을 알려주고, 원대한 목표 성취를 위해 어떠한 방법이라도 불사하는 사람들에게 과정의 올바름이 목표 달성보다 더 중요하다는 것을 알려주는 좋은 영화라 생각한다.

3 이유 [왜냐하면] / 내 생각에 대한 이유 3가지

왜냐하면 첫째, 지금의 상황이 맘에 들건 그렇지 않던, 현재 내 삶의 모습은 과거에서부터 이어져 내려온 결과

204

물이고 조상들은 내 자손들이 다 잘되기 바랄 것이다. 그러므로 조상이라는 존재는 부정할 수 없으며, 나에게 그들의 헌신을 다시 생각해보게 해주었기 때문이고,

둘째, 사후세계의 존재 여부를 믿건, 믿지 않건 간에 영상의 화려함과 사후세계의 즐거운 생활상이 죽음이라는 슬픈 상황이 그렇게 슬픈 것만은 아니라는 생각이 들게 해주었기 때문이며,

셋째, 20년 전 약 40일 간의 멕시코 시골마을 여행 때 홈스테이를 하며 경험했던 멕시코인들의 따뜻한 우정과 음악을 빼 놓을 수 없는 일상생활들, 광장문화가 영화에 잘 표현되어 그때를 회상하며 다시 가보고 싶은 마음을 자극하였기 때문이다.

1 결론 [그래서, 나는 ~라고 생각한다] / 2% 평가

그래서 나는 리 언크리치 감독의 영화 '코코'가 핵가족화, 1인 가구가 증가하는 이 시기에, 누구의 도움도 없이 스스로, 혼자서 꿈을 이룰 수 있다고 생각하는 사람들에게 나와 삶의 근본을 함께 하는 가족공동체의 위대한 힘을 알려주고, 원대한 목표 성취를 위해 어떠한 방법이라도 불사하는 사람들에게 과정의 올바름이 목표 달성보다 더 중요하다는 것을 알려주는 좋은 영화라 생각한다.

2% 아쉬운 점

하지만 화려한 영상과 음악 등 멕시코인들의 문화를 조금이나마 이해하고 죽음에 대한 막연한 두려움을 사라지게 해 주어 매우 좋았으나, 가족애가 지나치게 집중되어 부도덕한 방법으로 성공한 델라 크루즈가 결국 죽음으로 벌을 받게 되지만, 부도덕한 과정은 용서받을 수 없다는 부분이 다소 희석되어 보이는 점이 아쉽다.

내 마음속에 남은 명대사

"각자 원하는 것을 위해 한가지씩 포기한 거야, 가족보다 중요한 것은 없어."

"Always" 2022년 한국에서 가장 빨리 크고 있는 이커머스 회사

작성자: 전춘미
평 점: ★★★★★
진행자/대담자: 강재윤
매체명: 유튜브
연 도: 2022년

[Why 작가는 왜 이 책을 썼을까?] / 저술 목적

이 인터뷰의 진행자는 스타트업을 꿈꾸는 청년들에게 왜 그 일을 하는지에 대한 철학과 높은 목표가 있어야 포기하지 않을 수 있다는 점을 알려주고 기존의 사업가들에게는 낡은 틀에 얽매이지 말고 인재 채용의 관점을 바꾸어 오너십을 가진 직원을 채용하는 것이 기업의 효율성을 극대화하는 방법임을 알려주려고 인터뷰를 진행했다.

[What 작가는 무엇을 말하는가?] / 핵심적인 내용

이 인터뷰의 전반부에서는 모든 사람들이 매일 사용하는 소프트웨어 "모사매소"를 기반으로하여 단순히 손에 잡히는 주변의 작은 문제를 푸는 스타트업이 아니라 전세계 인류를 건드리는 사업을 하고, 나아가 인류가 질병과 노화로부터 해방되는 장기적 목표를 갖게 된 '레브잇' 기업의 철학 탄생 배경을 이야기하고 있고

이 인터뷰의 중반부에서는 전 세계 기업을 분석하여 "갈망론"이라는 가설을 설정하였고, 편의성과 빠른 배송을 경쟁력으로 하는 기존의 기업들과 달리, 사람들의 갈망을 해소하는 방법을 비즈니스의 관점으로 보았으며, 한국인들의 가격에 대한 갈망을 확증하기 위한 여러 차례의 실험 운영을 통해 모바일 구매시스템인 "Always"가 한국에서 가장 빠르게 성장하는 이커머스로 성장하는 과정을 이야기하고 있으며,

이 인터뷰의 후반부에서는 레브잇 기업의 독특한 조직구조로 분야별 담당자가 아닌 미니 CEO를 채용한다는 신념으로 7 Standars 적용하여 오너십 자질을 가진 직원을 채용하고, 선발 이후에 스킬을 습득하도록 장려하고, IT 기술을 통해 소매시장의 비효율을 혁신적으로 개선하여 소비자들과 생산자들에게 결실을 돌려줄 것이며, Always라는 커머스 기업을 넘어 지구상의 문제를 해결하는 기업이 되고자 하는 미래의 목표를 이야기하고 있고, 나아가 이를 성취할 수 있는 것은 확고한 철학과 큰 꿈이 있어야 길고 힘든 여정을 버틸 수 있다는 것을 이야기하고 있다.

[How 나에게 어떻게 적용할 것인가?] 실천 사항

앞으로 나는 다양한 분야의 많은 책들을 읽고 토론의 기회를 찾아서 사고력과 논리력을 키우도록 노력할 것이다.

첫째, 시청 직원들과 함께 독서 동아리를 만들 것이다.

둘째, 이인석 대표님의 추천 경영도서를 졸업하기 전까지 모두 읽고 서평을 쓸 것이다.

셋째, 인터넷 활용법을 배워 올해 안에 개인 블로그를 만들 것이다.

1 생각 [나는 ~라고 생각한다] / 주장, 평가

나는 강재윤 CEO의 '인터뷰가 창업자들에게' 기존의 틀을 깨는 신선함을 배울 수 있고 희망이 없다고 말하는 청년세대들에게 본인의 강점을 더욱 극대화할 수 있는 방법을 찾도록 영감을 주는 좋은 인터뷰라고 생각한다.

3 이유 [왜냐하면] / 내 생각에 대한 이유 3가지

왜냐하면 첫째, 할 수 있는 게 아무것도 없다고 생각하던 나에게 자극을 주었기 때문이고,

둘째, 함께 공부하는 힘, 문제 해결을 위한 집단지성을 믿게 해주었기 때문이고,

셋째, 7가지 기본 원칙을 나의 생활에도 적용하고 싶은 마음이 생기게 해 주었기 때문이다.

그래서 나는 강재윤 CEO의 '인터뷰가 창업자들에게' 기존의 틀을 깨는 신선함을 배울 수 있고 희망이 없다고

말하는 청년세대들에게 본인의 강점을 더욱 극대화할 수 있는 방법을 찾도록 영감을 주는 좋은 인터뷰라고 생각한다.

2% 아쉬운점

하지만 모든 젊은이들이 강재윤 CEO처럼 할 수 있을까? 부족한 부분을 함께 공부하고 가르치며 깊이가 더 해졌지만, IT에 이미 충분한 기본 지식이 있기에 더 쉽게 접근할 수 있지 않았을까 하는 생각이 든다. 세상의 모든 사람들이 부족한 점을 보충하느라 시간을 쓰는 것보다 본인의 강점 분야를 더 극대화하는 방향으로 길을 선택한다면 길고 험한 여정이 단축 될 수는 있겠지만 모두가 강재윤 CEO처럼 되기가 생각보다는 쉽지 않다는 생각이 들어 아쉽다.

내 마음속에 남은 한 마디

"큰 꿈을 가진 사람만이 긴 여정, 힘든 여정에서 버틸수 있다."

세계 책의 날 기념,
제1회 전국서평공모전 행사

작성자: 전춘미
평 점: ★★★★★
작성일: 2022년 4월 24일
기획자: 김을호
기획사:(재)국민독서문화진흥회
연 도: 2022년

[Why 작가는 왜 이 책을 썼을까?] / 저술 목적

이 행사의 기획자이며 전 국민 독서문화 부흥을 실천하고 있는 독서 대통령, 독서탐구 생활로 안내하는 국방 FM 수요책갈피를 진행하고 있는 (재)국민독서문화진흥회 회장이신 김을호 기획자는 독서를 멀리하고 어려워하는 사람들에게 생활 속의 독서, 나를 발견하는 독서문화 확산과 나를 깨우고 실천하는 올바른 독서방법을 알려주려고 이 행사를 개최했다.

[What 작가는 무엇을 말하는가?] / 핵심적인 내용

이 행사의 전반부에서는 참가자들의 호기심을 유발하고 다양한 체험을 할 수 있도록 구성하여 성인 프로그램(책교환, 내마음의 문장써주기)과 어린이 프로그램(북 컬러링, 책수레) 그리고 다 함께 참여할 수 있는 포토존과 포스트 잇 붙이기, 과녁 맞추기 등 흥미로운 콘텐츠를 구성하여 참가자들에게 즐거운 추억을 선사해 주었고, 이 행사의 중반부에서는 2부 행사인 제 1회 전국 서평공모전 수상식 시작 전 지역 음악인들의 공연을 준비하여 문화감상의 기회를 제공하였고, 특히 수상식은 일반적인 수상 형태가 아니라 부모님이 학생들에게 상을 수여하는 방식을 채택하여 부모와 자녀가 함께 기쁨을 공유하고 학생들에게는 부모님의 노고를 다시 한번 생각하게 하는 감명깊은 수상식이 되어 모두에게 감동을 제공하였으며, 이 행사의 후반부에서는 "책은 도끼다"의 저자인 박웅현 작가 초청 북 콘서트를 진행하여, 지루한 반복으로 탈출을 꿈꾸는 일상이지만 그러한 일상을 하지 못할 때 비로소 깨닫게 되는 일상의 소중함, 내가 컨트롤할 수 없는 상황에 대해 고민하지 말고 앞으로 다가올 것에 중점을 두되 지금 내가 있는 이 순간, 이 공간, 즉 현재가 가장 중요한 것이고, 독서를 하는 이유는 이러한 모든 상황을 풀어나가는 삶의 자세를 바꾸어 주기 때문이라는 내용의 강연과 질의응답, 사인회를 마지막으로 행사를 마무리지었다.

[How 나에게 어떻게 적용할 것인가?] 실천 사항

앞으로 나는 독서라는 것이 살아가면서 난제(難題)를 만나더라도 그것을 대하는 태도를 변화시켜 본인이 원하는 긍정의 결과를 가져올 수 있고, 올바른 독서의 완성은 글쓰기 그리고 실천하기로 완성됨을 널리 알리기 위해 노력할 것이다.

1 생각 [나는 ~라고 생각한다] / 주장, 평가

나는 김을호 기획자의 '세계 책의 날 기념, 제1회 전국서평공모전' 행사가 갈수록 행복 지수가 낮아지고 독서량이 줄어드는 성인들에게 왜 독서를 해야 하는지에 대한 이유를 알려주고, 학생들에게는 개인의 문제, 각종 사회 문제에 대하여 논리적으로 본인들의 생각을 전개하고 해결해 나가기 위한 이정표를 제시한 훌륭한 행사라고 생각한다.

3 이유 [왜냐하면] / 내 생각에 대한 이유 3가지

왜냐하면 첫째, 맹모삼천지교(孟母三遷之教)라는 말이 있듯이 독서라는 것이 큰 맘을 먹어야만 가능한 것이 아니라, 생활의 일부로 흡수될 수 있도록 도서관이나 작은 책방, 카페 등 주변에서 쉽게 접할 수 있는 환경을 만들어 주는 것이 매우 중요한 것임을 깨닫게 해 주었기 때문이고, 둘째, 모든 사람들의 생김새가 다르듯이 관심 분야가 다르기 때문에 묻지마식의 독서 권장은 오히려 역효과를 낼 수 있고, 좋아하는 분야에서부터 시작해서 점차적으로 폭 넓게 확대해 나가는 것이 독서활동의 선순환이 될 수 있으므로 독서동아리 구성에 기본 지침으로 적용할 수 있기 때문이며.

셋째, 내가 사는 지역에도 지금보다 더 많은 독서문화가 확산되어 시민들의 역량이 높아지고 도시문제를 해결해 나가는 방법을 함께 찾고 해결해서 시민과 도시가 함께 성장할 수 있는 방법이 무엇이 있을까 하는 고민을 주었기 때문이다.

1 결론 [그래서, 나는 ~라고 생각한다] / 2% 평가

그래서 나는 김을호 기획자의 '세계 책의 날 기념, 제1회 전국서평공모전' 행사가 갈수록 행복 지수가 낮아지고 독서량이 줄어드는 성인들에게 왜 독서를 해야 하는지에 대한 이유를 알려주고, 학생들에게는 개인의 문제, 각종 사회문제에 대하여 논리적으로 본인들의 생각을 전개하고 해결해 나가기 위한 이정표를 제시한 훌륭한 행사라고 생각한다.

2% 아쉬운 점

하지만 북 컬러닝 코너에 오후가 되자 햇살이 비추어 프로그램에 참여한 어린이들이나 부모님들이 눈부심을 이야기하였고, 책수레 코너의 천으로 된 공기 소파는 한번 사용 후 일어나면 공기가 빠져 다시 공기를 채워야 해서 근무자들의 어려움이 있었으며, 다음 어린이들이 이용 시 콘크리트 바닥에 부딪쳐 사고가 발생하지 않을까 하는 걱정이 든 점은 아쉽다.

내 마음속에 남은 한 장면

"독서는 현재 내 삶의 조건을 변화시키지는 못한다. 그러나 그 삶을 바라보는 태도를 바꾸어 준다."

감사와 행복

작성자: 김화옥
평 점: ★★★★★
시 인: 이해인 지음
출판사: 분도출판사
연 도: 2016년

[Why 작가는 왜 이 책을 썼을까?] / 저술 목적

이 시의 시인은 감사를 잊은 사람들과 행복을 잊은 사람들에게 감사와 행복해지는 방법을 알려주려고 이 책을 저술했다.

[What 작가는 무엇을 말하는가?] / 핵심적인 내용

이 시의 전반부에서는 작가가 마지막까지 감사를 느끼고 싶은 소망을 이야기하고 있고,

이 시의 중반부에서는 감사하면 아름다워지고, 행복해지고, 따뜻하고, 웃게 되리라며 감사가 힘들 때도 의도적으로 감사하려 노력하고 있음을 이야기하고 있으며,

이 시의 후반부에서는 살아있기 때문에, 눈으로 아름다운 것을 볼 수 있어서, 사랑하는 마음을 배울 수 있어 행복하다고 이야기하고 있다.

[How 나에게 어떻게 적용할 것인가?] 실천 사항

앞으로 나는 삶의 순간순간을 감사하여 긍정적인 사람이 될 수 있도록 노력할 것이다.

1 생각 [나는 ~라고 생각한다] / 주장, 평가

나는 이해인 수녀가 지은《감사와 행복》이 행복을 잃은 현대인들에게 감사를 통해 긍정의 힘을 얻게 해주는 좋은 글이라고 생각한다.

3 이유 [왜냐하면] / 내 생각에 대한 이유 3가지

왜냐하면 첫째, 감사할 때 느껴지는 긍정적인 감정을 말하고 있기 때문이고,

둘째, 시인 스스로 항상 감사하려고 노력하기 때문이며,

셋째, 일상적이고 당연한 것을 감사함으로 사랑하는 마음과 행복한 마음을 느낄 수 있음을 말하기 때문이다.

1 결론 [그래서, 나는 ~라고 생각한다] / 2% 평가

그래서 나는 이해인 수녀가 지은《감사와 행복》이 행복을 잃은 현대인들에게 감사를 통해 긍정의 힘을 얻게 해주는 좋은 글이라고 생각한다.

2% 아쉬운 점

하지만 힘들 때 시를 읊조리듯 감사를 노래한다는 것이 가능할지 의문이다.

내 마음속에 남은 한 구절

"오늘 하루도 이렇게 살아서 하늘과 바다와 산을 바라볼 수 있음을 감사합니다."

I feel pretty

작성자: 김화옥
평 점: ★★★★
감 독: 에비 콘, 마크 실버 스테인 감독
제작사: 씨나몬(주)홈초이스 배급
연 도: 2018년

[Why 작가는 왜 이 책을 썼을까?] / 저술 목적

이 영화의 감독은 아름다움을 동경하는 사람들에게 진정한 아름다움은 자신감에서 나온다는 것을 알려주려고 이 영화를 제작했다.

[What 작가는 무엇을 말하는가?] / 핵심적인 내용

이 영화의 전반부에서는 자신의 모습을 불만족스러워하고 자신은 예쁘지 않기 때문에 안 될 것이라는 부정적인 생각으로 자존감 낮은 주인공에 대해 이야기하고 있고,

이 영화의 중반부에서는 사고로 머리를 다친 주인공이 갑자기 자신의 모습이 아름다워 보이는 착각이 시작되면서 뻔뻔하다 싶을 만큼 자신감이 넘쳐나며 그동안 생각하지 못했던 일들도 도전하여 잘 풀리게 되는 내용을 이야기하고 있으며,

이 영화의 후반부에서는 또 한번의 사고로 인해 자신의 본래의 모습으로 돌아왔다고 생각하게 된 주인공이 다시 자신감을 잃지만 자신의 외모가 변했었던 것이 아니라 자신의 착각이었고, 중요한 것은 자신의 마음이 문제였다는 것을 깨닫게 되며 일도 우정도 되찾게 되는 내용을 이야기하고 있다.

[How 나에게 어떻게 적용할 것인가?] 실천 사항

앞으로 나는 나의 외모에 주눅들지 않고 자신감을 가지고 어떤 일이든 도전하는 자신감을 가지기 위해 노력할 것이다.

1 생각 [나는 ~라고 생각한다] / 주장, 평가

나는 에비 콘, 마크 실버 스테인 감독의 'I FEEL PRETTY'가 외모지상주의 때문에 자신감을 잃어가는 사람들에게 재미있는 방법으로 용기를 주는 좋은 영화라고 생각한다.

3 이유 [왜냐하면] / 내 생각에 대한 이유 3가지

왜냐하면 첫째, 아름답지 않은 모습 때문이 아니라 자신감이 없기 때문에 시도조차 하지 않는 주인공의 모습을 보여주기 때문이고,

둘째, 자신감을 얻으면서 당당하게 새로운 일에 도전하고 자신의 의견을 자신있게 말할 수 있게 되었기 때문이며,

셋째, 결국 자신감을 다시 잃었지만 자신의 모습이 달라진 것이 아니라 자신을 바라보는 눈이 달라졌었다는 것을 깨닫게 되면서 있는 모습 그대로를 사랑하자고 말하기 때문이다.

1 결론 [그래서, 나는 ~라고 생각한다] / 2% 평가

그래서 나는 에비 콘, 마크 실버 스테인 감독의 'I FEEL PRETTY'가 외모지상주의 때문에 자신감을 잃어가는 사람들에게 재미있는 방법으로 용기를 주는 좋은 영화라고 생각한다.

2% 아쉬운 점

하지만 영화의 대부분의 배경이 여성들로 이루어져있고, 여성들의 세계를 비추고 있어 여성들이 공감하기 쉽게 제작되어 남성들도 공감할 수 있는 영화인지 의문이다.

내 마음속에 남은 명대사

"What I am is me. I'm me. I'm proud to be me."

아이의 생각을 키우는 부모의 말

작성자: 김화옥
평 점: ★★★★
강 사: 김종원
주최사: 세바시
연 도: 2022년

[Why 작가는 왜 이 책을 썼을까?] / 저술 목적

이 강연의 강사는 부모들에게 아이의 생각을 키우는 좋은 부모가 되는 방법을 알려주려고 이 책을 저술했다.

[What 작가는 무엇을 말하는가?] / 핵심적인 내용

이 강연의 전반부에서는 아이를 멈추게 하고 생각하게 만드는 질문법에 대한 내용을 이야기하고 있고,

이 강연의 중반부에서는 결과만 알려주는 언어를 사용하지 말고 생각하게 하는 언어를 사용해야 하는 이유에 대한 내용을 이야기하고 있으며,

이 책의 후반부에서는 실천하지 않으면 아는 것이 아니라는 것과 좋은 부모의 역할에 대한 내용을 이야기하고 있다.

[How 나에게 어떻게 적용할 것인가?] 실천 사항

앞으로 나는 아이의 과정을 빛내게 하는 부모가 되기 위해 아이들을 평가하지 않고 아이가 생각할 수 있는 질문을 던지고 예쁘게 말해주려고 노력할 것이다.

1 생각 [나는 ~라고 생각한다] / 주장, 평가

나는 김종원 강사의 '아이의 생각을 키우는 부모의 말' 강연이 아이를 양육하는 부모들에게 꼭 필요한 강연이라고 생각한다.

3 이유 [왜냐하면] / 내 생각에 대한 이유 3가지

왜냐하면 첫째, 아이가 책을 읽을 때 멈추는 곳에 질문이 있는 것이므로 아이를 기다려줘야 한다는 것을 알려주기 때문이고,

둘째, 아이가 멈추고 생각할 때 아이의 생각이 자란다는 것을 알려주기 때문이며,

셋째, 아이에게 질문하고 대답해주며 아이의 과정을 중요하게 생각해야 한다는 것을 알려주기 때문이다.

1 결론 [그래서, 나는 ~라고 생각한다] / 2% 평가

그래서 나는 김종원 강사의 '아이의 생각을 키우는 부모의 말' 강연이 아이를 양육하는 부모들에게 꼭 필요한 강연이 생각한다.

2% 아쉬운 점

하지만 현실에서 아이를 마냥 기다릴 수 없을 때는 어떻게 해야 하는지에 대해서는 제시하는 바가 없어서 아쉽다.

내 마음속에 남은 한 마디

"멈춰서 생각할 때 철학이 생긴다."

아이의 생각을 키우는 '부모의 말'

작성자: 이규미
평 점: ★★★★
제작자: (주)세상을 바꾸는
시간 15분
연 도: 2022년

[Why 작가는 왜 이 책을 썼을까?] / 저술 목적

이 영상의 제작자는 부모와 아이를 양육하는 사람들에게 언어의 가치와 과정을 칭찬하는 부모의 말이 아이에게 끼치는 영향을 알려주려고 이 영상을 제작했다.

[What 작가는 무엇을 말하는가?] / 핵심적인 내용

이 영상의 전반부에서는 독서는 경탄할 문장을 발견하기 위해 멈추는 것이기 때문에 아이가 독서를 할 때 어디에서 멈추었는지 질문을 하여 멈춘 곳을 돌아보고 사색할 수 있게 해야 한다는 내용을 이야기하고 있고,

이 영상의 중반부에서는 글쓰기는 독서를 하기 위해서 멈춘 곳에서 내가 본 것을 쓰는 것이며, 아이들이 필사와 낭독을 통해 좋은 문장을 말하고 쓰면 내면의 철학의 원칙을 가질 수 있다는 내용을 이야기하고 있으며,

이 영상의 후반부에서는 부모의 말은 아이가 살아갈 언어의 정원이며 부모의 말로 결과가 아닌 과정을 빛낼 수 있다면 아이의 생각은 저절로 성장하게 되기 때문에 아이에게 과정을 칭찬하는 말과 예쁜 말을 해주어야 한다는 내용을 이야기하고 있다.

[How 나에게 어떻게 적용할 것인가?] 실천 사항

앞으로 나는 사랑이 담긴 언어로 아이에게 하루에 한번 이상 아이가 하는 일에 대한 과정을 칭찬할 것이며 나의 말이 아이의 인생에 끼치는 영향을 생각하여 지시하거나 비난하는 말이 아닌 예쁘고 따뜻한 말을 할 것이다.

1 생각 [나는 ~라고 생각한다] / 주장, 평가

나는 세바시의 아이의 생각을 키우는 '부모의 말'이라는 영상이 부모와 아이를 양육하는 사람들에게 부모의 말이 아이에게 미치는 영향을 깨닫게 해주는 좋은 영상이라고 생각한다.

3 이유 [왜냐하면] / 내 생각에 대한 이유 3가지

왜냐하면 첫째, 평소에 아이에게 하는 말들이 아이의 인생에 많은 영향을 끼친다는 것을 이 영상을 통해 더 깊게 알게 되는 계기가 되었기 때문이고,

둘째, 아이에게 결과가 아닌 과정을 칭찬하면 결과에 연연하지 않고 아이가 자신의 가치를 더욱 소중하게 느낄 수 있기 때문이며,

셋째, 부모로서 아이에게 좋은 말과 따뜻한 말을 아이의 마음에 채워주고 싶기 때문이다.

1 결론 [그래서, 나는 ~라고 생각한다] / 2% 평가

그래서 나는 세바시의 아이의 생각을 키우는 '부모의 말'이라는 영상이 부모와 아이를 양육하는 사람들에게 부모의 말이 아이에게 미치는 영향을 깨닫게 해주는 좋은 영상이라고 생각한다.

2% 아쉬운 점

하지만 영상을 시청한 사람 중 얼마나 많은 사람이 실천을 할 수 있을지 의문이다.

내 마음속에 남은 한 마디

"부모의 역할은 아이의 행동을 평가하는 것이 아니고 아이의 과정을 빛내는 데 있다."

참 좋은 말

서평자: 이규미
평 점: ★★★★
작사가: 김완기
연 도: 2007년

[Why 작가는 왜 이 책을 썼을까?] / 저술 목적

이 노래의 작사가는 어린이들과 부모님들에게 사랑한다는 말의 따뜻함과 소중함을 알려주려고 이 노래를 작사했다.

[What 작가는 무엇을 말하는가?] / 핵심적인 내용

이 노래의 전반부에서는 가족 간에 사랑한다는 말을 나누는 가족의 모습을 이야기하고 있고,

이 노래의 중반부에서는 사랑한다는 말을 들었을 때 신이 나고, 가슴이 뛰는 행복한 감정을 느낀다고 이야기하고 있으며,

이 노래의 후반부에서는 사랑한다는 말이 참 좋은 말이라는 내용을 이야기하고 있다.

[How 나에게 어떻게 적용할 것인가?] 실천 사항

앞으로 나는 우리 가족에게 사랑한다는 말로 사랑을 더 표현하도록 노력할 것이다

1 생각 [나는 ~라고 생각한다] / 주장, 평가

나는 김완기 작사가의 '참 좋은 말'이 어린이들과 부모님들에게 따뜻하고 아름다운 노랫말로 사랑한다는 표현을 더 잘하게 할 수 있는 예쁘고 좋은 노래라고 생각한다.

3 이유 [왜냐하면] / 내 생각에 대한 이유 3가지

왜냐하면 첫째, 가사와 멜로디가 잘 어우러져 이 노래의 메시지가 잘 전달되기 때문이고,

둘째, 가족에게 사랑한다는 말을 얼마나 자주 하고 있나 생각해 보는 계기가 되었기 때문이며,

셋째, 이 노래를 들으면 행복한 마음이 들기 때문이다.

1 결론 [그래서, 나는 ~라고 생각한다] / 2% 평가

그래서 나는 김완기 작사가의 '참 좋은 말'이 어린이들과 부모님들에게 따뜻하고 아름다운 노랫말로 사랑한다는 표현을 더 잘하게 할 수 있는 예쁘고 좋은 노래라고 생각한다.

2% 아쉬운 점

하지만 어린이뿐만 아니라 모든 사람들이 더 많이 들을 만큼 널리 알려지지 않아 조금 아쉽다.

내 마음속에 남은 한 구절

"사랑해요 이 한마디 참 좋은 말."

식사 중 스마트폰 시청...아이들에게 '최악'인 이유

작성자: 이규미
평 점: ★★★
기 자: 이해나 기자
신문사: 헬스 조선
발행일: 2022년 11월 22일

[Why 작가는 왜 이 책을 썼을까?] / 저술 목적

이 기사의 기자는 부모와 부모 외 육아를 하는 사람들에게 식사 중에 스마트폰을 보며 식사를 하는 것이 식습관과 성장발달에 악영향을 끼친다는 것을 알려주려고 이 기사를 작성했다.

[What 작가는 무엇을 말하는가?] / 핵심적인 내용

이 기사의 전반부에서는 아이가 스마트폰을 보며 식사를 하면 음식물을 대충 씹어삼키거나 빨리 음식을 섭취하여 소화불량을 유발할 수 있다는 내용을 이야기하고 있고,

이 기사의 중반부에서는 아이가 조른다고 식사시간에 스마트폰을 쥐여주면 스스로 감정 조절하는 능력을 배우지 못하게 되고, 공감 능력이 부족하거나 사회성이 떨어질 수도 있다는 내용을 이야기하고 있으며,

이 기사의 후반부에서는 스마트폰을 보는 시간이 길어질수록 아이들의 발달과 시력에 악영향을 끼친다는 내용을 이야기하고 있다.

[How 나에게 어떻게 적용할 것인가?] 실천 사항

앞으로 나는 식사시간에 영상 시청이 식습관과 성장발달에 미치는 악영향을 아이와 이야기하여 스마트폰 영상 시청을 하루 30분 이하로 줄일 수 있도록 노력할 것이다.

1 생각 [나는 ~라고 생각한다] / 주장, 평가

나는 이해나 기자의 '식사 중 스마트폰 시청... 아이들에게 '최악'인 이유가 부모와 육아를 하는 사람들에게 스마트폰 시청에 대한 경각심을 갖게 하는 좋은 영상이라고 생각한다.

3 이유 [왜냐하면] / 내 생각에 대한 이유 3가지

왜냐하면 첫째, 스마트폰을 보여주며 식사를 하게 했을 때 아이들에게 미치는 악영향을 알게 되었기 때문이고,

둘째, 부모가 경각심을 가지고 스마트폰을 제제하면 아이들에게도 좋은 영향을 줄 수 있을 것이라고 생각하기 때문이며,

셋째, 부모의 생각과 행동이 변하면 아이들의 생각과 행동도 변할 수 있기 때문이다.

1 결론 [그래서, 나는 ~라고 생각한다] / 2% 평가

그래서 나는 이해나 기자의 '식사 중 스마트폰 시청... 아이들에게 '최악'인 이유가 부모와 육아를 하는 사람들에게 스마트폰 시청에 대한 경각심을 갖게 하는 좋은 영상이라고 생각한다.

2% 아쉬운 점

하지만 이미 식사 중에 스마트폰을 시청하는 아이들이 많기 때문에 부모님들이 아이들에게 스마트폰을 주지 않았을 때 아이들이 식사를 거부하거나 더 스트레스를 받고 힘들어할 수도 있을 것 같아 아쉽다.

내 마음속에 남은 한 문장

"전자기기를 오랜 시간 본 아이일수록 사고력, 감정 조절력이 떨어진다는 연구 결과가 나왔다."

소크라테스 익스프레스

서평자: 이규미
평 점: ★★★★
저 자: 에릭 와이너 지음
출판사: 어크로스
연 도: 2021년

[Why 작가는 왜 이 책을 썼을까?] / 저술 목적

이 책의 작가는 행복한 삶에 대해 고민하는 사람들과 철학에 관심이 있는 사람들에게 철학적 관점으로 삶의 지혜와 행복을 찾아내는 방법을 알려주려고 이 책을 저술했다.

[What 작가는 무엇을 말하는가?] / 핵심적인 내용

이 책의 전반부에서는 작가가 기차를 타고 철학자들의 삶의 터전을 여행하며 철학자들이 삶 속에서 깨달았던 자아성찰의 방법 중 생각을 행동으로 실행하는 방법, 자기 자신을 알아가는 방법, 관점을 바꾸어 제대로 보는 방법, 자신의 생각을 듣는 방법, 철학적 지혜를 우리의 실생활에 적용하는 방법들에 대한 내용을 이야기하고 있고,

이 책의 중반부에서는 삶을 제대로 즐기는 방법, 관심을 가지고 제대로 세상을 보는 방법, 비난이 아닌 변화를 위해 싸우는 법, 따뜻한 마음으로 친절을 베푸는 방법과 작은 것에 감사하는 방법, 있는 그대로 인정하고 받아들이는 것에 대한 내용을 이야기하고 있으며,

이 책의 후반부에서는 후회하지 않고 사는 방법, 역경에 대처하는 방법, 잘 늙어가는 방법, 죽음을 받아들이는 방법에 대한 내용을 이야기하고 있다.

[How 나에게 어떻게 적용할 것인가?] 실천 사항

앞으로 나는 나에게 일어나는 모든 일들에 대해서 부정하거나 남의 탓을 하지 않고 있는 그대로 인정하고 받아들일 것이다

1 생각 [나는 ~라고 생각한다] / 주장, 평가

나는 에릭 와이너의 《소크라테스 익스프레스》가 행복한 삶에 대해 고민하는 사람들과 철학에 관심이 있는 사람들에게 자신의 삶을 돌아볼 수 있는 기회를 주고 삶에 대한 의미와 지혜를 얻게 해 주는 좋은 책이라고 생각한다.

3 이유 [왜냐하면] / 내 생각에 대한 이유 3가지

왜냐하면 첫째, 남들을 의식하거나 자기 자신에 대해서 성찰하지 못하는 사람들이 이 책을 읽으면 자신을 객관적으로 바라보는 계기가 될 것 같기 때문이고,

둘째, 삶은 내 마음대로 되는 것이 아니므로 걱정하고 두려워하기보다는 어떤 일이 생겼을 때 그것을 있는 그대로 수용하면 마음의 어려움이 다른 사람이나 상황 탓을 하는 일이 없이 받아들일 수 있기 때문이며,

셋째, 철학이 어렵다고 생각했는데 이 책을 통해서 철학에 조금 더 쉽게 다가갈 수 있었기 때문이다.

1 결론 [그래서, 나는 ~라고 생각한다] / 2% 평가

그래서 나는 에릭 와이너의 《소크라테스 익스프레스》가 행복한 삶에 대해 고민하는 사람들과 철학에 관심이 있는 사람들에게 자신의 삶을 돌아볼 수 있는 기회를 주고 삶에 대한 의미와 지혜를 얻게 해 주는 좋은 책이라고 생각한다.

2% 아쉬운 점

하지만 책의 페이지가 500쪽이 넘어서 쉽게 사람들이 관심을 갖지 못할 수도 있을 것 같아 아쉽다.

내 마음속에 남은 한 문장

"사람들은 해롭지 않은 것을 두려워하고 필요하지 않은 것을 욕망한다."

돼지책

서평자: 이규미
평 점: ★★★★
저 자: 앤서니 브라운 지음
출판사: 웅진주니어
연 도: 2001년

[Why 작가는 왜 이 책을 썼을까?] / 저술 목적

이 책의 작가는 어린이들에게 엄마의 소중함을 알려주려고 이 책을 저술했다.

[What 작가는 무엇을 말하는가?] / 핵심적인 내용

이 책의 전반부에서는 학교와 회사에서 돌아온 가족들은 모두 쉬고 있지만
회사에서 돌아와서도 쉴 새 없이 집안일을 하는 엄마의 고단한 마음에 대한 내용을 이야기하고 있고,
이 책의 중반부에서는 엄마가 "너희들은 돼지야"라는 쪽지를 남기고 집을 떠났을 때 남편과 아이들이 돼지우리 같은 집에서 서툴게 집안일을 하며 엄마의 빈자리가 얼마나 큰지 깨닫게 되는 내용을 이야기하고 있으며,
이 책의 후반부에서는 엄마의 소중함을 알게 된 가족들이 엄마에게 용서를 빌고 온 가족이 함께 집안일을 나누어 한다는 내용을 이야기하고 있다.

[How 나에게 어떻게 적용할 것인가?] 실천 사항

앞으로 나는 가족 구성원으로서 우리 가족이 가정을 위해 기여할 수 있는 일이 어떤 일인지 이야기해 보고 서로 도우며 살 수 있도록 노력할 것이다.

1 생각 [나는 ~라고 생각한다] / 주장, 평가

나는 앤서니 브라운의 《돼지책》이 아이와 남편에게 엄마와 아내의 소중함을 느끼게 하는 책이자 엄마에게 위로를 해주는 좋은 책이라고 생각한다.

3 이유 [왜냐하면] / 내 생각에 대한 이유 3가지

왜냐하면 첫째, 집안일을 떠나 엄마라는 사람의 가치와 존재감에 대해 생각해 볼 수 있기 때문이고,
둘째, 가족 간이라도 당연한 희생은 없다는 내용이 와닿았기 때문이며,
셋째, 각자의 위치에서 함께 집안일을 하면 온 가족이 행복해질 수 있다는 메시지를 담고 있기 때문이다.

1 결론 [그래서, 나는 ~라고 생각한다] / 2% 평가

그래서 나는 앤서니 브라운의 《돼지책》이 아이와 남편에게 엄마와 아내의 소중함을 느끼게 하고, 엄마에게 위로를 해주는 좋은 책이라고 생각한다.

2% 아쉬운 점

하지만 남편들이 이 그림책을 읽을 기회가 적을 것 같아서 아쉽다.

내 마음속에 남은 한 문장

"엄마도 행복했습니다."

책을 70권 쓴 작가가 말하는 책 한 권을 제대로 읽는 방법

작성자: 이규미
평 점: ★★★★
강 사: 김종원
주최사: 스타디언
연 도: 2022년

[Why 작가는 왜 이 책을 썼을까?] / 저술 목적

'내 아이를 위한 하루 한 줄 인문학'과 '부모의 말'이라는 책으로 수많은 부모들에게 독서와 말의 중요성을 강조하고 있는 김종원 작가는 독서에 관심이 있는 사람들과 아이를 키우고 있는 부모들에게 책을 제대로 읽는 방법을 알려주려고 이 강연을 진행했다.

[What 작가는 무엇을 말하는가?] / 핵심적인 내용

이 강연의 전반부에서는 독서를 제대로 하기 위해서는 끝까지 읽기 위한 독서를 하는 것이 아니라 멈출 지점을 찾고, 사색할 수 있는 문장을 찾는 것이 제대로 된 독서법이라는 것을 강조하고 있고,

이 강연의 중반부에서는 책을 읽으며 영감을 받은 곳에서 멈추고 사색하고 나의 글을 써보며, 내 삶에 적용할 수 있는 것을 발견하고 실천하라고 강조하고 있으며,

이 강연의 후반부에서는 베스트셀러나 다른 사람이 추천한 책이 아닌 나의 일상이 추천하는 책이나 스킵하며 볼 수 있는 쉬운 책을 고르고, 자신만의 방식으로 질문을 해가며 책을 읽으라고 강조하고 있다.

[How 나에게 어떻게 적용할 것인가?] 실천 사항

앞으로 나는 책을 읽을 때 무조건 처음부터 끝까지 읽겠다는 목표로 읽기보다는 책을 읽으며 멈출 지점을 찾아 사색하며 책에서 얻은 지혜를 내 삶에 적용해 볼 것이며, 바로 오늘 최재천의 공부라는 책을 읽으며 멈출 곳을 찾아보고 사색할 것이다.

1 생각 [나는 ~라고 생각한다] / 주장, 평가

나는 김종원 강연자의 '책을 70권 쓴 작가가 말하는 책 한 권을 제대로 읽는 방법'이라는 강연이 독서에 관심이 있는 사람들과 아이를 키우고 있는 부모들에게 책과 대화를 하며 실천 독서를 할 수 있게 해주는 좋은 강연이라고 생각한다.

3 이유 [왜냐하면] / 내 생각에 대한 이유 3가지

왜냐하면 첫째, 독서가 중요하다고 생각하지만 독서하는 방법을 제대로 알지 못하는 사람들이 많기 때문에 이 강연이 독서를 하는 데 도움을 줄 것이라고 생각하기 때문이고,

둘째, 이 독서법을 통해서 실천 독서가 가능할 것이라고 생각하기 때문이며,

셋째, 책을 읽으며 들었던 생각이나 질문들을 정리해 나갈 수 있기 때문이다.

1 결론 [그래서, 나는 ~라고 생각한다] / 2% 평가

그래서 나는 김종원 강연자의 '책을 70권 쓴 작가가 말하는 책 한 권을 제대로 읽는 방법'이라는 강연이 독서에 관심이 있는 사람들과 아이를 키우고 있는 부모들에게 책과 대화를 하며 실천 독서를 할 수 있게 해주는 좋은 강연이라고 생각한다.

2% 아쉬운 점

하지만 이 강연을 보지 못한 사람들은 이 독서법을 알지 못하니 아쉽다.

내 마음속에 남은 한 마디

"내가 책을 읽고 나의 글을 쓰는 시간을 갖는 것부터가 독서의 시작이다."

진짜동생

작성자: 김진애
평 점: ★★★
저 자: 제랄드 스테르 지음
출판사: 바람의 아이들
연 도: 2010년

[Why 작가는 왜 이 책을 썼을까?] / 저술 목적

이 책의 작가는 어린이들과 청소년들에게 가족의 소중함과 입양가족의 아픔을 알려주려고 이 책을 저술했다.

[What 작가는 무엇을 말하는가?] / 핵심적인 내용

이 책의 전반부에서는 지즐레트가 가족과 다른 외모로 괴로워하는 내용을 이야기하고 있고,

이 책의 중반부에서는 괴로워하는 마음을 반항으로 표현하는 내용을 이야기하고 있으며,

이 책의 후반부에서는 푸푸르의 조언으로 닮은 외모보다는 가족의 사랑이 더 중요하다는 걸 깨닫는 내용을 이야기하고 있다.

[How 나에게 어떻게 적용할 것인가?] 실천 사항

앞으로 나는 다르다가 틀렸음을 말하는 것이 아님을 아이들에게 사랑으로 가르쳐줄 것이다.

1 생각 [나는 ~라고 생각한다] / 주장, 평가

나는 제랄드 스테르의《진짜동생》이 어린이와 청소년들에게 입양가족의 아픔을 어린이의 시선으로 잘 표현한 책이라고 생각한다.

3 이유 [왜냐하면] / 내 생각에 대한 이유 3가지

왜냐하면 첫째, 입양가족의 아픔을 외모가 다름으로 쉽게 표현했기 때문이고,

둘째, 푸푸르의 우정을 또 다른 가족형태의 사랑으로 표현했기 때문이며,

셋째, 가족의 사랑에는 외모 같은 조건은 중요하지 않다는 걸 알려주었기 때문이다.

1 결론 [그래서, 나는 ~라고 생각한다] / 2% 평가

그래서 나는 제랄드 스테르의《진짜동생》이 어린이와 청소년들에게 입양가족의 아픔을 어린이의 시선으로 잘 표현한 책이라고 생각한다.

2% 아쉬운 점

하지만 푸푸르보다 오빠인 지즐리가 가족의 소중함을 알려줬더라면 더 좋았을 것 같아 아쉽다.

내 마음속에 남은 한 문장

"누가 자기를 좋아하는지 아는 게 더 중요할 수도있어."

지나영 교수의 본질 육아법

작성자: 김진애
평 점: ★★★★
제작사: 세상을 바꾸는 시간
제작사: 미상
연 도: 2022년

[Why 작가는 왜 이 책을 썼을까?] / 저술 목적

이 영상의 제작자는 부모와 아이에게 본질육아법으로 스트레스를 받지 않고 행복하고 즐겁게 육아를 할 수 있도록 알려주려고 이 영상을 제작했다.

[What 작가는 무엇을 말하는가?] / 핵심적인 내용

이 영상의 전반부에서는 현실의 틀에 갇혀 육아의 본질을 잊고 있는 부모에게 깨달음을 주는 내용을 이야기하고 있고,

이 영상의 중반부에서는 아이에게 꼭 필요한 두 가지 중 조건 없는 사랑에 대한 내용을 이야기하고 있으며,

이 영상의 후반부에서는 아이에게 꼭 필요한 두 가지 중 절대적 존재가치에 대한 내용을 이야기하고 있다.

[How 나에게 어떻게 적용할 것인가?] 실천 사항

앞으로 나는 우리 아이들에게 사랑하려고 낳은 거란 걸 알려주기 위해 매일 밤 자기 전에 안아주며 사랑한다고 말해 줄 것이다.

1 생각 [나는 ~라고 생각한다] / 주장, 평가

나는 세바시의 '지나영 교수의 본질 육아법'이 부모와 아이에게 올바른 가치관과 신념을 가질 수 있는 행복한 육아도 존재한다는 것을 알려주려고 만든 영상이라고 생각한다.

3 이유 [왜냐하면] / 내 생각에 대한 이유 3가지

왜냐하면 첫째, 조건없는 사랑을 받으며 자란 아이는 진정으로 타인을 사랑할 수 있기 때문이고,

둘째, 부모의 잘못만 탓하는 요즘 사회의 시선에서 자유로울 수 있게 해주기 때문이며,

셋째, 육아의 본질은 아이를 사랑하는 거란 걸 다시금 깨닫게 해주었기 때문이다.

1 결론 [그래서, 나는 ~라고 생각한다] / 2% 평가

그래서 나는 세바시의 '지나영 교수의 본질 육아법'이 부모와 아이에게 올바른 가치관과 신념을 가질 수 있는 행복한 육아도 존재한다는 것을 알려주려고 만든 영상이라고 생각한다.

2% 아쉬운 점

그러나 현실에서 육아를 하고있는 입장에서 조금은 이상적인 육아법이 아닐까 의문이다.

내 마음속에 남은 한 마디

"아이는 잘 키우려고 낳는 게 아니라 사랑하려고 낳는 거란다."

바램

작성자: 김진애
평 점: ★★★★
작사가: 김종환
제작사: 미상
연 도: 2014년

[Why 작가는 왜 이 책을 썼을까?] / 저술 목적

이 노래의 작사가는 세월의 고난과 풍파를 겪은 중년의 부부에게 마음의 위로와 공감을 주고 앞으로 나아갈 수 있는 힘을 알려주려고 이 노래를 작사했다.

[What 작가는 무엇을 말하는가?] / 핵심적인 내용

이 노래의 1절에서는 지금까지 살아온 세월의 무게로 인해 힘들어하는 현재의 상황을 이야기하고 있고,

이 노래의 2절에서는 서로가 서로에게 위로와 용기를 준다면 힘들어도 이겨낼 수 있음을 이야기하고 있으며,

이 노래의 후렴에서는 우린 끝까지 함께 가야할 사람임을 이야기하고 있다.

[How 나에게 어떻게 적용할 것인가?] 실천 사항

앞으로 나는 배우자를 이 노래의 가사처럼 힘들어도 함께해야 할 사람임을 인지하고 위로와 용기를 주며 응원할 것이다.

1 생각 [나는 ~라고 생각한다] / 주장, 평가

나는 김종환 작사가의 '바램'이 세월의 무게를 오롯이 혼자서 버티고 있는 중년들에게 공감과 위로를 주는 노래라고 생각한다.

3 이유 [왜냐하면] / 내 생각에 대한 이유 3가지

왜냐하면 첫째, 가사의 한마디 한마디가 중년인 나를 공감해주기 때문이고,

둘째, 가장의 책임감을 견디고 있는 중년이 나 하나가 아니란 위로를 주기 때문이며,

셋째, 힘들어도 함께할 사람이 누구인지 인지해주는 가사에 고마움을 느꼈기 때문이다.

1 결론 [그래서, 나는 ~라고 생각한다] / 2% 평가

그래서 나는 김종환 작사가의 '바램'이 세월의 무게를 오롯이 혼자서 버티고 있는 중년들에게 공감과 위로를 주는 노래라고 생각한다.

2% 아쉬운 점

하지만 현실의 배우자와 이 노래를 들어도 같은 느낌으로 공감을 할 수 없기에 아쉽다.

내 마음속에 남은 한 소절

"저 높은 곳에 함께 가야 할 사람 그대뿐입니다."

우리 모두 처음이니까

작성자: 김진애
평 점: ★★★★
저 자: 김을호 지음
출판사: 크레용 하우스
연 도: 2019년

[Why 작가는 왜 이 책을 썼을까?] / 저술 목적

이 책의 작가는 이 책을 읽는 부모와 어린이에게 우리도 부모와 어린이가 처음이기에 실수하고 넘어질 수 있다고 위로와 용기를 알려주려고 이 책을 저술했다.

[What 작가는 무엇을 말하는가?] / 핵심적인 내용

이 책의 전반부에서는 아이가 독립하여 엄마 곁을 떠났을 때 아이와의 추억을 회상하며 쓴 편지 형식으로 이야기하고 있고,

이 책의 중반부에서는 아이가 성장하는 모습을 보며 또 다른 인격체로 존중해야 된다는 걸 깨닫고 이해하는 엄마의 마음을 이야기하고 있으며,

이 책의 후반부에서는 삶을 여행에 비유하며, 우리 모두 처음 가보는 여행길에서 아이가 진심으로 원하는 삶을 살기를 바라며 응원하는 마음을 이야기하고 있다.

[How 나에게 어떻게 적용할 것인가?] 실천 사항

앞으로 나는 어른인 나조차 실수투성이임을 인정하고 조금 더 마음의 여유를 갖고 사랑으로 아이들을 바라보려고 노력할 것이다.

1 생각 [나는 ~라고 생각한다] / 주장, 평가

나는 김을호 작가의 《우리 모두 처음이니까》를 읽는 부모와 어린이들에게 누구나 처음이기에 낯선 길이므로 서로를 따뜻하게 보듬고 위로해 주기를 바라는 마음으로 만들었다고 생각한다.

3 이유 [왜냐하면] / 내 생각에 대한 이유 3가지

왜냐하면 첫째, 엄마가 아이에게 전하는 말에서 아이를 진심으로 사랑하는 마음이 느껴졌기 때문이고,

둘째, 엄마와 아이 모두에게 처음이기에 실수하고 서투를 수 있음을 자각시키며 위로와 작은 용기를 주기 때문이며,

셋째, 이 세상을 잠시 여행하고 떠나는 것임을 알려주며 힘들게 살아가는 사람들에게 위로와 용기를 주기 때문이다.

1 결론 [그래서, 나는 ~라고 생각한다] / 2% 평가

그래서 나는 김을호 작가의 《우리 모두 처음이니까》를 읽는 부모와 어린이들에게 누구나 처음이기에 낯선 길이므로 서로를 따뜻하게 보듬고 위로해 주기를 바라는 마음으로 만들었다고 생각한다.

2% 아쉬운 점

하지만 엄마가 아이에게 전하는 편지 형식이라도 부모로서 아이에게 전하고픈 마음은 아빠 또한 같을 텐데, 그림책에서 아빠의 모습이 적은 듯하여 아쉽다.

내 마음속에 남은 한 문장

"그러니 조금 넉넉한 마음으로 웃으며 서로를 바라봐 주면 어떨까?"

행복을 찾아서

작성자: 김진애
평 점: ★★★★
저 자: 쥘리에트 소망드 지음
출판사: 봄봄
연 도: 2010년

[Why 작가는 왜 이 책을 썼을까?] / 저술 목적

이 책의 작가는 이 책을 읽는 부모와 어린이에게 행복은 멀리 있지 않고 사랑하는 가족이 있는 곳이 행복의 나라임을 알려주려고 이 책을 저술했다.

[What 작가는 무엇을 말하는가?] / 핵심적인 내용

이 책의 전반부에서는 불행한 사람이 없어 모든 사람들이 부러워하는 조심의 나라에 살지만, 행복하지 않은 마누가 낙원이라는 금조를 따라 행복의 나라로 떠나는 부분을 이야기하고 있고,

이 책의 중반부에서는 금조가 날아간 방향을 따라 여러 나라들을 지나며 가는 곳마다 그곳이 행복의 나라라고 생각하며 마누가 할아버지에게 행복을 담은 엽서를 보내는 부분을 이야기하고 있으며,

이 책의 후반부에서는 행복의 나라는 여기이기도 하고, 다른 곳이기도 하다는 금조의 말에 마누는, 할아버지가 있는 곳이 큰 행복임을 깨닫고 할아버지와 함께 작은 행복들을 찾아 떠나는 부분을 이야기하고 있다.

[How 나에게 어떻게 적용할 것인가?] 실천 사항

앞으로 나는 일상에서 느끼는 작은 행복들에 감사하며 큰 행복은 가족이 있는 곳임을 잊지 않으며 아이들에게 가족의 소중함을 가르쳐주기 위해 노력할 것이다.

1 생각 [나는 ~라고 생각한다] / 주장, 평가

나는 쥘리에트 소망드의 《행복을 찾아서》를 읽는 부모와 어린이들에 큰 행복이 되는 가족의 소중함을 깨닫고 가족들과 작은 행복들을 찾으며 살아가길 바라는 마음으로 만들었다고 생각한다.

3 이유 [왜냐하면] / 내 생각에 대한 이유 3가지

왜냐하면 첫째, 마누가 행복의 나라를 찾아 떠나지만 결국은 할아버지가 있는 곳이 행복의 나라임을 깨달았기 때문이고,

둘째, 여러 나라들을 여행하면서 작은 행복들을 찾을 때마다 할아버지에게 엽서를 보내는 마누에게서 가족의 소중함을 느꼈기 때문이며,

셋째, 조심의 나라에 사는 할아버지가 마누와 함께 작은 행복들을 찾아 떠는 모습에서 가족의 사랑이 얼마나 위대한지 깨달았기 때문이다.

1 결론 [그래서, 나는 ~라고 생각한다] / 2% 평가

그래서 나는 쥘리에트 소망드의 《행복을 찾아서》를 읽는 부모와 어린이들에 큰 행복이 되는 가족의 소중함을 깨닫고 가족들과 작은 행복들을 찾으며 살아가길 바라는 마음으로 만들었다고 생각한다.

2% 아쉬운 점

그러나 마누가 행복의 나라를 찾아 떠났을 때 할아버지가 집에서 기다리기만 하는 모습이 부모로서 왜 그랬을까 의문이다.

내 마음속에 남은 한 문장

"행복한 사람들이 있는 곳은 어디든지 행복의 나라이니까요."

바램

작성자: 최영미
평 점: ★★★★
작사가: 김종환
연 도: 2014년

[Why 작가는 왜 이 책을 썼을까?] / 저술 목적

이 노래의 작사가는 나이 들어가는 중년의 부부들에게 부부의 소중함과 사랑을 알려주려고 이 노래를 작사했다.

[What 작가는 무엇을 말하는가?] / 핵심적인 내용

이 노래의 전반부에서는 젊은 시절 힘들게 열심히 삶을 살아갔던 모습을 이야기하고 있고,

이 노래의 중반부에서는 나이가 들어가면서 인생의 무상함과 외로움으로 쓸쓸해하는 중년의 모습을 이야기하고 있으며,

이 노래의 후반부에서는 비록 힘들지만 곁에 사랑하는 이가 있다면 힘든 인생도 헤쳐 나갈 수 있는 힘이 생긴다는 것을 이야기하고 있다.

[How 나에게 어떻게 적용할 것인가?] 실천 사항

앞으로 나는 내 곁에 사람들에게 힘이 되어주고 사랑한다 라는 표현을 해 주는 사람으로 기억되도록 할 것이다.

1 생각 [나는 ~라고 생각한다] / 주장, 평가

나는 김종환 작곡가의 '바램'이 나이 들어가는 부부와 중년의 사람들에게 부부의 소중함과 사랑을 알려주는 따뜻한 노래라고 생각한다.

3 이유 [왜냐하면] / 내 생각에 대한 이유 3가지

왜냐하면 첫째, 노래 가사가 공감되고 가슴을 울리는 내용이기 때문이고,

둘째, 멜로디가 좋고 노래하는 것을 들으니 마음이 따뜻하고 심금이 울려지기 때문이며,

셋째, 노래 하나로 큰 위로가 된다는 것에 감동을 느꼈기 때문이다.

1 결론 [그래서, 나는 ~라고 생각한다] / 2% 평가

그래서 나는 김종환 작곡가의 '바램'이 나이 들어가는 부부와 중년의 사람들에게 부부의 소중함과 사랑을 알려주는 따뜻한 노래라고 생각한다.

2% 아쉬운 점

하지만 가사가 많아서 외워서 부르기에는 어려움이 있을 것 같아서 아쉽다.

내 마음속에 남은 한 소절

"큰 것도 아니고 아주 작은 한마디, 사랑한다 정말 사랑한다는 그 말"

기억의 풍선

작성자: 최영미
평 점: ★★★★★
저 자: 제시 올리베로스·다나 울프카테 지음
출판사: 나린글
연 도: 2019년

[Why 작가는 왜 이 책을 썼을까?] / 저술 목적

이 책의 작가는 치매 혹은 알츠하이머를 겪는 가족들에게 추억, 기억, 가족의 소중함을 알려주려고 이 책을 저술했다.

[What 작가는 무엇을 말하는가?] / 핵심적인 내용

이 책의 전반부에서는 가족의 기억과 추억을 풍선으로 표현하여 이야기하고 있고,

이 책의 중반부에서는 할아버지가 갖고 계신 풍선에 문제가 생겨 날아가거나 떠나가는 것을 이야기하고 있으며,

이 책의 후반부에서는 할아버지의 풍선은 사라졌지만 그 풍선은 다시 새로운 풍선으로 다른 사람들에게 나누어진다는 것을 이야기하고 있다.

[How 나에게 어떻게 적용할 것인가?] 실천 사항

앞으로 나는 치매 혹은 나이 들어가는 것에 대해 이야기해 줄 때 이 책에서 나온 기억 혹은 추억의 나눔에 대해 이야기할 것이다.

1 생각 [나는 ~라고 생각한다] / 주장, 평가

나는 제시 올리베로스·다나 울프카테 작가가 쓴《기억의 풍선》이 치매 혹은 알츠하이머를 겪는 가족들에게 추억, 기억, 가족의 소중함을 알려주는 따뜻한 책이라고 생각한다.

3 이유 [왜냐하면] / 내 생각에 대한 이유 3가지

왜냐하면 첫째, 기억 혹은 추억을 색색의 풍선으로 표현한 것이 참신하였기 때문이고,

둘째, 기억이 사라진 것이 슬픈 일만은 아니라 다른 사람에게 추억으로 나누어진다는 것이 아름답게 표현되었기 때문이며,

셋째, 가족에 대한 소중함을 다시 한번 생각하게 하는 책이기 때문이다.

1 결론 [그래서, 나는 ~라고 생각한다] / 2% 평가

그래서 나는 제시 올리베로스·다나 울프카테 작가가 쓴《기억의 풍선》이 치매 혹은 알츠하이머를 겪는 가족들에게 추억, 기억, 가족의 소중함을 알려주는 따뜻한 책이라고 생각한다.

2% 아쉬운 점

하지만 유아들이 이해하기에는 다소 어려운 내용이라 아쉽다.

내 마음속에 남은 한 문장

"할아버지가 나눠주신 추억을 이제 네가 가지고 있는 거야."

행복한 가족관계를 위한 4가지 방법

작성자: 최영미
평 점: ★★★★
제작자: 양창순
제작사: 세바시랜드
연 도: 2019년

[Why 작가는 왜 이 책을 썼을까?] / 저술 목적

이 영상의 제작자는 가족을 이루고 있는 사람들에게 건강하고 행복한 가족관계를 맺는 방법을 알려주려고 이 영상을 제작했다.

[What 작가는 무엇을 말하는가?] / 핵심적인 내용

이 영상의 전반부에서는 가족에 대해 우리가 지나쳐 왔던 진실에 대해 이야기하고 있고,

이 영상의 중반부에서는 행복한 가족관계를 위한 비결 4가지에 대해 이야기하고 있으며,

이 영상의 후반부에서는 앞서 이야기한 4가지 통해 온 가족이 궁극적으로 바람직한 인간관계를 이루도록 노력하자고 이야기하고 있다.

[How 나에게 어떻게 적용할 것인가?] 실천 사항

앞으로 나는 남편에게도 이 영상을 공유하여 온 가족이 함께 바람직한 인간관계로 나아가도록 하고, 4가지 비결을 아는 것뿐 아니라 실천할 수 있게 노력할 것이다.

1 생각 [나는 ~라고 생각한다] / 주장, 평가

나는 이 영상의 제작자가 만든 '행복한 가족관계를 위한 4가지 방법'이 가족을 이루고 있는 사람들에게 건강하고 행복한 가족관계를 맺는 방법을 알려주는 유익한 영상이라고 생각한다.

3 이유 [왜냐하면] / 내 생각에 대한 이유 3가지

왜냐하면 첫째, 행복한 가족관계가 이루어져야 건강한 인간관계를 맺을 수 있다는 것을 깨닫게 해 주었기 때문이고,

둘째, 우리가 가족관계를 쉽게 생각하지만 사실은 가장 많은 노력이 필요한 관계라는 것을 깨닫게 해주었기 때문이며,

셋째, 가족관계를 궁극적으로 우정관계로 여기면 가족 간의 갈등에서 좀 더 자유로워질 거라는 사실을 깨닫게 해주었기 때문이다.

1 결론 [그래서, 나는 ~라고 생각한다] / 2% 평가

그래서 나는 이 영상의 제작자가 만든 '행복한 가족관계를 위한 4가지 방법'이 가족을 이루고 있는 사람들에게 건강하고 행복한 가족관계를 맺는 방법을 알려주는 유익한 영상이라고 생각한다.

2% 아쉬운 점

하지만 영상분량을 15분에서 5분으로 줄여서인지 내용 축약으로 비결에 대한 자세한 설명이 없어서 아쉽다.

내 마음속에 남은 한마디

"아버지는 나의 낙서를 자랑스럽게 여기시고 항상 그것이 내 첫 작품이라고 하셨지."

인생은 마케팅이다

작성자: 탁은혜
평 점: ★★★
제작사: 세바시
강 사: 조서환
연 도: 2022년

[Why 작가는 왜 이 책을 썼을까?] / 저술 목적

불행의 연속이었던 인생의 전환점을 행복 전도사로 탈바꿈한 마케팅의 대부 조서환 강사는 힘들어 좌절하고픈 이들과 삶의 끈을 놓고 싶은 이들을 위해 긍정 마인드와 삶은 마케팅이다라는 것을 알려주려고 이 강연을 진행했다.

[What 작가는 무엇을 말하는가?] / 핵심적인 내용

이 강연의 전반부에서는 군에서 오른손을 잃은 큰 부상으로 좌절의 나날을 보내던 중 하나님을 만나 몸과 마음을 추스릴 수 있었던 내용을 이야기하고 있고,

이 강연의 중반부에서는 사랑하는 여인을 통해 존재하고 살아가야 할 이유를 찾고 비장한 각오로 뚜렷한 인생 목표를 갖게 됨을 이야기하고 있으며,

이 강연의 후반부에서는 국가 유공자이지만 의수로 취직되지 않음을 좌절했지만 포기하지 않고 곡절 끝에 애경에 입사 후 하나님의 계시로 믿음을 갖고 도전하라는 믿음으로 용기백배해 마케팅 공부를 시작으로 약점을 강점으로 살려 성공하여 세계에서 우뚝 선 자신을 이야기하고 있다.

[How 나에게 어떻게 적용할 것인가?] 실천 사항

앞으로 나는 어렵고 쉽지 않겠지만 배움의 자세를 유지해 매일 30분 이상 약점을 강점으로 살리는 책을 구입해 독서를 실천할 것이다.

1 생각 [나는 ~라고 생각한다] / 주장, 평가

나는 조서환 강사님의 '인생은 마케팅이다.' 강의는 좌절과 실의에 빠져 고뇌하는 젊은이들에게 약점을 강점으로 살려 노력하면 기회는 언제나 찾아온다고 생각한다.

3 이유 [왜냐하면] / 내 생각에 대한 이유 3가지

왜냐하면 첫째, 세계는 넓고 할 일은 많기 때문이고,

둘째, 약점에 좌절 않고 강점을 살려 기회를 잡을 수 있기 때문이며,

셋째, 인생의 전환점을 알고 지혜롭게 대처하면 긍정의 에너지가 솟아나기 때문이다.

1 결론 [그래서, 나는 ~라고 생각한다] / 2% 평가

그래서 나는 조서환 강사님의 '인생은 마케팅이다.' 강의는 좌절과 실의에 빠져 고뇌하는 젊은이들에게 약점을 강점으로 살려 노력하면 기회는 언제나 찾아온다고 생각한다.

2% 아쉬운 점

하지만 하나님을 만나서라든가 하나님의 계시는 종교가 다른 이들에게 살짝 거부감을 느낄 수 있다는 생각이 들어 아쉽다.

내 마음속에 남은 한마디

"불행의 깊이만큼 행복을 느낀다."

쿠키런

작성자: 장윤선
평 점: ★★★★
제작사: 데브시스터즈
연 도: 2013년

[Why 작가는 왜 이 책을 썼을까?] / 저술 목적

쿠키런의 개발자는 귀여운 캐릭터를 좋아하는 사람과 복잡한 플레이를 어려워하는 사람들에게 쉽고 재밌게 즐길 수 있는 게임이 있다는 것을 알려주려고 이 게임을 개발했다.

[What 작가는 무엇을 말하는가?] / 핵심적인 내용

이 게임의 특징은 다양한 맛으로 표현된 쿠키와 펫을 수집하며 레벨업시키는 것이고,

이 게임의 규칙은 점프, 슬라이드 두 개의 심플한 조작으로 장애물들을 피하고, 젤리를 먹음으로써 더 많은 점수를 획득하는 것이며,

이 게임의 효과는 단순한 조작으로 누구나 쉽게 플레이하며 스트레스를 해소할 수 있는 것이다.

[How 나에게 어떻게 적용할 것인가?] 실천 사항

앞으로 나는 쿠키나 젤리를 먹는 단순한 활동을 할 때에도 새로운 시선으로 바라보며 창의적인 사고를 해 볼 것이다.

1 생각 [나는 ~라고 생각한다] / 주장, 평가

나는 데브시스터즈의 '쿠키런' 게임이 복잡한 게임을 어려워하는 사람들에게 단순한 게임이 주는 즐거움을 알려주는 게임이라고 생각한다.

3 이유 [왜냐하면] / 내 생각에 대한 이유 3가지

왜냐하면 첫째, 점프, 슬라이드 단 두가지의 동작만 하면 되는 단순한 플레이 방식이 적용되어 있기 때문이고,

둘째, 깜찍한 쿠키와 펫을 뽑으며 수집의 재미를 느낄 수 있기 때문이며,

셋째, 카카오톡 서비스에 연결하면 친구들의 플레이 현황이 공유되어 함께 즐길 수 있기 때문이다.

1 결론 [그래서, 나는 ~라고 생각한다] / 2% 평가

그래서 나는 데브시스터즈의 '쿠키런' 게임이 복잡한 게임을 어려워하는 사람들에게 단순한 게임이 주는 즐거움을 알려주는 게임이라고 생각한다.

2% 아쉬운 점

하지만 게임 조작이 단순하기 때문에 너무 자주하면 지루하게 느껴지는 점이 아쉽다.

내 마음속에 남은 한 문장

"오븐에서 첫 탈출을 시도한 쿠키는 '용감한 쿠키'"

서른살의 '월 1500만원' 유트브, 블로그 대박친 비결

작성자: 장윤선
평 점: ★★★★★
기 자: 신희은
대담자: 포리얼(김준영)
매체명: 머니투데이
발행일: 2021년 4월 21일

[Why 작가는 왜 이 책을 썼을까?] / 저술 목적

이 인터뷰의 진행자는 경제적 자유를 꿈꾸는 2030 밀레니얼 세대에게 온라인 플랫폼을 통한 수익화 방법에 대해 알려주려고 이 인터뷰를 진행했다.

[What 작가는 무엇을 말하는가?] / 핵심적인 내용

이 인터뷰의 전반부에서는 대담자인 유튜버 포리얼이 유튜브 플랫폼에서 어떤 방법으로, 얼마의 수익을 만들어 냈는지에 관하여 이야기하고 있고,

이 인터뷰의 중반부에서는 유튜브 채널을 활성화시킨 콘텐츠를 발견하게 된 스토리와 알고리즘에 관하여 이야기하고 있으며,

이 인터뷰의 후반부에서는 자는 동안에도 끊임없이 소득이 생기는 온라인 수익화의 장점과 '니치마켓'을 노려 내 콘텐츠의 경쟁력을 키우는 노하우에 대하여 이야기하고 있다.

[How 나에게 어떻게 적용할 것인가?] 실천 사항

앞으로 나는 콘텐츠를 만들어 내는 능력을 기르기 위해 매월 1회 온라인 플랫폼에 영상을 업로드할 것이다.

1 생각 [나는 ~라고 생각한다] / 주장, 평가

나는 머니투데이 신희은 기자가 진행한 '서른살의 월1500만원 유튜브, 블로그로 2년 만에 대박친 비결'이 밀레니얼 세대들에게 SNS 운영은 선택이 아닌 필수라는 것을 알려주는 좋은 인터뷰라고 생각한다.

3 이유 [왜냐하면] / 내 생각에 대한 이유 3가지

왜냐하면 첫째, 급속한 경제 성장기를 지난 현대 사회에서는 평생직장이라는 개념이 쇠퇴되어 N잡의 필요성이 대두되고 있기 때문이고,

둘째, 거창하게 무언가를 가르치지 않더라도 '나의 성장 스토리'가 하나의 콘텐츠가 될 수 있음을 알려주기 때문이며,

셋째, 모두가 처음은 0(zero)에서부터 시작하기 마련이고, 자신만의 콘텐츠를 만들다 보면 결과물을 만들어 내는 사람이 될 수 있음을 알려주기 때문이다.

1 결론 [그래서, 나는 ~라고 생각한다] / 2% 평가

그래서 나는 니투데이 신희은 기자가 진행한 '서른살의 월1500만원 유튜브,블로그로 2년만에 대박친 비결'이 밀레니얼 세대들에게 SNS운영은 선택이 아닌 필수라는 것을 알려주는 좋은 인터뷰라고 생각한다.

2% 아쉬운 점

하지만 1년전에 진행된 인터뷰라 최근의 대담자(포리얼,김준영)에 대한 스토리는 알 수 없어 아쉽다.

내 마음속에 남은 한 문장

"결국 콘텐츠는 양보다 질이다."

기업인터뷰(배달의민족)

작성자: 이영수
평 점: ★★★★★
대담자: 김봉진
매체명: 유튜브
연 도: 2020년

[Why 작가는 왜 이 책을 썼을까?] / 저술 목적

이 인터뷰의 진행자는 젊은 나이에 도전하기를 주저하는 청년들에게 생각대로 순조롭게 이루어지지 않더라도 의외의 곳에서 성공을 경험할 수 있다는 희망을 알려주려고 이 인터뷰를 진행했다.

[What 작가는 무엇을 말하는가?] / 핵심적인 내용

이 인터뷰의 전반부에서는 배달에 민족에서 제공하고 있는 '배민라이더스'와 '배민찬' 서비스의 내용에 대해서 이야기하고 있고,

이 인터뷰의 중반부에서는 주변국의 혁신 속도에 맞추어 변화에 적응해 나아가야만 다음 세대에게 경제적으로 부족하지 않은 나라를 물려줄 수 있음을 이야기하고 있으며,

이 인터뷰의 후반부에서는 생각을 실행에 옮기지 못하고 주저하고 있을 청년들에게 도전하는 것은 의미 있는 일이라고 용기를 가지라고 이야기하고 있다.

[How 나에게 어떻게 적용할 것인가?] 실천 사항

앞으로 나는 새로운 것을 수용하는 것에 주저하지 않고 끊임없이 배워 지금 하고 있는 보육교사 공부를 시작으로 아동 관련 프로그램을 만들어 수익을 창출할 수 있도록 할 것이다.

1 생각 [나는 ~라고 생각한다] / 주장, 평가

나는 김봉진의 '기업인터뷰 배달의 민족'이 도전정신이 필요한 청년들에게 젊은 나이에 도전하는 것은 의미 있는 일이라는 것을 알려주는 좋은 인터뷰라고 생각한다.

3 이유 [왜냐하면] / 내 생각에 대한 이유 3가지

왜냐하면 첫째, 토이 프로젝트로 시작된 앱 서비스가 사회적으로 영향력 있는 서비스가 되었기 때문이고,

둘째, 끊임없이 도전하여 주변국의 혁신 속도에 맞추어 프로그램을 개발하고 있기 때문이며,

셋째, 개발된 앱 프로그램으로 인해 소비자에게는 다양하고, 양질의 음식을 쉽게 주문이 가능하게 되었으며, 사장님에게는 장사의 편리성과, 장사에 필요한 피드백을 주어 앱을 계속 사용할 수밖에 없도록 만들었기 때문이다.

1 결론 [그래서, 나는 ~라고 생각한다] / 2% 평가

그래서 나는 김봉진의 '기업인터뷰 배달의 민족'이 도전정신이 필요한 청년들에게 젊은 나이에 도전하는 것은 의미있는 일이라는 것을 알려주는 좋은 인터뷰라고 생각한다.

2% 아쉬운 점

하지만 이미 성공한 부분에만 초점이 맞추어져 있어 어떤 실패를 했고, 어떻게 극복했는지는 인터뷰되지 않아 아쉽다.

내 마음속에 남은 한 문장

"젊은 나이에 도전하는 것은 의미있는 일이다."

행복은 습관이 좌우한다

작성자: 이영수
평 점: ★★★★
강 사: 박상미
주최사: 세바시강연
연 도: 2022년

[Why 작가는 왜 이 책을 썼을까?] / 저술 목적

이 강연의 강사는 생활속에서 부정적인 생각을 많이 하는 사람들에게 긍정적 경험을 하기위한 습관을 알려주려고 이 책을 저술했다.

[What 작가는 무엇을 말하는가?] / 핵심적인 내용

이 강연의 전반부에서는 고난과 시련속에서도 긍정적인 유전자를 가진 사람들은 좋은 감정, 긍정적인 능력을 선택하는 능력을 가지고 있다고 이야기하고 있고,

이 강연의 중반부에서는 긍정적인 습관을 어떻게 하면 유지할 수 있는지 그 방법에 대해서 이야기하고 있으며,

이 강연의 후반부에서는 긍정의 단어와 문장을 통해 긍정의 습관을 유지할 수 있도록 이야기하고 있다.

[How 나에게 어떻게 적용할 것인가?] 실천 사항

앞으로 나는 '좋다', '행복하다', '편안하다' 등의 단어를 자주 사용해 더 긍정적인 내가 되도록 노력할 것이다.

1 생각 [나는 ～라고 생각한다] / 주장, 평가

나는 박상미 강사의 '행복은 습관이 좌우한다'는 부정적인 감정으로 힘들어하는 사람들에게 긍정적인 생각을 하기 위한 방법을 알려주는 좋은 강연이라고 생각한다.

3 이유 [왜냐하면] / 내 생각에 대한 이유 3가지

왜냐하면 첫째, 긍정적인 뇌는 나의 성장과 행복을 결정하기 때문이고,

둘째, 내가 주체가 되어 나에게 긍정적인 이야기를 매일 들려주는 것만으로도 긍정의 뇌를 경험할 수 있다고 박상미 강사는 알려주기 때문이며,

셋째, 친절한 사람, 너그러운 사람, 여유있는 사람이 되기 위해서는 체력부터 길러 무기력에서 벗어나야만 가능하다고 알려주기 때문이다.

1 결론 [그래서, 나는 ～라고 생각한다] / 2% 평가

그래서 나는 박상미 강사의 '행복은 습관이 좌우한다'는 부정적인 감정으로 힘들어하는 사람들에게 긍정적인 생각을 하기 위한 방법을 알려주는 좋은 강연이라고 생각한다.

2% 아쉬운 점

하지만 부정적인 생각이 어떻게 긍정적인 생각을 하는 사람이 되었는지 실제 사례가 있었다면 좀 더 많이 공감하고 이해할 수 있었을 텐데 아쉽다.

내 마음속에 남은 한 마디

"긍정이 긍정을 부르고, 행복이 행복을 부른다."

엄마가 딸에게

작성자: 이영수
평 점: ★★★★★
작사가: 김창기,양희은
연 도: 2015년

[Why 작가는 왜 이 책을 썼을까?] / 저술 목적

이 노래의 작사가는 세상에 홀로 나아갈 자식 걱정에 엄마로서 조금이나마 힘이 되어주고 싶은 엄마들과, 엄마의 그늘에서 벗어나 인생에 답을 빨리 찾고 싶은 딸들에게 행복하기만을 바라는 마음과, 항상 미안해하는 서로의 진짜 마음을 알려주려고 이 노래를 작사했다.

[What 작가는 무엇을 말하는가?] / 핵심적인 내용

이 노래의 전반부에서는 어느새 늙어버린 어미가 이미 다 큰 딸에게 늦었지만 해주고 싶고, 필요한 말을 찾지만, 말로는 표현할 수 없어 안타까워하는 마음을 이야기하고 있고,

이 노래의 중반부에서는 열다섯살이 된 딸이 항상 예쁜 딸이고 싶은 마음과는 다르게 마음에 문을 닫고 알수 없는 삶에 대해 고민하고 있음을 이야기하고 있으며,

이 노래의 후반부에서는 이나이 먹도록 살았지만, 자식에게 인생에 대한 명확한 답을 줄 수 없는 엄마로서 미안해하는 마음을 이야기하고 있다.

[How 나에게 어떻게 적용할 것인가?] 실천 사항

앞으로 나는 정답이 없는 삶에 대해 어떻게 살아야 한다는 답을 찾아주려 애쓰기보다 충분히 들어주고, 충분히 대화해 마음에 문이 닫히지 않도록 노력할 것이며, 열린 마음으로 항상 사랑한다 말할 것이다.

1 생각 [나는 ~라고 생각한다] / 주장, 평가

나는 김창기, 양희은 작사가가 쓴 '엄마가 딸에게'는 아직 알 수 없는 삶에 대해 고민하는 사춘기 아이들과, 앞의로의 삶이 덜 힘들도록 더 많이 인생을 가르쳐 줘야 된다고 생각하는 엄마들에게 삶이란 가르쳐서 알게 되는게 아님을 깨닫게 해주는 모든 엄마와 딸에게 위로가 되는 좋은 노래라고 생각한다.

3 이유 [왜냐하면] / 내 생각에 대한 이유 3가지

왜냐하면 첫째, 이 나이 먹도록 오랜 삶을 살아도 삶에 대한 정답을 찾지 못해 딸에게 해줄 수 있는 말이 없어 미안해하는 엄마의 마음을 노래하고 있기 때문이고,

둘째, 행복해지기만을 원하는 마음에 늘 같은 말만 하는 엄마의 말은 딸에게는 잔소리가 되어 마음에 문을 닫게 하고, 나의 삶을 살겠다고 노래하고 있기 때문이며,

셋째, 딸이 정말 듣고 싶은 엄마의 말은 '네가 원하는 삶을, 너의 삶을 살아라'이며 누구도 대신 살아줄 수 있는 삶은 없다는것을 노래하고 있기 때문이다.

1 결론 [그래서, 나는 ~라고 생각한다] / 2% 평가

그래서 나는 김창기, 양희은 작사가가 쓴 '엄마가 딸에게'는 아직 알 수 없는 삶에 대해 고민하는 사춘기 아이들과, 앞으로의 삶이 덜 힘들도록 더 많이 인생을 가르쳐 줘야 된다고 생각하는 엄마들에게 삶이란 가르쳐서 알게 되는게 아님을 깨닫게 해주는 모든 엄마와 딸에게 위로가 되는 좋은 노래라고 생각한다.

2% 아쉬운 점

하지만 어느새 늙어진 엄마가 딸에게 미안하다며, 딸에게 해줄 수 있는 마지막 말을 찾고 있을 때 딸도 엄마를 이해한다는 답변이 없어 아쉽다.

내 마음속에 남은 한 소절

"넌 나보다는 좋은 엄마가 되겠다고 약속해 주겠니?"

우리는 친구

작성자: 이영수
평 점: ★★★★★
저 자: 앤서니 브라운 지음
출판사: 웅진주니어
연 도: 2008년

[Why 작가는 왜 이 책을 썼을까?] / 저술 목적

이 책의 작가는 친구란 어떻게 사귀는것이고, 우정이란 어떤 것인지 궁금한 아이들에게 친구란 자라온 환경이나, 체형, 나이에 상관없이 누구나 친구가 될 수 있다는 것과, 우정이란 서로를 이해하고, 위로가 되는 것이 친구라는 것을 알려주려고 이 책을 저술했다.

[What 작가는 무엇을 말하는가?] / 핵심적인 내용

이 책의 전반부에서는 수화로 대화가 가능한 고릴라가 사육사에게 친구가 필요하다며 친구가 없어 지금 너무 외롭고 슬프다고 자신의 감정을 이야기하고 있고,

이 책의 중반부에서는 사육사들이 고릴라의 친구로 예쁜이라는 이름의 고양이를 고릴라의 친구로 소개해주었고, 몸집 크기도, 생김새도, 언어도 다르지만 무엇이든 함께하는 좋은 친구가 되었음을 이야기하고 있으며,

이 책의 후반부에서는 사육사가 없는 사이에 화가 난 고릴라가 텔레비전을 부수고 난동을 부려 몸집이 작은 예쁜이가 다칠지도 모른다 판단한 사육사들에게 예쁜이는 고릴라의 수화로 자신이 텔레비전을 부쳤다고 하얀 거짓말을 해 계속 친구로 함께할 수 있었던 상황을 이야기하고 있다.

[How 나에게 어떻게 적용할 것인가?] 실천 사항

앞으로 나는 내 아이가 사귀는 친구를 외모나, 국적, 자라온 환경을 보고 판단하지 않고, 마음을 나누는 친구를 많이 사귀도록 지지해 줄 것이다.

1 생각 [나는 ~라고 생각한다] / 주장, 평가

나는 앤서니 브라운의《우리는 친구》는 친구란 어떻게 사귀는 것이고, 우정이란 어떤것인지 궁금한 아이들에게 친구와 함께 나누는 우정은 희생하고, 서로를 위해주는 마음이 있는 행복한 감정이라는 걸 일깨워주는 좋은 그림책이라고 생각한다.

3 이유 [왜냐하면] / 내 생각에 대한 이유 3가지

왜냐하면 첫째, 외모나 자라온 환경이 다르고, 서로 사용하는 언어가 달라도 마음이 통한다면 진정한 친구가 될 수 있음을 이야기하고 있기 때문이고,

둘째, 어려움에 처한 친구를 위해 하얀 거짓을 해서 사람들을 안심하게 하고 친구에게는 위로를 주고 있기 때문이며,

셋째, 친구란 무엇이든 함께하고, 함께해서 행복하며, 친구가 있어 든든하다는 두 친구의 우정에 대해서 말해주고 있기 때문이다.

1 결론 [그래서, 나는 ~라고 생각한다] / 2% 평가

그래서 나는 앤서니 브라운의《우리는 친구》는 친구란 어떻게 사귀는 것이고, 우정이란 어떤 것 인지 궁금한 아이들에게 친구와 함께 나누는 우정은 희생하고, 서로를 위해주는 마음이 있는 행복한 감정이라는 걸 일깨워주는 좋은 그림책이라고 생각한다.

2% 아쉬운 점

하지만 마지막까지 '행복하게 잘 살았답니다'로 끝나서 친구끼리는 싸울 수도 있고, 화해할 수도 있다는 것을 이야기해 주지 않아 아쉽다.

내 마음속에 남은 한 문장

"무엇이든 함께 했지요."

다이제스티브&다이제

작성자: 이영수
평 점: ★★★
회사명: 오리온
출시일: 1982년 12월

[Why 작가는 왜 이 책을 썼을까?] / 저술 목적

이 상품의 회사는 과자를 먹으면서 한끼 식사를 한것과 같은 포만감도 갖고 싶은 사람들에게 과자가 주전부리 간식만이 아니고 고칼로리 영양식이 될 수 도 있다는 것을 알려주려고 이 상품을 출시했다.

[What 작가는 무엇을 말하는가?] / 핵심적인 내용

이 상품의 특징은 통밀 28%를 이용해 과자의 식감을 더 풍부하게 하여, 먹는 사람에게 구수한 맛과 든든한 포만감을 주고 있고,

이 상품의 다양성은 다이제가 한번 뜯으면 15개를 한꺼번에 먹어야 하는 부담감을 줄이고자 다이제를 얇게 만든 '다이제 씬'과, 크기를 1/4로 줄인 '다이제 미니' 제품이 판매되고 있으며, 퍽퍽하기만 한 식감을 싫어하는 사람들을 위해 한쪽 면에 초콜릿을 입힌 '다이제 초코'도 판매되고 있어 기호에 따라 선택이 가능하며,

이 상품의 활용도는 100g에 480kcal의 고열량 고칼로리 제품으로 짐에 부피를 줄여야하는 캠핑이나, 등산, 고된 노동을 하고나서 열량 보충용 식사 대용으로 활용할 수 있다.

[How 나에게 어떻게 적용할 것인가?] 실천 사항

앞으로 나는 칼로리가 높은 과자를 맛있는 간식으로 찾기보다는 캠핑이나 여행갈 때, 또는 등산할 때 간단하게 들고 다니며 열량 보충용 간식으로 활용할 것이다.

1 생각 [나는 ~라고 생각한다] / 주장, 평가

나는 오리온에서 출시한 '다이제'쿠키는 거친 식감을 좋아하고, 가성비를 따지는 소비자에게 통밀의 껍질까지 씹히는 식감과, 포만감과 다양한 제품으로 선택의 폭을 넓힌 좋은 제품이라고 생각한다.

3 이유 [왜냐하면] / 내 생각에 대한 이유 3가지

왜냐하면 첫째, 밥 한끼의 칼로리가 100g당 143kcal인 것과 비교하면 '다이제'는 100g에 480kcal로 밥에 3배가 넘는 열량을 제공하고 있기 때문이고,

둘째, 통밀 함량이 28%로 과자를 씹으면 통밀의 껍질까지 느껴질 정도로 통밀을 씹는다는 식감이 있기 때문이며,

셋째, 다이제의 크기가 부담스러운 소비자를 위해 얇게, 작게, 초콜릿과 함께 있는 제품으로 다양하게 출시하여 소비자의 선택의 폭을 넓혔기 때문이다.

1 결론 [그래서, 나는 ~라고 생각한다] / 2% 평가

그래서 나는 오리온에서 출시한 '다이제' 쿠키는 거친 식감을 좋아하고, 가성비를 따지는 소비자에게 통밀의 껍질까지 씹히는 식감과, 포만감과 다양한 제품으로 선택의 폭을 넓힌 좋은 제품이라고 생각한다.

2% 아쉬운 점

하지만 고칼로리 고열량 식품으로 체중을 걱정하는 소비자들에게는 선뜻 선택받을 수 없다는 점이 안타깝다.

내 마음속에 남은 한 문장

"개봉 후 가급적 빨리 드세요."

화투

서평자: 곽영경
평 점: ★★★★★
제작사: 19세기 일본 전통카드
연 도: 19세기

[Why 작가는 왜 이 책을 썼을까?] / 저술 목적

이 게임의 유래에서는 16세기 후반 포르투칼과 일본과의 무역을 통해서 라틴식 플라잉카드를 도박성 때문에 금지를 하자 일본화로 완전 그림을 바꿔서 사용한 것이 지금의 화투이며, 꽃그림 48장으로 화투(花鬪)는 꽃을 그린 패로 하는 싸움이라는 뜻으로 장기, 바둑과 함께 국민 3대 테이블 게임이고, 특유의 도박 이미지 덕분에 취급이 다소 좋지 않으며 원산지인 일본보다 한국에서 활용도가 높고 대한민국에 도입된지 120년 정도 되는 오래된 게임이다.

[What 작가는 무엇을 말하는가?] / 핵심적인 내용

이 게임의 특징에서는 두께가 1mm 정도로 얇으면서도 내구성이 좋은 플라스틱 재질로 총 48장의 그림으로 이루어져 있으며, 12계절을 나타내는 그림에서 1계절 중에 같은 계절의 그림을 찾는 꽃그림에 4개의 비슷한 그림으로 이루어져 있고,

이 게임의 전개에서는 화투라는 카드 게임의 방법으로 다양하게 여러 종류가 있으며, 일반적으로 고스톱, 섯다, 민화투, 육백, 맞고, 도리짓고 땡, 가보잡기 등 게임 이름에 따라 활용할 수 있는 방법과 참여 인원수와 여러 가지 게임 방법이 다양하게 이루어져 있으며,

이 게임의 효과에서는 트럼프 카드에 비해 화투는 패의 크기가 작으므로 숨기거나 바꿔치기가 매우 쉽기 때문에 이 세상에서 가장 사기도박이 빈번한 것이 화투라고 하는 것을 여러 매체나 게임방법으로 이야기하고 있다.

[How 나에게 어떻게 적용할 것인가?] 실천 사항

앞으로 나는 화투라는 게임이 전통이 있고 역사가 있는 게임이지만, 도박성이 강한 게임인 것을 잘 알기에 즐기기 위한 게임만을 할 것이다.

1 생각 [나는 ~라고 생각한다] / 주장, 평가

나는 120년 정도 오래된 게임인 '화투'가 현재 모바일 게임으로도 즐기는 일반인들에게 시간을 보내거나, 지인들과 함께 즐기기 위한 놀이가 옛날부터 도박이라는 놀이로 많이 알려져 있어서 나쁘게 인식된 것이라고 생각한다.

3 이유 [왜냐하면] / 내 생각에 대한 이유 3가지

왜냐하면 첫째, 영화에서도 화투라는 도박을 이용한 게임으로 '타짜'라는 영화가 있듯이 화투 게임을 게임으로 설명하지 않고 돈과 관계된 사기와 관련된 도박으로 이야기하고 있기 때문이고,

둘째, 크기가 작고 두께가 얇은 화투 패의 특성상 다양한 속임수 방법이 있으며, 참여 인원 수 및 게임 방법도 여러 가지인 화투라는 게임에 노름과 도박이라는 것으로 명절에 모임에서나 장례식장의 모임 등 여러 매체를 통해서 다양하다는 것을 알려주기 때문이며,

셋째, 지인들과 친목도모로 화투 게임을 즐기던 중년 이상 세대들이 인터넷 게임에서 게임머니를 쓰면서 사행성 게임을 할 수 있다는 것을 보여주었기 때문이다.

1 결론 [그래서, 나는 ~라고 생각한다] / 2% 평가

그래서 나는 화투라는 120년 정도 된 오래된 게임을 현재 모바일 게임으로도 즐기는 일반인들에게 시간을 보내거나, 지인들과 함께 즐기기 위한 놀이가 옛날부터 도박이라는 놀이로 많이 알려져 있어서 나쁘게 인식된 것

이라고 생각한다.

2% 아쉬운 점

하지만 사람들과 만나서 다양한 게임으로 친목도모를 할 수 있고, 나이 드신 분들에게는 테이블 게임으로 지인들과 손과 머리를 같이 쓰는 게임을 즐긴다면 놀이가 되는 것인데, 무엇이든 과하면 안 된다는 것을 알려주고 화투라는 게임이 나쁜 것이 아니고 즐거운 게임이라 생각하지 않아서 많이 아쉽다.

내 마음속에 남은 게임 내용

"쓰리고, 피박, 못 먹어도 고"

2022 카타르월드컵 조별리그 H조 3차전 대한민국 포르투칼

작성자: 이도연
평 점: ★★★★★
주최자: FIFA월드컵-카타르
연 도: 2022

[Why 작가는 왜 이 책을 썼을까?] / 저술 목적

이 경기의 주최자는 축구를 사랑하는 전 세계인들에게 카타르월드컵이 11월 겨울 시즌에 열리는 최초의 월드컵이라는 것과 월드컵 역사상 최초로 중동아랍지역에서 개최되는 대회로 국제사회 화합을 강조한다는 것을 알려주려고 이 경기를 개최했다.

[What 작가는 무엇을 말하는가?] / 핵심적인 내용

이 경기의 전반전에서는 대한민국의 선축으로 시작되었다. 포르투갈의 우위가 예상되는 경기였다. 역시 경기 시작 불과 5분만에 오타르 선수의 선제골이 터졌다. 16강을 결정짓는 중요한 경기였기에 감독의 부재에도 불구하고, 대한민국 선수들은 최선을 다해 경기에 임한다. 이후 코너킥을 얻어낸 대한민국은 27분 김영권이 동점골을 만들어내며 흥미진진한 경기를 펼치고 있고,

이 경기의 후반부에서는 더욱 치열하게 경기에 임하는 선수들로 다수의 부상자들이 발생한다. 포르투갈의 주장인 호날두는 좋지 않은 컨디션으로 경기의 흐름을 끊는 등 대한민국에겐 유리한 경기를 해나간다. 후반 66분 황희찬 선수가 교체 투입된다. 이후 각 선수들의 부상에 따른 교체가 이루어지고 16강에 대한 불굴의 의지를 불태운다. 후반전 시간을 모두 소진하고 추가시간이 주어진 상황에서 부상투혼 중인 손흥민 선수의 기막힌 도움으로 황희찬이 역전골을 성공시킨다. 경기는 2-1로 마무리되었으며,

이 경기의 종료 후에서는 1승 1무 1패를 기록한 대한민국의 경기성적은 동시간에 시작된 우르과이와 가나전의 결과를 기다려야 하는 상황이 연출되었다. 우르과이의 승리로 같은 경기기록을 가질 경우, 우르과이와의 골득실차를 기대해야 하는 상황이 발생되었기 때문이다. 경기가 끝나고도 다른 팀의 결과를 기다려야하는 숨 막히는 시간이 흐르고, 우르과이와 가나는 2-0으로 경기 종료된다. 종료 휘슬과 동시에 대한민국은 16강 진출을 확정짓고 선수들은 뒤늦은 환호성과 세레모니를 보인다.

[How 나에게 어떻게 적용할 것인가?] 실천 사항

앞으로 나는 축구를 사랑하는 1인으로써 열심히 싸워준 태극전사들을 끝까지 응원할 것이다.

1 생각 [나는 ~라고 생각한다] / 주장, 평가

나는 2022 카타르 월드컵 '조별리그 H조 3차전 대한민국과 포르투갈의 경기'가 2002년 월드컵을 회상하는 붉은악마들에게 다시 한번 꿈은 이루어진다는 것과 16강의 짜릿함을 선물했다고 생각한다.

3 이유 [왜냐하면] / 내 생각에 대한 이유 3가지

왜냐하면 첫째, 도하의 기적이라 불리는 12년만의 원정 16강 진출은 대한민국의 새로운 축구역사를 기록했기 때문이고,

둘째, 조 1위인 포르투갈 전에서 감독의 부재, 주전선수들의 부상 등의 악조건을 가진 경기임에도 승리를 거뒀기 때문이며,

셋째, 치킨집, 호프집 등 월드컵 특수를 누릴 만큼 온 국민들의 관심에 크게 부흥했기 때문이다.

1 결론 [그래서, 나는 ~라고 생각한다] / 2% 평가

그래서 나는 2022 카타르 월드컵 '조별리그 H조 3차전 대한민국과 포르투갈의 경기'가 2002년 월드컵을 회상하는 붉은악마들에게 다시 한번 꿈은 이루어진다는 것과 16강의 짜릿함을 선물했다고 생각한다.

2% 아쉬운 점

하지만 다음 경기인 16강 토너먼트 상대국이 세계랭킹 1위인 브라질이라는 것이 안타깝지만 태극전사들의 최선을 다하는 모습을 기대해본다.

내 마음속에 남은 한 장면

"대한민국, 포르투갈 꺾고 16강 진출"

無수저로 45세 창업, 1000원짜리 팔아 3조 매출…아직도 고객이 두렵다

서평자: 박은미
평 점: ★★★★★
기 자: 남정미
신문사: 조선일보
발행일: 2022년12월10일

[Why 작가는 왜 이 책을 썼을까?] / 저술 목적

이 기사의 기자는 실패를 두려워하는 사람들에게 실패로 인해 성공할 수 있음을 부자만이 성공하는 것이 아니라 아이디어가 있으면 성공할 수 있다는 것을 알려주려고 이 인터뷰 기사를 작성했다.

[What 작가는 무엇을 말하는가?] / 핵심적인 내용

이 기사의 전반부에서는 창업주 박정부 회장이 아성 다이소를 어떻게 창업하게 되고 1000원으로 경영하라는 책이 베스트셀러가 된 이야기하고 있고,

이 책의 중반부에서는 박정부 회장과의 인터뷰 형식으로 질문하면서 다이소의 이름으로 인한 에피소드에 관한 이야기와 1000원의 가게지만 절대 싸구려 물건을 팔지 않는다는 정신으로 제품을 만들어내는 이야기하고 있으며,

이 책의 후반부에서는 경단녀라고 하는 30-50대 여성들의 일자리 창출로 상도 받았지만, 그 살림의 귀재들로 인해 직원들에게 많은 것을 배우고 있음을 박정부 회장(78세)은 경영에서 물러났지만, 매장을 시간 내서 다닐 때마다 노는 것보다 일하는 즐거움이 있어서 행복하다는 이야기를 하고 있다.

[How 나에게 어떻게 적용할 것인가?] 실천 사항

앞으로 나는 실패하는 것에 대한 두려움 때문에 사업을 나는 못 할 거야 하는 생각을 버리고 작은 아이템이 어떻게 변할지 모르기에 도전해 보고 실패를 성공으로 만들게 할 것이다.

1 생각 [나는 ~라고 생각한다] / 주장, 평가

나는 남정미 기자가 쓴 '無수저로 45세 창업, 1000원짜리 팔아 3조 매출… "아직도 고객이 두렵다"라는 기사는 어렵고 힘든 시기에 실패 속에서 성공을 찾으려는 이들에게 희망을 주고 또한 사업을 하면서 고객과 직원들의 입장이 되어 생각한다면 성공할 수밖에 없다는 것을 알려주는 기사라고 생각한다.

3 이유 [왜냐하면] / 내 생각에 대한 이유 3가지

왜냐하면 첫째, 박정부회장은 45세에 어쩔 수 없이 퇴사하게 되면서 실패를 맛보게 된 상황에서 3년간의 방황의 시간이 있었지만 일본 100엔숍에 물건을 납품하는 무역회사를 설립하고 또한 그것으로 인해 한국에 다이소라는 1000원숍 사업을 시작하게 되었기 때문이고,

둘째, 사업은 항상 고객의 처지를 생각하며 매장을 운영하는 직원들에게 감사한 마음을 갖고 사업을 하게 된다면 성공할 수 있기 때문이며,

셋째, 가격은 싸지만 싸구려는 팔지 않는다는 마인드로 상품을 만드는 중소업체와 상생을 모색하는 게 우리의 책임 중 하나라고 생각하여 낮은 구매 단가를 보장받는 대신 100% 현금결제, 대량주문, 장기간 거래 등 신용에 기반을 둔 거래로 성공했기 때문이다.

1 결론 [그래서, 나는 ~라고 생각한다] / 2% 평가

그래서 나는 남정미 기자가 쓴 '無수저로 45세 창업, 1000원짜리 팔아 3조 매출… "아직도 고객이 두렵다"라는 기사는 어렵고 힘든 시기에 실패 속에서 성공을 찾으려는 이들에게 희망을 주고 또한 사업을 하면서 고객과 직원들의 입장이 되어 생각한다면 성공할 수밖에 없다는 것을 알려주는 기사라고 생각한다.

2% 아쉬운 점

하지만 아직도 토종 한국기업인 아성 다이소가 일본기업이라는 인식이 있는 사람들이 있다는 것이 아쉽다.

내 마음속의 한 문장

"그 1000원이 3조가 됐다. 끈기를 가지고 몰입하면 반드시 남들하고 다른 게 나온다."

2022 FIFA 카타르 월드컵
대한민국:포르투칼

작성자: 박은미
평 점: ★★★★★
주 최: FIFA
장 소: 카타르
연 도: 2022년

[Why 작가는 왜 이 책을 썼을까?] / 저술 목적

이 경기의 주최자는 4년마다 한 번씩 열리는 세계 축구 축제인 월드컵 개최국에게 나라를 알리며 경제 가치를 높이고 축구선수들의 가치를 높이게 하는 목적을 갖고 있음을 알려주려고 이 경기를 개최했다.

[What 작가는 무엇을 말하는가?] / 핵심적인 내용

이 경기의 전반부에서는 FIFA랭킹 8위 포트투칼과 랭킹 28위인 대한민국의 대결로 포르투칼의 우위의 경기를 펼치면서 전반 시작 5분 포르투칼에서 선제골을 넣자 경기흐름을 뺏기는 듯했지만 손흥민과 이강인의 합작으로 프리킥이 상대선수의 등을 맞고 어시스트되어 떨어지는 공을 놓치지 않고 김영권 선수가 동점골을 만드는 짜릿한 모습을 보여주었고,

이 경기의 후반부에서는 꼭 이겨야 한다는 의지가 보이면서 포르투칼 선수들과 대한민국 선수들의 공수가 서로 비슷한 듯하지만 먼저 16강 진출 티켓을 확보한 포르투칼보다 꼭 이겨야만 하는 상황에 황희찬의 교체가 된 후 분위기는 더욱 공격적으로 변하여 후반 끝나는 추가시간 1분만에 극적인 역전골을 기록하였으며,

경기가 끝난 후 대한민국은 포르투칼을 2:1로 이겼지만 같은 조의 경기 상황 점수에 따라 결정되는 16강 진출상황 대한민국 선수들은 긴장하면서 경기 끝나기를 기다리고 우루과이가 이긴 경기 같은 승점이지만 골 득실 차이로 대한민국이 16강을 극적으로 진출하게 되어 즐거워하는 선수들의 모습을 볼 수 있었다.

[How 나에게 어떻게 적용할 것인가?] 실천 사항

앞으로 나는 선수들이 어려운 상황에서도 해 낼 수 있다는 정신으로 이겨낸 것처럼 현재 공부하고 있는 것이 잘 안 된다고 포기하지 말고 하나씩 풀어나가며 해낼 것이다.

1 생각 [나는 ~라고 생각한다] / 주장, 평가

나는 FIFA가 주최한 '2022카타르 월드컵 대한민국:포르투칼'은 축구를 사랑하는 전세계인들과 국민들에게 즐거움과 행복을 주었지만 반면 FIFA의 과한 중계권과 축구협회의 문제는 지적이 되어야만 된다고 생각한다.

3 이유 [왜냐하면] / 내 생각에 대한 이유 3가지

왜냐하면 첫째, 개최하는 국가가 아무리 많은 수익이 발생된다 하더라도 주최 FIFA가 중계권으로 발생되는 많은 수익을 가져가기 때문이고,

둘째, 축구협회 또한 손흥민 선수가 안면골절상이 있어 출전하기 어려운 상황에도 선수의 보호보다는 마케팅의 문제로 인해 너무 수익에만 치중했기 때문이며,

셋째, FIFA랭킹 각 나라의 순위 변화가 월드컵을 치르면서 많은 변화를 가져오는 것으로 인해 너무 치중되는 면이 있기 때문이다.

1 결론 [그래서, 나는 ~라고 생각한다] / 2% 평가

그래서 나는 FIFA가 주최한 '2022카타르 월드컵 대한민국:포르투칼'은 축구를 사랑하는 전세계인들과 국민들에게 즐거움과 행복을 주었지만 반면 FIFA의 과한 중계권과 축구협회의 문제는 지적이 되어야만 된다고 생각한다.

2% 아쉬운 점

하지만 안면안대까지 쓰면서 땀으로 인해 시선이 안 보이는 상황에서 최선을 다한 손흥민 선수를 온라인상에서 깎아내리는 사람들을 보면서 아직도 스포츠 문화가 제대로 자리잡지 않은거 같아 아쉽다.

내 마음속의 한 장면

"경기가 끝난 후 16강 진출이 아직까지는 결정되지 않고 기다리는 초조한 모습에서 상대팀의 결과가 나온 후 선수들이 좋아서 붉은악마 응원단에게 달려가며 슬라이딩 세리머니하는 모습"

슈퍼참치

작성자: 곽영경
평 점: ★★★★★
작사가: 진,BUMZU
연 도 : 2021년

[Why 작가는 왜 이 책을 썼을까?] / 저술 목적

이 노래의 작사가는 낚시를 좋아하는 BTS 멤버 가수 진이 음악 작업을 하던 분과 음악활동을 하는 바쁜 시간에 낚시를 하러 바다도 가고 싶고, 고기도 낚는 손맛도 즐기고 싶어 하는 마음을 이야기하면서 바쁜 일상에서 여유를 가지고 싶다는 내용을 알려주기 위하여 이 노래를 작사했다.

[What 작가는 무엇을 말하는가?] / 핵심적인 내용

이 노래의 전반부이자 후렴에서는 참치, Hah, 참치, 슈퍼참치, let's go 팔딱팔딱, 슈퍼참치의 가사로 낚시를 하는 감출 수 없는 기쁨을 흥을 타는 추임새로 신나는 마음을 이야기하고 있고,

이 노래의 1절에서는 팔딱팔딱 뛰는 가슴처럼 낚시를 하러 바다로 가는 동안의 흥분된 기분과 물고기를 잡을 수 있을 거라는 기대감을 이야기하고 있으며,

이 노래의 2절에서는 참치, 광어, 삼치, 상어 상관없이 고기를 잡았으면 하는 마음과 신나는 율동으로 노래를 따라하기 쉬우며 낚시를 가는 형에게 월드투어로 바쁜 자신도 데려가 달라고 이야기하고 있다.

[How 나에게 어떻게 적용할 것인가?] 실천 사항

앞으로 나는 동해바다를 보면서 진의 슈퍼참치 노래 가사처럼 낚시하시는 분들이 낚시대에 참치가 와서 미끼를 물기를 바라는 것처럼 나 자신이 하는 일도 스트레스 받는 날이 계속되더라도 신나게 즐기면서 원하는 바를 이루기 위해 노력할 것이다.

1 생각 [나는 ~라고 생각한다] / 주장, 평가

나는 진, BUMZU 작사가의 '슈퍼참치' 노래 가사처럼 낚시를 좋아하고 낚시하러 가는 것을 신나하는 낚시광인 사람들과 바쁜 일상을 보내는 사람들에게 언젠가 여행을 가거나 휴가를 갈 수 있다는 것을 신나는 음악과 함께 일상 속에서 희망을 주려는 좋은 노래라 생각한다.

3 이유 [왜냐하면] / 내 생각에 대한 이유 3가지

왜냐하면 첫째, 근심과 걱정이 있어도 즐겁게 낚시를 갈 수 있다는 희망찬 생각과 물고기가 물기를 바라는 긍정적인 생각을 하면 괴로운 일상생활이 가벼운 걱정거리가 되기 때문이고,

둘째, 재미있는 가사도 좋고 이 노래를 부르는 가수의 목소리와 춤과 노래가 잘 어울려서 듣는 이로 하여금 기분 좋고 어깨춤을 저절로 춤추게 되기 때문이며,

셋째, 슈퍼참치라는 노래 가사처럼 일반 참치가 아닌 슈퍼참치처럼 큰 참치가 내 낚시에 와서 미끼를 물기 바라는 것처럼 무언가를 기대할 때는 큰 희망을 가지고 신나는 음악을 따라며 노래 부르면 이뤄진 것처럼 기분이 좋기 때문이다.

1 결론 [그래서, 나는 ~라고 생각한다] / 2% 평가

그래서 나는 진, BUMZU 작사가의 '슈퍼참치' 노래가사처럼 낚시를 좋아하고 낚시하러 가는 것을 신나하는 낚시광인 사람들과 바쁜 일상을 보내는 사람들에게 언젠가 여행을 가거나 휴가를 갈 수 있다는 것을 신나는 음악과 함께 일상 속에서 희망을 주려는 좋은 노래라 생각한다.

2% 아쉬운 점

하지만 낚시를 모르거나 낚시를 좋아하지 않는 사람들로서는 가사와 관계없이 단순한 리듬과 신나는 음악만 즐길 수 있어서 아쉽다.

내 마음속에 남은 한 소절

"팔딱팔딱 뛰는 가슴 내 물고기는 어디 갔나 동해바다 서해바다 내 물고기는 어딨을까"

8번의 폐렴 끝에 부르게 된 진짜 노래

작성자: 이미옥
평 점: ★★★★★
강 사: 소향
제작사: 세바시
연 도: 2021년

[Why 작가는 왜 이 책을 썼을까?] / 저술 목적

이 강연의 강사로 신이 내린 목소리, 천상의 디바인 가수 소향은 자신의 일에 열정을 다하다 번아웃이 온 이들에게 그들의 질주 끝에 있는 허무함을 알려주고 또한 그 끝에서 절망에 빠진 이들에게 내가 원하는 것이 진정 무엇인지를 한번 생각해보는 시간을 주려고 이 강연을 진행했다.

[What 작가는 무엇을 말하는가?] / 핵심적인 내용

이 강연의 전반부에서는 우리나라 애국가를 시원스럽고 당당하게 부르는 넘사벽 그녀의 전성기와 폭주하듯 달린 레이싱카 인생에서 거칠 것이 없었음을 전달하고 있고,

이 강연의 중반부에서는 속도를 모르던 질주의 끝이 8번 폐렴을 일으키며 100% 성량의 그녀를 나락으로 떨어뜨리며 자신을 어둠 속에 가둔 것에 대해 전달하고 있으며,

이 강연의 후반부에서는 모든 것을 내려놓고 떠난 여행에서 하나의 글귀 즉 프랭클린 루즈벨트 대통령의 "두려워해야 할 유일한 것은 두려움 그 자체이다."를 통해 이 모든 것을 극복하였음을 전달하고 있다.

[How 나에게 어떻게 적용할 것인가?] 실천 사항

앞으로 나는 그녀가 인사이트를 얻고 세상에 대해 나아갈 용기를 낸 그 글귀처럼 내 안의 두려움을 벗어던지고자 하며 지금 당장 나의 내면에 존재하는 다양성들을 꺼내 세상에 당당히 나아감을 도전할 것이다.

1 생각 [나는 ~라고 생각한다] / 주장, 평가

나는 마음을 어루만지는 목소리를 가진 가수 소향의 '8번의 폐렴 끝에 부르게 된 진짜 노래'가 인생에서 내가 원하는 꿈이 무엇인지 고뇌하는 사람들에게 삶을 후회 없이 살고 세상에 어떤 영향력을 주며 살아가야 좋은지를 알려준다고 생각한다.

3 이유 [왜냐하면] / 내 생각에 대한 이유 3가지

왜냐하면 첫째, 완벽한 노래를 부르는 자신의 자존감에 시련이 닥치고 그것을 암흑의 세계로 끌고 가기보다는 헤쳐 나가고자 하는 티끌의 용기가 불꽃을 피웠기 때문이고,

둘째, 내 두려움의 실체가 노래를 못하게 되는 것이 아니라 사람들의 인정과 평판을 받지 못한다는 것이었음을 깨닫고 자신의 감정에 대해 솔직한 평가를 하며 가수의 본질에 대해 생각하여 진정한 모습을 찾아가기 때문이며,

셋째, 자신이 노래하는 이유는 "멋지게 자신만 돋보이며 나아가는 레이싱카가 아니라 덜덜거리고 천천히 가도 더 많은 사람을 태우고 싶은 대형버스이다." 라는 그녀의 말처럼 내가 원하는 것이 진정 무엇인지를 찾아 그 길을 가기 때문이다.

1 결론 [그래서, 나는 ~라고 생각한다] / 2% 평가

그래서 나는 마음을 어루만지는 목소리를 가진 가수 소향의 '8번의 폐렴 끝에 부르게 된 진짜 노래'가 인생에서 내가 원하는 꿈이 무엇인지 고뇌하는 사람들에게 삶을 후회 없이 살고 세상에 어떤 영향력을 주며 살아가야 좋은지를 알려준다고 생각한다.

2% 아쉬운 점

하지만 그녀가 용기내어 돌아와 자신의 기교를 내려놓고 담담하게 뱉어내며 도전한 그 첫 무대가 대중에게 외면을 받았다면 그녀가 이렇게 웃으며 무대에 설 수 있을지 의문이다.

내 마음속에 남은 한 소절

"아픔을 가져본 사람만이 다른 사람들의 마음을 위로할 수 있다."

멍게발팩

작성자: 김후선
평 점: ★★★★★
회사명: 닥터블리
출시일: 2022년 11월 10일

[Why 작가는 왜 이 책을 썼을까?] / 저술 목적

이 상품의 회사는 발뒤꿈치 각질이 심해서 고민하고 고통받는 사람들에게 단 30분의 착용으로도 각질을 제거할 수 있는 발팩이 있다는 것을 알려주려고 이 상품을 출시했다.

[What 작가는 무엇을 말하는가?] / 핵심적인 내용

이 상품의 특징은 주성분이 모두 EWG그린 등급으로 1팩당 40g의 고농축 에센스 함유와 신형 풋시트를 사용 및 발각질 재생주기인 28일에 맞춰 월1회 30분 멍게발팩을 저렴한 비용으로 꾸준히 관리할 수 있는 각질관리 시스템이고,

이 상품의 기능은 1세트 3팩 구성으로, 오래된 각질 제거와 수분 공급, 냄새 완화와 진정 케어이며,

이 상품의 효과는 묵은 각질 제거와 들뜬 각질 정돈, 유수분 균형을 맞춰 주는 피부보습으로 각질 제거 후에도 피부를 촉촉하게 유지해 준다는 것이다.

[How 나에게 어떻게 적용할 것인가?] 실천 사항

앞으로 나는 닥터블리의 멍게 발팩으로 묵은 각질을 관리할 것이며, 당장 오늘 하나를 구입하여 각질로 힘든 아버지께 하나 보내줄 것이다.

1 생각 [나는 ~라고 생각한다] / 주장, 평가

나는 닥터블리의 '멍게발팩'이 묵은 발각질로 고민하고 고통받는 사람들에게 쉽고 저렴한 각질 제거와 각질 관리로 위안을 주는 좋은 발팩이라고 생각한다.

3 이유 [왜냐하면] / 내 생각에 대한 이유 3가지

왜냐하면 첫째, 각질로 뒤꿈치가 갈라져 생살이 찢어지는 고통을 겪어본 사람이나 여름에도 샌들을 신지 못해 고민하던 사람들이 쉬운 각질 제거로 일상생활을 가능하도록 하기 때문이고,

둘째, 월1회, 단 30분 발팩은 누구나 쉽게 이용할 수 있기 때문이며,

셋째, 고가의 관리샵 대신 저렴한 비용(1세트 3팩 만원대)으로 각질을 관리할 수 있기 때문이다.

1 결론 [그래서, 나는 ~라고 생각한다] / 2% 평가

그래서 나는 닥터블리의 '멍게발팩'이 묵은 발각질로 고민하고 고통받는 사람들에게 쉽고 저렴한 각질 제거와 각질 관리로 위안을 주는 좋은 발팩이라고 생각한다.

2% 아쉬운 점

하지만 효과를 의심해서 아직도 각질로 고통받는 사람들이 있다는 것이 아쉽다.

내 마음속에 남은 한 문장

"딱 30분 착용하면 저절로 탈락하는 발각질들!!"

핸드폰 중독 극복하는 법

작성자: 김후선
평 점: ★★★★
칼럼니스트:TrudiGriffin, LPC, MS
언론사: wikiHOW
연 도: 2022년

[Why 작가는 왜 이 책을 썼을까?] / 저술 목적

이 칼럼의 공동 칼럼니스트는 핸드폰의 과도한 사용으로 어려움을 겪는 청소년과 대인관계에 어려움을 겪는 사람들에게 핸드폰 다이어트와 다양한 즐거움을 주는 대체 활동을 알려주려고 이 칼럼을 작성했다.

[What 작가는 무엇을 말하는가?] / 핵심적인 내용

이 칼럼의 전반부에서는 핸드폰 사용량을 줄이는 핸드폰 다이어트를 위해 사용량 확인과 계획 사용, 핸드폰 설정 변경 및 잠시 사용 않기 등 일상에서 당장 실천할 것들로 핸드폰 사용시간을 줄이는 방법을 이야기하고 있고,

이 칼럼의 중반부에서는 우리가 꼭 필요한 활동이 아니라면 핸드폰 대신 운동이나 그림그리기 등 창의적인 활동을 하고 문자 대신 편지 쓰기 등 다른 방식 소통하기에 대하여 이야기하고 있으며,

이 칼럼의 후반부에서는 정신의 건강을 위해 사회적 지지가 필요한 사람들에게 자신의 문제를 알리고 특히 가족이나 친구의 조언을 구하고 도움을 받을 것을 이야기하고 있다.

[How 나에게 어떻게 적용할 것인가?] 실천 사항

앞으로 나는 핸드폰의 사용에 대해 점검하고 편지 쓰기나 사람 만나기 등 다른 방식으로 더 소통할 것이며, 당장 오늘 핸드폰은 집에 두고 아이들과 줄넘기를 할 것이다.

1 생각 [나는 ~라고 생각한다] / 주장, 평가

나는 공동칼럼니스트 Trudi Griffin, LPC, MS의 '핸드폰중독 극복하는 법'이 청소년과 사람들에게 핸드폰의 사용법과 다양한 소통 방법을 알려준 유용한 칼럼이라고 생각한다.

3 이유 [왜냐하면] / 내 생각에 대한 이유 3가지

왜냐하면 첫째, 핸드폰에 대한 사고방식을 바꿔 핸드폰은 꼭 필요한 때에 사용하고 현재에 집중할 것을 알려주기 때문이고,

둘째, 악기 연주나 새로운 배움활동을 통해 기분을 좋게하는 방법을 찾도록 알려주기 때문이며,

셋째, 핸드폰 중독이 의심되면 주변의 도움과 상담받을 것을 알려주기 때문이다.

1 결론 [그래서, 나는 ~라고 생각한다] / 2% 평가

그래서 나는 공동칼럼니스트 Trudi Griffin, LPC, MS의 '핸드폰 중독 극복하는 '이 청소년과 사람들에게 핸드폰의 사용법과 다양한 소통방법을 알려준 유용한 칼럼이라고 생각한다.

2% 아쉬운 점

하지만 문제 해결의 긍정적인 면만 강조하고 반대 사례의 경우를 고려하지 않아 아쉽다.

내 마음속에 남은 한 문장

"현재에 집중하기"

걷기축제

작성자: 김수정
평 점: ★★★★★
주 최: 안양월드 휴먼브리지
연 도: 2019년

[Why 작가는 왜 이 책을 썼을까?] / 저술 목적

이 행사의 주최기관 안양월드 휴먼브리지는 안양 시민들에게 자살률에 대한 경각심을 갖게 하고 걷기축제를 통하여 생명존중 문화를 확산하려고 이 행사를 기획했다.

[What 작가는 무엇을 말하는가?] / 핵심적인 내용

이 행사의 전반부에서는 생명사랑을 주요테마로 한 다양한 체험부스를 운영하고, 생명사랑의 의미를 생각하며 그림을 그림으로써 올바른 생명존중 가치관 형성과 창의적 자기표현력을 향상시키기 위하여 생명사랑 어린이 그림그리기 대회를 시행하였고,

이 행사의 중반부에서는 생명존중 의식개선을 위한 구호를 외치는 등 캠페인 활동을 진행하고 함께 걷는 시간을 통해 모두의 생명이 소중함을 공감할 수 있도록 하였으며,

이 행사의 후반부에서는 완보를 기념하며 걷기에 참여한 모든 사람들이 함께 생명을 기뻐하며 연예인들의 공연을 관람하는 순서로 진행된 후에 걷기축제 후원금 전달식 및 경품 추첨이 진행되었다.

[How 나에게 어떻게 적용할 것인가?] 실천 사항

앞으로 나는 매년 진행되는 사람사랑 생명사랑 걷기축제에 참여하여 자살의 심각성을 알리고 생명의 소중함을 깨닫게 하는 생명 지킴이가 될 수 있도록 노력할 것이다.

1 생각 [나는 ~라고 생각한다] / 주장, 평가

나는 안양월드 휴먼브릿지가 주최한 '사람사랑 생명사랑 걷기축제' 행사는 안양 시민들에게 서로 사랑하는 사회, 서로의 생명을 존중하는 사회의 중요성을 알리고 더 나아가 어려운 형편에 있는 이웃들에게 실제적 도움을 주는 행사라고 생각한다.

3 이유 [왜냐하면] / 내 생각에 대한 이유 3가지

왜냐하면 첫째, 지역사회의 만연된 생명경시 풍조에 경종을 울리고 생명의 소중함을 일깨우는 일에 안양 시민 누구나 동참할 수 있도록 기회를 부여하였기 때문이고,

둘째, 축제의 행사 내용 면에서 일반 성인뿐만 아니라 어린이, 청소년들이 참여할 수 있도록 화(火)딱지 넘기기 대회, 생명서약서 작성 등의 체험 부스 운영과 교육 프로그램들을 진행하여 이웃 생명의 소중함을 알게 하고 청소년 자살 예방 효과를 거두었기 때문이며,

셋째, 자살률 증가의 심각한 사회 문제에 적극적으로 개입하여 문제를 해결해 나가는 행사로써 모금된 후원금으로 소외되고 어려운 이웃들을 돕는 실천적 생명존중 문화를 세우는 생명의 발판이 되었고 완보 축하 공연과 경품 추첨 등으로 시민들에게 즐거움을 주었기 때문이다.

1 결론 [그래서, 나는 ~라고 생각한다] / 2% 평가

그래서 나는 안양월드휴먼브릿지가 주최한 '사람사랑 생명사랑 걷기축제' 행사는 안양 시민들에게 서로 사랑하는 사회, 서로의 생명을 존중하는 사회의 중요성을 알리고 더 나아가 어려운 형편에 있는 이웃들에게 실제적 도움을 주는 행사라고 생각한다.

2% 아쉬운 점

하지만 행사일 외에 생명사랑과 자살예방에 대한 메시지를 확산하는 활동과 교육을 쉽게 접할 수 없어 아쉽다.

내 마음속에 남은 장면

"같이 하는 생명존중, 가치 있는 사람사랑"

리마인드 웨딩

작성자: 김수정
평 점: ★★★★★
주최: 외숙부의 직계가족
연 도: 2022년

[Why 작가는 왜 이 책을 썼을까?] / 저술 목적

이 행사의 주최자인 외숙부의 직계가족은 외숙부(外叔父)께서 고희(古稀)를 맞게 된 것을 축하드리고 부모님께 특별한 이벤트의 행복을 선사해 드리기 위하여 이 행사를 준비했다.

[What 작가는 무엇을 말하는가?] / 핵심적인 내용

이 행사의 전반부에서는 사회자의 개식선언을 시작으로 신랑의 입장, 결혼식 순서의 꽃인 신부의 입장이 있었고 신랑, 신부의 맞절 및 하객들에게 인사를 드림으로써 예식이 진행되었고,

이 행사의 중반부에서는 혼인서약서를 낭독하고 서로에 대한 고마움과 다짐을 나누며 예물을 주고받은 후 가족의 가장 큰 어른이신 큰 외숙부께서 축사를 전하고 조카 내외의 축가를 듣는 것으로 진행되었으며,

이 행사의 후반부에서는 하객들의 축하를 받으며 다시 행진하는 것으로 예식을 마친 후, 하객들과 기념사진 촬영을 함으로써 행사의 진행이 마무리되었다.

[How 나에게 어떻게 적용할 것인가?] 실천 사항

앞으로 나는 외숙부와 외숙모의 건강을 기원하고 자주 찾아뵈며 조카로서의 도리를 다할 것이다.

1 생각 [나는 ~라고 생각한다] / 주장, 평가

나는 외숙부의 직계가족이 진행한 '외숙부 내외분(內外分)의 리마인드 웨딩'이 외숙부의 고희연(古稀宴)을 특별한 행사로 더욱 빛내어 부모님께 기쁨과 행복의 시간이 되었고, 참석한 모든 친지들을 하나되게 하였으며 외종의 효심이 드러나는 뜻깊은 행사였다고 생각한다.

3 이유 [왜냐하면] / 내 생각에 대한 이유 3가지

왜냐하면 첫째, 일반적 고희연이었다면 생일축하로 끝났을 행사였지만 리마인드 웨딩행사로 진행하여 외숙부의 생신 축하뿐만 아니라 내외분께 서로가 서로에게 유일무이한 존재라는 것을 다시금 깨닫게 해 드리고 젊은 시절의 가장 아름다웠던 모습으로 돌아가 그 시절의 행복을 느끼게 해 드렸기 때문이고,

둘째, 코로나로 인하여 만나지 못했던 친지들이 이 행사를 통하여 다시 모여 그동안의 안부를 묻고 서로의 삶을 응원하고 격려하는 자리가 되어 주었기 때문이며,

셋째, 바쁜 일상 가운데 부모님께 특별한 기쁨을 드리기 위하여 리마인드 웨딩 촬영이 아닌 실제로 진행되는 결혼예식을 준비한 외종의 효(孝)의 마음이 참석한 모든 하객들에게 감동이 되었기 때문이다.

1 결론 [그래서, 나는 ~라고 생각한다] / 2% 평가

그래서 나는 외숙부의 직계가족이 진행한 '외숙부 내외분(內外分)의 리마인드 웨딩'이 외숙부의 고희연(古稀宴)을 특별한 행사로 더욱 빛내어 부모님께 기쁨과 행복의 시간이 되었고, 참석한 모든 친지들을 하나되게 하였으며 외종의 효심이 드러나는 뜻깊은 행사였다고 생각한다.

2% 아쉬운 점

하지만 금년(今年) 5월에 소천(김天)하신 막내 외숙부의 부재(不在)가 가슴 아프고 아쉽다.

내 마음속 남은 순간

"외숙모의 부케를 마흔일곱의 오빠가 받게 되어 모두가 웃었던 순간"

외국인 정책의 새로운 지평

작성자: 김수정
평 점: ★★★★★
주 최: ○○대학교 다문화연구소
연 도: 2022년

[Why 작가는 왜 이 책을 썼을까?] / 저술 목적

이 세미나의 주최자인 다문화연구소는 다문화 정책 연구자와 다문화 관련 전문가들에게 한국으로 유입되는 외국인 근로자의 현황과 관련하여 정책의 방향성을 발표하게 하고 상호 간의 토론을 통하여 다문화 정책 전문가로서의 자질을 향상시키기 위하여 이 세미나를 기획했다.

[What 작가는 무엇을 말하는가?] / 핵심적인 내용

이 세미나의 전반부에서는 ○○대학교 다문화연구소장을 맡고 있는 K교수의 개회사를 시작으로 ○○대학교 총장의 환영사, 이민 정책연구 부원장의 축사로 진행되었고,

이 세미나의 중반부에서는 '외국인 노동자의 도입 규모와 정책 방향'에 대하여 이민 정책연구원의 발표가 있었고 '경기도 외국인 근로자 지원 효율화 방안'의 제목으로 경기도 가족여성연구원의 발표가 있었다. 이후 경기도 외국인 인권지원센터와 타 대학의 연구자가 참석하여 외국인 근로자 지원의 주제로 뜨겁게 토론이 진행되었으며,

이 세미나의 후반부에서는 법무부 외국인정책과의 '제 1, 2차 외국인 정책의 현황과 회고' 발표와 행정자치부 사회통합지원과의 '지방자치단체 외국인 지원체계 방향 및 빅데이터 활용 계획'의 발표가 진행된 후 자유토론이 진행되었다.

[How 나에게 어떻게 적용할 것인가?] 실천 사항

앞으로 나는 한국사회의 인구절벽, 이민자 유입현황, 노동 대체성과 도입 규모 데이터의 경제학적 측면에 대하여 고민하며 외국인 수용정책과 인력정책의 방안에 대하여 연구해 볼 것이다.

1 생각 [나는 ~라고 생각한다] / 주장, 평가

나는 ○○대학교 다문화연구소가 주최한 '외국인 정책의 새로운 지평'의 주제로 진행된 세미나가 다문화 관련 연구자와 다문화 사회전문가들에게 현재 진행되고 있는 외국인 정책의 현황을 알리고 앞으로 현행 정책보다 더욱 발전된 효율적인 외국인 지원 정책에 대하여 연구하게 하는 세미나라고 생각한다.

3 이유 [왜냐하면] / 내 생각에 대한 이유 3가지

왜냐하면 첫째, 법무부 출입국 외국인 정책 본부가 외국인 정책의 기본 계획, 인권, 안전 등의 카테고리별로 나누어 그 성과 및 한계와 문제점에 대하여 거론하여 외국인 정책 연구의 토대가 되어 주었기 때문이고,

둘째, 다문화가족, 외국인 근로자, 다문화 학생, 기타 체류 외국인에게 지원하는 민원행정 서비스 업무가 이미 분업화되어 있다는 현행의 정책을 발표함으로써 새로운 다문화 협업센터의 운영 필요 여부에 대하여 고민하게 하였기 때문이며,

셋째, 국내로 유입되는 외국인의 수가 증가됨에 따라 외국인 복지센터 지원과 외국인 지원 효율화 방안에 대한 현실적인 논의가 시급하다는 것을 알려주었기 때문이다.

1 결론 [그래서, 나는 ~라고 생각한다] / 2% 평가

그래서 나는 ○○대학교 다문화연구소가 주최한 '외국인 정책의 새로운 지평'의 주제로 진행된 세미나가 다문화 관련 연구자와 다문화 사회전문가들에게 현재 진행되고 있는 외국인 정책의 현황을 알리고 앞으로 현행 정책보다 더욱 발전된 효율적인 외국인 지원 정책에 대하여 연구하게 하는 세미나라고 생각한다.

2% 아쉬운 점

하지만 다전문가라고 할지라도 이해가 어려울 만큼의 난이도가 매우 높은 일부 발표자의 자료가 아쉽다.

내 마음속에 남은 한 마디

"다문화 정책에 대한 토론과 더불어 다문화 사회전문가의 활용 방안에 대하여 논의가 되기를 희망한다는 다문화 사회전문가 협회장의 의견 발표"

NOTE

NOTE

NOTE

NOTE